JN427655

한국 컨설팅시장의 이론과 실제(Ⅲ)

주제별 경영컨설팅방법론의 소개 및 활용

한국 컨설팅시장의 이론과 실제 (Ⅲ)

| 주제별 경영컨설팅방법론의 소개 및 활용 |

Theory & Reality of Korean Consulting Market (Ⅲ)

| Thematic Management Consulting Methodology |

나 도 성 지음

한성대학교 출판부

머리말

『한국 컨설팅시장의 이론과 실제(Ⅰ·Ⅱ·Ⅲ)』를 마무리하며

저자가 공직에서 대학으로 온 지 10년이 다되어 간다. 로버트 프로스트가 '가지 않는 길'에서 읊은 것처럼 남들이 가지 않는 길을 선택한 것은 보이지 않는 미래에 대한 도전을 하고 싶어서였다. '9988-234(중소기업의 글로벌 일류화)'전략을 학계와 경연현장에서 구체적으로 실천해보고자 했다. 국민경제의 기반을 형성하는 중소기업(9988 : 전체기업체의 99.9%, 종업원 수의 88.1%)이 치열한 글로벌 경쟁시대에 2등이나 3등을 하면 사라질 수 있기 때문에 최선을 다해 1등이 되도록 돕고자 했다. 한국 중소기업이 아흔아홉까지 팔팔(9988)하게 100년 장수하는 기업이 되기를 원했다. 그 지름길로 선택한 것이 바로 중소기업의 문제를 종합적이고도 체계적으로 해결해 나가는 방법론적 지식의 창출과 활용 전문가인 컨설턴트의 길이었다.

그 시작은 2008년 한성대 지식서비스&컨설팅대학원(KSCON)을 설립하여 세계 최초의 컨설팅 석·박사를 양성하기 시작하면서이다. 아울러 지식서비스&컨설팅연구원장을 맡으면서 한국 중소기업의 생생한 컨설팅 현장과 자주 교감하는 기회를 가지게 되었다. 저자가 소중하게 생각하는 컨설턴트 브랜드는 '공감 + 연대 + 행동'의 9988 서포터스이다. 컨설팅 전문가로서 말콤 글래드웰이 강조한 '1만 시간의 법칙'을 가슴깊이 새기고 실천했다. 하루 3시간, 적어도 10년은 집중하고 몰두해야 전문가다운 전문가가 된다는 사실이다.

스스로 되돌아보면 컨설턴트의 길은 선형적 변화(Linear Change)가 아닌 지수적 혁신(Exponential Innovation)의 길이었음을 깨닫는다. 대학에 처음 몸담던 시절, 컨설팅 초보로서 좌충우돌하며 출발했는데 거의 10년이 다되어 산 정상을 멀리 바라보면서 잠시 뒤돌아보는 기회를 갖게 되었다. 무언가 희미하지만 새롭게 드러나 보이는 것이 있었다. 컨설팅의 본질과 기능 그리고 컨설턴트다운 컨설턴트란 무엇인지에 대한 문제의식과 해결방안에 대한 도전 의욕이 발동했다.

2015년 초에 큰 맘 먹고 『한국컨설팅시장의 이론과 실제』 시리즈의 집필을 시작했다. 『제Ⅰ권 : 방법론의 개발 및 활용』은 2015년 8월, 그리고 『제Ⅱ권 : 컨설턴트 나도성의 기업가적 세상보기』는 2016년 7월에 출간하였다. 그리고 이번에 시리즈 마지막 편으로 『제Ⅲ권 : 주제별 경영컨설팅방법론의 소개 및 활용』을 내놓게 되었다. 제Ⅰ권은 컨설팅이란 무엇인가에서부터 컨설턴트가 문제해결 주치의로서 왜 방법론을 필요로 하는지에 대해 기초적인 이론과 실제를 다루었다. 제Ⅱ권은 우리가 살아가는 세상의 문제를 시스템적으로 바라보고자 하는 '컨설턴트的 마인드'에 대해서 논의했다. 컨설턴트的 마인드의 케이스로서 저자가 기업가적 시각으로 바라본 세상보기 사례 130제를 소개했다. 이번 제Ⅲ권은 컨설턴트다운 컨설턴트로 활약하는데 실질적 도움이 되도록 그동안 경영컨설팅 현장에서 개발, 활용되어 온 다양한 컨설팅방법론의 이론과 구조, 그리고 활용의 방법을 소개했다. 아울러 컨설턴트들이 창조혁신시대의 문제해결전문가로서 비장의 무기인 컨설팅방법론을 어떻게 개발 및 활용해 나갈 것인지에 대해 논의했다.

이 책 제Ⅲ권의 순서는 다음과 같다. 첫째, 제Ⅰ부에서는 컨설팅방법론 개발 및 활용의 이론과 실제를 기술했다. 그동안 경영컨설팅분야에서 선도적으로 개발되고 활용되어 온 경영컨설팅방법론의 개발 및 활용 방법을 구조적으로 분석 소개했다. 아울러 지식서비스분야 전반의 컨설팅방법론 개발 및 활용을 위한 범용 프레임워크(General Framework)에 대한 이론적 근거를 제시했다.

둘째, 이 책의 제Ⅱ부에서는 그동안 경영컨설팅분야에서 개발되고 보급되어 온 컨설팅방법론을 '주제별 경영컨설팅방법론 모델'과 '경영컨설팅방법론 도구'로 구분하여 소개했다. 컨설턴트들이 주제별로 소개된 경영컨설팅방법론을 잘 익히고 활용한다면 컨설팅서비스를 수행하는데 큰 도움이 될 것이다. 아울러 컨설턴트들이 경영컨설팅 방법론 현장 활용 경험 및 축적된 DB를 바탕으로 전문 지식서비스분야별로 특화된 컨설팅방법론의 개발과 활용에 적극 앞장 서 주길 기대한다.

셋째, 제Ⅲ부에서는 기존의 경영컨설팅방법론이 중소기업 및 지식서비스분야의 컨설팅방법론으로 변환되어 활용된 사례와 함께 지식서비스분야에서 특화된 컨설팅방법론의 개발 사례들을 발굴하여 제시하였다. 이러한 사례들은 향후 지식서비스컨설팅방법론의 추가적인 개발 및 활용을 위한 벤치마킹 자료로 활용되어지길 기대한다.

마지막으로, 부록에서 저자가 공직에서 나와 약 10년간 컨설턴트로 활동하면서 한국 중소기업정책에 대해 언론에 기고한 글 40여 편을 소개했다. 한국의 컨설턴트들이 컨설팅 현장에서 직면하는 중소기업 정책현실에 대한 이해를 돕고자 함이다. 이 책 시리즈 제Ⅱ권 "컨설턴트 나도성의 기업가적 세상보기"의 제2탄인 셈이다. 관심 있는 분들의 일독을 권한다.

이 책을 집필함에 있어서 한성대 지식서비스&컨설팅대학원 석사 및 박사과정의 제자인 윤영호 박사의 도움과 자료제공이 큰 보탬이 되었다. 한국컨설팅시장에서 드물게 보는 컨설팅 분야의 이론과 실무를 겸비한 컨설팅학 박사이자 컨설턴트이다. 이 책 시리즈가 성공적으로 마무리될 수 있도록 큰 힘을 보태준 윤영호 박사에게 충심으로 고마움을 표한다. 아울러 저자와 함께 혁신전문기업실용학회(AISB) 사무국장을 맡아 컨설팅현장의 뉴 비즈니스 모델 창출에 도움을 준 박순봉 박사 그리고 한성대에서 컨설팅학 박사를 취득하고 신용보증기금에서 컨설팅담당 부장으로 활약하면서 저자가 강조하는 중개기관 주도의 컨설팅시장 활성화와 함께 신용보증 지원을 받는 중소기업의 경쟁역량 제고에 선도적 역할을 하고 있는 이인수 박사에게도 격려와 감사를 표한다.

끝으로 이 책 컨설팅방법론 시리즈가 탄생할 수 있도록 함께 연구발표에 참여하고 적극적으로 토론에 임해 준 한성대 지식서비스&컨설팅대학원 원우 여러분들께 감사한다. 그리고 안나지능연구원(AnnA Intelligence Institute)의 안지숙 원장은 이 책의 처음부터 끝까지 꼼꼼하게 읽고 교정과 함께 지혜롭고 비판적인 의견을 제시해 주었다. 고맙고 감사하다. 그녀의 도움과 성원이 없었다면 이 책 시리즈는 결코 햇빛을 보지 못했을 것이다.

2017년 12월 1일

성북동 북한산 자락을 조망하며

저자 **나 도성**

목　차

제Ⅱ부 주제별 경영컨설팅방법론 이론과 실제

표 목 차

그림목차

제 I 부

컨설팅방법론의 개발 및 활용 이론

I 컨설팅방법론의 개발 및 활용 이론

제 1 장 문제인식의 틀(Framework)

제 1 절 문제인식의 틀(Framework) 소개

한국사회가 창조혁신사회에서 생존하고 번영하기 위해서는 우리 모두가 컨설턴트的 마인드로 무장하여 세상의 문제를 인식하고 해결책을 모색해야 한다. [그림 1]은 컨설턴트的 세상보기 문제인식의 틀(Framework)이다.[1)]

지식의 수요는 ① 고객이 직면한 당면 문제의 해결(Problem Solving)을 위해서, ② 치열한 시장경쟁에 직면한 기업 등의 경우 레드오션 시장에서 경쟁우위 창출(Competitive Edge)을 위해서, ③ 창조 혁신사회로 진화하면서 그 누구든 시스템 전반의 패러다임 전환을 통한 블루오션 창조를 위해서라 할 수 있다. 한편, 지식의 공급은

④ 학술적 과학적 탐구와 실증으로 구축된 이론과 원칙(Theory and Principle), ⑤ 이론과 원칙을 바탕으로 실험실과 현장에서 개발되고 활용되면서 확산되어 온 기술과 정보(Technology and Information), ⑥ 지식의 수요와 공급요소가 상호 작용하면서 성공과 실패의 결과로서 축적되어온 경험과 사례(Experience and Case)의 형태로 나타난다. 그리고 지식의 수요와 공급 생태환경 작동의 규범으로 작용하는 지식으로서 ⑦ 법과 제도 그리고 생태 변화(Rule and Institution, Ecological Trend Change)가 확산되고 있다.

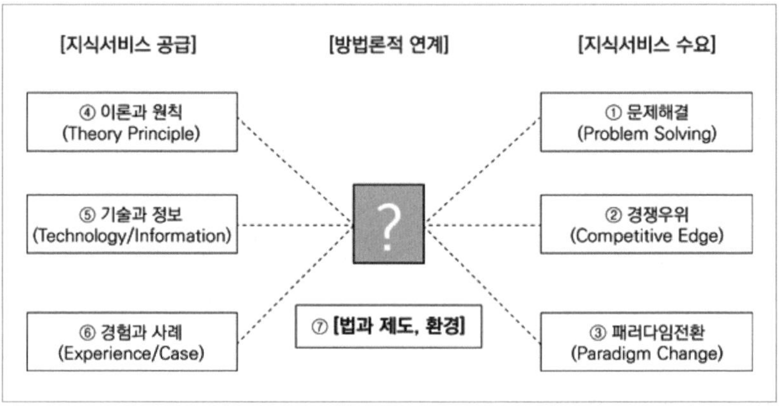

[그림 1] 컨설턴트的 문제인식의 틀

제 2 절 인류역사에 대한 문제인식

우리 인류역사는 세상보기 문제인식의 틀(Framework)로서 그 진화의 역사와 미래의 방향성을 설명해 볼 수 있다.

고대부터 중세까지는 사회의 지배세력들이 주로 지식의 수요자였다. 권력의 유지 강화를 위해 정치, 군사, 종교측면에서 다양한 지식을 활용했다. 동서양을 막론하고 고대와 중세에는 지식 수요의 근간은 지배권 확보와 강화를 위한 것이 대세였다. 또한 지식 공급은 그리스시대는 철학자들이나 소피스트 그리고 중국 춘추전국시대는 제자백가나 유세가의 경우처럼 지배철학에 기여하는 지식이 각광을 받았다.

시민이 지식 수요자로 등장한 것은 자유 시민을 위한 민주공화정치가 꽃피운 그리스 로마시대 정도라 할 수 있다. 인류역사에서 지배세력이 아닌 시민적 삶의 문제가 지식의 수요로서 다시 등장한 것은 르네상스 이후였다. 르네상스란 그리스 로마시대의 지식 수요자로서 시민의 지위를 회복하고자 하는 흐름이었던 것이다. 이러한 시민적 삶의 문제해결을 위한 지식 요구에 부응하여 문 · 사 · 철 인문과학을 시발로 합리적, 과학적 지식의 공급능력 향상을 위한 자연과학, 사회과학 분야의 학문적 연구가 활성화 되었고 시 · 서 · 예 · 화의 문화 및 예술분야 창작활동도 개화되었다. 이론과 원칙(Theory and Principle)에 기반한 지식공급 능력이 폭발적으로 확산되었다.

오늘날 우리의 주된 관심사인 자본주의적 문제해결을 위한 지식 수요가 확산되고 이에 부응한 지식 공급능력이 확충된 것은 산업혁명으로 발화한 산업화시대의 전개가 그 시발이라 할 것이다. 학문적 이론과 원칙(Theory and Principle)을 바탕으로 다양한 기술과 정보(Technology & Information)의 개발 및 적용이 확산되었다. 이 시대부터는 기업조직이 등장하여 토지, 노동, 자본, 기술 등 생산자원을 투입하여 상품과 서비스를 생산, 판매하고 이윤을 창출하는 주역으로 나섰다. 그 결과 지식의 수요도 삶의 문제해결에서 이윤 창출을 위한 경쟁우위로 확대되었다.

더 나아가 자본주의 흐름이 산업화에서 지식정보화 그리고 창조혁신 시대로 진화하면서 지식 수요는 문제해결에서 경쟁우위 그리고 패러다임 전환으로 고도화되면서 융·복합화 되어 가고 있다. 더구나 창조혁신사회에서는 문제해결의 생태계 전반이 복잡계로 연계되면서 수요와 공급이 상호 융·복합 되고 지식 자체의 암묵성이 강화되고 있다. 더구나 ICT(Information, Communication and Technology)의 혁명적 진화와 활용으로 아날로그 지식의 디지털화와 함께 지식 데이터의 축적과 가공 및 활용이 기하급수적으로 증가하고 있다. 그 결과는 문제해결을 위한 방법론적 지식이 더욱 각광을 받고 있고, 아울러 인공지능이 급속히 진화하여 빅 데이터를 활용한 무차별 대응 방식의 문제해결 방법이 확산되고 있다.

제 3 절 컨설팅의 탄생과 진화 그리고 발전

저자는 이 책 시리즈 제 I 권에서 컨설팅의 新정의를 내리면서 그동안 한국 컨설팅 시장에서 받아들이고 있는 정의 세 가지를 소개하였다. 지식서비스 전반에 걸친 백가쟁명식 광의의 컨설팅, 경영컨설팅에 한정 된 협의의 컨설팅 그리고 한국적 중소기업 정책 환경을 고려한 중소기업 컨설팅 등이다. 이러한 세 유형의 컨설팅이 어떻게 탄생, 진화 그리고 발전해 왔는지를 간략히 살펴본다.[2)]

첫째, 고대사회로부터 오늘날까지 문제 해결을 위한 지식의 수요와 공급은 지속적으로 확산되었다. 그 결과로서 지식서비스 전반에 걸친 전문적 지식의 자문이라는 광의의 컨설팅은 고래로부터 존재했다고 할 수 있다. 그런데 이러한 광의의 컨설팅 정의가 초래하는 가장 큰 문제점은 지식서비스와 지식서비스컨설팅의 차별화가 어렵다는 것이다. 누구나 전문지식을 자문해 주고 보수를 받으면 컨설팅이라 보기 때문에 컨설팅과 지식서비스와는 무엇이 다른지 명쾌하게 답할 수 없다. 또한 컨설팅의 범위를 명확히 확정하기 어렵기 때문에 컨설팅산업이나 컨설팅시장이 차별화되어 존재하기가 어렵다. 지식서비스와 모호한 경계에서 존재해야 한다는 것이다.

둘째, 산업화시대 이래 기업의 경쟁우위 창출을 위한 경영활동이 전개되었고 아울러 기업의 경쟁우위 창출을 자문하는 경영컨설팅서비스가 탄생하고 발전하였다. 협의의 경영컨설팅의 태동과 진화는 산업화 이후의 자본주의적 현상임을 잘 드러내고 있다.

초기 기업의 형태는 대규모 자본동원이 어려운 유한, 합명회사 중심으로 상업 활동이 위주였다. 그러다가 1760년대 방적기 발명을 시발로 생산 공장이 탄생하면서 대규모 자본을 동원할 수 있는 주식회사 형태로 발전했다. 이때부터 기업의 경쟁우위를 통한 이윤추구 활동에 관한 이론으로서 경영학이 탄생하고 진화했다.

그로부터 100여년 후인 1886년에 MIT교수였던 Dr. Arthur D, Little이 최초로 자신의 이름을 따서 컨설팅 회사를 설립했다. 초기단계 경영컨설팅의 형태라 할 수 있는데 과학과 공학, 그리고 창조를 강조했다. 그리고 1890년대에는 테일러가 과학적 관리법(테일러리즘)을 연구하고 과학적 관리기법을 기업들에게 서비스하면서 컨설턴트로서 활동하였다. 이것이 바로 협의의 경영컨설팅의 시작이라 할 수 있다. 초기의 경영컨설팅은 공장현장의 과학적 관리법에서 태동된 것으로 이해된다.

1920년대-1940년대의 경영컨설팅은 딱딱한 과학적 관리의 원칙보다는 공학과 회계의 연합을 통한 새로운 길을 개척해 나갔다. 엔지니어링, 회계 그리고 산업현장의 노조와 근로자 훈련에 관한 컨설팅이 전개되었다. 1950년대-1960년대는 경영컨설팅의 분야별 발전이 확산되는데 경영학의 발전과 동반하여 기업 현장의 과학적 관리와 함께 조직 및 프로세스 그리고 인력관리로 확장되었다. 특히

1963년 BCG(보스턴컨설팅그룹)이 창업되면서 본격적으로 전략컨설팅이 등장하는 계기가 되었다. 1970년대-1980년대에는 미국 유명 MBA(경영대학원)의 학문적 연구와 BCG나 Booz Allen등과 같은 컨설팅사의 협력연계를 통해 경영컨설팅방법론과 분석 도구들이 본격 개발되었다. 경영컨설팅이 하나의 산업으로서 각광을 받게 된 것은 바로 이 '방법론의 개발과 활용'과 그 궤를 같이한다. 이 시대 미국에서는 IT분야에 대한 연방법 강화로 IBM과 같은 전문 업체를 컨설팅업무에서 배제함에 따라 IT컨설팅이 확산되게 된다. 이때부터 경영컨설팅은 대규모컨설팅사만이 아니라 소규모컨설팅사까지 등장하여 가세하면서 컨설팅이 산업으로 본격 부상하게 된다.

1990년대부터 현재까지 경영컨설팅은 전략과 운영이라는 두 축을 중심으로 분화 발전된다. 인터넷 확산으로 e-비즈니스와 함께 신자유주의 세계화에 따라 글로벌화가 급속히 확산된다. 이 시대에는 기업의 경쟁우위 창출을 위한 다양한 경영컨설팅 방법론이 생성 - 발전 - 소멸되어 왔으며 패러다임 전환을 위한 비즈니스 모델 창조 방법론의 개발과 활용도 확산되고 있다.

셋째, 한국에서 컨설팅의 도입과 진화는 한국적 특수상황이 잘 반영되어 있다. 협의의 경영컨설팅은 1992년 표준산업분류에서 '달리 분류되지 않은 산업 및 경영 상담업'으로 처음 포함되면서 도입되었다. 그리고 1997년 IMF외환위기를 거치면서 국가사회 전반의 구조조정과정에서 서구에서 발달한 협의의 경영컨설팅을 본격 도입하여 활용하게 되었다. 이 과정에서 컨설팅서비스 공급의 핵심 주체로서 글로벌컨설팅사의 역할이 두드러졌다.

그 이후부터 오늘에 이르기까지 한국의 컨설팅산업의 발전은 세 갈래로 진행되었다. 첫째는 글로벌컨설팅사가 공공, 금융, 대기업 등 핵심적 고객을 장악한 가운데 한국 경제의 성장과 글로벌화에 따라 국내 컨설팅시장이 확대되면서 글로벌사에서 배출되어 나온 전문 인력들이 글로컬사를 설립하여 경쟁하는 경우이다. 둘째는 국가사회 각 부문에서 글로벌컨설팅사의 브랜드와 명성을 벤치마킹하여 지식서비스에 컨설팅이란 용어를 단순 부가하여 기존 지식서비스를 컨설팅과 혼용하여 사용하고 있는 경우이다. 셋째는 9988(총 사업체수의 99.9%, 종업원의 88.1%)로서 국민경제의 기반을 형성하는 중소기업에 대한 정책적인 컨설팅 개념의 도입과 확산이다. 중소기업컨설팅은 대기업에 비해 상대적 열위에 처한 중소기업의 시장에서 경쟁우위 창출에 도움을 주고자 하는 협의의 경영컨설팅과 함께 중소기업이 당면하고 있는 다양한 문제해결을 위한 전문지식의 자문인 광의의 컨설팅까지 포함하고 있다.

한국에서 컨설팅의 도입과 진화는 불균형적 양태를 보이고 있다. 서구에서 진화한 협의의 경영컨설팅을 도입 활용하면서도 지식서비스에 컨설팅이란 용어를 그럴듯하게 융합하여 지식서비스컨설팅이라는 광의의 컨설팅도 확산되고는 있으나 그 질적 역량은 아직도 초라하기 짝이 없다. 한편, 중소기업컨설팅도 협의 및 광의의 컨설팅 개념을 융합하여 정책적으로 지원을 하고는 있으나 왜 지식서비스 지원과 차별화해서 지원해야 하는지에 대한 이유와 근거를 준비하지 못했다.

이처럼 한국에서 컨설팅산업 발전의 특수성이 초래된 핵심요인은 컨설팅방법론에 대한 이론적 연구 및 다양한 방법론의 개발 및 활용이 미흡했던데 기인한다. 특히, 한국적 상황 특성에 부합한 맞춤형의 컨설팅방법론의 개발 및 활용이 미흡했다. 또한 유치단계에 있는 중소기업컨설팅 분야의 방법론 개발 및 활용 그리고 표준화를 통한 공개/공유가 이루어지지 못했다. 그 결과 다양한 케이스 사례와 DB의 축적 및 피드백도 미흡했다. 한국적 컨설팅방법론의 개발 및 활용을 통한 역동적인 컨설팅산업 및 컨설팅시장의 확대 강화라는 선순환 사이클이 형성되지 못했다.

방법론 이야기 <1>

수단매체의 발달로 본 인류역사 발전

우리 인류가 지구상에 생존을 시작하면서 역사발전의 원동력은 인간의 역량 한계를 극복하기 위한 수단매체의 혁신이었다. 인류역사의 진화는 ① 물질적 수단매체 ② 정신적 수단매체 ③ 사회적 수단매체 ④ 방법론 수단매체 ⑤ 빅 데이터를 통한 인공지능 수단매체라는 5가지의 큰 흐름을 중심으로 설명할 수 있다. 농경시대 → 산업화시대 → 지식정보화시대 → 인공지능시대로 진화하는 인류역사는 위의 5가지의 수단매체의 개발과 활용을 통해 설명할 수 있다는 것이다.

농경시대에는 주로 인간의 힘을 보조하는 소나 말 그리고 단순한 도구 중심의 수단매체가 도입되어 활용되었다. 이 시대는 그야말로 거북이형의 저성장 내지 정체가 수천 년간을 지속했다. 인류가 인간다운 삶을 본격화한 것은 18세기 중반 산업혁명을 거치면서 동력을 활용한 물질적 수단매체가 본격적으로 개발 및 활용되면서 부터이다. 산업혁명에 따라 자본주의는 인류문명의 핵심 패러다임으로 자리 잡게 되었다. 물적 수단매체를 활용한 생산성향상과 함께 경제력의 증대 및 군사력까지 거대하게 확충되는 방향으로 나아갔다.

산업화시대가 진전되면서 물적 수단매체의 진화와 함께 정신적 수단매체로서 지식과 정보 그리고 지혜가 핵심적 수단매체가 등장했다. 정신적 수단매체의 활용과 진화는 지식정보화시대로 인류문명을 추동했다. 지식정보화 시대의 주력군들은 바로 지식과 정보라는 정신적 수단매체를 장악한 전문가들의 시대이기도 하다.

지식정보화 시대는 네트워크 생태계가 거미줄처럼 이어져서 작동된다. 네트워크가 제대로 작동하기 위해서는 사회적 수단매체의 개발과 활용이 중요하다.

신뢰성과 투명성 그리고 자기희생이 바로 사회적 수단매체의 핵심이다. 지식정보화 시대는 사회적 수단매체의 중요성이 강화되고 네트워크 시스템 전체를 최적 작동토록 연계하는 방법론적 수단매체가 그 역할을 강화하는 시대이기도 하다. 네트워크 생태연계 시스템에서는 고객 맞춤형의 융·복합 창조혁신을 가능케 하는 방법론이 중요하다. 기존의 물질적, 정신적, 사회적 수단매체를 최적 조합하여 문제해결에 연계하는 방법론적 지식이 핵심 역할을 하게 된다. 인류 역사발전의 올바른 방향성은 이처럼 물질적, 정신적, 사회적 수단매체를 최적으로 융합하는 방법론적 수단매체 중심으로 진화한다는 것이다.

방법론적 수단매체를 개발하고 활용하는 전문가가 컨설턴트이다. 오늘날 컨설팅 전문가의 중요성이 강조되는 것은 시대적 상황의 반영이기도 하다. 컨설턴트는 컨설턴트的 사고로 무장해야 한다. 컨설턴트적 사고는 방법론적 지식을 개발하고 활용하여 시스템 전반의 문제를 총체적인 최적해를 중심으로 찾아내고자 하는 종합적, 체계적 문제해결 마인드를 말한다.

최근 거대 트렌드로 몰아치는 4차산업혁명 시대는 인공지능시대로 요약할 수 있다. 인공지능시대는 빅 데이터를 통한 무한대입방식의 수단매체가 핵심으로 등장한다. 빅 데이터를 축적하여 무한대입을 할 수 있는 주체는 네트워크를 장악한 소수의 글로벌 거대기업이다. 이들의 시장 독과점 현상은 더욱 강화될 것이다. 인공지능시대 빅 데이터를 통한 거대기업의 독과점화에 대항하는 세력이 필요하다. 문제해결 방법론과 연관 데이터를 결합하는 뉴 방법론적 지식으로 무장한 컨설턴트가 바로 그 주역이다. 인공지능시대에 방법론적 지식을 활용하여 그 역할을 강화해 나갈 수 있는 유망한 전문직종이 바로 컨설턴트라는 직종이다.

– 운봉세상

제 2 장 컨설팅의 정의 및 유형

제 1 절 백가쟁명식 컨설팅 정의

컨설팅에 대한 개념 정의는 시장에서 컨설팅이라는 용어의 무분별한 사용과 그 궤를 같이하면서 다양하게 전개된다. 컨설팅 서비스를 제공하는 컨설턴트란 자신의 업무에 대한 고유한 관점을 가지고 있기 때문에 컨설팅에 대한 개념정의는 컨설턴트 숫자만큼 존재할 수 있다는 주장이 그 하나이다. 컨설팅업체나 컨설팅 및 컨설턴트 단체 그리고 학자들은 컨설팅서비스가 가지는 공통적인 3가지 특성(문제의 발견, 해결방안의 권고, 실행의 지원)을 바탕으로 컨설팅을 정의한다. 이러한 컨설팅 정의는 컨설턴트 숫자만큼 확산된 광의의 정의를 공통된 특성을 중심으로 좁혀서 정의하는 것이다. 이것이 바로 미국 등 서구에서 탄생하고 진화 발전되어온 경영컨설팅에 기반한 협의의 컨설팅 정의이다. 한편 한국적 특수한 정책 환경에서 탄생한 중소기업컨설팅이 존재한다. 중소기업에 대해서는 정부가 협의의 경영컨설팅과 함께 광의의 지식서비스컨설팅을 융·복합하여 정책 지원을 하는 것이다.

저자는 이러한 백가쟁명식의 다양한 컨설팅 정의로는 한국형 컨설팅 산업과 시장이 제대로 작동될 수 없다는 인식하에 '문제인식의 틀(Framework)'에 기반 한 '방법론의 개발과 활용'을 중핵요소로 하는 새로운 컨설팅의 개념 정의를 내렸다. 컨설팅이란 '고객이 직면한 문제의 해결, 경쟁우위 창출, 신 비즈니스 모델 창조 등을 위한 합리적, 과학적, 시스템적 방법론을 창출하고 이를 프로젝트 관리 방식으로 현장에 적용하며 아울러 프로페셔널로서 전문적 역량과 윤리적 자세에 입각하여 제공하는 전문적 서비스'라는 것이다.

新컨설팅의 개념에서 컨설팅의 新정의는 ① '문제해결의 틀(Framework)'에서 지식의 수요와 공급 인터페이스로서 [?] 부분에 해당하는 방법론적 지식의 개발과 활용을 강조한다는 점, ② 한국적 컨설팅 시장의 세 가지 유형 정의에서 검토한 바, 한국 컨설팅 산업 및 시장작동의 핵심요소로서 방법론 개발 및 활용의 필요성과 중요성을 강조한다는 점, ③ 아울러 컨설팅은 프로젝트관리와 같은 보조 방법론의 활용 및 프로페셔널로서의 전문적 자질과 윤리적 역량도 함께 요구된다는 점을 강조하고 있다.[3)]

제 2 절 한국 컨설팅시장에서 컨설팅의 유형

한국 컨설팅시장에서 나타나는 컨설팅의 유형은 '문제인식의 틀(Framework)'을 바탕으로 고객의 수요 중심으로 세 가지로 드러난다.

첫째는, 고객의 문제해결에 초점을 두는 문제해결형 컨설팅이다. 작금 한국 컨설팅현장에서 백가쟁명식으로 진행되는 지식서비스컨설팅을 그 예를 들 수 있다. 입시, 노무, 세무, 관세, 법률, 조달, 부동산, 기술, 의료, 환경 등 다양한 지식서비스분야의 문제해결을 도와주고 자문하는 전문서비스의 형태이다.

둘째는, 기업을 중심으로 한 경영상의 문제해결 및 경쟁우위 창출 그리고 비즈니스모델 창조를 위한 경영컨설팅이다. 기업경영에 대한 컨설팅서비스는 산업화시대까지는 주로 레드오션 시장에서 문제해결 및 경쟁우위 창출을 위한 협의의 컨설팅으로 진화되고 발전되었다. 오늘날 창조혁신사회로의 거대 트렌드가 변화되면서 창의적 블루오션 창출을 위한 비즈니스모델 창출컨설팅으로 진화하고 있다. 레드오션 시장에서의 협의의 경영컨설팅은 기업경영전반, 기업경영관리과정, 그리고 공장현장관리 등 세 부문 중심으로 발전되어 왔다. 기업경영전반 컨설팅은 전략, 부문, 적응 등의 하위요소로, 기업경영관리 컨설팅은 프로세스, IT 등의 하위요소로, 그리고 공장현장관리 컨설팅은 공장현장관리, 생산성 향상 등의 하위요소로 진행되었다. 경영컨설팅의 진화과정에서 미국 주도의 영미권에서는 기업경영전반과 기업경영관리 위주의 전략과 운영이 중심이 되었고, 공장현장은 다소 소홀히 취급되었다. 반면, 독일과 일본 등 제조업 경쟁력이 강한 나라에서는 공장현장관리 컨설팅이 발전되었다. 한편, 블루오션시장에서의 패러다임 전환에 요구되는 컨설팅은 주로 비즈니스 모델 창조를 위한 것이다. 기업경영에서 레드오션과 블루오션을 명확히 구분하는 것이 용이한 일은 아니지만 산업화시대의 문제해결 및 경쟁우위 창출과 창조혁신시대의 비즈니스 모델 창조와의 차별화를 위해서 편의상 구분이 가능할 것이다.

셋째는, 한국의 정책현실이 가미되어 한국적 상황에 맞게 차별화되어 진화하고 있는 중소기업컨설팅이다. 한국 중소기업은 문제해결, 경쟁우위 창출, 패러다임 전환 등에 있어 스스로 그 역할을 다 해내기에는 한계가 있다. 그러나 당장의 생존에 급급하다 보니 컨설팅 서비스를 구매해 활용할 여력이 부족하다. 정부에서는 중소기업이 봉착하는 경영상 애로를 해결해 주고 기업차원의 문제해결 및 경쟁우위 창출과 뉴 비즈니스 모델 창조를 지원하기 위해 컨설팅지원사업을 벌이고 있다. 중소기업지원을 위한 컨설팅이 어떤 것인지, 어떤 방식이 유효한 것인지 대한 명확한 정의와 고민이 부족했다. 중소기업에 대한 경영, 기술지도 사업에서 시작된 컨설팅이 한국 경제의 글로벌화와 함께 경영컨설팅이 도입되면서 중소기업컨설팅으로 진화하였다. 중소기업컨설팅은 중소기업의 문제해결을 위한 지식서비스 역량을 보완하고 아울러 외부 경영컨설팅 전문가를 통해 경쟁우위 창출 및 비즈니스 모델 창조를 돕는다. 요약하면 중소기업컨설팅은 '광의의 지식서비스컨설팅 + 협의의 경영컨설팅 + 뉴 비즈니스모델 창출 컨설팅'을 모두 포괄하여 정부가 정책 지원을 해나가는 개념이라 할 수 있다.

제 3 절 한국 컨설팅시장의 발전 방향

한국 컨설팅시장에서 제공되고 있는 컨설팅서비스를 문제해결컨설팅, 경영컨설팅 그리고 중소기업컨설팅 세 가지 유형으로 구분했다. 이들 각각의 컨설팅서비스 유형이 한국 컨설팅시장에서 어떻게 작동되고 있는지에 대한 간략한 평가와 향후 발전방향을 요약, 제시코자 한다.

1. 한국 컨설팅시장의 작동 현황 평가

첫째는, 국가사회 각 분야에서 전문지식과 컨설팅이 융합되어 지식서비스컨설팅의 유형으로 다양하게 도입되어 서비스되고 있다. 그러나 지식서비스컨설팅이 그동안 관행적으로 수행되어온 전문지식서비스와는 어떻게 다른지에 대한 차별성은 뚜렷하지 않다. 지식전문가는 그 누구라도 전문가적 역량을 바탕으로 컨설턴트的 자질을 발휘하기만 하면 지식서비스컨설팅을 하고 있다고 내세운다. 지식서비스컨설팅과 전문지식서비스와 차별화 요소가 무엇인지 불분명하기 때문이다. 이러한 상황이 지속되는 경우 전문지식서비스와 차별화된 지식서비스컨설팅 시장 및 산업이 별도로 존재해야 한다고 주장하기 어렵다.

둘째는, 기업에 대한 경영컨설팅은 그 탄생 및 성장 발전과정에서 글로벌 스탠더드가 적용되고 글로벌 기업의 독과점적 우위상황을 기반으로 진화했다. 글로벌 컨설팅사 주도로 시장이 작동되면서 컨설팅방법론도 글로벌 차원에서 개발되고 활용되는 경영컨설팅방법론이 그대로 또는 다소간 변형되어 활용된다. 경영컨설팅에서 개발되고 활용되는 다양한 방법론과 기법이 과연 우리 한국적 현실에 부합하는지에 대한 비판적 의견도 많다. 한국적 특수 상황을 반영하여 우리 현실에 부합한 방법론의 수정, 진화 및 한국적 특화방법론의 개발과 활용이 필요하다는 것이다. 더구나 한국 경영컨설팅 시장은 미국 주도의 전략, 운영중심으로 작동되어 제조업위주의 산업현장의 현실과는 멀어졌다는 비판도 있다. 독일이나 일본에서 발전, 진화되어온 공장현장관리와 생산성향상컨설팅 방법론의 활용이 미흡한 실정이다. 특히, 글로벌 경쟁에 노출된 대기업보다는 내수 중심의 중소기업의 경우 과학적 생산현장관리 방법론의 활용이 취약하다. 제조업 강국으로 커온 우리 한국경제에서 생산현장관리 분야의 컨설팅은 한국적 모델을 새롭게 개발하여 도전해 볼 블루오션 중의 하나라 할 것이다.

셋째는, 한국의 중소기업정책으로부터 발아한 중소기업컨설팅의 경우는 더 큰 문제 상황에 직면했다. 중소기업의 문제해결, 경쟁우위 창출 및 뉴 비즈니스모델 창조를 위한 경영컨설팅뿐만 아니라 다양한 기능별, 업종별 지식서비스를 담당하는 정부 부처들이 경쟁적으로 나서서 분야별 지식서비스까지 확대하여 중소기업컨설팅이라는 이름으로 정책지원을 하고 있다. 그 결과, 정부의 컨설팅 지원이 기대하는 효과를 거두지 못하고 오히려 컨설팅시장 참여자들의 모럴 해저드를 야기하는 경향까지 있다. 중소기업의 경쟁우위에 보탬이 된다고 해서 도입한 중소기업컨설팅 지원 사업이 지식서비스 지원정책과 차별화도 안되고 중소컨설팅 시장의 유효한 작동을 저해하는 경우도 많다. 중소컨설팅시장에서는 악화가 양화를 구축하는 경향도 발생하고 있다.

결론적으로 한국 컨설팅시장의 작동상황을 요약하면 ① 지식서비스컨설팅의 국가사회 각 부문으로 확산에 비해 전문지식서비스와 차별화된 방법론적 지식이 미흡하다는 점, ② 경영컨설팅 시장의 글로벌 컨설팅사 독과점적 우위가 강화되고 있으며 경영컨설팅 방법론의 지식서비스 등 여타분야로의 확산이 미흡하다는 점, ③ 중소기업지원정책을 통해 도입한 중소기업컨설팅이 중소기업과의 동반성장을 위한 제대로 된 역할을 수행치 못하고 오히려 시장의 모럴 해저드를 야기하고 있다는 점 등을 들 수 있다.

2. 한국 컨설팅시장의 발전 방향

한국 컨설팅시장의 문제 상황을 일거에 해결할 방법은 없지만 근본 원인을 찾아 해결해야 할 필요성이 대두된다. 이 책에서 '컨설팅 정의'에서부터 컨설팅서비스 전반에 걸쳐 '컨설팅방법론'이라는 핵심 요소를 새롭게 제시하는 이유이기도 하다. 컨설팅 시장이 제대로 작동되어야 컨설팅도 명실상부하게 하나의 산업으로 성장하고 발전하게 되는 것이다. 그리고 미래 유망 전문직으로서 컨설턴트들이 자유롭고 공정하게 활동할 수 있는 기회의 장이 마련될 것이다. 한국 컨설팅 시장의 발전 방향을 좀 더 구체적으로 제시코자 한다.

한국 컨설팅시장의 유형별 경쟁상황을 요약하면 경영컨설팅 분야에서는 공장현장관리 부문에서 일부 블루오션이 존재하나 전반적으로 레드오션, 지식서비스컨설팅 분야의 경우는 블루오션, 그리고 중소기업컨설팅 분야는 아직 유치상태에 있어 정부 주도의 인프라 구축이 시급한 상황이라 진단할 수 있다.

첫째, 경영컨설팅 분야의 경우, 글로벌 컨설팅사 독과점 체제하에서 글로칼 컨설팅사가 일부 진출하는 정도이다. 이 분야는 글로벌 컨설팅사가 컨설팅방법론 및 컨설팅사례 DB 그리고 전문인력 등 우수한 역량으로 무장하고 독주체제를 구축하고 있어 로컬 컨설팅사의 참여는 일부 틈새시장(니치 마켓)에 한정되어 있다. 특히, 이 분야의 핵심 고객인 대기업, 금융, 공공기관 등의 행태나 의식으로 볼 때 로컬 컨설팅사의 브랜드나 역량으로는 글로벌 컨설팅사의 독과점 영역에 도전하기에는 역부족이다. 그럼에도 불구하고 로컬 컨설팅사가 틈새시장에서나마 도전해 나가기 위해서는 한국적인 차별화된 방법론 개발 및 활용이 필수적이다. 그러나 로컬 컨설팅사들의 현재의 역량이나 연구개발 노력으로는 차별화된 방법론의 개발이나 활용에는 한계가 존재한다. 결론적으로 경영컨설팅 분야에서 로컬 컨설팅사들은 일부 틈새시장 적합형 패러다임 전환 컨설팅이나 4차산업혁명 시대에 부응한 미래컨설팅 분야에 핵심 역량을 투입해 나갈 필요가 있다. 정부의 정책도 신산업 정책 육성차원에서 로칼 컨설팅사들이 자신들 특화 분야의 컨설팅 방법론 개발 및 활용과 함께 방법론 기반의 DB축적에 앞장 설 수 있도록 '컨설팅서비스 사이언스'인프라 구축에 관심을 기울여야 할 것이다.

둘째, 한국 경영컨설팅 분야에서 아직도 블루오션으로 남아 있는 분야는 공장 현장관리 컨설팅이라 할 것이다. 그동안 한국이 경제성장 과정에서 확보해 온 공장현장의 경쟁력을 산업혁신4.0시대의 세계 일류로 전환시켜 나가기 위한 '스마트공장(Smart Factory) 컨설팅방법론'의 확산이 필요하다. 아울러 국민경제기반이자 일자리 창출의 주역인 9988 중소기업의 제조업 생산현장 전반이 돈 버는 공장이 될 수 있도록 한국적 특화의 '공장현장 컨설팅방법론'을 개발하여 보급, 확산시켜야 할 것이다.

셋째, 지식서비스컨설팅 분야는 기업경영뿐만 아니라 국가사회 전반의 문제해결을 위해 새롭게 각광받는 블루오션 시장이다. 전문지식에 컨설팅이라는 용어를 더한 다양한 지식서비스컨설팅이 확산되고 있는 것은 그만큼 시장에서는 지식서비스컨설팅 수요가 존재한다는 사실을 반증한다. 금융, 세무, 노무, 법무, 회계, 특허, 지적재산권, 회생, 부동산, 정책 등 그동안 단순 전문지식서비스로서 수행되어 왔던 지식서비스가 한 단계 진화하여 지식서비스컨설팅으로 도약하고 있다. 단순한 전문지식의 자문 정도로는 고객의 요구에 부응하기 어렵고 고객이 당면하고 있는 문제해결을 위한 실용적 지식서비스로 나아가고 있다. 지식서비스컨설팅이 전문지식의 단순 자문에 그치지 않고 고객의 문제해결을 위한 최적의 유효한 서비스가 되기 위해서는 '고객의 문제를 인식하고, 진단하고, 처방하고, 치유하는 방법론적 인터페이스'가 필요하다. 이것이 바로 지식서비스컨설팅 방법론의 개발과 활용이다. 그런데 컨설팅 방법론의 개발과 활용은 주로 경영컨설팅 분야에서 수행되어 왔기 때문에 지식서비스분야에서는 동 방법론을 일부 변형, 활용하거나 기존의 지식서비스처럼 단순 지식의 자문에 그치는 경우가 많았다. 따라서 지식서비스컨설팅이라는 새로운 블루오션을 창출하기 위해서는 이 분야에 적합한 차별화된 지식서비스컨설팅 방법론의 개발과 활용이 요구된다.

넷째, 중소기업컨설팅 분야는 중소기업의 경영역량이 취약한 점을 보완해주고자 경영컨설팅과 더불어 지식서비스컨설팅 모두를 포괄하여 정책적 지원을 하고 있다. 그렇다보니 경영컨설팅과 지식서비스컨설팅 분야에서 제기되고 있는 문제점 모두에 직면해 있다. 더구나 정부의 중소기업컨설팅에 대한 직접 보조는 정부지원을 받기 위한 컨설팅서비스 공급자와 수요자간의 상호 이익연계의 커넥션 확산이라는 모럴 해저드를 야기하고 있다. 그 결과 태생적으로 유치 분야였던 중소기업컨설팅 분야가 자생력을 키우지 못하고 더욱 취약해지는 상황에 직면했다. 정부의 중소기업컨설팅 지원 정책이 유치시장의 자생적 역량 제고를 위한 컨설팅 인프라 구축에 주안을 두기보다는 유효하게 작동되는 시장을 전제로 한 보조지원방식을 채택하고 있기 때문이다. 정부가 아직 유치 분야인 중소기업컨설팅 시장을 제대로 된 컨설팅 시장으로 육성해 나가기 위해서는 코페르니쿠스적 정책 전환이 필요하다. 즉, 현재의 개별 중소기업대상의 컨설팅 보조지원에서 컨설팅방법론의 개발 및 활용, 사례 DB 구축, 전문 인력 양성 공급 등 인프라 구축 및 활용에 집중할 필요가 있다. 중소기업컨설팅 인프라 구축을 효과적으로 지원하기 위한 법적 기반으로서 '중소기업컨설팅 인프라 구축법'이 조속히 제정되어야 할 것이다.

방법론 이야기 <2>

〈삶의 정도〉로서 생존부등식

윤석철 교수는 그의 책『삶의 정도』에서 오늘날에 요구되는 '생존부등식'을 제시한다. 자본주의가 진화하면서 삶의 목적함수로서 이윤극대화, 비용최소화가 그 발전을 추동했다. 이윤창출을 위한 기업 활동의 자유를 극대화하는 시장자유주의가 삶을 규정짓는다. 그런데 오늘 이 시대는 비용최소화에서 출발하여 이윤극대화를 도모하는 자본주의 방식이 더 이상 지속가능하지 않게 되었다. 성장정체, 일자리 부족, 양극화 등 현상은 비용최소화, 이윤극대화 추구의 필연적 귀결이다. 더구나 기술과 정보의 혁신으로 세상은 지수적(exponential)으로 변화한다. 산업화시대에서 지식정보화시대를 거쳐 이제는 인공지능 기반의 4차산업혁명 시대로 진화하고 있다. 새로운 시대 흐름에 걸맞는 삶의 방식을 재정립해 나가야 한다.

새로운 시대, 삶의 정도로서 생존부등식 V>P>C(가치>가격>비용)을 제시했다. 삶의 목적함수로서 V>P>C가 충족되어야 하며, 동 목적함수를 달성해 내기 위해서는 수단매체가 최적으로 선택되고 활용되어야 한다.

V>P>C의 생존부등식은 자본주의 당면문제를 잘 드러낸다. 그동안 자본주의는 P-C>0을 추구했다. 그 핵심출발점은 비용최소화이다. 가격은 시장에서 결정된다. 따라서 이윤극대화를 위해 기업은 실천 가능한 비용최소화에 매진한다. 그러나 이윤을 높이기 위해서는 다양한 방식이 활용될 수 있다. 독과점 강화, 브랜드 마케팅, 새로운 가치 제공 등이 그것이다. P-C>0의 목적함수는 자본공급자 중심의 삶의 방식을 대변한다. 오늘날 직면하고 있는 지속가능한 성장의 적신호가 켜진 것이다.

새롭게 제시된 생존부등식은 'V-P>0 및 P-C>0'의 좌우 양쪽이 상호 견제와 균형을 이룬다. 우선 고객이 느끼는 가치가 항상 가격보다는 높아야 (V-P>0) 한다. 고객이 시장에서 형성된 가격으로 상품과 서비스를 구매했는데 그 후에 느끼는 가치가 구매한 가격보다도 못하다면 다시는 구매하지 않을 것이다. 결국은 그 상품과 서비스를 제공한 기업은 지속가능한 성장을 계속해 나가지 못한다. 4차산업혁명 시대는 가치와 가격의 정보와 기술이 유비쿼터스하게 시장에서 비교되고 활용된다. P-C>O의 경우도 C를 줄이는 방식보다는 V를 높여서 P를 높이는 방식이 더욱 선호된다. P를 높이는데도 V가 P보다 더 높아야 한다는 점이 중요하다. 독과점이나 과당 마케팅을 통해서 P를 높이는 경우에는 V가 P보다 낮아질 가능성이 커진다.

이러한 생존부등식을 만족시키는 수단매체가 지금까지와는 다르다. 감수성, 상상력, 탐색시행이라는 세 가지 도구가 제시되었다. 창조혁신시대의 핵심적 성공요소로서 제시되어 온 것들이다. 삶의 목적함수가 달라졌으니 달성을 위한 수단매체도 달라져야 하는 것이다.

첫째, 고객이 지불한 가격보다도 더 높은 가치를 부여하고 있는지를 알아내는 감수성이다. 고객이 그 상품과 서비스에 대해서 느끼는 필요성과 아픔 그리고 정서를 잘 알아내고 대응해야 한다. 감수성을 통해 고객의 필요, 아픔, 정서를 인식하는 것은 생존부등식의 목적함수 달성을 위한 출발선이다.

둘째, 어떻게 하면 상품과 서비스의 가치를 높일 수 있을 것인지에 대한 대안을 찾는 상상력이다. 상상력의 발휘는 경험과 데이터를 축적하고 이를 잘 정리해서 활용해야 한다. 기업가적 열정과 몰두도 필요하다. 또한 항상 자유롭고 창의적인 분위기를 조성하는 조직을 만들어야 한다.

셋째, 상상력을 통해 개발된 대안을 현장에서 활용하기 위한 탐색시행이다. 우선 제시된 대안의 존재가능성을 증명해서 그 진실과 거짓을 판명해야 한다. 과학적, 이론적 탐색시행과 함께 기술적, 경제적 타당성의 검증은 더욱 중요하다. 시장에서 V>P>C가 성립되는지를 기술적, 경제적인 측면에서 검증하여 실천가능성을 확보해야 한다.

– 운봉세상

제 3 장 컨설팅방법론의 개발 및 활용

제 1 절 컨설팅방법론의 개요

1. 컨설팅방법론의 정의

컨설팅방법론은 지식서비스와 지식서비스컨설팅의 차별화를 위한 핵심요소이다. 그 예로서 경영서비스와 경영컨설팅이 어떻게 다른지를 살펴보자. 경영서비스는 기업경영의 최적효율화를 위한 경영관련 지식을 자문하는 지식공급 중심형의 서비스라 할 수 있다. 반면, 경영컨설팅은 기업이 이윤창출을 할 수 있도록 방법론적 지식을 활용하여 다양한 경영지식요소를 결합하는 문제해결 중심형의 서비스라 하겠다. 경영학 교수가 전문적인 경영의 이론과 실제를 통해 기업의 경영활동에 도움이 되도록 단순 자문하면 지식서비스가 되지만, 그가 방법론적 지식을 활용하여 기업의 경영상 문제해결을 도와 이윤창출에 도움을 주는 문제해결형의 자문을 하면 경영컨설팅이라는 것이다. 다양한 지식서비스분야 중에서 경영분야의 전문서비스가 방법론의 개발과 활용을 주도하고 경영컨설팅이 활성화되게 된 것은 자본주의 시장경제의 본원적 특성 때문이다. 기업이야 말로 다양한 지식요소를 결합한 경영활동을 통해 시장경쟁에서 승리하여 이윤창출을 해야 하는 주체이다. 그리고 기업의 이윤창출을 자문하기 위한 방법론 중심의 전문 지식서비스가 경영컨설팅이고, 경영컨설팅서비스 전문가가 경영컨설턴트이다.

최근 들어 지식서비스 분야 전반에서 경영컨설팅에서 개발된 방법론의 활용이 늘고 있고, 분야별 독자적인 방법론 개발 및 활용에 나서고 있는 것은 바로 자본주의 시장경제가 국가사회 전분야로 광범위하게 확산된 결과이다. 자본주의 시장경제에서는 국가사회 전반의 각종 조직과 개인조차도 기업처럼 문제해결 중심형의 활동을 하게 된다. 따라서 지식서비스분야 전반에 걸쳐서 문제해결 중심의 컨설팅방법론 수요가 확대된다. 이 경우 경영컨설팅방법론을 그대로 활용하거나, 더 나아가 각 분야별 전문지식의 공급요소가 가진 특성을 감안한 새로운 컨설팅방법론을 개발하여 활용해야 한다. 이 책에서 지식서비스 전 분야에 걸쳐 전문분야별 특화된 요인을 고려한 새로운 컨설팅방법론의 개발을 강조하는 것은 이와 같은 시대적 흐름을 고려한 것이다.

경영컨설팅이든 지식서비스컨설팅이든 전문지식서비스와 컨설팅서비스[4]를 차별화하기 위해서는 컨설팅방법론의 개발 및 활용이라는 핵심요인에 주목해야 한다. 이 책에서는 컨설팅방법론이란 다양한 고객의 문제해결 요구와 복잡다기한 전문지식을 최적 유효하게 연계하는 브리지(bridge)이자 방법론적 지식으로 새롭게 인식하고 정의코자 한다. 이러한 관점에서 컨설팅방법론이란 "다양한 지식공급 요소를 고객의 문제해결 수요에 최적 유효하게 연계시키는 논리적, 시스템적인 절차와 도구들의 체계이다."라 정의코자 한다. 컨설팅방법론은 자본주의 시장경제가 진화하면서 경영컨설팅 분야에서 선도적으로 개발 및 활용되어 왔고 그 흐름은 지속적으로 지식서비스분야로 확산되는 방향이다.

2. 컨설팅서비스의 수행모델 (Consulting Service Model)

컨설팅서비스의 수행모델은 초기의 조직개발(Organizational Development)분야에서 비롯되었고, 최근에는 ILO/Kubr(2002)의 수행모델이 일반적으로 활용되는 모델로 받아들여지고 있다. 컨설팅서비스의 수행모델은 [그림 2]와 같이 다양하게 제시되고 있는데 ILO/Kubr가 제시한 일반수행 모델은 '착수→진단→실행계획 수립→실행→종료'의 절차로 구성된다. 동 5단계의 절차는 광의 및 협의, 중소기업 및 新정의 등에서 컨설팅서비스를 어떻게 정의하든 컨설팅서비스를 수행할 때 일반적으로 따르는 수행절차이다.

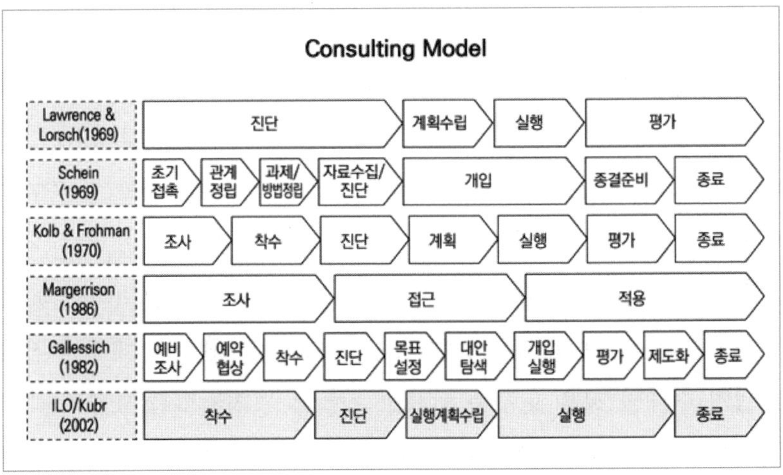

[그림 2] 컨설팅서비스 수행모델의 종류

3. 컨설팅방법론의 구성요소 : 절차(Procedure)와 도구(Tool)

컨설팅방법론은 상기의 컨설팅수행 모델의 추진과정에서 '특화된 문제해결이라는 목적달성을 위해 절차(Procedure)와 도구(Tool)를 논리적, 체계적으로 구축해 놓은 방법론적 지식'이다. 다시 말하면, 컨설팅방법론은 컨설팅수행의 일반모델 프로세스를 참고하면서도 고객이 당면한 문제해결이라는 목적을 달성하기 위한 최적의 절차와 도구의 체계로 구축된다. 컨설팅방법론은 그동안 경영컨설팅 분야에서 다양하게 개발되어서 활용되어 왔는데 그 모범 사례로서 문제해결컨설팅 방법론과 경영전략컨설팅 방법론에 대해서 그 절차와 도구 중심으로 도식화하여 제시하면 다음과 같다.[5)]

3-1. 문제해결컨설팅방법론의 절차와 도구

문제해결의 표준절차는 5단계, 7단계, 9단계 등 모델로 제시된다. 5단계 절차를 보면 '문제정의 → 현황파악 → 원인분석 → 대안개발 → 대안평가'의 단계로 구축되었다. 문제해결자의 선호도에 따라 절차 모델의 선택은 달라진다. 문제해결의 단계별 절차에서 활용되는 도구는 그동안의 경영컨설팅 분야에서 개발되어서 활용되어온 분석 도구 중에 적합한 것을 선택하게 된다. 문제해결 절차 모델의 단계별 적용 도구중 주요한 것들은 경영컨설팅 도구에 대한 기술과정에서 좀 더 자세히 소개할 것이다. [그림 3]은 문제해결의 5단계 절차 모델에 따라 적용되는 도구를 간략히 요약하여 제시한 것이다.

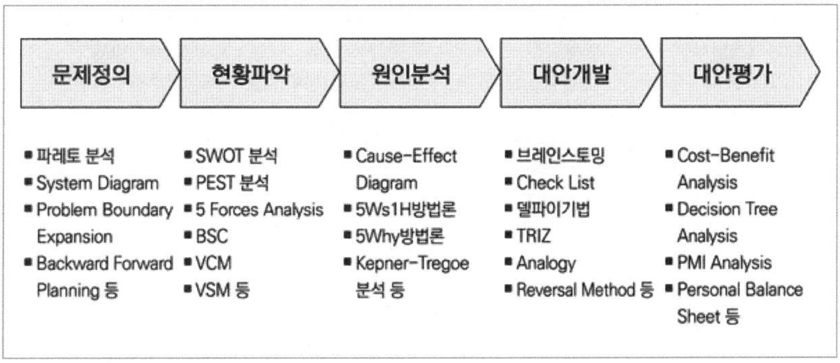

[그림 3] 문제해결방법론 5단계 절차 모델별 활용 도구

3-2. 경영컨설팅방법론의 절차와 도구

경영컨설팅방법론의 일반적인 절차는 컨설팅 프로젝트의 수행 부분 중에서 핵심적인 내곽부문에 해당하는 4단계 및 변화관리 절차로 제시 된다. 4단계 및 변화관리 절차는 '환경분석 → 현황분석(AS/IS) → 미래모형 제시(TO/BE) → 통합실행계획 수립(MP) 및 전 단계에 걸친 변화관리'로서 [그림 4]와 같은 절차 모델로 표시된다. 동 절차는 다시 소분류 되어 좀 더 구체화된 하위 절차로 구축되어 있다.

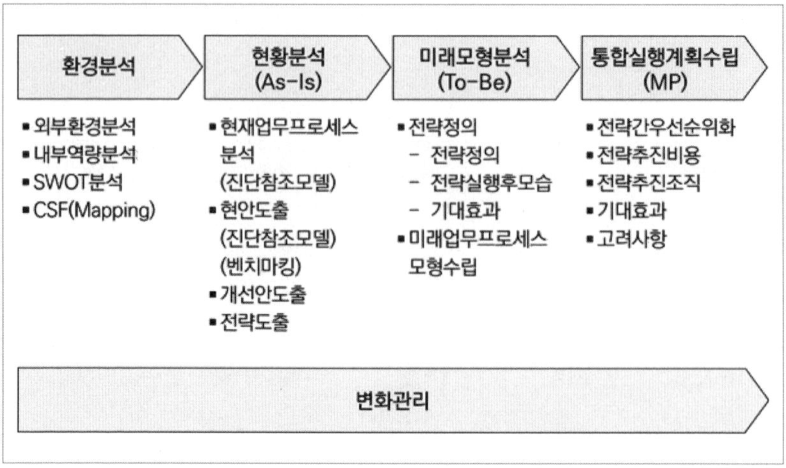

[그림 4] 경영컨설팅방법론의 절차 모델

경영컨설팅방법론의 수행 절차마다 활용되는 도구들은 그동안 경영컨설팅에서 개발되어 온 다양한 도구 중에서 선택된다. 첫째, 환경 분석을 위한 도구들은 거시, 시장, 경쟁환경 분석 등에 필요한 도구들로서 〈표 1〉에 요약되어 있다. 둘째는 현황분석(AS/IS) 단계이다. 이 단계에서 활용되는 도구들은 업무 프로세스(일하는 방식)에 대한 분석과 운영방법에 사용되는 도구들로서 〈표 2〉 및 〈표 3〉에 각각 요약되어 있다. 셋째는 생산현장의 생산성향상을 위한 현장 분석 도구는 〈그림 5〉에 최근 활발하게 진행되는 산업혁신 3.0 절차와 도구를 제시했다.

〈표 1〉 환경분석 도구

구 분	도 구
거시환경	◦ PEST(Politics, Economics, Social, Technology)
시장환경	◦ 5Forces(공급자, 구매자, 신규 진입자, 대체재, 경쟁강도)
경쟁환경	◦ 3C(Customer, Competitor, Corporation)

〈표 2〉 업무 프로세스 분석 도구

구 분	도 구
업무 프로세스	◦ SIPOC(Supplier, Input, Process, Output, Customer)
	◦ FDM(Functional Deployment Process Map)
	◦ VSM(Value Scheme Map)
	◦ RASCI차트(Responsible, Approval, Supporting, Consulting, Informant)
참조사례	◦ PCF(Process Classification Framework, APQC개발)

〈표 3〉 프로세스 운영 방법 도구

구 분	도 구
프로세스 운영	◦ BCG(Boston Consulting Group) Matrix
	◦ GE (Nine Cell Grids) Matrix
	◦ BSC(Balanced Score Card; Finance, Customer, Internal Process, Organizational Learning and Growth)
	◦ BSD(Business System Diamond; 업무프로세스, 기업문화, 조직/업무구조, 관리 및 평가체계)

구 분	도 구
	◦ C&E(Cause & Effect)트리
	◦ 7S(Strategy, System, Structure, Staff, Skills, Style, Shared Value)
	◦ DMAIC(Define, Measure, Analysis, Improve, Control; 6시그마)
	◦ 전략캔버스(Blue Ocean 6 Paths; 대체산업, 전략그룹, 구매사슬(구매자집단 & 제품/서비스/보완재, 기능/감성/시간/트렌드)
	◦ ERRC(Eliminate, Reduce, Raise, Create)
	◦ VOC(Voice of Customer)
	◦ 5DPA(Design Parameter Analysis; Process, Role & Responsibility, Rule & Policy, Performance, Measure, System) 등

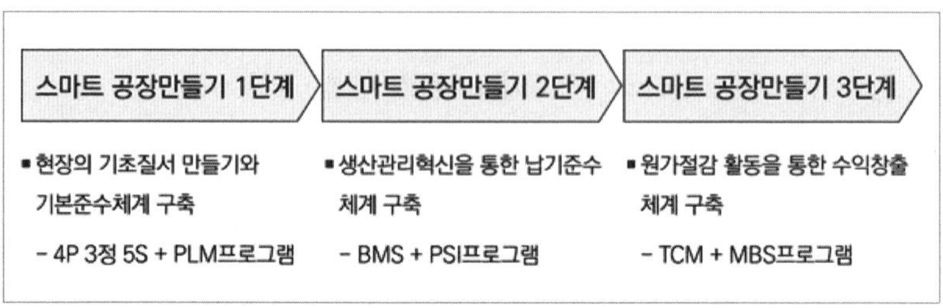

[그림 5] 산업혁신 3.0 절차 및 도구

미래모형 분석을 위한 도구는 <표 4>와 같다. 끝으로 통합실행계획 수립 절차에 활용되는 도구로는 시급성, 중요성의 2요인 분석도(2 Scale Diagram)나 용이성과 효과성의 Pay-Off Matrix 또는 시급성 - 중요성, 용이성 - 효과성을 결합한 X-Y Matrix 도구가 있다. 아울러 KI(musts-wants)도구도 활용된다.

<표 4> 미래모형 제시 절차의 도구

구 분	도 구
아이디어 창출	◦ 브레인 스토밍
	◦ 브레인 라이팅
	◦ SCMAPER
	◦ 6 Thinking Hats
	◦ TRIZ기법 등
아이디어 평가	◦ KPI(Key Performance Indicator)
모범사례	◦ PCF(Process Classification Framework; mega-major-sub-activity)
	◦ Best Practice
	◦ Benchmarking 등

제 2 절 컨설팅방법론의 구조모델

1. 컨설팅방법론의 구조모델 10요소

컨설팅방법론의 개발 및 활용을 위해서는 필요조건으로서 컨설팅방법론의 5요소와 충분조건으로서 컨설턴트 역량 5요소를 최적 조합할 수 있어야 한다. 컨설팅방법론의 5요소는 ① 목적(Purpose) ② 절차(Procedure) ③ 도구(Tool) ④ 논리(Logics) ⑤ 체계(System)로 구성되며, 컨설턴트 역량 5요소는 ① 지식(Knowledge) ② 기능(Skills) ③ 기법(Techniques) ④ 태도(Attitude) ⑤ 전략(Strategy)으로 구성된다. 이들 요소들이 상호작용하는 방식을 구조화해 놓은 것이 [그림 6]으로 도시된 컨설팅방법론의 구조모델이다.[6)]

컨설팅방법론의 5요소가 전체적으로나 부분적으로 유효하게 작동하기 위해서는 '문제해결이라는 목적(Purpose) 달성을 위해 최적 유효한 절차(Procedure)를 제시하고 절차의 진행과정에 활용되는 도구(Tool)들을 선택하여 활용하게 되는데, 이 모든 프로세스(Process)에서 논리성(Logics)과 체계성(System)이 확보되어야 한다.' 컨설팅방법론의 개발이나 활용은 구조모델 전체를 체계화하여 구성하기도 있지만, 일부 절차나 도구만을 개발 및 활용하는 경우도 있는 등 문제해결 과제에 따라 다양하게 개발되어 활용된다. 어떤 경우든 컨설팅방법론의 개발 및 활용은 항상 고객의 문제해결이라는 목적달성을 위해 구성되어진 프로세스가 논리적이고 체계적으로 연계되어야 한다.

컨설팅방법론의 개발 및 활용에 있어서 컨설팅방법론의 5요소는 필요조건이라 할 수 있다. 컨설턴트가 방법론의 5요소를 기반으로 능수능란하게 컨설팅서비스로 연계하기 위해서는 추가적인 5요소의 전문가적 자질이 필요하다. 컨설팅방법론 구조모델의 충분조건이라 할 수 있다. 컨설팅 전문직을 포함해서 전문직 전반에 요구되는 전문가적 자질로는 지식(Knowledge), 기능(Skills), 기법(Techniques), 태도(Attitude), 전략(Strategy)을 들 수 있다.

지식(Knowledge)은 전문직에게 요구되는 최고의 자질이다. 통상의 전문직의 경우 특정 전문분야의 지식역량을 갖추는 것이 중요하다. 반면, 컨설팅 전문직의 경우 방법론적 지식을 필요조건으로 분야별 전문지식에 대한 이해와 함께 고객의 문제해결에 필요한 부가적인 지식이 필요하다. 기능(Skills)은 업무에 대한 숙련도로서 다양한 경험과 축적의 산물이다. 통상의 전문직은 특정 전문분야 업무에서 특화된 경험의 축적이 요구된다. 반면, 컨설팅 전문직은 컨설팅방법론이라는 방법론적 지식을 현장에 적용하고 경험을 축적하여 데이터베이스를 구축해 나가야 한다. 기법(Techniques)은 전문적 지식이나 방법론적 지식을 남과 차별화하여 활용할 수 있는 기교이다. 전문직이나 예술가 등에게는 기법은 핵심적 차별화 요소이다. 컨설팅 전문직의 경우도 무미건조한 컨설팅방법론에 생명을 불어 넣을 수 있는 창의적인 기법으로 무장하는 것이 중요하다. 태도(Attitude)는 업무에 대한 자세, 몰입, 열정, 헌신 등의 자질을 말한다. 통상의 전문직의 경우 전문 분야의 지식 역량 중심의 태도를 갖추어야 한다. 반면, 컨설팅 전문직은 고객의 문제해결 위주의 수요자 중심의 태도를 갖추어야 한다. 전략(Strategy)은 목적달성을 위해 다양한 투입요소를 환경변화에 맞추어 시스템적으로 동원하는 역량이다. 통상의 전문직의 경우 특정 분야의 전문성에서 벗어나 숲 전체를 조망하는 전략적 사고와 자질을 갖추어야 한다. 컨설팅 전문직은 문제해결을 목표로 한 전략적 사고와 자질이 요구된다. 컨설팅방법론을 개발하여 활용하는 것은 컨설팅 전문직이 문제해결 위주의 전략적 역량을 높여나가는데 필요한 핵심적 자질이라 할 것이다.

컨설팅방법론의 구조모델은 컨설팅방법론 5요소와 전문가적 역량 5요소를 종합적 체계적으로 구조화해 놓은 것이다. 이들 10가지 핵심요소들이 유기적으로 상호작용하여 컨설팅서비스의 양과 질을 결정하게 된다. 컨설팅서비스 현장에서는 구조모델에 관련된 구성요소들이 환경변화에 맞추어 전체적, 부분적으로 상호작용하면서 작동된다. 컨설턴트는 오케스트라의 지휘자와 같다. 고객들에게 최고의 결과물을 안겨주기 위해 모든 구성요소들이 시스템 전체의 구조와 맞물려 하모니를 이루면서 연출되어야 한다.

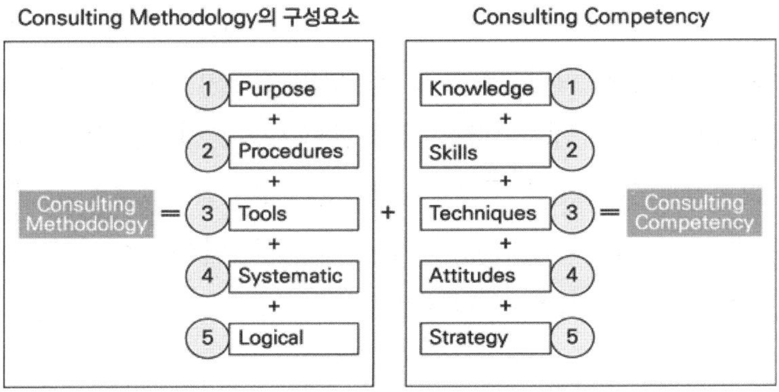

자료 : 나도성 등, "글로벌컨설팅 방법론 개발" 연구용역 자료(2006).

[그림 6] 경영컨설팅방법론의 구조모델

2. 컨설턴트다운 컨설턴트 기본소양 5요소

컨설팅 전문직으로서 컨설턴트의 필요충분조건으로 컨설팅방법론 구조모델 10요소를 제시했다. 컨설턴트는 자본주의 시장경제 시스템의 최적 유효한 작동과 미래 진화의 주역이다. 이를 위해 한국사회의 컨설턴트들이 갖추어야 할 추가적인 기본소양으로 발효리더십, 기업가정신, 프로젝트관리자, 조사통계 및 데이터분석가, 미래전략가 등 5가지를 제시코자 한다.

첫째, 컨설턴트는 발효리더십 발휘의 선봉에 서야 한다. 한국사회는 산업화 이래 공고하게 구축되어온 인스턴트리더십이 팽배해 있다. 그 결과는 저성장 시대로 접어들면서 한정된 파이를 차지하려는 부패리더십으로 추락하는 경우도 많다. 창조혁신사회의 카오스적 변화 요구에는 인스턴트리더십이나 부패리더십으로 더 이상 부응하기 어렵다. 리더십발휘의 패러다임 전환이 필요하다. 한국사회 구성원 모두의 잠재역량을 극대 발휘토록 유인하는 발효리더십 발휘가 절실하다. 저자는 발효리더십 발휘를 위한 컨설팅모듈로서 'ACE발효리더십 모듈'을 개발하여 제시했다.[7] 아울러 이 책의 마지막장에서도 동 모듈을 소개하였다.

둘째, 컨설턴트는 기업가정신 발휘의 화신이 되어야 한다. 한국이 지향하는 자본주의 시장경제 체제의 지속 가능성을 담보하는 핵심 동력은 기업가정신이다. 그동안 한국경제의 고속성장을 주도해 온 기업가정신이 많이 쇠퇴했다. 세계는 바야흐로 4차 산업 혁명의 거대한 흐름이 몰아치고 있다. 국가사회 전반에 걸친 기업가정신의 재점화가 시급하다. 저자는 컨설턴트들이 그 선봉에 나설 수 있는 컨설팅모듈로서 기업가정신 '촉 - 단 - 공' 기업가정신 모듈을 개발하여 제시했다.[8] 아울러 이 책의 마지막장에서 동 모듈을 소개하였다.

셋째, 컨설턴트는 프로젝트관리자로서 PCTS(Performance-Cost-Time-Scope)과업관리에 앞장서야 한다. 자본주의 시장경쟁이 치열해지면서 기업뿐 아니라 각종 조직에서 과업(Task)의 프로젝트화가 광범위하게 확산되었다. 프로젝트화의 핵심은 PCTS로서 일정기간에 한정된 비용으로 정해진 범위에서 최적의 성과를 거두는 것이다. 컨설턴트는 고객의 문제해결을 목표로 컨설팅방법론을 활용하여 최적의 PCTS과업을 수행해야 한다. 따라서 컨설턴트는 프로젝트관리자로서 PCTS관리운용자가 되어야 한다.[9)]

넷째, 컨설턴트는 조사통계 및 데이터분석가로서 역할에도 앞서 나가야 한다. 컨설팅방법론을 활용하는 과정에서 부가적으로 활용되는 것이 조사통계분석이다. 조사통계분석은 양적, 질적 분석방법이 다양하게 활용된다. 컨설팅방법론의 프로세스 진행과정에서 고객의 요구에 부합한 최적의 유형을 선택하여 활용해야 한다. 오늘날 4차산업혁명 시대로 본격 진입하면서 빅 데이터의 시대가 도래하였다. 빅 데이터의 축적, 분석, 가공, 활용이 광범위하게 확산되고 있고 기존의 조사통계분석을 대체하는 단계까지 접어들었다. 컨설팅서비스 수행과정에서 빅 데이터 분석은 컨설팅방법론의 부가적 역할에서 출발했으나 향후에는 융·복합화되어 한층 강화되어 나가면서 결국에는 주객전도의 상황으로 진행될 것이다. 따라서 컨설턴트는 조사통계 및 데이터분석가로서 역량을 더욱 충실하게 배양해야 한다.

다섯째, 컨설턴트는 산업화시대의 선형적 변화(linear change)전문가에서 탈피하여 4차산업혁명시대의 지수적 혁신(exponential innovation)을 주도하는 미래전략가로서 역할을 수행해야 한다. 시장에서 독과점적 우위를 가진 대기업은 스스로 미래전략을 위한 연구와 투자에 열심이다. 반면, 중소기업의 경우는 상대적으로 미래전략에 대한 준비와 투자가 미흡하다. 컨설턴트는 4차산업혁명

시대의 미래전략가로서 역량을 배양하여 중소기업 미래전략의 핵심 중핵인자(keystone player)이자 동반자(partner)로서 역할을 수행해 나가야 한다.

제 3 절 컨설팅방법론의 유형 및 보조방법론

컨설팅방법론의 유형 및 보조방법론에 대해서는 [그림 7]에 도식화해 놓았다. 컨설팅방법론은 프로세스(Process)와 도구(Tool)의 핵심 두 축으로 구성된다고 했다. 그런데 그 드러나는 모습으로 보면 모델(Model), 모듈(Module), 툴킷(Toolkits), 사례(Cases) 및 솔루션(Solution) 등의 존재유형으로 나타난다. 한편, 그 역할양태로 보면 정리도구, 개념도구, 분석도구, 진단도구, 요인도구 등으로 구분해 볼 수 있다. 또한 컨설팅서비스를 수행하는 과정에서 다양한 보조방법론도 유효하게 활용된다. 주요한 보조수단으로는 프로젝트관리방법론, 양적통계조사방법론, 질적분석방법론, 빅 데이터분석방법론 그리고 통찰, 관조, 명상 등이다.

1. 컨설팅방법론의 존재 유형

컨설팅방법론의 프로세스와 도구가 그 모습을 드러내는 존재유형으로는 ① 모델(Model) ② 모듈(Module) ③ 툴킷(Toolkits) ④ 사례(Cases) ⑤ 솔루션(Solution) 등이며 그 존재유형은 ICT 발전에 따라 계속 진화하고 있다.

첫째, 모델(Model)은 '문제해결 및 경쟁우위 창출을 위한 시스템적 논리완결성을 지향하는 프레임워크'로 정의할 수 있다. 예를 들면, 경영컨설팅의 기본모델은 환경분석, 현황분석(AS/IS), 미래모형분석(TO/BE), 통합실행계획수립(MP), 변화관리가 논리적, 시스템적인 통합완결성을 지닌 프레임워크로 제시되어 있다. 산업경쟁현황분석 도구로서 5Forces모델은 공급자, 구매자, 신규 진입자, 대체제, 경쟁강도의 5가지 요소가 상호 연계된 프레임워크로 구축되어 있다.

둘째, 모듈(Moduel)은 '문제해결 및 경쟁우위 창출을 위한 핵심적 특성요소의 집합적 체계'라 정의할 수 있다. 예를 들면, 발효리더십 ACE모듈은 3개의 대분류 모듈과 9개의 소분류 모듈로 구축되었다. 3개의 대분류 모듈은 전략적 민첩성(strategic Agility), 의사소통(Communication), 조화로운 실행(ensemble Execution)이다. 컨설팅방법론을 구성하는 프로세스와 도구들은 많은 경우에 모듈(Module)화의 형태로 구축되어 진다.

셋째, 툴킷(Toolkits)은 '문제해결 및 경쟁우위 창출, 비즈니스 모델 창조를 위한 부문별 시스템 연계와 상호작용을 인식하고 분석하여 대안을 모색하기 위해 활용되는 다양한 형태의 도구'라 정의할 수 있다. 도구(Toolkits)들은 단순 도식화되거나, 모델(Model)이나 모듈(Module)화되기도 하고, 모범사례로서 케이스화 되기도 하며, 더 나아가 ICT를 활용하여 솔루션화로 진화하는 등 그 존재 양태가 다양하다. 컨설팅방법론은 프로세스와 도구라는 핵심 두 축으로 구성된다고 했는데, 프로세스 측면보다는 도구의 개발과 활용이 훨씬 활발하게 진행되고 있다.

넷째, 사례(Cases)는 '문제해결, 경쟁우위 창출, 비즈니스 모델 창조를 위한 표준 및 규범(S&R: Standard & Rule), 베스트 프랙티스 및 벤치마킹(B&B: Best Practice & Benchmarking)의 모범 사례'라 정의할 수 있다. S&R의 예로는 ISO시리즈를 들 수 있다. 품질경영에서부터 기업의 사회적 책임 그리고 2017년 6월에는 경영컨설팅서비스에까지 'ISO 20700(Guidelines for Management Consultancy)'[10]으로 개발되어 보급되고 있다. B&B의 베스트 프랙티스는 성과창출을 위해서 가장 최적화된 형태로 사전에 만들어진 업무수행 방식으로서 컨설팅방법론으로 유효하게 활용된다. 벤치마킹은 관련된 분야의 우수한 상대를 찾아 표적으로 삼고 성과차이를 비교하여 극복하는 방법을 찾는 케이스 비교분석 사례이다. 벤치마킹을 수행하는 방법론으로서 다양한 컨설팅 툴킷도 개발되어 활용되고 있다.

다섯째, 컨설팅방법론의 표준화를 통한 DB가 축적되면 이를 바탕으로 ICT기술을 활용하여 다양한 솔루션이 개발된다. 컨설팅방법론은 모델, 모듈, 툴킷, 사례 등의 유형으로 개발, 활용되는데 도구화, 체계화, 표준화를 지향한다. 특히, 표준화는 DB의 축적을 통해 진행된다. DB가 축적되면 ICT기술과 결합하여 문제해결을 위한 솔루션 개발로 이어진다. 컨설팅시장에서 방법론을 활용한 컨설팅 결과물들은 정보 보호나 지식재산권 보호 등으로 공개 및 유통이 저해 받고 있다. 그러나 지식정보화 사회가 고도화하고 4차산업 혁명 시대로 진화하면서 빅 데이터가 축적되고 빅 데이터의 분석, 활용 기술이 확산된다. 따라서 컨설팅방법론의 표준화와 함께 그 결과물의 공개 및 유통도 늘어날 것이다. 컨설팅방법론의 표준화를 통한 결과물들의 DB축적과 공개도 더욱 확대될 것이다. 그 결과는 더욱 다양하고 영향력 있는 솔루션의 개발과 확산이 진행될 것이다.

2. 컨설팅방법론의 역할 양태

컨설팅방법론의 개발의 목적에 따라서 드러나는 방법론의 역할 양태에 따른 분류이다. 컨설팅방법론이 컨설팅서비스를 수행하는데 어떤 역할을 하는지에 따라 정리도구, 진단도구, 참조도구, 창조도구, 요인도구 등으로 나누어 볼 수 있다.

첫째, 프로세스, 매트릭스, 차트, 로직트리, 다이아그램 등과 같은 정리도구들이다. 정리도구는 언어적 표현이나 비구조적 내용들을 구조화, 도식화, 도표화 하여 인과관계, 프로세스 진행, 상호관련성 등을 알기 쉽게 정리하기 위해서 개발된다. 컨설턴트와 클라이언트와의 상호 교감과 참여 그리고 커뮤니케이션의 원활화를 위해 다양하게 개발되어 활용된다.

둘째, 3C, 5forces, 4p, BCG, 비즈니스모델 캔버스 등과 같은 다양한 분석도구들이 존재한다. 분석도구는 데이터나 팩트(facts) 등의 다양한 양적, 질적 자료를 수집하고 조작하여 의미 있는 결과나 산출물로 전환을 도와주는 도구이다. 일부는 경영학을 포함한 다양한 학문분야에서 연구되어 이론이나 모델로 제시되고 검증되어진 것들로서 컨설턴트들이 이들 이론이나 모델을 경영컨설팅 현장에 차용하여 사용한다. 반대로 컨설턴트들이 컨설팅현장에서 실무 경험을 통해 새롭게 개발하여 활용하는 이론이나 모델도 많다.

셋째, 재무, 인사, 조직, 전략, 운영 등 다양한 측면에서 조직이 안고 있는 문제를 진단하기 위한 도구이다. 다양한 학문적, 실무적 연구와 현장 경험을 통해 추출된 진단 요소들을 분류하여 컨설팅의 목적에 맞게 진단 리스트로 체계화해 놓은 도구들이다. 이러한 진단도구를 활용하여 컨설팅 현장의 DB축적이 진행되면 ICT기술을 접목하여 신속하게 문제해결에 활용 할 수 있는 솔루션을 개발할 수 있게 된다.

넷째, 국제기구 및 개별 컨설턴트나 컨설팅사들이 현장 경험과 사례를 통해서 모범사례로 축적한 참조도구가 존재한다. 공개 및 공유되고 있는 참조도구는 대부분 보편화되고 정형화되어 이론과 원칙처럼 상식화한 것들이 많다. 참조도구의 일종으로 국제적으로 인증된 다양한 규범과 규칙, 베스트 프랙티스, 벤치마킹 사례 등이 다수 공개 및 공유되고 있다. ISO시리즈 등 국제표준의 경우는 방대한 분량으로 제시되어 있다. 그러나 창조혁신시대의 문제해결에 실질적인 도움이 되는 대부분의 참조도구는 공개 및 공유되지 못하고 있다. 글로벌 컨설팅사와 로칼 컨설팅사 간의 양극화의 큰 요인이 바로 이러한 참조도구의 DB역량 차이에 기인한다고 할 수 있다.

다섯째, 지식분야별 문제해결을 위해 특화된 핵심성공요인을 추출하여 도구화한 요인도구가 있다. 고객 유형에 따라서 다양한 지식공급요소 중 문제해결에 가장 상관관계가 높은 요인들을 추출하여 모듈화 한 것이다. 동 모듈을 활용하면 비슷한 유형의 문제해결 수요가 발생할 때 일반적인 진단도구보다는 더욱 유효하게 활용할 수 있다. 사회과학 논문의 경우도 대부분 독립변수와 종속변수와의 상관관계를 모델화하여 가설을 설정하고 요인변수들 간의 통계적 유의미성을 검증하는 것이다. 사회과학의 연구방법론이 컨설팅방법론의 요인도구 개발을 위한 하나의 방법론으로도 활용될 수 있다. 컨설팅시장에서는 아직까지 요인도구의 개발이나 활용은 활발하지 못하고 시장에서 공개 및 공유도 미흡하다. 대부분의 요인도구는 컨설턴트나 컨설팅사 스스로의 역량에 체화되어 암묵지화 되어 있다. 지식분야별 요인도구를 개발하더라도 각자의 지식 자산화하면서 외부 공개 및 공유를 꺼리는 경우가 많았다. 창조혁신시대의 카오스적 지식시장에서 컨설턴트의 경쟁우위는 지식분야별 요인도구의 개발과 활용이 핵심이라 할 수 있다. 그런데 이러한 문제해결의 인프라 역할을 하는 요인도구의 개발과 활용을 시장에만 맡기면 공개 및 공유가 제한을 받게 된다. 정부가 앞장서서 학계의 연구 역량을 돕고 활용하여 주도적으로 개발 및 공급에 앞장서야 할 이유이다.

3. 컨설팅방법론의 보조방법론

컨설팅방법론의 개발 및 활용과정에서 다양한 보조적인 방법론이 직·간접적으로 자주 활용된다. 프로젝트관리방법론, 양적통계조사방법론, 질적분석방법론, 빅데이터분석방법론 등이 그것이다.[11] 컨설팅방법론의 개발과 활용 역량은 보조방법론과는 별개로 구분해 볼 수 없다. 보조방법론 하나하나가 컨설팅방법론과 그 맥락이 직·간접적으로 연계되어 있다. 따라서 그 상호 관계를 면밀히 고찰해야 한다. 컨설턴트는 생태 시스템의 문제해결자이기 때문에 이론과 실제, 기술과 정보, 경험과 사례를 바탕으로 다양한 보조방법론을 결합하여 시스템 문제해결 역량을 갖춰야 한다. 아울러 인문학적 소양을 통한 통찰과 관조, 명상 능력은 컨설팅방법론을 개발 및 활용하는데 유용하게 활용된다. 인문학적 지식과 소양은 통찰, 관조, 명상을 위한 귀중한 자산이다.

[그림 7] 컨설팅방법론의 유형, 양태 및 보조방법론

제 4 절 컨설팅방법론 개발 및 활용의 미래

컨설팅방법론은 다양한 지식공급 요소를 고객의 문제해결 수요에 최적 유효하게 연계시키는 논리적, 시스템적인 절차와 도구들의 체계라 했다. 절차와 도구라는 핵심 2요소로 구성되는 컨설팅방법론의 개발 및 활용의 기본 틀(Framework)로서 컨설팅방법론 구조모델 10요소를 제시했다. 컨설팅방법론이 컨설팅현장에서 구체적으로 드러낸 모습을 존재 유형, 역할 양태 등으로 구분하여 제시했다. 컨설팅방법론의 개발 및 활용을 위한 기초적인 이해와 준비를 마무리했다. 이를 토대로 향후 컨설팅방법론의 개발 방향 및 실천을 위한 실천적인 전략전술을 모색코자 한다.

1. 컨설팅방법론 개발 및 활용 방향성

첫째는, 그동안 경영컨설팅에서 개발되어 보급되어온 경영컨설팅방법론을 지식서비스 전 분야에 걸쳐 유효하게 활용하는 방향이다. 전문지식서비스와 지식서비스컨설팅을 차별화하기 위해서는 컨설팅방법론의 개발 및 활용이 핵심이다. 한국 컨설팅시장에서는 컨설팅방법론을 전문지식서비스에 활용치 않으면서도 컨설팅이라는 브랜드만을 그럴듯하게 차용하여 지식서비스컨설팅이라고 칭하는 경우가 많다. 전문지식서비스가 지식서비스컨설팅이라는 광의의 컨설팅 정의로라도 받아들여지기 위해서는 우선 경영컨설팅방법론이라도 지식서비스에 접목하는 것이 첫걸음이 될 것이다. 이 책에서 주제별 경영컨설팅방법론과 함께 경영컨설팅 도구들을 소개하는 것은 경영컨설팅방법론의 지식서비스에의 융합 및 활용에 도움을 주고자 함이다. 단순 전문지식서비스가 지식서비스컨설팅으로 진화하는 첫째 관문이 이 지점이다.

둘째는, 경영컨설팅방법론을 변형하고 진화시켜 특정의 전문지식분야의 컨설팅에 활용할 수 있도록 특화하는 방향이다. 컨설팅방법론 구조모델을 유효 적절히 조합하고 활용하여 전문 지식분야에 적합한 특화된 방법론으로 변형토록 하는 것이다. 최근 들어 기술사업화, 지적재산권, FTA 등 전문지식분야별로 특화된 컨설팅방법론이 다수 개발되어 활용되고 있다. 그 이론과 원리가 바로 이 책에서 제시한 컨설팅방법론의 구조모델을 유효 적절히 적용하는 것이다.

예를 들면 저자는 2017년에 국가인재개발원의 '글로벌개발컨설팅방법론' 개발에 참여하였다. 기존의 경영컨설팅방법론을 기반으로 해서 글로벌개발컨설팅의 특화요소를 결합하여 변형하는 방식을 활용했다. 한성대 지식서비스&컨설팅대학원에서는 다양한 전문지식분야의 컨설팅방법론 교과과정을 개발하고 있다. 지난 10여년간 20여건 이상의 컨설팅방법론책자를 개발하였다. 이러한 국가인재개발원 및 한성대의 컨설팅방법론 개발 사례들은 제Ⅲ부에서 별도로 소개할 것이다.

셋째는, 경영컨설팅방법론 중에서도 그동안 한국에서 다소 소홀하게 취급 되어온 공장현장관리컨설팅법론을 한국 제조현장의 실정에 맞게 새롭게 개발하여 활용하는 방향이다. 인더스트리 4.0시대의 스마트 팩토리 구축을 위한 방법론 개발이 민간에서 일부 시도되고 있다. 그러나 정부가 적극 나서 산업정책차원에서 제조공장의 최적 효율화된 컨설팅 인프라로서 방법론을 표준화하여 개발, 보급해 나가야 한다. 공장현장관리컨설팅방법론이 대중소기업간에 공유되고 표준화되어야 수급 계열기업간의 연쇄 가치사슬 망까지 효율적인 연계를 통해 국가생태계 차원의 경쟁우위 확보에 기여하게 될 것이다. 민간에서는 중소기업의 돈 버는 생산현장 구축을 위한 컨설팅방법론이 개발되어 활용되고 있다. ACC컨설팅지식연구소에서 개발한 VPM(Value Performance Management)방법론 16개 모듈이 개발되고 소개되어 산업혁신 3.0현장에 활용되고 있다. 이처럼 민간에서 개발되었더라도 한국형 중소기업 현장에 적합한 컨설팅방법론의 경우 공공차원에서 관심을 가지고 국가적인 컨설팅 인프라로 활용하는 노력이 필요하다. VPM 16모듈에 대해서도 이 책 제Ⅲ부에서 요약하여 소개하였다.

넷째는 컨설팅방법론 구조모델 10요소를 유효 적절히 조합하여 독창적인 한국형 컨설팅방법론을 개발하여 활용하는 방향이다. 통상의 전문지식서비스와 지식서비스컨설팅을 좀 더 차별화하면서 컨설팅 시장과 산업의 독자성을 확보하기 위해서는 한국적 컨설팅 방법론을 다수 개발하여 활용하는 것이 필요하다. 한국 컨설팅시장에서 가장 취약하고 시급한 대응이 요구되는 분야이기도 하다. 한국형 컨설팅방법론의 개발을 위해서는 경영컨설팅방법론의 일부 변형만으로는 한계가 있으며 이 책에서 제시한 '문제인식의 틀(Framework)'에서 [?]부분에 해당하는 방법론적 지식을 다양하게 창조적으로 개발해 내는 것이 중요하다. 저자는 한성대 지식서비스&컨설팅대학원 강의를 하면서 기업가정신, 기술사업화, 벤처창업 등 분야에서 차별화된 지식서비스 컨설팅방법론의 개발을 시도하고 있다. 그 결실이 '기업가정신컨설팅방법론 모듈' '벤처창업컨설팅방법론 모듈' '중소기업R&D전략추진컨설팅방법론 모듈' 등이다. 또한 지난 10여년간의 컨설팅현장 경험을 바탕으로 몇 가지의 독창적 컨설팅방법론 모듈을 개발하였다. '촉 - 단 - 공 기업가정신 모듈' 'SGs강소기업 기업가정신 모듈' 'ACE리더십 모듈' 'The Three 1만의 법칙' 등이다. 동 사례들의 경우도 제Ⅲ부에서 요약하여 소개할 것이다.

2. 컨설팅방법론 개발 및 활용 전략전술

컨설팅방법론의 개발 및 활용의 방향성으로 기존의 경영컨설팅 방법론을 그대로 활용하거나 일부 변형, 특화시켜 나가는 방식과 함께 창의적으로 컨설팅방법론을 새롭게 개발하는 방식을 제시했다. 이러한 방향성에 발맞추어 어떻게 컨설팅방법론 10요소를 현장에서 구체화된 방법론으로 개발해 나갈 것인지 그 전략전술을 간략히 요약 제시코자 한다.

첫째, 경영컨설팅방법론을 그대로 문제해결의 현장에 직접 활용할 때 고려할 점을 살펴본다. 시장경쟁이 격화되면서 기업을 포함한 모든 조직과 개인들은 문제해결이나 경쟁우위를 차지하기 위해서 컨설팅서비스를 활용한다. 컨설팅서비스가 경쟁우위를 가지려면 컨설팅방법론의 구조모델 10요소를 고객의 문제 상황에 따라 최적 유효하게 배합, 활용해야 한다. 그 전략전술의 핵심은 ① 고객의 문제해결이나 경쟁우위라는 목적(purpose)지점을 명확히 해야 하고, ② 그 목적지점에 도달하는데 지름길이 되는 절차(procedure)와 도구(tool)를 논리적, 체계적으로 조합한 최적의 방법론 도구를 선택해야 하며, ③ 컨설턴트 자신이 보유한 지식, 스킬, 테크닉, 태도, 전략이라는 5가지 역량을 이러한 문제 상황에 맞게 잘 결합해 나가야 한다는 것이다. 경영컨설팅방법론은 이 책의 제Ⅱ부에서 소개되는 바와 같이 이미 다양하게 개발되어 제공되고 있다. 따라서 그동안의 전문지식 중심의 '공급자적 시각'에서 문제해결 상황에 임하던 방식을 탈피하기 위해서는 경영컨설팅방법론 중에서 전문분야의 문제 상황에 최적의 것을 선택하는 문제해결 중심의 '수요자적 시각'으로 바꿔 나가야 한다. 다시 말하면, 그동안의 단순 전문지식서비스 공급에서 탈피해서 경영컨설팅방법론을 결합한 전문지식컨설팅서비스로 전환해야 한다는 것이다. 이 경우 경영컨설팅방법론의 절차나 도구는 전문지식 분야의 특정의 문제 상황과는 다소 거리가 있을 수 있으므로 컨설턴트가 스스로의 컨설턴트 역량을 십분 발휘하여 그 격차를 줄여나가야 한다. 예를 들면, 전략컨설팅방법론은 이상적인 기업을 대상으로 구축된 방법론이다. 따라서 상대적으로 경영자원이 취약한 중소기업에 적용할 때는 컨설턴트 자신의 컨설턴트적 역량을 결합하여 중소기업의 문제 상황에 최대한 근접할 수 있도록 중소기업 적합형 전략컨설팅방법론으로 조절해야 한다는 것이다.

둘째, 경영컨설팅방법론을 문제해결 상황에 적합한 컨설팅방법론으로 일부 변형하여 특화시켜 나가는 방법이다. 전문지식서비스와 지식서비스컨설팅을 차별화하는 방법론이기도 하다. 전문지식위주의 공급자 중심에서 문제 해결 위주의 수요자 중심으로 나가는 지름길이다. 그렇다면 경영컨설팅방법론을 전문지식과 결합하는 최선의 전략전술을 어떻게 구사해야 할까.

전문지식 분야별 문제 상황의 해결을 위한 목적을 명확히 하는 것이 첫째이다. 경영컨설팅방법론의 경우 기업의 경쟁우위를 통한 이윤극대화가 핵심 목적이고 이를 달성하기 위한 절차와 도구를 경영의 분야별로 논리적, 체계적으로 구축해 놓았다. 지식서비스분야의 경우 방법론 적용의 1차적 목적은 전문지식의 적용을 통한 문제해결이기 때문에 경영에서의 이윤극대화와는 차이가 있다. 그러나 자본주의가 국가사회 모든 분야에 속속들이 스며들면서 전문지식서비스 분야도 문제해결의 궁극적 방향은 이윤극대화를 지향하게 되었다. 따라서 경영컨설팅방법론을 지식서비스분야에 변형하여 활용하는 것은 이윤극대화라는 경영의 속성과 함께 전문 지식분야의 문제해결이라는 지식서비스 속성을 잘 조합하는 것이다.

따라서 경영컨설팅방법론의 지식서비스컨설팅방법론으로 변형과 특화는 그 절차 측면에서 경영컨설팅방법론의 절차를 벤치마킹하면서도 지식전문분야의 특수요인을 잘 반영하여 결합해 나가는 것이다. 즉, 지식서비스분야의 특수요인을 찾는 것이 중요한데 그 방법은 동 분야의 전문가적 경험과 사례 그리고 그동안 축적된 자료를 DB화하여 활용하면 된다. 한편, 도구 측면에서는 경영컨설팅방법론에서 개발되어 활용되는 도구들을 지식서비스분야의 특성에 맞추어 적절히 선택하여 활용하면 된다. 다만, 지식서비스분야의 도구 활용시에는 문제해결을 위한 핵심요인 도구가 모범사례(Model Case)나 베스트 프랙티스로 요구되는데 동 요인도구 개발은 아직 미흡한 실정이다. 결론적으로 지식서비스컨설팅방법론 개발 및 활용에 있어서 요인도구의 개발이 대단히 핵심적이고 중요한 전략전술이 된다는 것이다.

셋째, 지식서비스분야에서 새롭고 창의적인 컨설팅방법론 개발하여 활용하는 것이다. 그렇다면 어떻게 새롭고 창의적인 컨설팅방법론을 개발해 활용할 것인가. 절차 측면에서 고려할 점은 경영컨설팅방법론의 절차에 전문지식의 특수요인을 반영하면 된다. 따라서 큰 어려움 없이 전문 지식의 특화요인을 결합하여 진화시키면 된다. 그러나 도구 측면에서는 창의력과 독창성의 발휘가 필요하다. 우선 도구 개발에서 최우선은 그동안 개발 및 활용이 미흡했던 요인도구의 개발이 우선이다. 또한 지식서비스 분야별 진단도구는 경영분야의 진단도구와는 차별화가 필요하므로 지식서비스 진단도구의 개발도 요구된다.

요인도구나 진단도구의 개발을 위해서는 컨설팅방법론 구조모델의 10개 요인을 유효 적절히 결합 활용해야 한다. 컨설팅방법론과 컨설턴트적 역량을 앙상블 조화시켜 나가야 한다. 아울러 전문가로서 기본소양인 발효리더십, 기업가정신, 프로젝트관리, 조사통계 및 데이터분석, 미래예측과 같은 역량을 발휘해야 한다. 예를 들면 양적, 질적 통계분석방법론에서의 변수들 간의 상관 및 인과관계를 분석하는 통계적방법론의 활용도 유용하며 빅 데이터 분석방법론을 새롭게 적용하면 큰 도움이 될 것이다. 또한 문제해결을 위한 시스템 전반의 상호관계를 인식하고 통찰하기 위한 통찰, 관조, 명상에 도움이 되는 인문학적 자세와 역량의 배양도 필요하다.

방법론 이야기 <3>

컨설턴트다운 컨설턴트가 되려면

현대인들은 모두가 '바쁘다 바빠'하는 일상을 살고 있다. 진짜 바쁜 경우도 있지만 대부분의 경우 바쁘다는 인식의 굴레에 빠져 있는 경우가 많다. 바쁘다고 빵빵대며 안달하는 차량이 과연 목적지에 얼마나 빨리 도착하고 그곳에서 무엇을 하는지 궁금하다. 하루 세끼 먹고살기 위해서 바쁜 것은 이해하겠는데 대부분의 하는 일은 그렇지 않다는데 문제가 있다. 스스로 인식의 굴레에 얽매어 고통을 자초하는지를 반성해 볼일이다.

컨설턴트다운 컨설턴트는 방법론을 잘 활용해서 바쁘게 서둘지 않고도 문제를 해결하는 전문가이다. 컨설턴트는 방법론과 함께 세 가지 핵심덕목을 실천해야 한다. '첫째는, 얼마나 질문을 하는가? 둘째는, 매일 글을 쓰는가? 셋째는, 수시로 생각을 쉬는가?'라는 것이다.

컨설턴트는 고객의 문제해결을 위한 방법론적 지식을 창출하고 적용하는 전문가이다. 다시 말하면 문제해결의 최적 유효한 브릿지를 개발하고 활용하는 전문가라는 것이다. 따라서 컨설턴트는 항상 고객이 직면한 문제가 무엇인지를 묻고 물으면서 다양한 지식요소들 중에서 핵심요인이 무엇인지를 찾고 또 찾아야 한다. 묻기는 묻는데 올바로 묻고 객관적으로 묻기 위해서 필요한 것이 컨설팅방법론이자 도구이다. 방법론과 도구는 필요조건이다.

그렇지만 방법론과 도구로 무장하고 있다고 해서 항상 잘 물을 수는 없다. 끊임없이 연관된 지식과 기술, 기능 그리고 태도와 전략을 습득하고 이해해야 한다. 그래야 잘 물을 수 있다. 충분조건이 필요하다는 것이다. 그 지름길이 바로 글을 쓰는 것이다. 컨설턴트는 매년 100권 이상을 책을 읽고 그 독서를 바탕으로 매일 글을 써야 한다. 그런데 너무 많이 묻고 쓰는데 집중하다 보면 '바쁘다 바빠'에 또 다시 빠질 수 있게 된다. 잘못하면 묻고 쓰는 것이 짐이 되고 인식의 굴레로 작용하게 된다.

컨설턴트가 고객의 문제에서 핵심을 집어내고 큰 그림을 그리기 위해서는 생각을 멈출 줄 알아야 한다. 생각을 멈추고 비우기 위해서는 많이 쓰이는 방법이 명상이다. 위대한 구루(guru)들은 명상의 명수들이었다. 컨설턴트는 삶의 과정에서 중간 중간 멈춰서 항상 스스로를 돌아보는 무위의 시간을 갖는 것이 중요하다.

- 운봉세상

제 II 부

주제별 경영컨설팅방법론 이론과 실제

제4장 주제별 경영컨설팅방법론 진화

제5장 주제별 경영컨설팅방법론 소개

제6장 경영컨설팅방법론의 도구(Tool)

Ⅱ 주제별 경영컨설팅방법론 이론과 실제

제 4 장 주제별 경영컨설팅방법론 진화

제 1 절 경영콘셉트의 탄생 - 유행 - 소멸

경영컨설팅방법론의 개발 및 활용은 수요자인 기업들의 경영행태와 밀접히 연계되어 있다. 기업경영에서 전략과 운영이 강조되면서 경영학계에서도 전략과 운영 관련 전문지식의 학문적 연구가 중시되었다. 그렇지만 경영학계에서 연구 개발된 전략과 운영 관련 전문지식이더라도 기업현장에서 적용되기 위해서는 조직내부와 외부의 정당성을 획득하는 것이 중요하다. 그 결과 경영학계에서는 다양한 경영콘셉트가 탄생하게 된다. 정당성을 인정받는 경우는 유행을 탔고 그렇지 못하면 소멸되었다. 경영콘셉트의 큰 흐름을 [그림 8]로 요약 정리했다. 1958년의 안소프의 Ansoff Matrix로부터 2005년 김위찬, 르네 마보안의 Blue Ocean에 이르기까지 격변하는 경영환경 변화에서 경쟁우위와 정당성을 확보하기 위한 다양한 경영콘셉트가 탄생하고 소멸되었다.

첫 번째 유행은 1958년부터 1978년까지이다. 전략개념의 도입, 다각화기업의 운영효율성, 제품수명주기와 제품포트폴리오 모델 분석이 성행했다. 한편, 재무적 관점의 한계, 핵심역량에 대한 고려미흡, 제품수명주기 설명력의 한계를 인식했던 시기이기도 하다. Ansoff 매트릭스, 산업조직, 전략과 구조, 시나리오 플래닝, 경험곡선, SWOT, BCG 매트릭스 등의 도구들과 기법이 유행했다. 두 번째 유행은 1979년부터 1981년까지이다. 산업구조분석이 대두되고 외부환경 분석을 중시했다. 기업의 성공요인으로서 산업 내에서 포지셔닝(positioning)의 중요성이 강조되었다. 그렇다보니 5forces, 3C, 7S, 다각화전략, Niche전략 등의 도구와 기법들이 유행했다. 세 번째 유행은 1982년부터 2001년까지이다. 기업의 핵심역량을 강조했고 내부환경 분석을 중시했다. 기업의 성공요인은 산업 내의 포지셔닝(positioning)이 아니라 기업의 자원과 역량이 중요함을 강조했다. TQM, 자원기반관점, Six Sigma, 핵심역량, 다이아몬드 모델, 리엔지니어링, 파괴적 혁신, Triple Bottom Line, Value Chain 등의 도구와 기법이 유행했다. 최신의 유행은 2002년부터는 오늘 현재까지이다. 혁신, 블루오션, 적응전략, 시행착오 등으로 진화하고 있다. 개방형 혁신, 전략지도, 블루오션전략, 비즈니스모델 혁신, 적응적 우위전략, 알고리즘전략 등의 도구와 기법이 유행하고 있다.

이처럼 다양한 경영콘셉트의 생멸과 진화과정에서 지속적으로 각광을 받은 것도 있지만 사라지는 것도 많다. [그림 9]는 1993년부터 2015년까지의 경영콘셉트 핵심요소를 시계열로 알기 쉽게 정리해 놓은 그림이다. 동 시계열을 통해서 보면 경영콘셉트 중에서 지속적으로 각광을 받고 있는 테마는 전략계획, 고객관계관리(CRM), 벤치마킹, 미션과 비전, 아웃소싱, 핵심요소, 고객 분할, 공급망 관리(SCM), 통합품질관리(TQM), 균형성과표(BSC), 비즈니스 프로세스혁신(BPR), 전략적 제휴 등임을 알 수 있다. 2015년에 두드러지게 유행하기 시작한 테마로는 빅 데이터 분석, 디지털전환 분야를 들 수 있다.

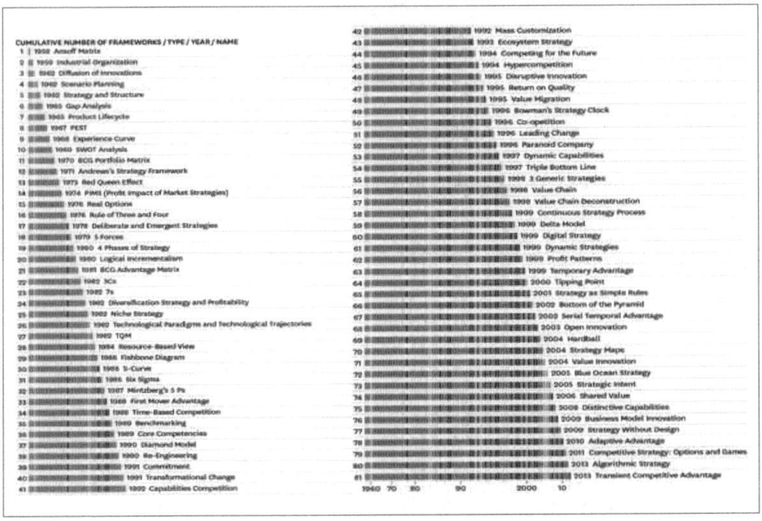

[그림 8] 경영컨설팅의 진화발전 과정도

활용순위	1993	1996	2000	2004	2005	2007	2013	2015	통합
1	Mission & Vision statement	Strategic Planning	Strategic Planning	Strategic Planning	Strategic Planning	Strategic Planning	Strategic Planning	Customer Relationship Management(CRM)	Strategic Planning
2	Customer Satisfaction	Mission & Vision statement	Mission & Vision statement	Customer Relationship Management(CRM)	Customer Relationship Management(CRM)	Customer Relationship Management(CRM)	Customer Relationship Management(CRM)	Benchmarking	Customer Relationship Management(CRM)
3	Total Quality Management(TQM)	Benchmarking	Benchmarking	Benchmarking	Benchmarking	Customer Segmentation	Empoyee Engagement Survey	Empoyee Engagement Survey	Benchmarking
4	Competitor Profile	Customer Satisfaction	Outsourcing	Outsourcing	Outsourcing	Benchmarking	Benchmarking	Strategic Planning	Mission & Vision statement
5	Benchmarking	Core Competences	Customer Satisfaction	Customer Segmentation	Customer Segmentation	Mission & Vision statement	Balanced Scorecard(BSC)	Outsourcing	Outsourcing
6	Pay-for-Performance	Total Quality Management(TQM)	Growth Strategies	Mission & Vision statement	Mission & Vision statement	Core Competences	Core Competences	Balanced Scorecard(BSC)	Core Competences
7	Business Process Reengineering(BPR)	Business Process Reengineering(BPR)	Strategic Alliances	Core Competences	Core Competences	Outsourcing	Outsourcing	Mission & Vision statement	Customer Segmentation
8	Strategic Alliances	Pay-for-Performance	Pay-for-Performance	Strategic Alliances	Strategic Alliances	Business Process Reengineering(BPR)	Change Management Program	Supply Chain Management(SCM)	Supply Chain Management(SCM)
9	Cycle Time Reduction	Strategic Alliances	Customer Segmentation	Growth Strategies	Growth Strategies	Scenario & Contingency Planning	Supply Chain Management(SCM)	Change Management Program	Total Quality Management(TQM)
10	self-directed Team	Growth Strategies	Core Competences	BPR(=TQM)	Business Process Reengineering(BPR)	Knowledge Management	Mission & Vision statement	Customer Segmentation	Satisfaction & Royalty Management
11				Total Quality Management(TQM)	Total Quality Management(TQM)	Strategic Alliances	Customer Segmentation	Core Competences	Balanced Scorecard(BSC)
12					Change Management Program	Balanced Scorecard(BSC)	Total Quality Management(TQM)	Big data analytics	Business Process Reengineering(BPR)
13					Balanced Scorecard(BSC)	Supply Chain Management(SCM)	Satisfaction & Royalty Management	Total Quality Management(TQM)	Strategic Alliances
14					Supply Chain Management(SCM)	Growth Strategies	Business Process Reengineering(BPR)	Satisfaction & Royalty Management	
15					Scenario & Contingency Planning	Total Quality Management(TQM)	Strategic Alliances	Digital transformations	

[그림 9] 경영콘셉트의 유행 흐름도

제 2 절 경영콘셉트의 방법론적 시사점

경영콘셉트의 생멸과 진화과정에서 지속적으로 각광을 받는 분야는 전략, 마케팅, 핵심역량, 벤치마킹, TQM, BPR, BSC 등 주제들이었다. 최근 들어서는 빅 데이터분석, 디지털전환 등이 주목받고 있다. 경영콘셉트에서 각광을 받는 분야는 바로 경영컨설팅 고객인 기업들의 경쟁우위 창출을 위해 수요가 많다는 점을 시사한다. 따라서 그동안 개발되어 활용되어온 다양한 경영컨설팅방법론 중에서 이들 각광받는 분야 중심으로 이해와 적용 능력을 높여나가야 한다.

[그림 10]은 경영콘셉트의 유행을 통해 분석해 볼 수 있는 방법론적 시사점을 요약 제시했다. 시사점의 핵심내용은 첫째, 전략, 마켓팅, 핵심역량, 벤치마킹, TQM, BPR, BSC 등 전통적 컨설팅주제들과 관련된 절차와 도구의 중요성이다. 둘째, 중요개념(지표, 요인, 변수)를 설정하고 Data를 수집, 분석하는 절차와 도구의 중요성이다. 셋째, 기업의 기능 활동을 통합적으로 측정, 분석하고 대안을 제시하는 절차와 도구의 중요성이다.

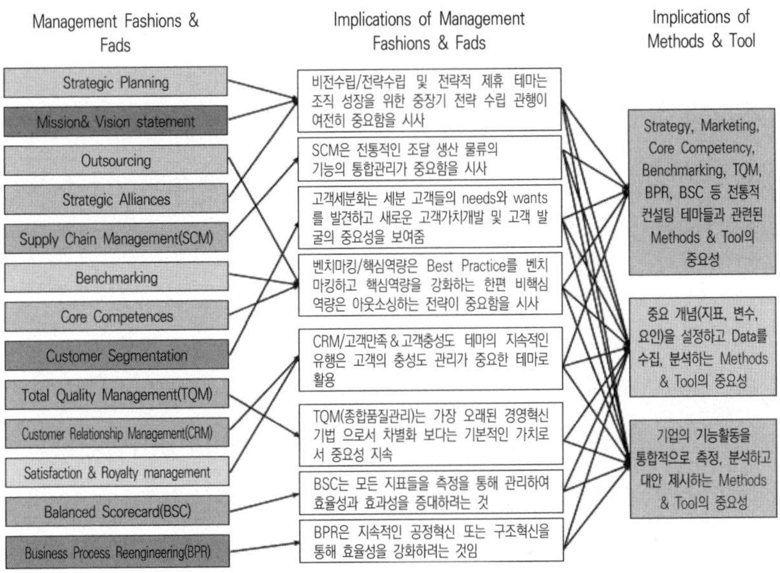

[그림 10] 경영콘셉트의 방법론적 시사점

제 3 절 주제별 경영컨설팅방법론의 개요

그동안 탄생 - 성장 - 소멸되어온 경영콘셉트를 통해서 컨설팅방법론의 방향성에 대한 시사점을 고려할 때 핵심 주제는 7가지 요약된다. 경영전략, 프로세스재설계, 마케팅, 조직, 신규사업, 정보계획, 해외시장 등이 그것이다. 따라서 이 책에서는 그동안 개발되어 소개된 다양한 경영컨설팅방법론 중에서 이상의 7가지 주제를 중점적으로 다룬다. 7개 주제 중 핵심 2축인 전략과 운영에 대해서는 그 이론적 근거와 활용 방법론 구체적으로 기술한다. 한편, 경영콘셉트의 유행과는 거리가 있으나 한국 제조업 및 중소기업분야의 유망 컨설팅 분야인 생산현장의 컨설팅방법론의 이론적 근거와 활용방법론은 제Ⅲ부 컨설팅방법론의 개발 및 활용 사례의 VPM사례에서 자세히 기술한다. 7개 주제 중 핵심 2주제를 제외한 나머지 5개 주제에 대해서는 방법론 구성의 프레임워크에 대한 아웃라인만을 제시하고 그 구체적인 활용방법은 독자들의 실습과제로 맡기고자 한다.

경영컨설팅방법론의 일반 모형을 구성하는 프레임워크는 다음과 같다. 첫째, 고객의 문제해결이라는 목적(Purpose)을 달성하기 위해 필요한 절차(Procedure)와 도구(Tool)를 논리적, 시스템적으로 구조화 해놓은 통합 모델(Model)이 구축되어 있다. 둘째, 통합 모델의 프로세스 진행과정에서 프로세스별 핵심요인을 진행 단계별로 구분해 놓은 모듈(Module)이 존재한다. 셋째, 통합 모델과 하위 프로세스 모듈의 진행과정에서 문제해결을 위한 자료와 데이터들을 논리적, 체계적으로 측정, 분석하고 대안을 마련하는데 유용한 도구(Tool)나 기법(Technique) 및 사례(Case)가 분류되어 제시된다. 이 책에서 기술하는 주제별 컨설팅방법론의 경우 경영컨설팅방법론의 일반 모형과 유사하게 전개되지만, 주제에 따라서 절차나 도구의 선택 유형은 차별화되어 전개되기도 한다.

이 책은 주제별 컨설팅방법론을 소개하면서 절차와 도구들을 구조화하여 일목요연하게 체계화 된 모형으로 기술하게 된다. 그러나 컨설팅현장에서는 일반 모델을 구성하는 부분 요소들인 모듈이나 툴킷 등만을 별도로 활용하면서 컨설팅서비스를 수행하는 경우도 많다. 또한 추가로 개발이 필요한 부분요소들을 새롭게 개발하거나 변형하여 활용하는 경우가 있다. 그 이유는 컨설팅서비스란 고객중심의 문제해결이 핵심이기 때문에 문제의 유형에 따라 방법론은 전체로나 부분적으로 다양하게 선택되고 활용되어야 하기 때문이다. 요약하면, 컨설팅방법론은 문제해결이라는 목적에 따라 시스템적인 통합 방법론 모형을 활용하기도 하고 경우에 따라서는 부분 모듈이나 툴킷, 모범사례 등 개별 요소만을 활용하기도 한다. 경영컨설팅방법론을 고객의 문제 상황에 맞추어 어떻게 활용하는가는 컨설턴트의 경험과 역량이 중요하다는 것이다.

방법론 이야기 <4>

지수적 변화(Exponential Change)시대 삶의 지혜

오늘의 시대는 선형적 사고(linear thinking)보다는 지수적 사고(exponential thinking)가 더욱 강력한 흐름이 되고 있다. 산업화시대의 선형모델의 관점에서는 북한 ICBM의 성공은 대단한 위협이지만 창조혁신시대의 기하급수적 지수모델 관점으로 보면 크게 우려할 것이 못 된다. 남북 간의 문제도 지수적 사고로의 대전환이 필요하다.

사고의 전환과 관련하여 Thomas L. Friedman이 쓴 'Thank you for being late'(늦어서 고마워), Peter Frankopan의 'The silk roads'(실크로드 세계사), 그리고 Jared Diamond가 쓴 'Guns Germs & Steel'(총, 균, 쇠)라는 책자는 필독서이다. 번역본보다는 원서로 보면 저자의 숨은 의도가 좀 더 생생하게 와 닿는다. 프리드만은 기술, 세계화, 환경 등을 통합하여 큰 그림으로 세상을 보는 사고를 해야 함을 강조한다. 프랑코판은 고대제국에서 오늘의 G2까지 인류역사의 주인공이 되고자 하는 자는 세계적 교류의 중심을 차지해야 한다고 지적한다. 다이아몬드는 인류역사를 거시적으로 보면 총과 균과 쇠를 장악한 자들이 주도했다는 것을 세계역사의 실증적 케이스를 통해 설명한다. 이 책들의 핵심 메시지는 〈in box 사고에서 벗어나 out of the box 더 나아가 without a box〉로의 코페르니쿠스적 전환을 해야 한다는 것이다.

서울 중구청이 기획한 '제2회 충무로 뮤지컬영화제'에서 아마데우스 뮤지컬 영화를 본 소감이다. 모차르트의 죽음과 살리에르의 시기 질투를 중심으로 한 뮤지컬로서 3시간 가까이 상영되었다. 중등시절 감명 깊게 보았던 고전 영화의 리바이벌이다. 지방자치단체인 구청이 앞장서서 대형 상영관들로 인해 어려움을 겪고 있는 관내 극장들을 살려보고자 기획한 프로그램이다. 내친김에 영화관들이 많이 몰려있는 충무로 일대를 극장별로 차별화된 콘텐츠로 무장한 클러스터로 발전시켜 나가길 기대한다. 영국의 피카딜리 써커스가 모범사례이다. 우리 한국도 풀뿌리 자치단체가 주도하여 도시 재생을 위한 창조적 아이디어를 비즈니스 모델화해 나가는데 앞장서 나가길 기대한다.

국정 100대과제에 세종시를 자치도시 모델로 키우고 국회분원 등의 설치를 통해 행정중심도시로 자리매김토록 하겠다는 내용이 들어 있다. 그런데 '구슬이 서 말이라도 꿰어야 보배다.'라고 자치단체가 아무리 좋은 아이디어를 가지고 자립화를 추진한다 해도 중앙정부가 돈줄을 틀어쥐고 지방정부의 자발적 역할을 제약하고 있어 문제다. 미국처럼 연방제 성격의 완벽한 지방 분권화가 이루어질 수 있도록 지방정부의 자립역량을 극대화할 시스템의 구축에 적극 나설 때다. 재정, 세제 등 측면에서 중앙정부 중심으로 구축 된 현행 제도를 근원적으로 개혁하여 지방정부가 주도력을 발휘할 수 있도록 바꿔야 한다.

몸의 균형을 위한 'Three Two' 방법론을 소개한다. 저자가 스스로의 건강 문제해결을 위해서 개발한 방법론이다. 하루 식사 Two, 운동 Two, 발산 Two의 법칙을 지킨다. 식사는 Two끼 분만 섭취할 수 있도록 브런치와 저녁의 1+1의 2끼 방식으로 조절한다. 운동은 walking and cycling의 1+1의 2시간 방식으로 매일 지속한다. 그리고 내부 축적에너지를 발산을 위해 reading and talking 1+1 2시간의 노력을 기울인다.

cycling의 실행을 위해서 그동안 묵혀놓았던 삼천리자전거를 꺼내었더니 펑크도 나고 바퀴살도 하나 나갔다. 가까운 자전거 수리점을 보광동 한강변에서 찾아내어 수리를 잘 마쳤다. 수리점 주인은 젊은이였다. 궁금해서 자전거 수리점 경기를 물었더니 계절을 타기 때문에 어렵기는 하지만 요새 사이클 인력이 많이 늘어서 그런대로 된다는 얘기였다. 자전거는 한때 한국이 세계시장을 주도했었는데 산업구조 고도화가 진행되면서 사양 산업이 되었다. 요즈음 웰빙붐을 타고 일부 되살아나고 있다. 중앙정부차원에서 행자부는 지역별 자전거 산업 활성화를 위해 많은 노력을 기울이고 있다. 하여튼 세상의 변화라는 것이 단기적 시각에서만 볼 것이 아니고 멀리 그리고 넓게 보는 안목이 필요하다. 젊은이들도 창업에 도전할 때 급격한 환경변화 중에서 자전거와 같은 복고적 변화조차도 유심히 살펴보면 유망한 니치마켓을 발견할 수 있을 것이다.

– 운봉세상

제 5 장 주제별 경영컨설팅방법론 소개

경영컨설팅방법론은 다양하게 개발되어 활용되고 있지만 그 중 7가지의 테마가 지속적으로 각광을 받고 있다고 했다. 이 책에서는 동 7개 테마 중에서 경영전략, 프로세스재설계의 경우만 중점적으로 그 절차 및 도구와 활용 기법을 구체적으로 소개할 것이다. 나머지 마케팅, 조직, 신규사업, 정보, 해외마케팅에 대해서는 프레임워크의 골격만을 제시하고 구체적인 기법은 독자들의 스스로의 실습과제로 제시코자 한다.

주제별 기술방식은 먼저 그동안 학계, 경영현장에서 연구되고 활용되어온 이론과 실제에 대해 기술하고 컨설팅방법론의 절차와 도구에 대해서는 프로세스에 따라서 활용기법을 포함하여 좀 더 자세히 소개할 것이다. 컨설턴트가 컨설팅방법론을 활용하거나 새롭게 개발해 나가기 위해서는 특정 주제에 대한 전문적인 지식의 핵심요인과 방향성에 대한 이해가 선행되어야하기 때문에 이론과 실제를 먼저 기술했다.

제 1 절 경영전략 컨설팅방법론

1. 경영전략의 이론과 실제

1-1. 경영전략의 정의 및 핵심요소

기업이 주변환경과의 관계 속에서 조직의 비전과 목표를 달성하는 것은 대단히 중요한 일이다. 급변하는 환경 속에서 기업의 존속과 성장을 도모하기 위해서는 환경 변화에 대응하여 기업 활동을 체계적, 계획적으로 적응시켜야 한다. 이런 목표지향적인 총합적 활동을 일컬어 경영에 전략이라는 개념을 융합하여 '경영전략'이라 칭한다.

경영전략이란 용어가 처음 등장한 것은 1960년대로서 1962년 Chandler의 저서 'Strategy & Structure(경영전략과 조직구조)'에서 시발했다. 본래 군사용어로 사용되는 전략(strategy), 전략계획(strategic plan), 전략수립계획(strategic planning)이란 용어가 경영분야의 문헌에 처음으로 등장한 것이다. 경영전략의 책정과정에 대한 본격적 연구는 경영전략의 아버지라 불리는 Ansoff의 'Corporation Strategy (기업전략)'이 시작이다. 이 책은 경영전략의 개념 및 기업목표 설정, 전략의 책정, 선택, 평가의 과정을 기술한다. 더 나아가 Ansoff는 경영전략의 목표지향성에서 출발하여 환경과의 전략적 적합성으로 진화시켰다. 1979년의 'Strategic Management(전략경영)'에서는 전략경영을 주창했다. 여기서 기업의 전략은 외부환경과 내부환경 간의 적합성의 확보가 무엇보다 중요함을 강조했다. 외부환경의 난기류에 따라 전략적 포지셔닝과 조직역량이 보조를 맞추어 나가지 않으면 실패한다고 역설했다.

경영전략에 대한 학계와 실무계의 합의된 정의는 아직 존재하지 않는다. 경영전략의 다양한 목적 중에서 어떤 요소를 강조하는가에 따라서 논자에 따라 다양하게 정의된다. 경영전략에서 강조되는 핵심요소가 어떤 것인지를 인식하는데 도움이 되는 몇 가지 논의를 소개한다.

첫째, 경영전략은 기업의 기본적인 목표를 달성하기 위한 종합적인 활동계획이다. (Glueck, 1980) 일상적인 기능별 활동과 구분하여 경영전략의 미래지향적이고 통합적인 측면을 강조한 것이다. 둘째, 경영전략은 기업의 경쟁우위를 구축하고 구체적인 경쟁방식을 선택하는 의사결정이다. (Porter, 1996) 경쟁전략의 관점에서 전략의 상대성 및 경쟁우위의 중요성을 강조한 것이다. 셋째, 경영전략의 핵심은 고객을 위한 가치창조에 있다. (Ohmae, 1988) 경쟁우위는 결국 자사가 제공하는 고객에 대한 가치가 경쟁사보다 뛰어날 때 발생한다고 본다. 경영전략이란 고객을 위한 가치창조라는 점을 강조한다. 넷째, 경영전략은 기업의 한정된 경영자원을 효과적으로 배분하는 의사결정의 패턴이다. (Barney, 1997) 효율적인 자원배분의 관점을 강조한 것이다. 한정된 경영자원을 어떤 사업에 효과적으로 배치 또는 집중할 것인가는 경영성과에 중요한 영향을 미치는 전략적 결정이다.

이처럼 경영전략이란 미래지향성과 통합성, 전략의 상대성 및 우위성, 가치창조성, 효율적 자원배분 등의 다양한 요소를 포괄한다. 그럼에도 그 핵심 본질은 조직의 비전과 사명 달성을 위한 환경적 합성의 확보를 위한 방법론이자 탁월한 사업성과 창출을 위한 수단이라는 점을 유의할 필요가 있다.

1-2. 경영전략수립방식의 진화 과정

경영전략수립은 1960년대 전략의 개념이 기업경영에 도입되면서 시작되었다. 전략 개념의 기업경영에의 도입은 환경과의 전략적 적합성 확보가 핵심 요인이다. 치열한 시장경쟁에 직면한 기업경영에 있어 환경과의 전략적 적합성(Strategic Fit)은 기업성과에 대단히 중요하다. (Venkatraman & Camillus, 1984)

그렇다보니 경영에 전략 개념이 도입된 이래 전략적 적합성을 갖추고자 다양한 경영콘셉트(Management Concept)나 전략프레임워크들(Strategic Frameworks)이 개발되었다. ([그림 11] 참조) 그러나 이런 콘셉트와 프레임워크들이 서로 어떻게 연관되어 있으며 언제 활용해야 하는지에 대한 명확한 해답이 제시되지 못했다. 이에 따라 환경 상황을 고려한 최적의 경영전략 수립의 방법론이 필요하게 되었고, BCG 등 글로벌컨설팅사들은 독자적인 경영전략수립 컨설팅방법론을 개발하여 활용하게 되었다. 이러한 전통적 경영전략수립 컨설팅방법론은 별도로 기술할 것인데 동 방법론은 모든 상황에 적용할 수 있는 만병통치약처럼 적용되는 사례도 적지 않게 되었다.

한편, 경영 환경의 복잡성 및 다양성과 스피드한 변화에 따라 외부 환경을 주어진 여건으로 보고 경영전략을 수립하는 전통적 경영전략으로는 더 이상 대응하기 어려운 상황이 초래되고 있다. 다양하고 역동적인 환경 탓에 전통적인 방식으로 수립한 경영전략은 각 기업들이 처한 환경 변화와 적합성이 떨어져 그다지 중요하지 않게 취급되거나 실행으로 옮기지 못하게 되는 경우도 적지 않다. 이제는 상황에 적합한 전략을 수립하는 데에도 전략이 필요한 시대가 되었다.

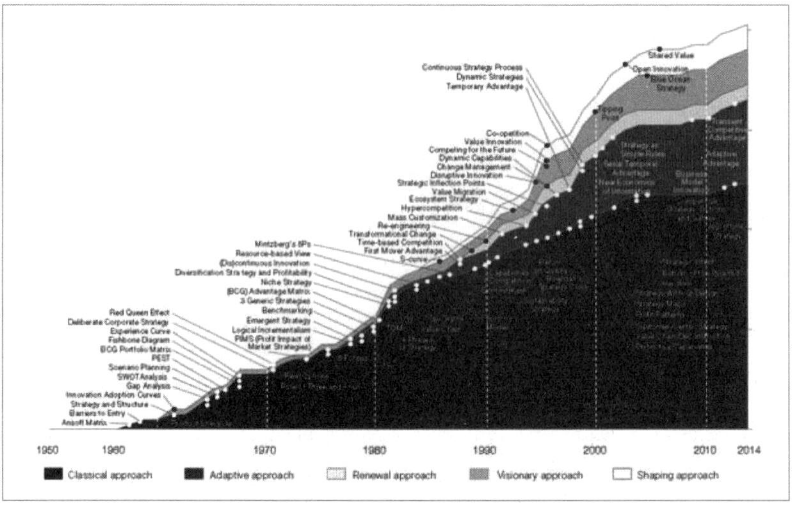

자료 : Boston Consulting Group(BCG), 2015.

[그림 11] 폭발적으로 증가하는 전략수립 프레임워크

1-3. 전략팔레트(Strategy Pallette)와 경영전략수립방식

BCG의 마틴 리브스(Martin Leeves) 등은 폭발적으로 증가한 전략 프레임워크 뿐 아니라, 다양하고 역동적인 경영환경으로부터 비롯된 경영전략수립의 도전적 과제를 해결하기 위하여 '전략팔레트'(Strategy Palette)라는 통합적인 전략수립프레임워크를 제안했다.

그들은 기업의 경영환경을 '예측가능성(Unpredictability), 통제(지배)가능성(Malleability), 혹독한 정도(Harshness)'의 3가지 변수를 기초로 5가지 유형으로 분류했다. 환경의 예측가능성은 미래의 환경변화를 어느 정도 예측할 수 있는가를 의미하고, 환경의 통제가능성은 기업단독으로 또는 다른 기업과 협력하여 환경을 통제하거나 변화시킬 수 있는가를 의미한다. 환경의 혹독한 정도는 버텨낼 수 있는 환경인가를 의미한다. 환경변수의 3가지 속성과 차원에 따라 다음과 같이 5가지의 환경 유형을 제시했다.

- 환경을 예측할 수는 있지만, 통제할 수는 없다 : 전통적 전략(Classical)
- 환경을 예측할 수도 없고, 통제할 수도 없다 : 적응형 전략(Adaptive)
- 환경을 예측할 수도 있고, 통제할 수도 있다 : 예지적 전략(Visionary)
- 환경을 예측할 수는 없지만, 통제할 수는 있다 : 개척형 전략(Shaping)
- 보유자원이 심각하게 제약 받고 있다 : 혹독한 전략(Renewal)

아울러 환경유형 별로 적합한 전략수립방법 또는 전략팔레트의 색깔을 칠하여 [그림 12]와 같이 제시했다.

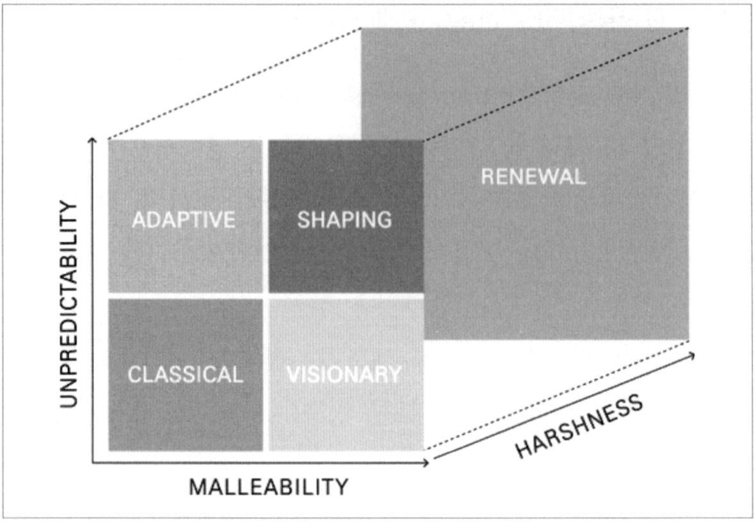

자료 : Boston Consulting Group(BCG), 2015.

[그림 12] 전략팔레트 : 5가지 환경유형과 전략수립 방식

위 그림에서 첫째, 환경 변화가 예측 가능한 전통적 환경(Classical)에서는 규모나 차별화 또는 성장역량으로 달성한 우위를 바탕으로 하여, 종합적인 분석과 계획을 통해 달성되는 포지셔닝 전략이 적합하다. 둘째, 적응형(Adaptive)환경의 경우, 급변하고 예측이 불가능한 상황에서는 계획이 제대로 실행되지 않기 때문에 전략에 대한 끊임없는 실험이 필요하다. 셋째, 예지적(Visionary)환경에서는 변화를 예측할 수 있고, 환경변화를 통제할 수 있기 때문에 새로운 시장을 도입하거나 기존시장을 무너뜨리는데 앞장서는 기업이 승리한다. 넷째, 예측은 어려우나 통제가 가능한 개척형 환경에서는 협력을 통해 다른 이해관계자들의 행동을 세밀하게 조정함으로써 자신들에게 유리한 산업 환경을 형성할 수 있다. 마지막으로 보유자원이 혹독하게 제약받고 있어서 재생이 필요한 환경조건에서는 먼저 자원을 절약하여 생존력을 확보할 수 있는 곳에만 활용해야 하고, 추후 나머지 4가지 전략수립방식 중 하나를 선택하여 장기적인 번영을 꾀해야 한다. 따라서 기업이 처한 환경에 따라 적합한 전략을 수립할 때 무엇보다도 우선시해야 하는 가장 기본적인 원칙을 다음과 같이 제시했다.

- 전통적 전략(Classical) : 분석 → 계획 → 실행 : 대형화를 꾀하라
- 적응형 전략(Adaptive) : 전략실험 → 선택 → 확대 : 신속하게 움직이라
- 예지적 전략(Visionary) : 예측 → 개발 → 지속 : 선도자가 되라
- 개척형 전략(Shaping) : 참여유도 → 조정 → 진화 : 조정자 역할을 하라
- 혹독한 전략(Renewal) : 대응 → 긴축 → 성장 : 생존을 확보하라

2. 전형적 경영전략수립방식 실제

2-1. 전통적 경영전략수립방식

전통적(Classical) 경영전략수립은 세상의 모든 일은 예측가능하고 경쟁구도는 안정적이며 우월한 지위는 일단 차지하면 지속적이 될 수 있다고 가정한다. 이러한 환경 맥락에서 기업들은 자신들의 환경을 바꿀 수 없다는 사실을 고려하여 주어진 환경 내에서 최적의 포지션을 유지, 강화하려고 노력한다. 포지셔닝 전략은 보다 큰 규모와 차별화와 함께 핵심역량을 바탕으로 달성될 수 있다. 전

략적 포지셔닝 우위는 전통적인 환경에서는 지속될 수 있다. 예측 가능한 환경이 갑자기 붕괴되는 일이 없이 점진적으로 전개되기 때문이다. 경영자들은 승리하는 포지션을 유지하기 위하여 전통적 방식의 전략수립절차에 따라 환경을 분석하고 환경과 적합성 확보를 위한 계획을 수립하고 엄격하게 실행한다. 즉, 경영자들은 경쟁우위의 기반을 분석하고, 기업이 보유한 역량과 산업 및 시장 간의 적합성을 '분석(Analysis)'한다. 이러한 환경변수들이 시간의 변화에 따라 어떻게 발전할 것인지 예측한다. 그리고 경쟁우위를 유지, 강화할 수 있는 '계획(Planning)'을 수립하고 이 계획을 엄격하게 '실행(Implementation)'한다.

2-2. 적응형 경영전략수립방식

적응형 경영환경에서 기업들은 자신을 둘러싼 경영환경을 예측하기도 어렵고 변화시키기도 어렵기 때문에 적응전략(adaptive)을 수립한다. 적응전략은 예측하기 어려운 사업 환경 변화에 신속하게 대응하고 자신을 변화시키는 능력을 경쟁력의 원천으로 삼는다. 여기서 적응(adaptive)은 단순한 순응이 아닌 역동적인 대응을 의미한다. 적응형 환경에서는 새로운 가능성을 끊임없이 실험하고 다른 기업들보다 더 빠르고 효율적으로 파악해서 변화에 대응함으로써 승리할 수 있다. 전통적인 전략(Classical)에서 말하는 지속가능한 우위는 연속적으로 나타나는 일시적인 우위의 하나일 뿐이다.

적응형 경영전략수립을 채택한 기업은 실험을 통한 전략수립에 성공하기 위해서 3단계 사고방식에 능숙해야 한다. 먼저 전략수립 방식을 끊임없이 '변경'해 다양한 전략옵션을 실험한다. 그리고 가장 성공적인 방식을 신중하게 '선택'해 적용범위를 '확대'하고 활용한다. 아울러 환경의 변화에 따라 진화적 순환 과정을 빠르게 반복하면서 자신들의 우월적 지위가 계속 연장될 수 있도록 해 나간다. 적응형 경영전략수립은 끊임없이 새로운 방식을 실험하는 과정을 통해서 우월한 지위를 확보하게 되므로 분석과 예측을 통해서 최적화를 모색하는 전통적인 전략수립방식(Classical)과는 차이가 있다. 예를 들어, 패션의류산업은 환경을 예측하기 어렵고 통제할 수도 없는 업계이다. 따라서 적응전략을 구사할 수밖에 없다. ZARA와 H&M, UNIQLO 같은 SPA 브랜드 기업들은 적응형 전략에 능숙한 플레이어였다. 이들은 신상품의 개발 및 실험능력이 우수한 특성을 갖고 있다. 제품 기획부터 생산, 소매, 유통에 이르기까지 직접 수행하는 패션 업체들로서 소비자의 니즈(needs)를 신속 정확하게 파악하여 상품에 반영시키는 새로운 의류 유통업체이다.

2-3. 예지형 경영전략수립방식

예지형 경영전략수립을 하는 경우는 환경변화를 예측할 수 있고 환경을 확실하게 변화시키거나 형성할 수 있다고 가정한다. 예지적 환경하에서는 기업들은 획기적인 신제품이나 새로운 비즈니스모델을 도입하여 업계 선도자(First Mover)가 됨으로써 성공하게 된다.

어떤 경영자는 환경이 불확실하다고 여길 수 있지만, 예지력을 갖춘 경영자는 이런 환경 속에서도 새로운 세분시장을 창출하거나 기존 시장구조를 무너뜨릴 수 있는 확실한 기회를 포착하고 이를 실현하기 위하여 행동한다. 이러한 접근법은 예지력을 갖춘 기업이 혼자 힘으로 새롭고 매력적인 시장 현실을 구축할 수 있을 때 잘 활용된다.

예지적 경영전략수립을 채택하는 기업은 다른 경영전략수립과는 구별되는 절차와 방법을 따른다. 예지력을 가진 경영자는 실현가능하고 가치 있는 가능성을 '예상'한다. 아울러 그 가능성을 '개발'하는 선도자가 되는데 전력을 다한다. 그리고 가능성의 잠재력이 완전히 발휘될 때까지 이에 대한 실행과 확대를 '지속'한다. 분석하고 계획을 세우는 전통적방식과 반복적인 실험을 시도하는 적응형 방식과는 달리, 예지적 방식은 예상하고 실현하는 행동으로 구성되며, 근본적으로 창의적이다. 예를 들면 인터넷 책방이라는 새로운 비즈니스모델로 시작했다가 세계적인 B2C 전자상거래 플랫폼을 구축한 제프 베조스의 Amazon.com 같은 기업들이 여기에 속한다. 인터넷 초기에 새로운 쇼핑방식에 관한 비즈니스 모델에 대한 확신을 갖고 신속하고 과감하게 움직여 업계의 선두자리를 차지했다.

2-4. 개척형 경영전략수립방식

개척형 환경의 경영전략수립은 환경변화를 예측할 수는 없지만 통제(지배)가능한 환경을 가정한다. 이런 환경에서 기업은 산업 표준 또는 규칙이 정립되기 전의 발전 초기단계에 머물러 있는 산업 전체를 선도적으로 개척하는 특별한 기회를 가진다. 하지만 혼자의 힘만으로는 산업 생태계를 형성할 수 없기 때문에 다른 기업과 협력해야 한다. 즉 다른 기업과 함께 위험을 공유하고 역량을 상호 보완하며, 다른 경쟁자가 나타나기 전에 새로운 시장을 신속하게 구축해야 한다. 개척형 환경 하의 산업은 발전초기 단계에 있고 완전히 장악할 수 없는 다수의 이해관계자가 관련되어있다는 사실을 고려할 때 불확실성이 매우 높은 환경이다.

개척형 경영전략수립을 채택하는 기업은 이해관계자들의 '참여'를 유도해 적합한 시점의 미래비전을 공유한다. 그리고 협력을 '조정'할 수 있는 기반을 구축한 뒤 그 규모를 확대하고 유연성과 다양성을 유지하면서 기반과 그에 관련된 이해관계자의 생태계를 '진화'시킨다. 이 방식은 개별기업이 아니라 기업이 속한 산업 생태계에 주목하며, 경쟁만큼이나 협력을 중요시한다는 점에서 전통적 방식이나 적응형 방식, 예지적 방식과 차이가 있다. 예를 들면 스티브잡스의 Apple사나 덴마크 제약회사인 노보 노르디스크(Novo Nordisk)사가 이런 유형에 속한다. Novo Nordisk는 개척형 경영전략수립을 통해 1990년도부터 중국의 당뇨병 치료제 시장에서 승리를 거두었는데, 당시 중국은 당뇨병에 대한 도전이 막 시작된 시기였다. 따라서 시장이 어떤 방향으로 흐를지 정확하게 예측할 수 없었지만 동사는 환자, 정책 입안자, 의료진들과 협력하여 시장의 새로운 규칙을 형성하는데 큰 영향을 끼쳤다. 그 결과 현재 중국 인슐린 시장의 60% 이상을 점유하고 있다.

2-5. 재생적 경영전략수립방식

재생적 경영전략 수립은 환경이 매우 혹독하고 기업이 보유하고 있는 자원이 매우 제한되어 있다고 가정한다. 이 방식에서는 기업의 활력과 경쟁력을 회복하는데 목표를 둔다. 외부환경이 너무나도 도전적이어서 현재 사업 운영방식을 지속할 수 없다면, 과감하게 진로를 새롭게 모색하는 것이 생존뿐만 아니라 번성할 기회를 다시 확보할 수 있는 유일한 방안이다. 이런 상황에 처한 기업은 먼저 악화되는 환경을 가능한 한 빨리 인식하고 이에 '대응'해야 한다. 그리고 활력을 회복시키기 위하여 결단성 있게 행동해야한다. 즉 사업의 초점을 다시 맞추고 비용을 감축하고 자본을 보존하는 한편, 기업의 재생을 향해 나아가는 다음 여정에만 자원을 활용하는 '긴축'이 필요하다. 그리고 다른 4가지 전략수립 방식 중 하나를 선택해서 기업이 다시 '성장'하고 번성할 수 있도록 해야 한다. 이 방식은 변화하는 환경에 보조를 맞추지 못하는 기업의 수가 늘어남에 따라 점점 더 흔해지고 있다.

〈표 5〉 5가지 전형적 전략수립방식 비교

주요 요소	전통형	적응형	예지형	개척형	재생형
핵심 아이디어	대형화를 꾀하라	신속하게 움직이라	선도자가 돼라	조정자 역할을 하라	생존을 확보하라
환경 속성	예측가능, 통제불가능	예측불가능, 통제불가능	예측가능, 통제가능	예측불가능, 통제가능	혹독한 상황
전형적인 산업	유틸리티(수도 전기 가스 등) 자동차, 석유	반도체, 섬유소매	신산업, 와해성혁신 부분	일부S/W, 스마트폰 APP.	2008년 위기의 금융산업
각 방식의 적용지표	저성장, 고도의 집중, 산업성숙기, 안정적 규제	불안한 성장, 제한된 집중, 미성숙산업, 첨단기술변화	고성장가능성, 미개척지, 경쟁부재, 제한된 규제	산업분열, 기재적기업 및 플랫폼기업 부재, 변형가능한 규제	저성장·쇠퇴·공황·제한된 금융, 마이너스 현금흐름
적용 방법	분석, 계획, 실행	변경, 선택, 확대	예측, 개발, 지속	참여유도, 조정, 진화	대응, 긴축, 성장
성공의 척도	규모, 시장점유율	주기시간, 신제품활력지수	시장선도자, 신규고객 만족도	생태계성장/수익성, 신제품활력지수	비용절감, 현금흐름
관련 방식 또는 프레임워크	경험곡선, BCG matrix, 5Force분석, 역량모델	시간중심 경쟁방식, 일시적우위, 적응형우위	블루오션, 와해성혁신	네트워크, 생태계, 플랫폼	변환, 기업회생
주요 사례	P&G, 마즈	타타컨설턴시, 3M	Amazon, 퀸타일즈	Apple, 노보 노르디스크	Amex, AIG

자료 : Martin Leeves, Knut Haanaes & Jamejaya Sinha, 2015.

예를 들면, 대표적인 사례로서 2008년 금융위기 때 위기에 처한 American Express의 대응방식이다. 당시 아멕스(AmEx)는 부도율 상승, 소비자수요 감소, 자본조달 축소라는 3대 악재에 직면했다. 아멕스는 직원을 10% 감원하고 비핵심 사업을 제거하고 부수적인 투자를 줄여 20억 달러를 절감했다. 그리고 신규파트너 영입, 로열티 프로그램 투자, 예금증대사업 참여, 디지털 신기술도입을 통해 성장과 혁신의 궤도에 재진입했다. 2014년 아멕스의 주가는 금융위기 당시보다 800%나 상승했다.

2-6. 비즈니스라이프 사이클과 경영전략수립방식

어떤 사업이든, 어떤 비즈니스 모델이든 사업의 발달 단계인 비즈니스 수명주기(Business Life Cycle)를 가진다. 보통 도입기, 성장기, 성숙기 그리고 쇠퇴기를 거치며, 성숙기 또는 쇠퇴기에는 혁신에 의하여 또다시 새로운 사업이나 새로운 비즈니스모델이 탄생한다. 따라서 [그림 13]에서 보여주는 바와 같이 각 사업의 발달단계, 즉 비즈니스라이프 사이클 단계에 적합한 경영전략수립이 필요하다. 새로운 사업 또는 비즈니스모델의 탄생은 보통 전략팔레트의 4분면 중 예지적 또는 개척형 단계에서 이루어진다. 이후 사업 환경과 비즈니스 사이클은 시계 반대방향으로 옮겨 가면서 적응형과 전통형을 거친다. 그리고 혁신에 따른 붕괴과정을 겪은 뒤 새로운 비즈니스 사이클로 접어드는 경향을 보인다. 물론 정확한 이동과정은 사업별로 상이할 수 있다. 예를 들어, Apple은 예지적 방식으로 아이폰을 개발했고, 이후 환경 개척형 전략을 활용하여 앱 개발자와 통신기업과 콘텐츠 제공자를 통합하는 아이폰 플랫폼 생태계를 구축했다. 현재는 경쟁자들이 추격과 공격을 통해 자신들의 위치를 확보하려 위협하는 상황이므로 적응형 또는 전통형의 경영전략을 채택할 가능성이 높아지고 있다.

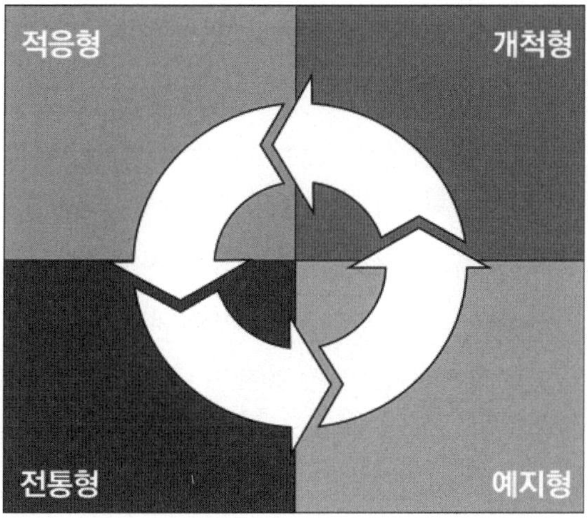

자료 : Boston Consulting Group(BCG), 2015.

[그림 13] 비즈니스 수명주기단계별 전략수립방식

3. 경영전략수립 컨설팅방법론

3-1. 전통적 경영전략수립 컨설팅방법론 모델

경영전략수립은 기업이 처한 환경유형에 적합하게 수립되어야 한다. 여기서는 5가지 환경유형 중 전통적인 환경(Classical)하에서 경영전략수립 방법론에 대해서 기술할 것이다. 앞서 기술한 환경적합형의 전형적 경영전략수립방식들은 동 전통적 방법론을 바탕으로 변화된 환경에서의 방법론이 적용되게 되므로 컨설턴트는 우선 전통적 방법론의 프로세스와 도구에 익숙해져야 한다. 더구나 전통적 경영전략수립의 방법론은 주제별 컨설팅방법론의 기본 모델이 되기도 하고 향후 지식서비스컨설팅 방법론 개발의 모범사례로서 역할도 한다.

지금까지의 경영전략수립컨설팅의 대부분은 전통적인 환경, 즉 환경변화를 예측할 수 있지만 환경을 통제(지배)할 수는 없다는 가정 하에 이루어졌다. 그 이유는 그동안 거대기업들이 직면해 왔던 환경에 가장 적합했기 때문이다. 20세기 후반이후 상당 기간 동안 거의 모든 경영환경이 비교적 예측하기 용이했지만 통제하기는 어려웠다. 경쟁구도는 안정적이고 일단 한번 차지한 우월적인 경쟁포지션은 지속될 수 있었다. 환경을 바꿀 수 없기 때문에 주어진 환경 내에서 최적의 포지션을 확보하는 전략이 유효했다. 이러한 전략적 포지션의 핵심은 규모의 경제와 차별화 및 핵심역량을 근간으로 했다. 이러한 환경적 맥락에서는 경쟁우위의 기반과 외부 및 내부 환경 간의 적합성을 '분석'하고 그 변화를 '예측'하고 경쟁우위를 유지 강화할 수 있는 '전략계획'을 수립하고 엄격하게 '실행'하는 전략수립방식이 적합했다.

그동안 글로벌 컨설팅사들이 사용한 전통적인 전략수립방법론은 다소간 차이는 있으나 대부분 4~5단계의 절차로 구성된다. 예를 들면, Anderson Consulting(현 Accenture)의 전략수립컨설팅은 크게 3개 국면(3 Phases: Business Diagnosis-Strategic Directions-Operation Strategy) 및 8단계(8 Steps)로 구성되어 있다. 그리고 야심 기반 전략 수립(ADS: Ambition Driven Strategy)에서 ADL은 첫 단계의 시나리오 플랜(Scenario Plan)을 포함하여 모두 8단계로 구성되었고, Boston Consulting의 경우는 5단계로 구성하고 있다. 이들을 통합한 단계별 개괄적인 프로세스는 다음과 같은 4단계로 요약된다.

첫째(1단계)는 경영전략수립을 위해서 환경에 대한 객관적이고 체계적인 분석이 이루어진다. 기업의 외부환경과 내부역량 및 자원에 대한 체계적인 분석을 통해 외부환경의 기회 또는 위험요인, 그리고 기업내부의 강점과 약점을 파악할 필요가 있다. 둘째(2단계)는 환경에 대한 객관적인 분석을 기초로 조직의 비전, 사명, 목적과 전략적 포지션을 고려하여 몇 가지 전략적 대안(Strategic Options)을 도출한다. 각 전략대안들은 기대되는 재무적 효과, 실행 용이성 및 예상되는 제약조건과 위험요인들을 평가한 후 최적의 전략대안을 선택한다. 셋째(3단계)는 조직의 비전과 목표달성을 위해서는 선택된 전략적 대안에 따른 세부적인 전략을 수립한다. 다각화된 기업에 따라서는 전사전략 - 전략사업부전략 - 기능전략을 위계적이고 통합적인 전략을 수립한다. 마지막으로 새로운 전략의 실행을 위하여 세부적인 실행계획을 수립하고 명확한 책임소재와 일정 계획

하에 경영자원의 배분도 이루어져야 한다. 한편, 전략의 실행여부 및 중간결과가 수시로 관리되고 평가되어야 한다.

보다 구체적인 전통적인 전략수립 절차와 방법론은 [그림 14]와 같다. 다만, 여기서 소개하는 전략수립방법론은 전통적인 환경하의 전략수립방식의 기본적인 가정에 따른 일반적 접근법을 소개하는 것이다. 늘 그렇듯이 각 기업이 처한 맥락과 전략수립 배경이나 목적 등에 따라 그 절차와 방법론은 환경 적합형의 상이하고 변형된 방식으로 활용되게 된다.

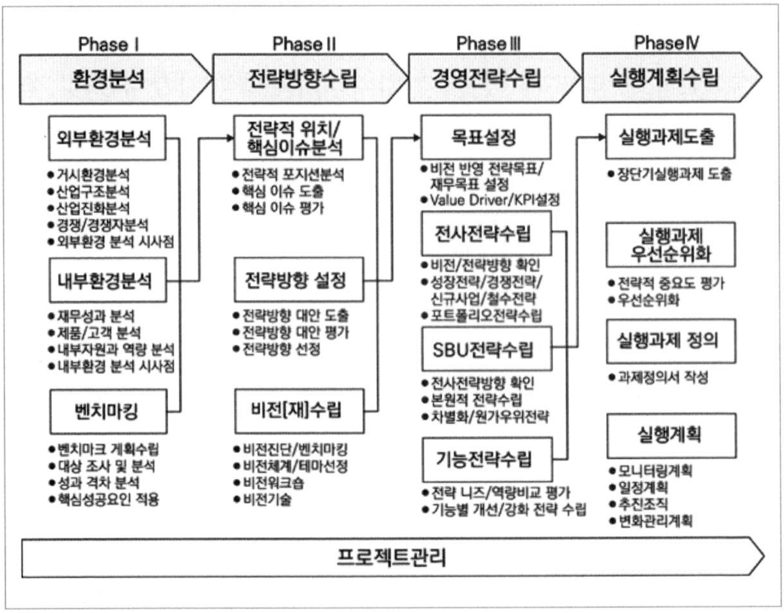

[그림 14] 전통적인 경영전략수립 절차와 방법

3-2. 전통적 경영전략수립의 절차와 도구

(1) 외부환경 분석

전통적 전략수립방식에서는 외부환경은 대체로 안정적이고 급변하지 않고 점진적으로 변화하는 환경을 가정한다. 기업은 환경변화를 예측할 수는 있지만 환경을 통제하거나 변화시키기는 어려운 상황을 가정하고 있다. 즉, 환경을 맘대로 통제하고 바꿀 수 없다는 사실을 고려하여 기업들은 주어진 환경 내에서 최적의 포지션(Optimal Positions)을 차지하려고 노력하게 된다. 따라서 기업의 전략은 외부 및 외부환경과 경영성과 사이에서 어떻게 전략적 적합성(Strategic Fit)을 확보할 수 있을 것인지에 초점이 모아지게 된다.

이와 같은 기본가정에 따라 외부환경 분석은 사업성과 또는 전략적 성과에 영향을 미치는 주요한 외부요인을 파악하고 그 영향력을 분석하는 것이다. 외부환경 분석에는 거시적 환경동향분석, 기술동향분석, 산업구조분석, 산업진화분석 또는 시나리오분석, 경쟁분석, 고객/소비자분석, 세분시장분석 같은 단위 모듈들을 분석해야 한다. 외부환경요인은 비즈니스 또는 사업성과에 긍정적 또는 부정적 영향을 미치는 외생변수이다. 외부환경요인을 분석하는 이유는 경쟁우위의 원천을 규명하고 주어진 환경 내에서 최적의 포지션을 확보하기 위한 것이다.

첫째, 거시환경 분석은 거시적인 환경변수들이 어떻게 기업의 경영성과나 성공비즈니스에 긍정적 또는 부정적으로 영향을 미치는지 분석한다. 기업의 성과에 영향을 미치는 거시환경변수들은 매우 다양하다. 정치적, 경제적, 사회문화적 및 기술적 요인을 포함한다. 예를 들어, GDP성장률, 물가상승률, 이자율, 환율, 에너지가격, 인구구조변화 추이, 소비자 라이프 스타일 변화, 여성의 사회적 진출, 환경인식 변화 등을 포함한다. 거시환경변수는 매우 다양하다. 시간과 정보의 제약으로 모든 거시환경요인들을 다 분석할 수는 없으므로, 기업의사결정이나 경영성과에 영향력이 큰 변수를 중심으로 분석한다. 중요 변수인지 여부는 환경변수들의 발생가능성과 경영성과에 대한 영향력의 크기를 식별하여 영향력이 크고 중요한 변수를 식별한다. 거시환경요인을 분석하는 경우 주로 PEST나 STEEP와 같은 도구를 활용한다.

둘째, 산업구조분석은 산업내의 중층적 구조를 입체적으로 분석, 산업의 구조적 특성과 산업매력도를 결정하는 제반요인들을 철저하게 이해하여 전략수립에 반영하려는 것이다. 산업구조 분석을 통해 산업 구조상 위협 및 기회요인을 동시에 분석하고, 지속가능한 경쟁우위의 원천을 제공하는 핵심요인이 무엇인지 분석해야 한다. 산업구조 분석은 주로 Porter의 산업구조분석(5 Forces), 산업가치사슬분석(Industrial Value Chain Analysis), 핵심성공요인분석(CSF Analysis), 마리메꼬분석(Marimekko Analysis) 같은 도구(Tool)를 활용한다.

대표적인 산업구조분석 틀은 마이클 포터(M. Porter)의 5 Forces Frameworks 도구이다. Porter에 의하면 산업구조는 5가지 구조적 요인이 상호작용한 결과이다. 이 분석 도구는 산업구조 또는 산업 매력도의 결정요인으로 5가지 결정요인을 프레임워크화 해놓았다. 즉, 기존 업체들 간의 경쟁, 신규진입자의 위협, 대체재의 위협, 구매자의 교섭력, 공급자의 교섭력의 5가지 구조적 요인을 제시한다.

산업가치사슬분석(Industrial Value Chain Analysis)은 경쟁우위의 원천 파악이나 또는 신사업에 대한 기회 탐색을 위해서는 자사가 속한 산업의 전방 및 후방 산업의 구조를 심층적으로 분석함으로써 관련 산업의 특성을 더욱 구조적으로 이해할 수 있다. 최근 산업간 융합 또는 시장간 융합으로 인해 전방산업과 후방산업의 경계가 모호해지는 산업융합(Industry Convergence)현상으로 인해 산업가치 사슬 분석이 중요한 의미를 갖는 경우가 많다. 이를 통하여 각 산업가치사슬별 중요한 산업이 어디인지 파악이 가능하며, 핵심성공요인 및 원가분석, 경쟁범위, 신규사업탐색 등 다양한 통찰력을 획득할 수 있다.

셋째, 산업진화분석에서는 산업구조에 시간과 외부충격이 관여한다. 제품에도 수명주기가 있듯이 산업도 일정한 진화과정에 따라 산업수명주기가 존재한다. 산업수명주기분석(Industry Life Cycle Analysis)에서 산업은 도입기 - 성장기 - 성숙기 - 쇠퇴기를 경험한다고 가정한다. 산업은 태동기를 거쳐 급격하게 수요가 증가하는 성장기를 맞다가 성장이 정점에 이르러 성숙기를 거쳐 수요가 궁극적으로 감소하는 쇠퇴기를 겪는다. 산업구조의 진화과정에는 소비자의 지식과 경험증가, 기술의 확산 및 수요성장 둔화 등이 영향을 미친다. 소비자의 지식과 경험이 증가하면, 가격에 민감해지고 기업들은 차별화를 위해 더욱 노력을 기울인다. 신기술이 보편화되고 확산되면, 제품은 표준화되고 가격경쟁이 심화된다. 산업성장이 둔화되면 공급과잉이 발생하고 유통구조가 집중화됨으로써 유통채널의 교섭력이 생기고, 경쟁력 없는 제품은 시장에서 탈락되고 결국 산업재편으로 이어질 수 있다.

산업수명주기(Industry Life Cycle)분석은 제품수명주기(Product Life Cycle), 혁신의 확산(Diffusion of Innovation), 가트너의 하이퍼 사이클(Gartner's Hype Cycle) 및 기술수용수명주기(Technology Adaption Life Cycle)와 밀접한 관련이 있다. 기업이 속한 산업의 진화과정이 각 수명주기의 어느 단계에 해당하는지 파악하고 단계별 핵심성공요인(Critical Success Factor)을 확보함으로써 현재 또는 미래의 사업전략 또는 성장전략, 시장전략 또는 경쟁전략 등을 수립할 수 있다.

산업구조는 점진적으로 진화하는 과정을 겪다가 외부충격에 의하여 급격한 진화를 겪기도 한다. 외부 충격요인들은 오일쇼크, 금융/외환위기, 규제변화, 시장개방, 혁신기술/제품의 출현, M&A를 통한 산업재편 등 사전에 예측하기 어려운 사업환경의 불연속성

(Discontinuity)에 기인한다. 환경의 불연속성은 미래예측을 어렵게 한다.

미래예측을 위한 분석 도구로는 시계열분석(Time Series Analysis), 회귀분석(Regression Analysis), 델파이분석(Delphi Analysis), 시나리오 분석(Scenario Analysis) 등이 있다. 데이터가 있는 경우 통계분석기법에 근간을 둔 시계열분석 또는 회귀분석이 유용하다. 하지만 대부분 데이터가 없는 경우가 많으며 이런 경우 시나리오기법이 유용하다. 시나리오분석(Scenario Analysis)은 미래의 불확실성을 감안하여 다양한 미래의 모습을 상정함으로써 단순한 예측기법의 한계를 보완할 수 있다. 시나리오분석은 산업에 영향을 미치는 거시적 및 미시적 변화 동인들을 도출하여 불확실성(Uncertainty)과 영향도(Impact)를 평가하여 주요 변화 동인을 추출하고, 이 변화 동인들 간의 상호작용패턴을 이해하고 이를 바탕으로 복수의 시나리오를 개발할 수 있다. (Schoemaker, 1995)

넷째, 경쟁분석(Competitive Analysis)은 경쟁우위 창출을 위한 경쟁전략 수립의 필수적인 분석기법이다. 포터는 전략은 경쟁사에 비하여 독특하고 차별적인 고객가치를 창출하는 것이므로 경쟁분석은 전략수립의 중추적인 구성요소여야 한다고 강조했다. 따라서 경쟁분석은 주로 경쟁사(Competitors Analysis) 또는 전략집단 분석(Strategy Group Analysis)에 치중하게 된다.

먼저 전략집단분석(Strategy Group Analysis)은 유사한 경쟁방식과 전략적 포지션에 따라 그룹화된 다양한 경쟁기업군을 분석하는 것이다. 전략집단(Strategic Group)은 산업내에서 유사한 특징과 포지션을 갖고 있으나 차별적인 경쟁전략 변수의 영향에 따라 수익성 등이 다른 산업집단과 차이를 보이는 기업군을 의미한다. 여기서 중요한 차별적 경쟁전략 변수에는 산업의 역사적 진화, 기업간 상이한 자원과 역량, 독자적인 목표, 상이한 진입시점, 세분시장의 차이, 다양한 리스크 구조 등을 포함한다. 이와 같은 경쟁전략 변수들이 미치는 영향 차이로 인해 집단 내 유사점과 차이점을 낳는다. 전략집단분석은 포터의 5가지 경쟁세력(5 Forces) 중 주로 '기존 기업간의 경쟁' 관계를 다루며, 이 요인이 다른 4가지 세력(Forces)에 어떤 영향을 미치는지 분석한다. 5 Forces 변수는 전략집단의 수익성과 개별 전략집단 내 기업들의 수익성에 상이하게 영향을 미치는 것을 가정한다. 컨설턴트는 전략집단의 구조와 그것이 5 Forces에 미치는 영향에 대한 분석을 통해서 산업진화 관점에서 기업이 직면한 전략적 선택에 관한 직관적 통찰력을 갖게 된다.

또한 경쟁사 분석(Competitors Analysis)은 경쟁전략 수립을 위하여 경쟁사의 현재 전략 및 전략적 성과, 경쟁사의 향후 전략 및 중점사업, 경쟁사의 강점과 약점 등에 대하여 분석하는 것이다. 일반적으로 경쟁사 정보는 공시정보 및 재무정보등 공개적인 정보를 제외하고는 정보와 자료수집이 매우 어렵다. 경쟁분석에 필요한 정보를 다양한 정보원천을 통하여 수집하고 이를 통합하고 추론하여 경쟁사 정보를 재구성한다는 접근태도가 필요하다. 공시자료, 연구보고서, 신문기사, 인터넷 홈페이지, 애널리스트 리포트, 감사보고서, 전현직 종사자 및 하청업체 인터뷰 등 이용가능한 모든 정보원에 접근하여야 한다. 다만 시간과 비용을 고려하여 효율성을 추구할 필요가 있다. 공개적인 재무자료를 통한 경영성과, 사업영역, 제품시장전략 뿐 아니라 경쟁력의 원천이 되는 경쟁사의 경영자원, 핵심역량, 조직운영 및 전략적 의도와 같이 표면적으로 드러나지 않는 정보를 수집 가공하여야 한다.

외부환경 분석의 세부적인 절차와 단계별 분석 도구(툴, 테크닉 및 스킬)는 다음의 〈표 6〉과 같이 요약할 수 있다.

〈표 6〉 전략컨설팅 외부환경 분석의 절차와 도구

Procedures		Task & Analytic Activities	Toolkits & Techniques Applied
Phase	Step		
환경 분석	외부 환경 분석	거시환경 분석	STEEP analysis, PEST analysis
		산업구조 분석	Strategy group analysis or 5Forces analysis, Industrial Value Chain Analysis, CSF analysis, Environment Risk analysis, Marimekko analysis
		산업진화 분석	Industry Life Cycle analysis, Market Sizing, Scenario analysis, Uncertainty/Impact analysis, Gartner's Hype Cycle analysis, Technology Adaption Life Cycle(TALC) analysis, Innovation Diffusion analysis

<table>
<tr><th colspan="2">Procedures</th><th rowspan="2">Task & Analytic Activities</th><th rowspan="2">Toolkits & Techniques Applied</th></tr>
<tr><th>Phase</th><th>Step</th></tr>
<tr><td rowspan="2">환경 분석</td><td rowspan="2">외부 환경 분석</td><td>경쟁 분석</td><td>Competitor analysis, Competitive Intensity analysis, RONA chart, Growth/Share Matrix, Competitive group analysis</td></tr>
<tr><td>외부환경 분석 시사점 도출</td><td>Opportunities/Threats analysis, Industry attractiveness analysis, Market requirement analysis</td></tr>
</table>

(2) 내부환경 분석

내부환경 분석은 사업성과에 중요한 영향을 미치는 중요한 설명변수를 규명, 전략적 함의를 도출하는 과정의 하나다. 즉, 기업의 재무적 성과 또는 전략적 성과에 영향을 미치는 중요 변수를 조직 내부에서 찾아 규명하고, 이를 산업 내 Best Practices 또는 경쟁기업과의 차이(Gap)를 분석하여 전략적 함의를 도출하는 과정이다. 따라서 내부환경 분석에서는 크게 기업운영의 결과인 경영성과를 분석하고, 그러한 성과에 영향을 미치는 원인변수, 즉 제품/서비스 및 고객 분석, 조직의 보유역량과 자원을 분석한다. 사업성과와 내부역량 간의 인과관계를 확인하고 경쟁기업과의 격차(Gap)분석을 통해 조직의 성과제고를 위한 전략적 시사점을 도출한다.

첫째, 성과분석은 주로 수익성분석(Profitability Analysis)과 시장성과 분석(Market Performance Analysis) 두 가지 측면을 평가하는 것이다. 전통적으로 수익성 분석은 ROIC(투하자본수익률), ROA

(자산수익률), ROE(자기자본수익률), 총이익, 주당순이익(EPS), 주가수익비율(PER)같은 지표가 많이 사용되었다. 최근에는 주주자본주의가 풍미하면서 EVA(Economic Value Added)가 중요한 수익성 지표의 하나로 등장했다. EVA는 기업이 영업활동을 통해 창출한 순가치의 증가분을 의미한다. 이익극대화 지표로서 투자자들이 제공한 자본비용(타인자본+자기자본)이상의 이익을 현실화한 지표이다. 종래 당기순이익은 자기자본비용이 반영되지 않은 지표였다. EVA는 투자자(특히 주주)의 투자 자본을 기회비용으로 포착함으로써 기업의 경영성과를 더욱 현실적으로 평가할 수 있는 개념적 틀을 제공하였다. 기업 가치를 가장 잘 반영한 지표로 평가되고 있어서 투자, M&A, 사업구조조정 같은 전략적 판단의 유용한 근거를 제공한다. EVA는 EVA Formula를 통해 Value Drivers로 분해할 수 있으며 이를 다시 하위 Operational Value Drivers로 분해하면 EVA 가치를 증가 또는 하락시키는 요인들을 발견할 수 있다. 따라서 기업개선기회 발견 및 개선활동을 통해 기업가치 증가를 위한 전략수립에 반영할 수 있다. EVA의 대체지표로서 CVA(Cash Value Added: 현금부가가치), CFROI(Cash Flow Return on Investment) 등이 있다. CVA는 개념과 모형이 다소 복잡하므로 실제 분석시 EVA Tree 또는 CFROI Tree분석을 사용해도 무방하다.

한편, 시장성과 분석(Market Performance Analysis)은 시장점유율(Market Share Analysis), 누출시장분석(Market Leakage Analysis)과 같이 전략적 성과를 분석하는 것이다. 시장점유율은 특정시장에서 기업의 상대적인 매출성과를 의미한다. 이는 시장 커버리지(Market Coverage)와 경쟁사 대비 승률(Winning Ratio)로 분해할 수 있다. 시장 커버리지는 유통망 광고 고객방문활동 등 주로 마케팅과 영업력에 의해 결정되지만 승률은 제품의 품질 디자인 서비스 가격 등에 의해 결정되므로 분석결과 무엇을 개선해야 하는지 알 수 있다.

둘째, 제품(서비스) 및 고객 분석에서는 제품/고객과 사업성과 사이의 인과관계의 맥락에서 경쟁력 또는 전략적 적합성(Strategic Fit)을 갖고 있는지 분석하는 것이다. 제품 또는 고객 분석에서는 어떤 분석프레임워크(개념적 틀)를 적용할 것인지도 중요하지만 전략적 의도에 적합한 개념적 틀과 변수(평가지표)를 선정하고 그 변수를 조작화하여 계량적으로 측정 및 분석할 수 있도록 하는 평가방법의 설계가 중요하다. 제품/고객에 대한 분석결과는 경쟁사와 비교할 수 있어야 전략적인 의미를 가질 수 있다.

이 단계에서는 이론적 프레임워크 선정 - 변수선정 - 변수조작화 - 자료수집 - 데이터 분석 및 해석에 이르는 조사방법론(Research Methods)의 지식과 스킬이 중요하다. 그동안 많이 간과되어 왔지만 컨설팅에서의 분석 절차와 방법실무는, 비록 엄밀한 학술적 연구 자체는 아닐지라도 접근방법 자체는 다분히 학술적이며, 분석결과의 이론적 및 논리적 근거와 정당성을 확보하려면 아카데믹한 접근(Academic Approaches)이 요구된다. 또한, 전략적 맥락에 따라 제품의 매출/이익기여도, 브랜드파워 또는 브랜드인지도, 제품의 품질;

고객만족도, 고객수익성, 고객세그먼트, 고객가치관리, 고객생애가치 등을 선택적으로 분석하게 된다. 제품의 매출/이익기여도 분석은 어떤 제품이 전체성과에 어떻게 영향을 미치는지를 분석하는 것이다. 가령, A제품의 총매출 비중은 20%에 불과하지만 전체 이익 창출에 기여하는 비중은 40%라면 전체 사업포트폴리오에 중요한 제품이라고 할 수 있다.

제품/고객 분석단계에서는 서베이(Survey)를 통해야만 확보할 수 있는 자료들이 적지 않다. 브랜드파워 또는 브랜드인지도(Brand Power/Brand Cognition), 제품의 품질(Product Quality Evaluation), 고객만족도(Customer Satisfaction) 등이 대표적이다. 소비재를 취급하는 유수한 중견기업이나 대기업이라면 브랜드인지도 등은 지속적으로 조사 관리하고 있을 것이다. 제품의 품질 또는 고객만족도의 경우에도 리서치를 통해서 확보해야 하는 데이터들이다. 서베이에 의하지 않은 경우라도 언론사, 능률협회, 공인인증기관, 품질시험기관, 소비자만족도 조사기관, 소비자보호원 등에서 조사 및 발표하는 자료를 활용할 수 있다. 또한 이밖에 R&D부서나 품질관리 부서 등에서는 경쟁사 제품을 직접 테스트하고 분석하므로, 관련자 인터뷰를 통해서 데이터의 입수가 가능하다. 전략수립의 목적에 따라 필요한 경우 조사를 실시하거나 시험기관에 의뢰하는 방법도 고려할 수 있다. 제품/고객 분석단계에서는 각 모듈 분석시 경쟁사 또는 전략집단과 비교분석을 통해서 격차(Gap)를 확인할 수 있어야 한다.

셋째, 내부역량과 자원분석 단계에서는 조직의 경쟁우위 창출의 원천 또는 가치창출의 원천을 얼마나 보유하고 있는지 분석하는 것이다. 즉, 조직의 지속적인 경쟁우위의 원천은 조직의 핵심역량(Core Competency)으로서 경쟁사와 차별화 될뿐만 아니라 사업성공의 핵심으로 작용하는 경쟁우위의 원천을 의미한다. 기업의 핵심역량은 다양한 형태의 유형 및 무형자원과 조직능력에 기반을 두고 있다. 이와 같은 분석을 위하여 Business System 또는 기업가치사슬분석(Corporate Value Chain Analysis), 원가분석(Cost Analysis), 조직역량분석(7S Model), 핵심역량분석(Core Competency Analysis) 같은 도구들이 사용된다.

가치사슬분석(Corporate Value Chain Analysis)은 포터가 기존의 Business System을 정교한 분석틀로 발전시킨 것이다. 기업의 전반적인 활동을 주활동(Primary Activities)과 지원활동(Support Activities)으로 구분하고 각 부문에서 비용과 가치창출 요인을 분석할 수 있게 한다. 주활동은 제품의 생산 운송 마케팅 판매 물류 서비스 등과 같이 현장업무활동으로 구성된다. 지원활동은 구매 R&D 인사 재무 기획 MIS등 현장 활동을 지원하는 제반업무를 의미한다. 가치사슬분석에서는 자사의 강점과 약점을 파악하고, 각 가치사슬 부문에서 경쟁사 대비 차별적인 특성은 무엇인지, 각 부문별로 비용이 얼마나 발생하고 고객에게 얼마나 부가가치를 창출하고 있는지에 관해 분석할 수 있어야 한다. 하지만 기업의 가치사슬활동을 정의하기 위한 데이터 획득이 실무적으로 어렵기 때문에 핵심성공요인(CSF)

또는 EVA Tree분석에서 나타난 Value Drivers상의 활동을 중심으로 분석하는 것이 바람직하다. 가치사슬 분석에서 가장 중요한 것은 외부 환경 분석에서 파악한 핵심성공요인(CSF)을 경쟁사 또는 산업 내 Best Practice 대비 자사가 얼마나 보유하고 있는지를 계량화하여 측정하고 분석하는 것이다.

원가우위(Cost Advantage)는 중요한 본원적 전략 중의 하나이다. 원가경쟁력은 산업의 종류나 기업 유형을 불문하고 중요한 경쟁력의 원천의 하나라고 할 수 있다. 이러한 맥락에서 핵심적인 경쟁우위의 원천을 파악하기 위하여 원가분석(Cost Analysis)이 이루어진다. 전략수립에서 중요한 전략적 시사점을 갖기 위해서는 원가분석은 전략적사업단위(SBU)수준에서 원가분석이 이루어져야 하고, Value Chain기능별로 원가를 할당할 수 있어야 하며, 무엇보다도 경쟁사의 원가데이터를 확보하여 자사의 강점과 약점을 비교할 수 있어야 한다. 이러한 수준에서 유효한 데이터와 정보원천에 접근하지 못한다면 피상적인 분석에 머물 수 있음에 유의해야 한다.

원가분석은 제품의 가치사슬(Value Chain)별로 원가의 구성요소를 정의하고 원가요소별 원가비중을 파악하는 것으로부터 시작된다. 예를 들어, 연구개발 5%, 구매 30%, 제조 40%, 마케팅 15%, 기타 간접비 3%와 같은 식으로 원가요소별 원가비중을 분석한다. 그런 다음 각 원가요소별로 원가형성에 영향을 미치는 주요 원가동인(Cost Drivers)을 파악한다. 원가동인은 재료의 특성(중량, 크기, 품질 등), 제조공정의 특성(자동화수준, 외주가공 등) 같은 것이다. 원가 형성에 가장 많은 영향을 미치는 주요 원가동인을 추출하고 이들 원가동인의 등락에 따른 원가편차를 추정한 후 자사 및 경쟁사의 원가경쟁력을 비교분석하여 개선기회를 도출한다.

전략수립의 맥락에서 조직역량분석(Organizational Competency Analysis)은 조직이 핵심성공요인(CSF)를 얼마나 보유하고 있는지, 핵심성공요인을 구성하는 역량을 얼마나 보유하고 있는지, 그리고 CSF와 관련된 역량 중 핵심역량(Core Competency)은 무엇이며, 핵심역량을 얼마나 보유하고 있는지, 그러한 핵심성공요인과 핵심역량을 경쟁사나 산업 내 Best Practice와 비교했을 때 어떤 격차(Gap)가 있는지를 분석하여 전략적 시사점을 이끌어 내는 것이다. 조직역량분석은 Mckinsey의 7S Model 또는 이를 변형한 7S Model을 많이 사용한다. Mckinsey의 7S Model은 기업의 성공은 Hard 3S[전략(Strategy), 조직구조(Structure), 시스템(System 또는 Process)]와 Soft 4S[인재(Staff)와 그들의 기술(Skills), 경영스타일(Style), 그리고 공유가치(Shared Value)]에 따라 결정된다는 것이다. 이 모델을 변형한 PWC의 조직진단모델(Organizational Assessment 7S Model)은 조직의 역량진단 모델로서 많이 활용되는 모델로서 전략, 핵심성공요인, 역량, 프로세스, 인력, 조직문화, 조직구조의 7개 개념을 측정 및 진단하는 도구이다.

핵심역량분석(Core Competency analysis)은 자원기반관점(Resource-based Perspectives) 또는 핵심역량경영(Core Competency Management)의 기초를 제공하는 것이다. 핵심역량은 조직의 지속가능한 경쟁우위를 창출하는 역량으로서 핵심성공요인과 밀접한 관련이 있다. 핵심성공요인은 외부 환경분석에서 도출된 것이며, CSF를 지원 또는 구성하는 역량은 FGI 또는 FGM과 같이 소규모 미팅을 통해 도출하는 것이 효과적이다. 핵심역량의 도출은 핵심제품의 Value Chain상의 역량요인 및 CSF관련 역량요인 중에서 핵심역량의 조건을 얼마나 갖고 있는지를 측정 및 평가하여 선별한다. 핵심역량의 조건은 VRIN, 즉 가치 있고(Value), 희소하고(Rareness), 모방 불가능하고(Inimitability), 대체 불가능한(Non-substitutability) 특성을 요구한다. (Gary Hame & C.K. Prahalad, 1990)

종합하면, 전통적 환경하에서 전략수립 방식에서는 환경을 예측할 수는 있지만 환경을 통제할 수는 없는 상황을 가정하고 있기 때문에 기업들은 지속가능한 성장과 생존을 위하여 이러한 환경 속에서 최적화를 달성하려는 노력을 기울이게 된다. 따라서 외부환경 분석을 통해서는 시장 및 산업의 현재와 미래를 예측하고 시장 매력도를 평가하는 한편, 내부환경 분석을 통해서는 그러한 산업 내에서 자사가 보유한 역량과 자원을 평가함으로써 환경에 최적의 조건으로 적합화하는 과정이라고 할 수 있다.

〈표 7〉 전략컨설팅의 내부환경 분석 절차와 도구

Procedures		Task & Analytic Activities	Toolkits & Techniques Applied
Phase	Step		
환경분석	내부환경분석	재무적 성과분석	Accounting based Measures analysis, EVA analysis, ROIC/EVA Chart, EVA Tree analysis, CFROI tree analysis, Extra Profitability analysis, Bottleneck resource analysis
		제품/서비스 및 고객분석	Financial Contribution analysis, Market map, Brand Recognition Evaluation, Product/Service Quality Evaluation, Customer Evaluation, Customer Satisfaction analysis, Customer Segmentation analysis, Pareto analysis, Strategy Canvas analysis
		내부자원과 역량분석	Value Chain analysis, Cost analysis, Organization Assessment(7-S Model), CSF Position analysis, Business Model analysis, Competency analysis, Core Competency analysis
		내부환경 분석 시사점	Strength/Weakness analysis, Competitive Advantage analysis
	벤치마크분석	벤치마크계획 수립	Benchmark Planning
		대상정의 및 자료수집분석	Defining benchmark target and data collection
		대상과 격차 분석	Gap analysis
		핵심성공요인 적용 및 자산화	Applying and Internalizing CSF

(3) 전략방향수립

비전(Vision)이 회사의 미래의 모습을 상정한 것이라면 전략방향은 비전을 달성하기 위한 거시적인 방향 또는 원칙이나 방침이라고 할 수 있다. 전략은 비전과 전략 방향 하에서 비전과 목표달성을 위한 수단과 방법을 의미한다. 하지만 전략수립에 있어서 비전과 전략방향은 개념적 모호성으로 인해 용어 사용에 혼란이 적지 않다. 어떤 경우에는 양자가 동일한 의미로 사용되는가 하면 다른 경우에는 전략방향이 비전보다 상위개념으로 사용되기도 한다. 이 책에서는 '비전 〉전략방향 〉전략'의 수준으로 사용한다.

비전에 근거한 전략 방향성의 도출과 전략 방향성 하에서 목표달성을 위한 전략의 도출이 중요하다. 전략적 위치를 고려한 핵심이슈의 종합적 문제해결 방안으로서 전략 방향성의 도출이 요구된다는 것이다. 이 단계는 먼저 전략적 포지션을 확인하고 환경 분석에서 도출된 이슈들을 평가하여 핵심이슈를 도출하고 문제해결을 위한 전략방향을 설정하게 된다.

첫째, 전략적 포지션 분석(Strategic Position Analysis)은 산업매력도와 사업경쟁력을 기준으로 산업 내 자사의 경쟁 포지션을 종합적으로 가늠하는 것이다. 이는 전략방향성 수립이나 문제해결방안에 많은 통찰력과 시사점을 제공해 준다. 다각화되지 않고 단일 사업 도메인을 가진 중소기업의 경우 전략적 포지션 분석만으로도 잠재적인 문제해결방안에 상당한 시사점을 얻을 수 있다. 산업매력도(Industry Attractiveness)는 일반적으로 산업성숙도 및 경쟁강도 같은 하위 구성개념을 포함하지만, 산업과 업종에 따라 달라지므로, 산업매력도 분석시 해당 산업의 매력도를 평가하기 위하여 기준이 되는 변수와 측정지표를 적절하게 선정하는 것이 매우 중요하다. 사업경쟁력(Business Competitiveness)은 CSF와 관련한 핵심역량 보유정도와 시장점유율 등으로 구성되나, 역시 산업별 및 업종별 특성을 반영한 사업경쟁력 지수를 측정하고 평가해야 한다. 전략적 포지션 분석 실무에서 산업매력도와 사업경쟁력의 측정은 그 구성개념과 하위 변수들의 선정 및 척도구성과 함께 계량적인 측정이 중요한데, 현실적인 문제는 데이터 확보가 간단치 않은 점이 중요한 과제로 대두된다. 데이터가 부족한 경우의 처리방안을 포함하여 사전에 외부환경 및 내부환경 분석시 전략포지션 분석을 염두에 두고 환경 분석에 임해야 한다.

둘째, 핵심이슈 도출(Deriving Key Issue)은 외부환경 및 내부환경 분석에서 환경변수의 영향(Impact)이나 시사점(Implication)에서 드러난 경영상 이슈들의 중요도를 평가하여 핵심이슈를 추출하는 과정이다. 전략방향성은 자사를 둘러싼 제반 핵심 이슈들에 대한 종합적이고 다각적인 측면의 해결방향을 제시하는 것이므로 핵심이슈의 도출은 전략수립 절차에 있어 문제해결 방법의 핵심적인 과정이라고 할 수 있다. 따라서 핵심이슈의 도출은 전략수립의 범위(Scope)와 깊이(Depth)를 결정하는 중요한 작업의 하나이다. 핵심

이슈를 도출하기 위해서는 외부 및 내부 환경분석의 결과물인 영향력(Impact) 있는 거시환경변수 또는 시사점에서 드러난 중요한 외부환경 이슈들을 재구조화하고 중요도를 평가하여 핵심이슈를 추출해야 한다.

셋째, 핵심이슈의 평가는 다양한 이슈들 중에서 전략수립에서 다뤄야할 핵심적인 이슈들을 중심으로 이슈를 압축하는 과정이다. 환경분석에서 도출된 모든 경영상 이슈를 한꺼번에 전략수립에서 다룰 수는 없다. 핵심적인 이슈를 선정하기 위해서는 이슈에 대한 평가가 필요하며, 이슈의 중요도 평가는 중요도 - 연관도 분석방법(Importance/Co-relation of Issue Assessment)이나, 혹은 AHP(Analytic Hierarchy Process)방법과 같은 도구를 적용한다. 풍부한 경험과 인사이트를 갖고 있는 컨설턴트라면 컨설턴트 주도로 핵심이슈 선정을 진행할 수도 있지만, 핵심이슈의 평가 및 선정과정에 클라이언트 측의 적극적인 참여를 유도하는 것이 바람직하다. 이 과정에서 컨설턴트는 프로세스 진행에 따른 절차적 방법론과 도구 및 스킬 등 컨설팅의 핵심요소를 지원하는 퍼실리테이터(facilitator)역할을 수행하게 된다. 전반적인 전략수립 과정에서 클라이언트와 컨설턴트가 함께 공동 작업으로 경영전략을 수립하게 되지만 그 진행과정에서 핵심이슈 선정과 전략방향 도출, 전략대안의 평가 및 실행계획 수립에서는 클라이언트 참여 범위와 폭을 더욱 넓혀 가는 것이 중요하다. 이 과정에서 클라이언트의 참여가 배제된 채로 전략수립이 추진된 경우 클라이언트들이 최종산출물에 대한 오너십(Ownership)을 갖지 못하게 된다. 그 결과 전략실행의 동력과 추진력이 현저히 떨어져 산출물이 활용되지 못하는 사례들이 발생한다.

넷째, 전략방향 대안의 도출(Strategic Option Generation Approaches) 단계는 회사의 비전달성을 위한 거시적인 방향 또는 경로를 정의하는 의사결정 과정이라고 할 수 있다. 2차 대전 후 군사영역의 전략개념이 경영분야에 도입된 이래 수많은 전략콘셉트와 전략프레임워크가 명멸해왔다. 실무상 전략에 관하여 성장전략, 철수전략, 경쟁전략, 공격정략, 방어전략, 다각화전략, 또는 신규사업전략, 차별화우위전략, 원가우위전략, Blue Ocean전략, 그리고 가장 최근에는 적응전략 등 수많은 전략 개념들이 제시되어 왔다. 이 때문에 경영전략수립시 '특정한 상황에 따라 어떤 전략을 수립해야 하는가'에 대해 이론적 또는 실무적으로 전략수립방식과 전략유형화를 하는 작업을 정형화 해나가는 것은 매우 어려운 과제라 하겠다.

전통적 전략수립방식(Classical)에서는 환경예측은 가능하나 환경을 통제하고 변화시킬 수는 없다는 가정하에 조직들은 주어진 환경에 최적화하려는 노력을 기울이게 된다. 따라서 전략수립의 의도와 목적, 외부환경의 변화(경쟁자 동향, 기술 및 산업변화, 소비자 동향 등)에 따른 대응, 자사의 역량과 보유자원(경영자 철학, 기업이념, 핵심역량 등)에 따라 다양한 전략유형들이 도출될 수 있다는 것이다. 즉, 외부환경변화와 내부환경(자원 및 능력) 간의 상황적합적인 전략방향 대안이 도출된다는 것이다. 예를 들면 환경분석

결과 수명주기상 산업성숙기 또는 제품성숙기에 접어들어 매출증가율이 정체되고 원가경쟁이 치열한 환경의 경우 '성장전략'이라는 전략방향 대안이 선택된다. 이 경우 '성장전략(상위수준) → 주력사업 확대; 사업다각화; 사업부문철수(중위수준) → 신규시장 확장, 신제품, 신시장; 관련 및 비관련다각화, 수직적/수평적 통합; 자산매각, 사업양도, 분사(하위수준)' 등의 상위 및 하위 전략 대안들이 도출될 수 있을 것이다. 혹은 환경분석 결과 경쟁사의 움직임에 적극적으로 대응해야 하는 핵심이슈에 적극대응하기 위해서는 '경쟁전략' 방향하에서 '차별화우위', '원가우위'; 리더십, 추격자; 사업철수 등과 같은 중위수준의 전략방향이 도출될 수 있을 것이다.

이러한 전략방향 대안을 도출하는 도구로서는 시나리오기법(Scenario Methods), 전략포지션맵(Strategy Position Map), 전략나침반(Strategy Compass), SWOT분석 같은 것들이 있다. 산업특성, 전략수립의 범위와 목적에 따라 적합한 도구를 선택하여 활용해야 한다. SWOT분석 도구는 단일사업부 조직의 비교적 단기적이고 미시적인 전략방향 수립에 적합하다. SWOT 분석도구는 기본적으로 상황을 정리하는 도구지만 내부의 강점(Strengths)과 약점(Weaknesses), 외부의 기회요소(Opportunities)와 위협요소(Threats)로 분류하여 상호 교차하여, SO전략, ST전략, WO전략, WT전략의 대안을 도출하는 것이다. 그런데 SWOT 도구는 전략성과에 미치는 환경변수의 복잡성에 비해 강점(S)과 기회(O)라는 단순한 분석결과를 활용해서 공격적인 성장전략을 도출하게 되는 위험도 있다. 전통적으로 많이 사용되고 있는 도구이지만 SWOT도구의 무용론을 주장하면서 소환이 필요하다는 비판도 제기된다.

시나리오기법(Scenario Method)은 환경변화를 예측하기 어려운 불연속적인 산업환경에 적합하다. 다양한 변화동인들을 도출하여 발생가능성(Probability 또는 Uncertainty)와 영향력의 정도(Degree of Impact) 수준을 기초로 핵심변화 동인(Key Drivers)을 평가하고, 2~3개의 핵심변화 동인을 추출하여 이들의 변화양상에 따라 3~4개의 미래변화 시나리오를 도출한다. 미래 시나리오가 많을수록 정교한 대응이 가능하지 않겠느냐는 의문이 있을 수 있으나, 관리 가능한 시나리오는 3~4개가 적합하다. 전략 포지션 맵(Strategic Position Map)은 전략방향을 Who, What, How의 관점에서 세부적인 대안들을 열거하고 조합함으로써 전략방향 대안을 도출하는 방식이다. 또 전략 콤파스(Strategic Compass)는 자사의 전략 방향 결정에 결정적 영향을 주는 2대 요소를 결정하고 여기에 자사의 현위치를 표시하고 이를 출발점으로 향후 나아가야 할 잠재적 방향대안을 나타내는 것이다. Matrix기반의 전략방향 대안 설정이므로 X, Y축의 변수설정이 전략방향 설정에 결정적인 영향을 미친다.

다섯째, 이와 같은 과정을 통해서 도출된 전략방향 대안은 전략적 적합성(Strategic Fit)을 평가하게 된다. 전략경영에서는 기업의 성과차이는 전략적 적합성(Strategic Fit)으로 설명된다. 즉, 기업의 외부환경과 내부환경간의 전략적 적합성의 정도가 높은 기업일수록 경영성과가 높다는 것이다. 전략방향 대안에 대한 전략적 적합성 평가는 결국 전략실행의 성과를 결정하는 가늠자로서 전략수립과정에서 가장 중요한 작업이라고 할 수 있다. 따라서 복수의 전략방향 대안과 환경변수별(예: 제품수명주기, 산업시나리오 리스크, 핵심역량, 이해관계자보상 등) 적합성을 교차하여 평가한다. 전략방향 대안의 평가기법에는 본원적 전략 적합성평가, 핵심역량 적합성평가, 그리고 산업시나리오 리스크평가, 이해관계자 보상평가 등의 방법이 있다. 이러한 평가방식은 선택적으로 적용하는 것이 아니라 4가지 모두 적용해서 종합적으로 전략방향 대안의 전략적 적합성을 평가한다. 인터뷰, 브레인스토밍, 체크리스트, 미니설문 등의 도구를 활용하여 계량화된 방식으로 측정하고 평가하는 것이 중요하다. 또한 각 전략방향 대안별 예상되는 재무적 효과, 실행상의 난이도 및 예상되는 위험요인을 평가한 후 최적의 전략방향 대안을 선정한다.

〈표 8〉 전략컨설팅의 전략방향 수립 분석 절차와 도구

Procedures		Task & Analytic Activities	Toolkits & Techniques Applied
Phase	Step		
전략 방향 수립	전략적 위치/ 핵심이슈 분석	전략적 포지션 분석	Strategic Position analysis, Strategic Position Matrix
		핵심이슈 도출	Deriving Key Issues, Cause-Effect-Issue Mapping, Causal Loop Diagram
		핵심이슈 평가	Importance/corelation Assessment

Procedures		Task & Analytic Activities	Toolkits & Techniques Applied
Phase	Step		
전략 방향 수립	전략방향 설정	전략방향 대안도출	Strategy Direction Option generation approach(Scenario Method, Strategic Position map, Strategic Compass, SWOT) Option categories
		전략대안 평가	Life cycle/Strategic fit analysis, Core competency fit analysis, Scenario risk analysis, Strategic fit analysis, Risk-Reward Evaluation
		전략방향 선정	Selection from Evaluations
	비전(재) 수립	비전진단/ 벤치마킹	Vision Diagnosis, Vision Benchmarking
		비전체계/ 테마선정	Grnerating Vision statement(Vision, Mission, Value), Selection of Vision theme
		비전 워크숍	Visioning workshop
		비전기술	Vision statement, Mission statement

한편, 비전수립과 전략방향수립 간의 관계에 있어서 어느 절차가 선행하느냐는 논란이 있다. 일반적으로 전략방향은 기업의 비전과 정렬(alignment)되어야 한다. 즉, 전략방향은 외부 및 내부 환경변수가 포괄된 전략적 위치분석에 따른 대응차원에서 수립하며, 이때 자사의 비전을 고려하여 기업의 비전 범위 안에서 수립하는 것이

일반적이다. 그러나 환경분석과 전략적 위치 분석에 따른 전략방향의 수립결과, 기존에 수립한 비전과 전략방향성이 일관성 있게 정렬되지 못한 경우 비전을 재수립해야 하는 상황이 발생한다. 이런 경우 전략방향하에서 비전을 재수립하는 절차가 요구된다. 전략방향이 명확하게 수립되지 않은 상황에서 비전을 수립하는 경우 실현가능성이 낮은 추상적인 비전수립으로 흐를 수 있다. 먼저 전략방향을 설정한 후 비전을 수립하는 것이 바람직한 경우도 있다. 따라서 비전수립과 전략방향 수립의 선후 관계는 프로젝트의 상황과 여건에 따르는 것이 바람직하다.

(4) 경영전략수립단계

전략은 궁극적으로 현 사업의 경쟁력 강화와 이익극대화를 통한 성장이 목적이라고 할 수 있다. 전략수립은 비전의 구체적인 목표를 설정하는 것부터 시작하여 목표 값 설정과 현재 상태 값의 측정/비교를 통한 차이(Gap)분석, 이러한 GAP을 메우기 위하여 어떻게 목표에 도달할 것인지 전사전략, 사업부전략, 및 기능전략 차원에서 수립된다.

첫째, 목표설정 단계는 조직의 비전을 측정 가능한 구체적인 목표로 변환하는 작업이다. 목표는 전략적 목표와 재무적 목표로 구분되는데, 전략적 목표(예: 시장점유율, 고객만족도, 매출성장률 등)는 장기적이며 기업의 전략적 포지션을 강화하는데 초점이 맞춰

지며 재무적 목표는 매출, 손익, ROE, EVA, ROIC, CFROI 등과 같은 목표 값들이 설정된다. 이러한 목표 값을 달성하기 위한 수단과 방법으로 전략(핵심성공요인)을 수립하고 전략의 실행성과를 측정하기 위한 핵심성과지표(KPI)를 설정하게 된다. KPI는 전략의 실행정도를 모니터링하여 평가하고 수정 보완하는 기본적인 지표가 된다.

둘째, 전략수립단계에서는 크게 전사전략, SBU전략 및 기능전략을 수립한다. 전사전략수립(Corporate Strategy)은 전사 차원에서 비즈니스 포트폴리오와 구조를 설계하고, SBU전략은 사업부 수준에서 전략방향하의 제품/서비스 전략, 시장/고객전략, 유통채널전략 등을 정의하고, 기능전략은 기업의 Value Chain별로 구매 R&D 생산 영업 마케팅 물류 재무 인사조직 등의 각 기능별로 상위전략을 지원하기 위한 기능적 활동의 전개 또는 개선방안을 정의하는 것이다. 전사전략의 수립에 활용되는 프레임워크는 전략수립의 목적과 범위에 따라 다양한 도구들이 활용될 수 있다. 예를 들어, Growth Spread Matrix, BCG Matrix, GE Matrix는 사업 포트폴리오 전략수립에 유용하며, Ansoff Matrix, Core Competency Market Agenda, Customers Needs Matrix는 사업다각화를 포함한 성장전략 탐색에 유용한 틀을 제공한다. 하지만 이러한 도구는 하나의 개념적 프레임워크(Conceptual Framework)를 제공할 뿐이지 전략수립의 모든 문제를 해결해주는 것은 아니다.

SBU전략수립(SBU Strategy)은 전사차원에서 결정된 Business Portfolio 전략 방향에 대한 각 전략사업단위의 구체적인 달성방안을 수립하는 것이다. 즉, 사업포트폴리오 및 성장이냐 경쟁이냐 또는 경쟁사의 공격 및 시장 고객 신기술의 등장 등 시장 영향요소에 대응하는 것이냐에 대한 단기적 또는 중장기적 형태의 대응전략의 형태로 전사전략이 수립되면, 이에 따라 SBU차원에서 전사전략 달성방안을 수립하는 것이다. SBU에서 다루는 일반적인 전략수립 범위는 제품/서비스의 포지셔닝 전략, 신규제품/서비스개발전략, 가격/원가전략 및 시장/고객전략, 유통채널 전략 등 각 SBU가 영위하고 있는 사업영역에서 어떻게 사업을 할 것인가에 대한 제반요소를 포괄한다. 예를 들어, 시장의 성장률과 점유율을 축으로 하는 BCG Matrix에서 'Question Mark Position'(X)에 위치해 있는 A사업을 'Star Position'(Y)으로 성장시키기로 결정한 전사전략에 대해 Position X →Y로 이동시키기 위한 다양한 전략적 수단과 방법을 정의하는 것이라고 할 수 있다.

기능전략수립(Functional Strategy)은 앞서 단계적으로 결정된 비전, 목표, 전사전략, SBU전략 범위 안에서 각 Corporate Value Chain상에서 확보 및 강화해야 할 핵심역량과 자원을 정의하는 것이다. 즉, 기업의 Business System상의 모든 기능 활동에 대한 Process; IT/Technology; HR 부문에 걸친 핵심역량과 자원을 확보하거나 강화하는 전략을 도출하는 것이다. R&D, 구매, 생산, 마케팅/영업, 물류 등 주요활동과 재무, 인사, 기획 등 지원활동이 이르기까지 모든 기능 활동의 개선 또는 강화를 포함한다. 따라서 기능전략수립은 전략의 요구역량과 현재 보유역량간의 Gap을 분석하고 개선 또는 강화해야할 역량의 우선순위를 평가한다. 필요영역의 기능 강화를 위한 프로세스 설계, 조직설계, IT 개선, HR 제도설계 등의 전략을 수립한다.

〈표 9〉 전략컨설팅의 경영전략 수립 절차와 도구

<table>
<tr><th colspan="2">Procedures</th><th rowspan="2">Task & Analytic Activities</th><th rowspan="2">Toolkits & Techniques Applied</th></tr>
<tr><th>Phase</th><th>Step</th></tr>
<tr><td rowspan="6">경영
전략
수립</td><td rowspan="3">목표
설정</td><td>비전구체화를 위한 전략목표수립</td><td>Gap analysis, Vision KPI, Strategic Objectives</td></tr>
<tr><td>전략적/재무적 목표 수립</td><td>Strategic Objectives, Financial Objectives</td></tr>
<tr><td>Value Driver 분석 및 KPI설정</td><td>BSC-based Objectives, Value Driver Tree & KPI</td></tr>
<tr><td rowspan="3">전사
전략
수립</td><td>비전 및 전략방향 확인</td><td>Identifying Vision and Strategy Directions</td></tr>
<tr><td>전사전략의 수립
(성장전략, 경쟁전략, 신규사업전략, 철수전략 또는 포트폴리오 전략 등 전사전략 수립)</td><td>Frameworks for Strategy option Generations(Growth spread Matrix, Ansoff Matrix, BCG Matrix, GE Matrix, Core Competence framework, Customer/Needs Matrix), Growth Strategy, New Business Development Strategy, Entry Strategy, Feasibility study</td></tr>
<tr><td>전사전략 로드맵</td><td>Corporate Strategy Road Mapping</td></tr>
</table>

<table>
<tr><th colspan="2">Procedures</th><th rowspan="2">Task & Analytic Activities</th><th rowspan="2">Toolkits & Techniques Applied</th></tr>
<tr><th>Phase</th><th>Step</th></tr>
<tr><td rowspan="8">경영 전략 수립</td><td>SBU 전략 수립</td><td>전사전략방향 확인</td><td>Identifying Corporate Strategy Directions</td></tr>
<tr><td rowspan="3">SBU 전략 수립</td><td>SBU전략수립 (차별화전략, 원가우위 전략 등의 사업전략수립)</td><td>SBU strategy Map, Strategic Disciplines, Pricing Strategy Options, Cost analysis alternatives, Cost analysis, Cost reduction driver tree, Integrated Cost reduction</td></tr>
<tr><td>전략대안평가/ 선정</td><td>Risk/Reward Matrix, Strategic fit analysis, sensitivity analysis, Risk analysis, Reward analysis, ROE & EVA analysis</td></tr>
<tr><td>이행계획수립</td><td>WBS, Gantt chart, defining of Tasks</td></tr>
<tr><td rowspan="3">기능 전략 수립</td><td>전사/SUB전략방향 확인</td><td>Identifying Corporate strategy & SBU Strategy directions</td></tr>
<tr><td>전략니즈와 역량 비교 평가</td><td>Strategy Requirement analysis, Capability gap analysis, Value chain CSFs, Corporate Value chain analysis, Value Driver analysis</td></tr>
<tr><td>기능단위별개선/ 강화전략수립</td><td>Improvement opportunities by functional, Key Improvement opportunities, Detailed Improvement opportunities, Business Case</td></tr>
</table>

(5) 실행계획수립

실행계획 수립단계에서는 전략수립단계에서 도출된 전사전략, SBU전략, 및 기능전략을 실행하기 위한 세부적인 실행과제를 도출하고 실행계획을 수립하게 된다.

첫째, 실행과제의 도출은 각각 전사전략, SBU전략, 및 기능전략으로부터 도출한다. 이들 전략과제는 전사전략, SBU전략 및 기능전략과 계층적(Hierarchical)이고 인과적으로 그리고 논리적으로 연결되어 있다. 구체적인 전략의 구성은 전략목표 - 전략 - 전략 Initiatives - 실행과제에 이르기까지 계층적 트리(Hierarchical Strategy Tree) 구조로 전개하는 것이 바람직하다. Strategy Tree구조로 작성하는 것이 전략과제의 맥락과 의미 및 해석상 오해를 줄일 수 있기 때문이다. 하지만 실행과제는 전략 Initiatives에 따라 중복적으로 도출될 수 있고 또한 전략 Initiatives의 실행과제 간 모순되거나 상충하는 과제가 도출될 수 있다 이러한 문제를 해결하기 위하여 갈등평가 매트릭스(Conflict Assessment Matrix)를 펼쳐 각 실행과제의 상호관계를 분석하여 충돌이 일어나는 과제는 조정을 거칠 필요가 있다.

둘째, 실행과제 도출이 완료되면 전략과제간의 선후행 관계 분석 및 우선순위화 작업을 실시한다. 선후행 관계 분석은 과제 우선순위화를 하기 전에 실시된다. 어떤 전략과제가 인과적으로 반드시

하나가 선행해야만 후행과제가 이행되어야 하는지를 분석하는 것이다. 선후행 관계 분석은 인과관계 추론과 유사하게, 시간적 선후성과 공동의 변화를 확인하는 것이다. 즉, 선행과제는 반드시 후행과제보다 시간적으로 앞서야 하며, 선행과제가 변화하면 후행과제가 동시에 변화하는 관계라면, 실행과제가 인과적 관계에 있고, 선행과제 - 후행과제를 구분할 수 있다. 이러한 선후행 관계 분석은 후에 진행될 실행 Roadmap 구성에도 필요하다. 어떤 전략과제를 우선적으로 실행할 것인가를 판단하기 위하여 수행하는 전략과제의 우선순위화 평가(Prioritization Matrix)는 전략적 중요도(중요도, 시급성)와 실행 용이성(시간, 비용, 난이도)을 축으로 하는 Matrix로 평가한다. 전략적 중요도와 실행 용이성은 하위변수를 5점 척도로 평가하여 계량적으로 평가하는 것이 좋다.

셋째, 실행과제 Roadmap 작성은 실행과제를 계층적 및 시계열적으로 전략과제를 배열하는 작업이다. 상위차원의 전략 Initiatives별로 배치하고 각 Initiatives별로 해당하는 실행과제를 열거하되, 추진기간과 시기별로 단기추진과제 - 중기추진과제 - 장기추진과제별로 배치한다. 그리고 각 실행과제들 간에는 선 - 후행적 관계 또는 연계성을 화살표로 표시하는 것이 바람직하다. 로드맵은 전략과제 전체를 한눈에 조감할 수 있게 한다.

넷째, 실행과제 정의서 작성은 각 실행과제별로 누가 언제 어디서 어떻게 무엇을 실행할 것인지 구체적으로 정의하는 것이다. 실행과정상 수정변경은 물론 모니터링에 유익하다. 실행과제 정의서 작성 시 정의서 구성요소에는 실행과제의 정의 및 목적, 주요활동, 실행방법, 실행기간, 실행일정, 실행조직, 기대효과, 고려사항 등을 포함한다. 실행조직은 주관부서와 실행부서를 구분하고, 각 역할과 권한이 부여되고 필요한 역량을 정의하고 주요작업을 예시해야 실행이 잘된다. Gantt Chart는 각 세부과제별 예상 소요시간을 정하고 프로젝트의 개시 및 종료를 고려, 각 세부과제 종료를 위한 소요기간을 결정하여 과제별 기간을 Mapping하는 Chart로서 프로젝트의 진도관리에 유익하다. 전략과제의 규모가 큰 경우 별도의 프로젝트관리 및 프로젝트 관리를 위한 소프트웨어를 사용할 수도 있다.

전략적 적합성이 높은 전략이 조직의 성과 차이를 결정한다는 이론에 비추어 볼 때, 환경과 전략간 적합성이 높은 경영전략을 수립하는 것도 간단치 않은 일이지만, 이렇게 수립된 전략이 잘 실행되지 않는 것도 현실이다. 전략을 수립한 조직의 10%만이 전략을 실행한다는 통계가 말하듯 이런저런 장애요인에 따라 전략이 잘 실행되지 못할 수 있다. 이러한 장애요인에는 비전장애, 인적장애, 자원과 역량 장애, 관리장애 등이 있다. 따라서 전략 실행도를 35% 향상시키면 주주가치가 30% 이상 상승한다는 통계도 있다. 전략의 실행이 조직의 성장을 위해서 매우 중요하지만 내부적으로 강력하게 추진하지 못한다면, 외부 컨설턴트에게 강력하게 전략실행과 변화관리 권한을 위임하는 방법도 있다.

〈표 10〉 전략컨설팅의 실행계획 수립 절차와 도구

Procedures		Task & Analytic Activities	Toolkits & Techniques Applied
Phase	Step		
실행계획 수립	실행과제 도출	장단기실행 과제도출	Action Items Development by Corporate Strategy, SBU Strategy, Functions; Strategy Tree, Conflict Assessment Matrix
	실행과제 우선 순위화	전략적 중요도평가	Materiality analysis, Importance Evaluation
		우선순위화	Prioritization Matrix, Implementation Roadmap
	실행과제 정의	실행과제 정의서	Action Item Profile
	실행 및 통제	모니터링계획	Monitoring Planning
		일정계획	Gantt Chart
		추진조직	Steering Organization Structure
		변화관리계획	Change management plan

방법론 이야기 <5>

양손잡이 경영전략

경영학계에서 '양손잡이 경영'이 강조되고 있다. 찰스 오라일리 스탠퍼드대 경영대학원 교수가 40여 년간의 기업혁신 연구에 몰두하면서 성공 및 실패기업을 통해서 밝혀낸 이론이다. 그동안 학계에서는 잘 나가던 기업이 어느 날 갑자기 몰락하는 현상을 보고 왜 그런지 그 이유를 알지 못했던 퍼즐이었다. 그런데 오라일리가 양손잡이 경영이라는 논리로 풀어냈다. 양손잡이 경영의 핵심은 '한 손엔 기존사업 다른 손엔 신사업'을 같이 가져가는 경영이다. 양손잡이 경영이 가능하려면 집단사고의 컬트문화를 벗어나려는 리더십의 발휘가 첩경이다.

어느 기업이나 조직이든 잘 나가다 보면 성공증후군의 덫에 걸리거나 폐쇄적 조직의 독이 넘치게 된다. 그동안의 성공과 기득권을 유지해 주는데 도움을 주어왔던 동일한 이념과 사고 그리고 문화에 휩쓸리게 되고 집단사고의 위험회피 성향에 물들게 된다. 집단사고의 위험은 조직의 창의성을 질식시키고 편협하고 독단적인 의사결정을 부추기며 변화무쌍한 환경변화에 유연하게 대응을 어렵게 만든다. 1970년대 초 미국 최대 유통업체였던 시어즈(Sears)가 몰락하게 된 것, 즉석 카메라를 개발하여 초창기에 성공을 거두었던 폴라로이드사의 흥망성쇠 등 다양한 사례가 있다.

양손잡이 전략은 기존사업과 신사업이라는 측면도 중요하지만 기업이나 조직을 구성하는 인력의 활용측면에서 더욱 고려할 점이 많다. 많은 기업들이 인종이나 성별 등에 따른 차별을 없애고 다양성을 높이려는 노력을 하고 있다. 소수자와 소외자에 대한 배려이기도 하지만 기업경영 입장에서 보면 조직의 컬트화를 방지하기 위한 방편이기도 하다.

최근 창조혁신시대의 패션으로 자리 잡은 외향적 조직운영이라는 한손잡이 경영의 흐름은 더 큰 문제이다. 작금의 경영계에서는 내향적 인간과 외향적인 인간을 조화롭게 배려하는 양손잡이 경영에 대한 고려가 미흡하다. 기업경영에서 더욱 강화된 현상은 인사, 조직, 운영 등 모든 부문에서 초연결 시대에 필요한 것은 외향성이라는 점을 강조한다. 내향성의 인물에 대해서는 편견을 더욱 강화하는 편향성이다. 조직에서 창조성과 상호 교류를 확산시킨다는 명분으로 부서 간 칸막이를 없애고 앉아서 일하는 책상도 치워버리면서 짧은 시간에 다양한 아이디어 논의를 위한 회의를 수시로 여는 등 오직 외향성의 인물로서 역할만을 강요하는 환경이 조성되고 있다. 채용에서도 얼마나 자신을 잘 표현하는지를 보는 인터뷰를 강조하고 조직 내에서 평가도 발표 능력을 우선하고 승진에서도 다면평가를 통해 외향성 인물이 우대받는 경향이다.

마이크로 소프트의 빌게이츠나 페이스북의 주커버그 같은 성공적인 인물의 경우에도 IBM과 같이 팀 간 협동의 외향성을 강조하는 조직에서 튕겨져 나왔다. 내향성 인물이 어느 기업 조직에서나 1/3에서 반 정도를 차지하는데 이들에 대한 편향된 분위기가 그대로 유지된다면 최적의 경쟁우위를 유지하기 어렵다. 내향성 인재들이 스스로를 재충전하고 조직 내에서 그 역할을 충분히 그 역량을 발휘할 수 있도록 배려하는 것이 중요하다. 즉, 내향성 인물과 외향성 인물을 함께 고려하는 양손잡이 경영이 또 다른 한 축을 형성해야 한다. 아마존과 같은 기업의 경우에는 내향성 인물들이 조직의 미팅에서 소외되지 않도록 미리 논의의 주제를 제시하고 동 주제를 차근차근 읽고 난 후에 주제관련 사항에 대해서만 집중적인 토론이 이루어지도록 배려하고 있다. 외향성 인물들만이 미팅에서 주도력을 발휘하는 것을 막고 내향성 인물도 충분히 그의 전문적인 의견을 제시할 수 있도록 배려한 것이다. 이뿐 아니라 컴퓨터 코딩이나 기술적 문제에 씨름하는 직원들이 스스로를 조용히 재충전할 수 있도록 별도 공간을 마련해 주거나 생각하는 장소와 시간을 주는 것도 바람직하다. 외향성 인물 위주의 조직에서 외향과 내향의 스펙트럼이 다양하게 전개되는 조직운영이 되도록 하는 노력이 양손잡이 경영의 하나로서 각광받고 있다.

– 운봉세상

제 2 절 비즈니스프로세스 재설계(BPRI) 컨설팅방법론

1. 비즈니스프로세스의 이해

1-1. 비즈니스 프로세스의 정의

Hammer & Champy(1993)는 비즈니스 프로세스(Business Process)를 '하나 혹은 둘 이상의 입력물(Inputs)로 고객에게 가치있는 결과물(Outputs)을 창조하는 활동들의 집합체'라 정의했다. 지금까지의 업무 프로세스는 전문화 분업화 원칙에 따라 대부분의 업무방식이 개별 프로세스 내의 개별적인 업무, 직무, 사람, 구조에 초점이 맞춰졌다. 이러한 직렬구조의 경우 한 부서의 작업이 끝나야 다음 부서에서 작업을 할 수 있는 구조이다. 부서의 경계를 넘을 때마다 상당한 시간이 소요되며 여러 부서를 거치면서 업무처리시간은 더욱 늘어나게 된다. 각 부서는 부서단위의 성과수준을 최적화하는 동시에 자기부서의 영향력과 권위를 극대화하고자 한다. 이러한 경우 각 부서가 자신의 책임 범위 내에서만 최적화를 추구함으로써 부서들 간의 업무목표 및 처리방법을 둘러싼 충돌이 발생한다. 결국 조직 전체의 성과는 단위부서의 성과의 총합보다 작게 된다. 이러한 문제들 때문에 조직을 여러 개의 부서로 바라보던 시각이 비즈니스 프로세스에 초점을 맞추는 방향으로 변화했다.

비즈니스프로세스 재설계(BPR)는 '기업 내의 모든 업무를 내부통제를 위한 기능단위 부서의 과업(Task)중심적으로 보는 것이 아니라, 고객 지향적 관점에서 프로세스(Process) 중심으로 보는 것'이다. 프로세스 중심으로 보면 조직은 비부가가치적이며 낭비적인 일이 많이 발생하게 되는데, 이를 제거시켜 일의 능률을 올리자는 데 주목적이 있다. 과업(Task)을 가치가 발생하는 가치창조적인 일과 가치가 발생되지 않은 비부가가치적인 일, 오히려 안하느니만 못하는 낭비적인 일, 중복적인 일 등으로 구분하여 비부가가치적이거나 낭비적인 일을 제거하고 가치창조적인 일을 하도록 개선한다. BPR의 목적은 업무 프로세스를 근본적으로 재검토하고, 재설계함으로써 가격, 품질, 서비스 수준, 속도와 같은 핵심적인 성과 요소를 혁신적으로 향상시켜 나간다.

1-2. 비즈니스 프로세스의 분류

비즈니스 프로세스를 분류하는 방식은 다양하다. 사업을 모형화하고 비즈니스 프로세스를 정의하는 작업은 그 자체로서 고유한 전문 분야로 인정받아 왔고, 학술적인 연구도 많이 진행되었다. 플리머스대학교(Plymouth University)연구원들은 비즈니스 프로세스를 운영, 관리, 및 지원의 3개 그룹으로 나누었다.

포터(M. Porter)는 기업 가치사슬(Value Chain)논리에 따라 비즈니스 프로세스를 주요 프로세스(Primary Process)와 지원 프로세스(Support Process)로 구분했다. 주요 프로세스는 기업의 핵심을 이루며 가치를 창출하는 프로세스로서 공급자로부터 물품을 구매하는 일에서부터 고객지원업무까지 회사 업무 전체를 관통한다. 최종고객의 주문에서부터 시작해서 배달 또는 애프터서비스까지의 주된 거래에 관련된 일체의 프로세스이다. 제품개발, 고객의 제품구입, 고객의 필요성 파악, 생산, 배달, 주문관리, 애프터서비스 등이 그들이다. 지원프로세스는 직접적으로 가치를 창출하기 보다는 주요프로세스(Primary Process)를 지원하기 위한 필요 활동들로 구성된다. 경영흐름의 기획, 통제, 관리에 관련되는 지원 프로세스는 성과관리, 정보관리, 자산관리, 인력관리, 기획 및 자원배분 등이다. 또한, 재무나 인사관리와 같은 활동을 포함한다.

EU집행위원회에서 지원하는 '유럽 성과연구 네트워크(ENAPS)' 프로젝트에서는 주요프로세스와 보조적 프로세스로 구분하고 이를 다시 하위 프로세스로 분류했다. 주요프로세스는 비즈니스프로세스라고 명명했고, 보조적 프로세스는 부차적 프로세스로 이름 지었다. 비즈니스 프로세스에는 제품개발, 고객주문계약 획득, 주문이행 및 고객서비스를 포함하고, 부차적 프로세스에는 지원과 진화를 포함했다.

프로세스를 분류하는 목적은 어떤 유형의 비즈니스 프로세스가 조직 내에 존재하는지를 보다 잘 이해하기 위함이다. 프로세스를 분석하는데 있어서 기업의 조직도에 집착해서는 안 된다. 조직도는 기업업무의 계층을 제시해줄 뿐이지 작업의 흐름을 나타내주지는 않는다. BPR에서 핵심적으로 고려하는 기본단위는 프로세스이지

부서가 아니다.

1-3. 비즈니스 프로세스의 속성

비즈니스 프로세스는 하나 혹은 둘 이상의 입력물(Inputs)로 고객에게 가치있는 결과물(Outputs)을 창조하는 활동들의 집합체라 정의했다. 비즈니스프로세스는 일관된 규칙이 존재하지 않고 가치있는 결과물을 창조해내는 일종의 기술(art)이라는 측면이 강조된다. 그렇지만 비즈니스 프로세스는 기술(art)이기는 하더라도 일관된 속성이 존재한다. 그 핵심적 5가지 속성은 구조, 책임자, 지향점, 고객, 척도 등이다.

첫째, 비즈니스 프로세스는 반복되는 속성이 있다. 비즈니스 프로세스는 한번만 실행하는 것이 아니라 계속 여러번 반복되어 발생한다. 즉, 비즈니스 프로세스가 정형화되어 반복되면서 측정 가능한 일련의 작업을 통해 특정 산출물을 생산하거나 서비스하게 된다. 단 한번만 발생하는 작업을 개선하기는 어렵고 반복되는 작업을 대상으로 그 작업의 시작과 끝, 투입물과 산출물을 파악할 수 있어야 한다.

둘째, 비즈니스 프로세스에는 프로세스를 총괄하는 책임자가 있다. 현장에서 프로세스가 진행 중인 과정에서는 책임자가 없는 경우가 대부분이다. 그러나 프로세스 전반의 흐름을 통괄할 수 있는 책임자인 프로세스 책임자가 반드시 선정되어야 한다. 책임자는 한 부서의 부서장 역할을 하는 것이 아니고 업무흐름 전체의 책임과 권한을 가져야 한다. 권한만 있고 책임이 없는 경우, 권한 없이 부서원들에게 책임만 강요하는 경우, 모두 개선의 대상이 되는 문제 있는 프로세스라 할 수 있다.

셋째, 비즈니스 프로세스는 프로세스 지향점으로서 계량적인 목표와 향후의 바람직한 모습을 가진다. 계량적인 목표는 생산성, 원가감축, 사이클 타임 등이다. 바람직한 모습으로는 프로세스에서 미래에 원하는 속성이 무엇인가 하는 것이다. 흔히 간과하고 놓치기 쉬운 점은 부서에는 목표가 있으나 프로세스에서 목표가 없는 경우가 대부분이라는 것이다.

넷째, 비즈니스 프로세스에는 프로세스의 최종산출물을 받는 사람 또는 부서로서 고객이 존재한다. 최종산출물을 받는 사람이 반드시 기업의 외부 고객이 아닐 수도 있다. 때로는 내부 고객과 부서도 최종산출물을 받는 고객이 될 수 있다.

다섯째, 비즈니스 프로세스의 평가 척도는 다양하나 일반적으로 원가, 시간, 고객만족, 서비스, 품질 등이 제시된다. 이러한 척도들은 한 부서에 제한된 부문별 척도가 아니라 전체 프로세스에 대한 평가 척도가 되어야 한다.

1-4. 비즈니스 프로세스 진단참조 모델 : PCF Model

미국 생산성품질센터(APQC)에서는 1992년 PCF 모델을 개발하여 공개하고 있다. PCF 모델은 1992년 Arthur Anderson과 APQC가 공동으로 연구한 국제적인 베스트 프랙티스 비즈니스 분류체계도이다. 모든 업종에 공통으로 적용 가능한 프로세스군을 정의하여 변화하는 비즈니스 환경에 따라 지속적으로 버전 업그레이드를 하고 있다. PCF 모델은 전 산업군을 포함하는 업무 프로세스 표준으로서 각 영역에 대해서 세부 프로세스가 정의되어 있고, APQC 벤치마킹 방법론의 기준이 되는 뼈대 역할을 하고 있다. 동 PCF 모델을 바탕으로 OSBC(Open Standard Benchmarking Collaborative) 데이터베이스가 제공되고 있는데 OBSC협력연구에 가입한 기업들은 Boeing, BP-US Fuels, Charles Schwab, Cisco Systems, UPS 등으로 미국의 글로벌 기업들이 다수 참여하고 있다. 기업이나 기관 등 다양한 조직에서 BPR을 추진하는데 있어 진단참조 모델로 활용되고 있다. PCF 모델은 4단계로 구성된 12개 카테고리로 분류되어 제시되어 있는데 그 구체적인 내용은 미국생산성품질센터(APQC) 홈페이지(www.apqc.org)에서 다운받아 활용할 수 있다.

PCF 모델은 [그림 15]와 같이 12개 프로세스 카테고리로 구성되었다. 그리고 각 카테고리는 하위 4레벨까지 분화되어 제시된다. L1수준은 카테고리(Category), L2수준은 프로세스 그룹(Process Groups), L3수준은 프로세스(Process), L4수준은 액티비티(Activity)로

부른다. 12개의 카테고리의 구성은 1.0부터 5.0까지는 운영프로세스(Operating Processes)이고, 6.0부터 12.0까지는 관리와 지원프로세스(Management and Support Processes)이다. 운영프로세스(Operating Processes)의 구성을 보면 1.0 비전과 전략 개발(Develop Vision and Strategy), 2.0 상품과 서비스 디자인 및 관리(Design and Manage Products and Services), 3.0 상품과 서비스 마케팅과 팔기(Market and Sell Products and Services), 4.0 상품과 서비스 전달(Deliver Products and Services), 5.0 고객서비스 관리(Manage Customer Service) 순이다. 한편, 관리와 지원프로세스(Management and Support Processes)의 구성을 보면 6.0 인적자원 개발 및 관리(Develop and Manage Human Capital), 7.0 정보기술관리(Manage Information Technology), 8.0 재무자원관리(Manage Financial Resources), 9.0 자산 취득, 구축 및 관리(Acquire, Construct, and Manage Property), 10.0 환경 건강과 안전 관리(Manage Environmental Health and Safety), 11.0 대외관계 관리(Manage External Relationships), 12.0 지식관리, 증진, 변화(Manage Knowledge, Improvement, and Change) 순이다.

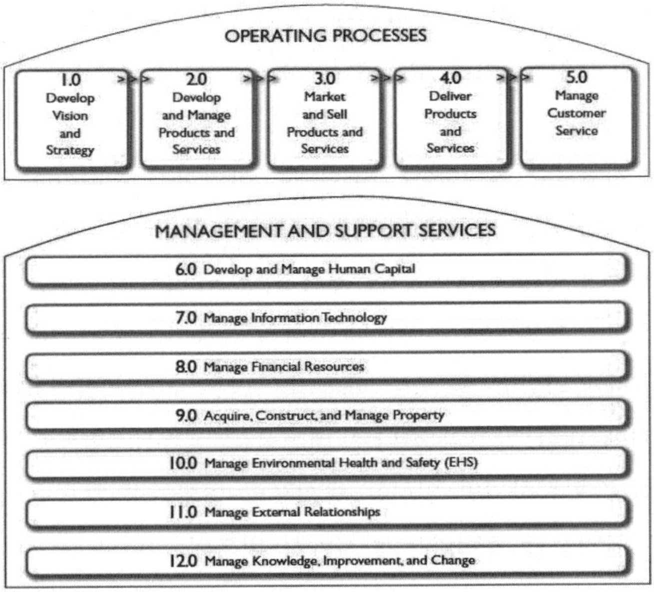

자료 : www.apqc.org

[그림 15] PCF 모델의 카테고리 구성

2. 비즈니스프로세스 재설계(BPR) 이론과 실제

2-1. 비즈니스프로세스 재설계(BPR)의 등장

BPR은 Michael Hammer교수가 주창한 비즈니스 프로세스 재설계(Business Process Reengineering)로서 조직의 업무효율성 제고를 위한 경영혁신기법이다. Hammer는 'Reengineering the Corporation-A Manifesto for Business Revolution'에서 리엔지니어링을 '근본적으로 다시 생각하고, 비즈니스 프로세스를 획기적으로 재설계함으로써 비용, 품질, 서비스, 속도 같은 기업의 핵심성과측면에서 극적인 향상을 이루는 것'이라 정의했다. (M. Hammer, 1990)

미국 기업들은 이미 오래전부터 다운사이징(Downsizing)을 통해서 기업 슬림화를 추진해 왔다. 하지만 지나치게 슬림화를 추진하면서 저품질 및 고비용이 큰 문제가 되었다. 일하는 방법은 바꾸지 않고 조직 규모만 축소하다보니 오히려 상품의 품질은 일본기업에 크게 뒤지게 되었고 생산성은 개선되지 않는 문제가 발생했다. BPR은 여기에 대한 반성의 하나로 태동한 경영혁신기법으로서 슬림(slim)화도 필요하지만 일하는 방식부터 변화하지 않으면 생산성 향상은 불가능할 것이라는 반성에서 비롯된 것이다.

2-2. 비즈니스프로세스의 재설계(BPR)의 지향점

비즈니스프로세스를 어떻게 재설계해야 하는가에 대한 일반적인 규칙은 없다. 기업마다 리엔지니어링을 하고자 하는 목표와 리엔지니어링 대상 프로세스의 성질, 상황 등이 동일하지 않기 때문이다. 그렇지만 재설계된 비즈니스프로세스는 다음과 같은 공통된 몇 가지의 특성을 보인다.

- ▶ 작업시스템은 고객에 초점을 두며, 고객의 요구를 만족시키는데 기여하지 않는 내부 업무는 최소화된다.
- ▶ 문제해결을 위한 의사결정을 실제 작업자들로부터 분리시켜

관리자에게 맡기는 대신, 프로세스의 각 부문에서 스스로 결정을 내린다.

- ▸ 프로세스는 유연성을 가지도록 설계된다. 항상 외부의 사건에 반응하기보다 새로운 전개 과정을 예측하여 대응하는 전향적인 특성을 가진다.
- ▸ 프로세스는 작업의 자연적 순서에 따라 이루어진다.
- ▸ 프로세스들은 여러 개의 버전을 갖는다.
- ▸ 경영자의 역할은 명령과 통제로부터 지원으로 변화한다.
- ▸ 모든 개인은 기업 네트워크에 참여함으로써 어느 누구와도 커뮤니케이션을 할 수 있게 된다.
- ▸ 모든 경영 지원 정보는 또 하나의 업무활동으로서가 아니라 작업수행의 부산물로 자동 생성된다.
- ▸ 고객은 프로세스에 대해 단일 접촉점을 가지며, 언제든지 필요한 정보를 제공받을 수 있다.
- ▸ 집중, 분사된 조직의 혼합체가 널리 퍼지고 있다.
- ▸ 그림자 기능 및 그림자 기록, 커뮤니케이션 오류와 정보매체의 변환이 파악되고 공유된다.

비즈니스프로세스가 재설계되면, 실제로 수행되는 일의 성격도 변화하게 된다. 기본적인 작업 단위는 전문화된 각 기능 부서가 아니라 프로세스 전체에 대한 책임을 지는 프로세스 팀이 된다. 작업도 단순한 업무에서 다차원적 작업으로 변화된다. 실제로 작업을 수행하는 사람들은 상관으로부터 통제보다는 의사결정의 자율권을 부여받는다. 관리자는 감독자에서 작업자들이 일을 더 잘 수행할 수 있도록 돕는 코치가 된다. 작업준비 과정도 필요한 기능을 익히는 훈련으로서 보다는 스스로 판단하고 의사결정을 내리기 위해 필요한 역량을 제고하는 것이 된다. 성과측정과 보상은 작업시간이나 작업량이 아니라 창출된 가치를 기준으로 이루어지며, 승진기준도 성과에 대한 보상이 아니라 능력의 함수가 된다. 이러한 프로세스에서는 관리자들의 전통적인 역할이 사라지게 되므로, 조직구조는 수직적인 위계구조에서 수평구조로 변하게 된다.

2-3. 비즈니스프로세스 재설계(BPR)의 성과 목표

비즈니스프로세스의 재설계의 목표로 제시되는 것들은 일반적으로 시간단축, 비용감소, 간접비감축, 만성적 문제해결, 조정과 업무관계, 고객서비스 등이다.

우선 시간단축은 업무 리드타임을 줄여 나가는 것이다. 프로세스의 시작부터 끝날 때까지의 시간을 단축하는 것이다. 최종적으로는 고객에게 프로세스의 산출물이 전달될 때까지의 시간을 단축하는 것이다. 둘째, 비용감축은 제조과정 뿐만 아니라 마케팅 등에서의 제반비용을 대상으로 대폭적인 감축을 시도한다. 제조와 유통업체의 경우 공급업체의 비즈니스 프로세스 효율적인 관리는 경영혁신의 핵심적 대상이다. 셋째, 기업을 둘러싸고 있는 환경이 어려워짐에 따라 간접비 감축도 목표가 된다. 간접비와 간접인원을 축소하고 직접비와 직접 인원으로 전환시키고자 하는 경우가 많아졌다. 넷째, 기업들의 겪고 있는 만성적인 문제점 대부분을 재설계를 통해 해결코자 한다. 다섯째, 전문화된 기능별 조직은 업무수행상 권한과 책임이 규정되어 있다. 프로세스 측면에서 보면 상호 충돌이 발생하고 이해관계가 중복된다. 기능별 조직의 상충되는 이해를 원활하게 조정하는 것도 목표의 하나이다. 끝으로, 고객서비스 개선이다. 고객과의 접점에서 업무를 수행하는 부서만이 아니라 모든 부서들이 고객을 위하여 업무를 수행하는 것이다. 프로세스 혁신의 근간은 바로 고객서비스 확충이다.

2-4. 비즈니스 프로세스 모델링 방법론

비즈니스 프로세스 모델링 도구들은 기업 활동의 핵심적 네 가지 측면(기업의 활동과 기능, 상태 및 사건)들을 모두 표현할 수 있어야 한다. 기존의 기업 활동은 주로 기능 중심의 분화된 조직으로 구성되어 담당 기능을 수행되어 왔다. 그런데 비즈니스 프로세스 모델링에서 관심을 갖는 것은 기업 활동의 상태가 중요하다. 상태는 특정 시점에서의 시스템 혹은 프로세스의 특징을 순간적으로 포착한 것이다. 즉, 특정시점에서의 시스템의 특성을 표현하는 변수들의 집합이다. 예를 들면, 은행 창구의 상태를 표현하는 변수로는 '바쁜 창구 직원의 수'와 '은행 내의 고객의 수'를 들 수 있다. 그런데 기업 활동의 상태는 시간의 흐름에 따라 변화하게 된다. 이러한 상태의 변화를 초래하는 어떤 것을 사건이라 한다. 예를 들면,

'은행 고객이 서비스를 받은 후 빠져 나가고', '새로운 고객이 찾아오는' 것은 사건이다.

그동안 개발되어 활용되는 모델링 도구로는 IDEF, ARIS, Petri Net, UML 등이 있는데 기업활동의 네 가지 요소 중 어느 것에 중점을 두느냐에 따라서 기능기반, 상태기반, 사건기반 혹은 상태/사건 통합기반으로 구분된다. IDEF는 기능기반, UML은 상태기반, 그리고 Petri Net은 상태/사건 통합기반으로 분류된다.

첫째, IDEF는 ICAM Definition의 약자이다. ICAM은 미 공군에서 수행한 CIM(Computer Integrated Manufacturing)프로젝트를 의미한다. IDEF는 이 프로젝트에서 고안해서 상용한 프로세스 모델링 방법의 집합을 말한다. IDEF는 기능적 측면을 모델링하는 IDEF0와 정보를 모델링하는 IDEF1 그리고 기업의 동적활동을 모델링하는 IDEF3가 있다. IDEF0는 시스템이나 조직의 활동이나 의사결정들을 모델링하기 위해 고안된 방법이다. [그림 16]에서처럼 모델이 사용하기 단순하고 계층적 구조를 가지고 있으나 시간적 측면을 표현하지는 않는다. IDEF1은 조직의 정보자원 관리 요구사항을 분석하는 방법이다. IDEF3는 특정 시스템이나 조직이 어떻게 작동하는가를 프로세스 흐름 관점에서 표현하거나(Process Schematics), 또 하나는 특정한 객체의 상태 변화가 어떻게 전이되는가를 표현한다(Object Schematics).

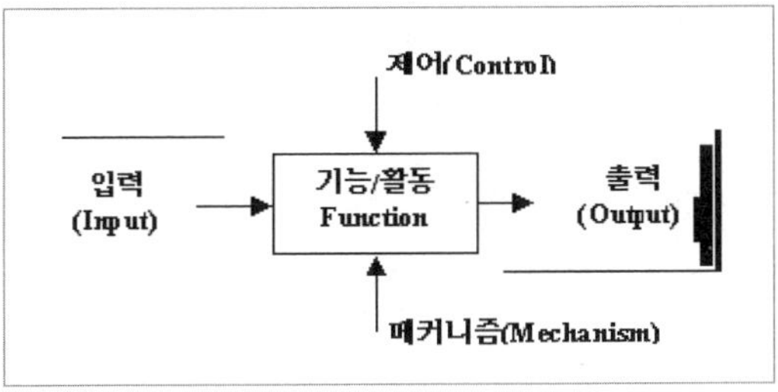

자료 : Google Image 다운

[그림 16] IDEF0의 구성요소

둘째, ARIS는 독일의 시어박사에 의해 고안된 방법론으로 주로 정보시스템을 모델링하기 위해서 개발되었다. ARIS는 통합 정보시스템 아키텍쳐(Architecture of Integrated Information Systems)를 의미한다. ARIS는 기업을 조직관점, 데이터관점, 기능관점, 통합관점에서 모델링하는데 [그림 17]에서처럼 ARIS 하우스로 표현된다.

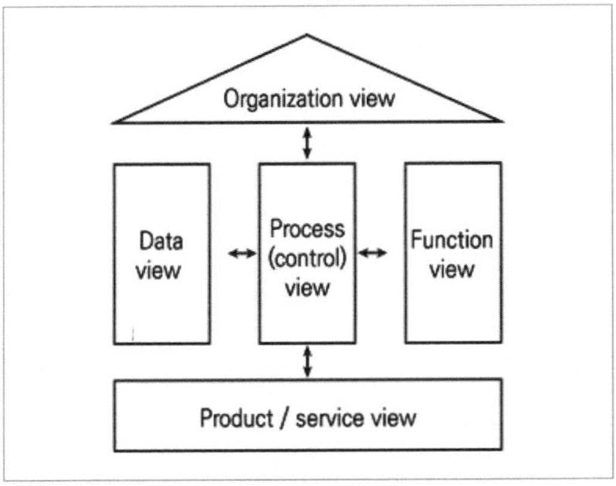

자료 : Google Image 다운

[그림 17] ARIS하우스 구성요소

셋째, Petri Net은 아담 페트리에 의해 1962년 고안된 사건/상태 통합 모델링 도구이다. 원래는 컴퓨터 시스템을 모델링하기 위해서 고안되었다. 수학적 형식론에 근거하고 있기 때문에 모델링 도구뿐만 아니라 분석도구로도 널리 사용된다. Petri Net은 우선 동시적이고 병렬적인 시스템의 행태를 표현하고 분석하기 위해 개발된 그래픽컬하고 수학적인 모델링 방법이다. 또한 Petri Net은 [그림 18]에서처럼 두 종류의 노드와 방향성 아크를 갖는 '방향성 그래프'에 의해 시스템을 단순하고 추상적으로 표현한다. 노드는 원으로 표현되는 플레이스 노드와 수직막대로 표현되는 트랜지션 노드로 구분된다.

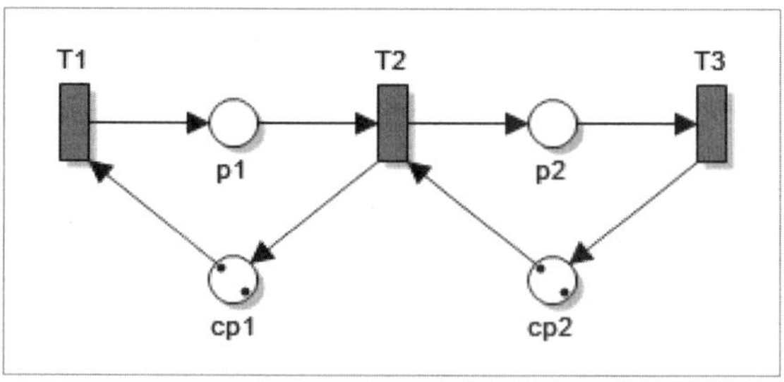

자료 : Google Image 다운

[그림 18] Petri Net의 기본 모델

넷째, UML은 Unified Modeling Language의 약자로서 객체지향 모델링을 위한 표준 방법론이자 도구이다. UML은 원래 소프트웨어 시스템을 모델링하기 위해 개발되었으나 최근에는 소프트웨어 시스템뿐 아니라 비스니스 시스템을 모델링하는데도 널리 활용된다. UML은 총13개의 다이어그램을 제공하는데 크게는 ① 구조 다이어그램, ② 행위 다이어그램 및 ③ 상호작용 다이어그램으로 분류된다. 구조 다이어그램은 시스템의 정적인 구조를 표현하는 것으로서 클래스, 오브젝트, 컴포넌트, 복합구조, 패키지 및 배치 다이어그램이 있다. 행위 다이어그램은 시스템의 수행 기능을 표현하는 것으로서 유즈 케이스, 액티비티 및 스테이트 머신 다이어그램이 있다. 상호작용 다이어그램은 오브젝트의 상호작용을 나타내는 것으로서 크게는 행위 다이어그램의 일종이다. 시퀀스, 커뮤니케이션, 타이밍 및 인터랙션 오버뷰 다이아그램으로 분류된다. 동 13개의 다이아그램 중에서 비스니스 시스템을 모델링하는데는 기능관점에서 유즈 케이스 다이어그램, 데이터 관점에서 클래스나 오브젝트 다이어그램, 그리고 프로세스 관점에서 활동 다이어그램, 조직관점에서 클래스 다이어그램이 주로 활용된다. [그림 19]는 UML 다이어그램을 활용하여 프로세스 모델링한 사례이다.

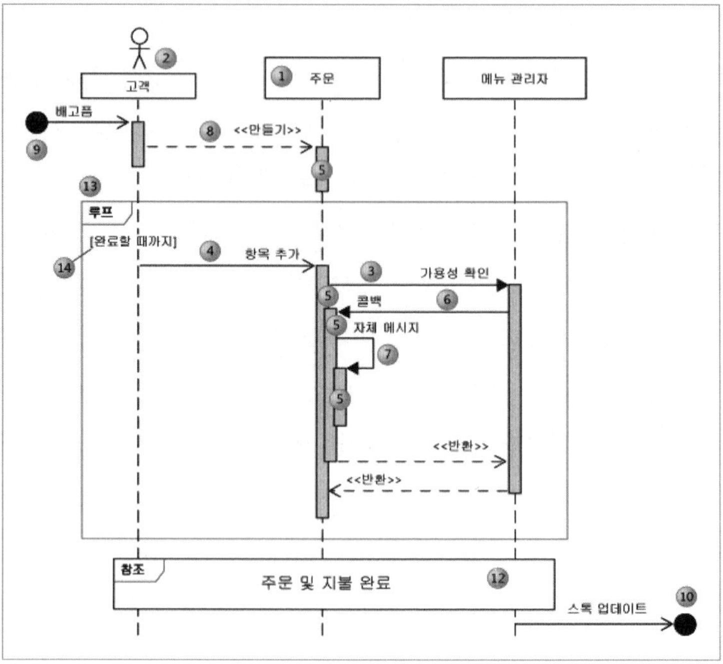

자료 : Google에서 다운

[그림 19] UML 다이그램의 사례

2-5. 비즈니스 프로세스 성숙 모델 : PMM(Process Maturity Model)

비즈니스 프로세스 성숙 모델은 업종별, Value Chain별로 프로세스의 성숙도의 단계를 분류한 모델이다. 조직의 현재 프로세스와 PMM과의 비교를 통해서 프로세스의 성숙 수준을 파악하고 BPR을 위한 관련이슈를 도출하는데 활용된다. PMM 모델은 [그림 20]과 같이 Level1부터 Level5까지의 5단계로 구성되어 있다.

첫째로 Maturity Level1(ML1)은 Poor(빈약)단계이다. 일반적으로 프로세스가 즉흥적이거나 혼란인 상태이다. 조직 내에 안정적인 환경이 제공되지 않고 있고 업무의 완수는 특수한 인력과 역량에 좌우된다. ML1조직은 일반적으로 시간에 쫓겨 프로세스를 포기하게 된다. 그 결과 업무수행이 성공결과를 반복할 수 없다. 실제 성과는 목표에 미치지 못한다.

둘째, Maturity Level2(ML2)는 Basic(기본)단계이다. 프로세스 관리를 계획, 수행, 측정, 통제하는 상태이다. 문서화된 계획에 따라 프로세스를 수행한다. 요구사항, 프로세스, 산출물, 서비스를 관리한다. ML2조직은 프로세스 관리에 대한 기본정책을 확립하고 있다. 정책, 계획, 측정, 통제, 검토 등 기본적인 관리 사이클이 정착되고 프로세스 흐름도 작성을 위하여 도구들이 상용되기 시작한다.

셋째, Maturity Level3(ML3)은 Effective(효율)단계이다. 프로세스를 충분히 이해하고 특성을 표준, 절차, 도구 등으로 표현하는 상태이다. 프로세스를 정의, 문서화하고 조직원들이 책임과 역할을 인지한다. 프로세스 자산과 개선정보를 관리한다. ML3조직은 조직의 표준 프로세스를 기초로 업무를 관리한다. 표준 프로세스에 입각해 수행할 프로세스의 적정한 목표를 수립하고 표준화된 운영프로세스가 확실하게 전개된다.

넷째, Maturity Level4(ML4)는 Best Practice(모범)단계이다. 프로세스의 품질 및 프로세스 성과를 목표로 수립하고 통제하는 상태이다. 서브 프로세스를 선정하여 프로세스 성과를 통제한다. 정량적 목표를 수립하고 통계적 방법을 활용하여 관리한다. 프로세스 변동의 이상요인(special cause)을 추적하여 시정한다. ML4 조직은 통계적 방법을 활용하여 프로세스를 관리한다. 품질 및 프로세스 성과의 측정치를 측정하여 레파지토리에 등록하고 통계적 방법을 활용하여 성과를 예측하고 프로세스를 통제한다.

다섯째, Maturity Level5(ML5)는 Emerging(발전)단계이다. 정량적 해석을 통해 프로세스를 지속적으로 개선하는 상태이다. 점진적, 혁신적 기술개선을 통해 프로세스 성과를 개선한다. 안정화된 프로세스 변동의 우연요인을 발굴하여 개선한다. 프로세스 개선에 대한 조직원의 역할인식과 참여가 활성화된 상태이다. ML5조직은 정량적 근거에 기초해 개선목표를 수립하고 개선을 수행한다.

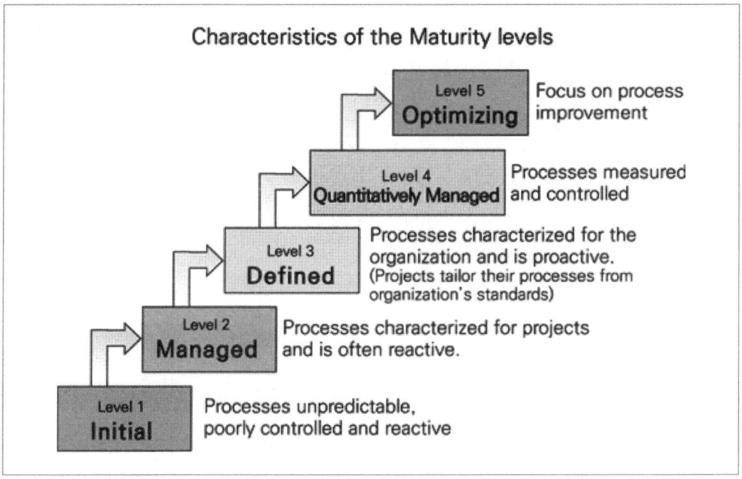

[그림 20] PMM의 5단계 모델

3. 비즈니스프로세스 재설계(BPR) 컨설팅방법론

3-1. 개 요

기업이 업무상의 한계나 비효율을 느꼈을 때, 새로운 시스템의 도입 등 BPR이 요구되는 경우, 최고경영층에서 BPR 실행을 결정하고, 이에 대한 전사적 공감대를 형성하기 위한 작업을 한다. 전사적으로 BPR의 분위기가 조성되면 특별 과업팀(task-force team)을 구성하여 BPR을 본격적으로 실시한다.

TF팀을 중심으로 사내의 업무 프로세스들을 규정하고, 최고경영층과 협의하여 BPR의 대상이 될 프로세스의 범위를 결정한다. 특히 사내의 다양한 업무 프로세스를 규정할 때에는 프로세스 상에서 각 업무의 흐름을 도식화한 프로세스 맵(process map)이나 흐름도(flow chart)를 사용한다. 이 경우 각 구성요소의 선후관계를 명확히 표시하며, 각 구성요소의 수행시간 및 권한, 책임의 주체를 명시한다. 이와 같이 작성된 프로세스 맵은 프로세스 상에서의 중복업무 및 불필요한 업무, 권한과 책임이 불분명한 업무, 수행시간이 비정상적으로 오래 걸리는 병목 프로세스(bottleneck process)를 한눈에 파악할 수 있도록 도움을 준다. 이러한 프로세스들은 일차적인 개선의 대상이 된다. 아울러, 불필요하고, 중복된 업무의 삭제, 프로세스를 개선할 수 있는 새로운 아이디어의 도출 등을 통해 세세한 업무개선을 포함한 극적인 변화를 이룰 수 있는 프로세스 재설계안을 설계한다. 물론 이 모든 작업은 과업 특별팀과 실제 프로세스 수행부서간의 의견 조율 및 검토가 요구되며, 프로세스 재설계시 과연 얼마나 시간, 비용 측면의 효과가 있는가를 검토할 수 있는 측정기준을 아울러 작성해야 한다. 이러한 성과 측정기준에 따라 향후 계속적인 개선활동에 있어서도 달성한 성과의 비교가 가능해질 수 있다. BPR은 일회성으로 끝나는 것이 아니라, BPR 이후에도 지속적인 개선이 이루어져야 하며, 실무진 외의 경영진에서도 지속적인 관심과 지원을 제공해야 한다.

BPR 컨설팅방법론은 이러한 BPR의 절차와 도구를 모형화해 놓은 것이다. BPR 컨설팅방법론의 일반모델은 [그림 21]에서와 같이 네 단계 '기업전략분석 및 프로세스비전수립(1단계) / As-Is Process

분석(2단계) / To-Be Process 운영정책 정의(3단계) / To-Be Process 설계(4단계)'로 구성된다.

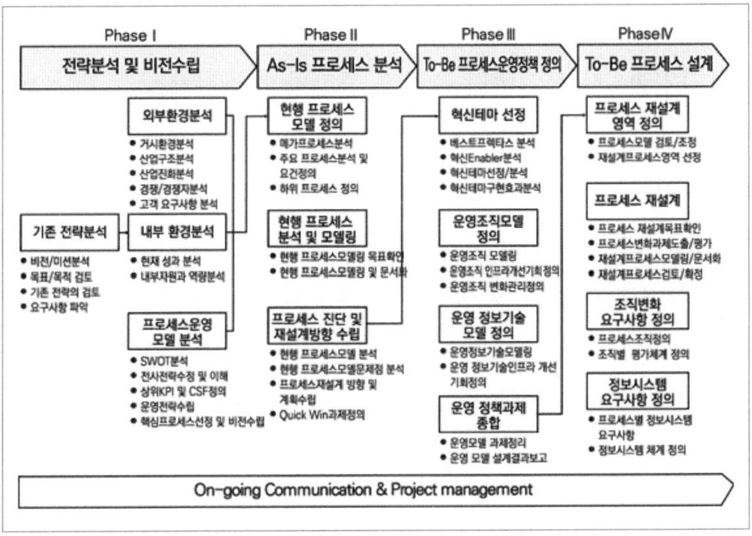

[그림 21] BPR컨설팅 절차와 방법

3-2. 절차와 도구

(1) 전략분석 및 비전 수립 단계

기존의 비전과 전략을 이해하고 기업이 직면한 내부 및 외부환경을 분석하여 새로운 환경변화에 적합하도록 기존 운영전략을 수정한다. 핵심 프로세스를 선정하고 프로세스 비전을 수립하는 것은 업무 프로세스 혁신과 정보기술(IT) 활용을 통해 경영혁신을 도모하는 첫 단계이다.

① 기존전략 분석

기존 전략분석은 크게 기업의 비전 및 미션과 기존의 중장기 경영전략을 이해하는 한편, 경영층의 요구사항을 파악하는 단계이다. 기존 중장기 경영전략은 기업의 경영철학 또는 경영이념, 최고경영층의 가치관, 기업의 비전 그리고 중장기 경영전략을 포함한다. 경영철학 또는 경영이념은 기업경영의 지주이자 기업의 자세, 활동방식의 정신적 지침이 된다. 창업자의 인생철학이나 가치관이 반영되어 있는 경우가 많다. 최고경영자의 인생관, 직업관, 자기실현의 방향 및 사고방식 등을 통해 최고경영자의 신념과 가치관을 확인한다. 기업의 비전과 중장기 전략은 대부분 문서화되어 있다. 전략적 테마, 경쟁자 및 경쟁방식, 가치창출 활동의 유형 등을 중심으로 파악한다.

경영층 요구사항은 주로 인터뷰를 통해 수집하여 BPR의 배경과 목적 및 의도, 그리고 개선 또는 혁신 테마 주안점 등을 파악한다. 인터뷰는 경영진 및 부서장을 포함한 관계자 인터뷰를 통해 BPR의 요구사항을 명확히 분석토록 한다. 특히, 경영진의 요구사항과 관련해서 비즈니스, 정보기술, 그리고 조직의 3가지 측면에서 현재 전략적 맥락을 어떻게 평가하고 있으며, 또한 조직의 주요 경영현안과 이슈들에 대해 어떻게 인식하고 어떻게 대응해야 하는지에 대한 입장과 의견을 면밀하게 파악해야 한다.

대부분 BPR 프로젝트는 주로 조직의 효율성 개선 또는 생산성

향상이 목적이지만, 일부의 경우에는 조직구조 개편 및 조직 재설계를 통한 인력 감축을 의도하는 등 조직 내 정치적 정당성을 위해 추진되는 경우도 있다. 드물게는 대외적으로 주주 등 이해관계자들에게 조직혁신과 성과창출을 위하여 노력한다는 긍정적 이미지를 제공하기 위한 목적, 즉 사회적 정당성을 획득하기 위한 목적도 있다. 따라서 겉으로 드러난 배경과 목적 이외의 프로젝트의 실제 목적을 읽어내는 통찰도 요구된다.

② 외부환경 분석

외부환경 분석은 기업이 처한 산업의 특성과 환경변화에 대한 이해를 통하여 개선기회를 포착하고 성과격차의 원인을 발견하는 단계이다. 전통적 전략수립 방법론에서도 외부환경 분석이 수행되지만, BPR의 경우는 BPR의 특성을 감안하여 필요한 환경요인들을 분석해야 한다. 환경 분석의 목적은 주로 고객 요구사항 분석, 공급업체 관리 분석, 상품 및 시장 동향 파악, 경쟁기업 분석에 초점을 맞춘다.

②-1 고객 요구사항 분석

고객 요구사항 분석은 고객의 기대수준과 기업이 보유한 역량 간의 격차(Gap)를 찾고, 상세한 고객 요구사항을 파악한다. 고객 욕구와 필요의 급격한 변화는 기업에게 커다란 위협과 기회를 제공한다. 따라서 고객에 대한 보다 충분한 이해를 통해 경쟁사보다 고객의 요구에 더욱 능동적으로 대응하기 위함이다.

고객 요구사항으로 먼저 소비자 행동의 이해가 선행되어야 한다. 아울러 해당 업종의 특성을 고려한 핵심구매요인(KBF:Key Buying Factors) 파악을 위한 설문조사를 실시하게 된다. 고객행동의 이해는 그들의 의사결정 과정에 대한 이해이다. KBF는 '고객들이 왜 우리 회사의 제품을 구매 하는가'라는 제품구매의 중요한 이유를 의미한다. KBF를 파악하기 위해서는 질적 방법과 양적 방법 또는 두 가지 모두를 사용할 수 있다.

질적 방법으로는 고객 집단을 대상으로 포커스그룹 인터뷰(FGI) 또는 포커스그룹 미팅(FGM)과 같은 도구를 상용한다. FGI는 한 그룹 5~6명씩, 전체 5개 그룹 정도가 바람직하다. 이 과정에서 KBF의 가장 중요한 역할을 담당하는 사람이 누구이며, 자사 및 경쟁자가 초점으로 삼아야 할 대상은 누구인지 분석해야 한다. 때로는 제품 유형에 따라 그 제품을 사용하는 사람, 구매하는 사람, 의견 제시자 등이 다를 수 있다. 이 경우 구매의사결정에 참여하는 사람에 따라 각기 서로 다른 요구를 하게 된다. 따라서 이들의 요구를 분류하여 의사결정 과정별로 어떤 사람이, 어디에서, 어떤 영향을 행사하는지 살펴 보아야 한다. FGI를 통해서 고객들이 왜 고객사의 제품을 구매하는지에 대한 깊은 통찰을 얻게 된다.

양적 방법으로는 설문조사(Survey)를 통해 실행한다. 핵심구매요인 파악을 위한 설문조사는 다음 세 가지 속성, 즉 ① 제품구매에 가장 큰 영향력을 미치는 제품속성 ② 제품의 각 속성별 경쟁력

③ 고객들이 충족하지 못하는 욕구에 초점을 맞춘다. 설문조사는 상당한 전문적 시장지식과 과학적 조사방법이 요구된다. 리서치회사에 아웃소싱을 주거나, 설문조사 전문가를 투입할 필요가 있다. 설문조사는 선행연구 등의 문헌분석과 FGI인터뷰 자료를 통한 핵심구매요인(KBF)의 도출 및 선정, 핵심구매요인 측정을 위한 설문항목의 구성, 표본선정, 자료수집 방법, 자료분석 방법 등에 관하여 과학적이고 체계적인 조사절차에 따라야 한다.

고객의 구매기준으로는 가격, 품질, 인지도, 성능, 기술적 우위, 애프터서비스, 디자인컬러, 회사 이미지, 편리성, 광고/홍보, 인간관계, 기타 요인 등이 포함된다. 그런데 KBF는 산업별 특성에 의해 달라질 수 있다. 따라서 기존 연구와 FGI 등을 통해서 산업별 핵심구매결정요인을 파악해야 한다.

②-2 제품 및 산업동향 파악

기업이 위치하고 있는 산업의 특성과 산업수명주기 또는 제품수명주기에 대한 이해를 통해 제품과 시장의 동향을 파악한다. 산업특성을 이해하기 위해 산업구조분석, 산업진화분석을 실시한다.

산업구조분석은 산업 내 중층적 구조를 입체적으로 분석하여 그 구조적 특성과 매력도를 결정하는 제반 요인들을 철저히 이해하여 BPR에 반영하는 것이다. 산업 구조상 위협 및 기회요인을 동시에 분석하고, 지속가능한 경쟁우위의 핵심요인을 분석한다. 포터의 산업구조분석(5 Forces), 산업가치사슬분석(Industrial Value Chain Analysis), 핵심성공요인분석(CSF Analysis), 마리메꼬분석(Marimekko Analysis) 등과 같은 도구(Tool)가 활용된다.

산업진화분석은 산업구조에 시간과 외부충격이 관여하는데 따른 변화를 분석한다. 제품의 수명주기가 있듯이 산업도 일정한 진화과정에 따라 수명주기가 존재한다. 산업수명주기분석(Industry Life Cycle Analysis)은 산업도 '도입기 - 성장기 - 성숙기 - 쇠퇴기'를 경험한다고 가정한다. 각 단계별 성공요인으로는 초반기에는 '제품혁신'에 주력하나 성장기와 성숙기를 거치면서 점차 '비용과 프로세스의 혁신'이 중시되고 쇠퇴기에는 '비용절감과 산업시설 합리화, 유통과 브랜드의 역할'이 강조된다. 산업구조의 진화과정에는 소비자의 지식과 경험증가, 기술의 확산 및 수요성장 둔화 등도 영향을 미친다. 소비자의 지식과 경험이 증가하면, 가격에 민감해지므로 기업들은 차별화에 더욱 치중한다. 신기술이 보편화되고 확산되면, 제품은 표준화되고 가격경쟁이 심화된다. 산업성장이 둔화되면 공급과잉이 발생하고 유통구조가 집중됨으로써 유통채널의 교섭력이 생기고, 경쟁력 없는 제품은 시장에서 탈락하여 결국 산업재편으로 이어지게 된다.

산업수명주기(Industry Life Cycle)는 제품수명주기(Product Life Cycle), 혁신의 확산(Diffusion of Innovation), 가트너 하이퍼 사이클(Gartner's Hype Cycle) 및 기술수용 수명주기(Technology Adaption

Life Cycle) 등과도 밀접히 연관된다. 기업이 속한 산업의 진화과정이 각각의 수명주기에서 어느 단계에 해당하는지, 단계별 핵심성공요인은 무엇인지를 파악하여 현재 또는 미래의 사업전략 또는 성장전략, 시장전략 또는 경쟁전략 등을 수립하는데 활용해야 한다.

기업이 위치한 산업의 특성을 이해하기 위해서는 업종 현황자료, 연감, 협회(단체) 발간 자료, 전문 잡지 등의 다양한 자료를 활용한다. 최근에는 업종별로 협회의 홈페이지가 인터넷에 개설되어 있는 경우도 대부분이므로 이를 참조하거나, 업종 전문지식이 탁월한 고객사 직원과의 면담 등도 활용한다.

②-3 경쟁사 및 가치사슬 분석

경쟁 분석(Competitive Analysis)기법은 경쟁우위 창출을 위한 경쟁전략 수립에 필수적인 도구이다. 포터는 전략은 경쟁사에 비하여 독특하고 차별적인 고객가치를 창출하는 것이므로 경쟁분석은 전략수립의 중추적인 구성요소라는 점을 강조했다. 경쟁분석은 주로 경쟁사 또는 전략집단 분석을 위주로 실시한다.

경쟁사 분석(Competitors Analysis)은 경쟁사의 현재 전략 및 전략적 성과, 향후 전략 및 중점사업, 그리고 강점과 약점 등에 대한 지표 중심의 경쟁력을 파악하고 자사와의 격차(Gap)를 분석한다. 일반적으로 경쟁사 정보는 공시정보 및 재무정보등 공개적인 정보를 제외하고는 정보와 자료수집이 매우 어렵다. 따라서 다양한 정보원천을 통하여 수집하고 이를 통합하고 추론하여 정보를 재구성한다는 접근태도가 바람직하다. 공시자료, 연구보고서, 신문기사, 인터넷 홈페이지, 애널리스트 리포트, 감사보고서, 전현직 종사자 및 하청업체 인터뷰 등 이용가능한 모든 정보원에 접근해야 한다. 다만 시간과 비용을 고려하여 효율성을 추구할 필요가 있다. 공개적인 재무자료를 통한 경영성과, 사업영역, 제품시장전략 뿐 아니라 경쟁력의 원천이 되는 경쟁사의 경영자원, 핵심역량, 조직운영 및 전략적 의도와 같이 표면적으로 드러나지 않는 정보를 수집 가공해야 한다. 경쟁사 분석을 통해 원가상의 우위요소 또는 차별화의 원천을 파악하여 그들의 경쟁우위 원천을 찾는다. 아울러 경쟁사의 취약점도 인식하고 그들이 현재의 경쟁지위에 만족하는지도 파악한다. 경쟁사의 미래전략 변동이라든지 그 위험 징조의 여부까지 파악한다. 경쟁사 전략은 사업영역별로 수익성, 성장률, 시장점유율 등을 분석한다.

전략집단 분석(Strategy Group Analysis)은 유사한 경쟁방식과 전략적 포지션에 따라 그룹화된 다양한 경쟁기업군을 분석한다. 전략집단(Strategic Group)은 '산업 내에서 유사한 특징과 포지션을 갖고 있으나 차별적인 경쟁전략 변수의 영향으로 수익성 등이 다른 산업집단과 차이를 보이는 기업군'을 의미한다. 차별적 경쟁전략 변수로는 산업의 역사적 진화, 기업간 상이한 자원과 역량, 독자적인 목표, 상이한 진입시점, 세분시장의 차이, 다양한 리스크 구조 등이 포함된다. 이러한 전략집단 분석을 통해 현재의 경쟁회사 및 잠재적인 경쟁회사와의 성과 격차(Gap)를 비교, 분석한다. 특히, 이 단계에서는 공개된 자료원을 통한 지표 분석, 업종별 특성에 기인한 성과 측정지표 등을 활용하여 전략집단간의 비교 양식표를 작성한다. 그 결과는 정성적으로 혹은 정량적으로 분석, 기술하게 되고 포터의 본원적 전략 우위요소인 원가우위, 차별화우위, 집중화 전략에 초점을 맞추어 검토하게 된다.

기업가치사슬 분석(Value Chain Analysis)은 경쟁사와의 가치창출 프로세스 차원의 격차분석을 위해 활용되는 도구이다. 가치사슬 모형은 기업 활동을 크게 가치를 창출하는 본원적 활동과 이를 지원하는 보조적 활동으로 나누어 접근한다. 기업가치사슬 분석은 주로 본원적 활동의 구체화를 통한 비즈니스 프로세스를 작성하여 분석을 수행한다. 그 결과는 업종마다 다른 모습을 보인다. 예를 들면, 방송업종의 경우 전통적인 제조업 관점에서 자재의 입고를 정의하는 것이 아니라 방송소재의 확보 및 배우의 선정이 된다. 그러나 일반 제조업의 경우, 상위수준의 가치사슬이 대동소이한 모습으로 그려질 수 있다. 가치사슬 모형은 그 자체로 의미보다는 향후 전개될 내부역량의 파악과 정보전략계획(ISP) 수립과정의 논리적 근거를 제시하는데 그 의미가 크다. 가치사슬분석이 반드시 수행되는 경우를 제시하면 다음과 같다.

- ▸ 고객사 내의 가치창출 활동을 구분하고자 할 때
- ▸ 정보전략계획 수립시 상위수준의 기능을 판별하고자 할 때

▸ 조직내 역량 평가를 위한 성과측정 기준 설정시
▸ 경쟁기업과 프로세스 차원의 차이 분석을 시도하는 경우

②-4 외부환경 분석에서 유의점

첫째, 외부환경 분석시 판단기준이 불분명하게 되면 분석 결과에 차이가 발생하게 되므로 유의해야 한다. 예를 들면, 차별화 전략과 집중화 전략에 대한 판단이 모호한 경우이다. 차별화 전략은 제공되는 상품과 서비스의 속성이 타 기업 대비 차별적인 경우이며, 집중화 전략은 제공하는 상품과 서비스의 영역이 집중화된 경우이다. 그런데 차별화와 집중화에 대한 명확한 개념 정립이 부족하거나 용어를 혼재하여 사용하는 경향이 있다.

둘째, 기업의 전략이나 상위 프로세스에 대한 이해가 수반되지 않고 지표 분석에 들어가는 경우도 있다. 기업이 가진 제품군의 구성이나 설비 사양, 생산방식 등에 따라 지표 산출방식이나 계산 방식이 상이하다. 따라서 가급적 기업의 전략과 상위수준의 프로세스에 대한 이해를 바탕으로 지표 분석을 진행토록 해야 한다. 지표 분석은 크게 품질, 납기, 가격, 생산, 설비 등의 측면에서 진행토록 한다. 그리고 기업 내부에 성과 관리지표가 존재하고 있는 경우 이를 활용해도 좋다.

기존 전략 분석 및 외부 환경 분석을 위한 세부적인 절차와 단계별 분석 도구(툴, 스킬 및 테크닉)은 〈표 11〉과 같다.

〈표 11〉 BPR 전략 분석 및 외부환경 분석 수립 절차와 도구

Procedures		Task & Analytic Activities	Toolkits & Techniques Applied
Phase	Step		
전략 분석 및 비전 수립	기존전략 분석	미션/비전분석	Understanding of Vision Statement, Mission
		목표 및 목적검토	Identification of Goal/ Objectives
		기존 전략 검토	Strategy analysis
		요구사항파악	Stakeholder analysis
	경영환경 분석	고객요구사항 분석	Client's Expectation/ Needs Identification
		산업구조분석	Strategy group analysis or 5Forces analysis, Industrial Value Chain analysis, CSF analysis, Environment Risk analysys, Marimekko analysis
		산업진화분석	Industry Product Life Cycle analysis, Market Sizing, Scenario analysis, Uncertainty/Impact analysis, Gartner's Hype Cycle analysis, Technology Adaption Life Cycle(TALC) analysis, Innovation Diffusion analysis
		경쟁사 분석 및 가치사슬분석	Competitor analysis, Competitive Intensity analysis, RONA chart, Growth/Share Matrix, Competitive group analysis and Value chain Analysis
		경영환경 분석 시사점 도출	Opportunities/Threats analysis, Industry attractiveness analysis, Market requirement analysis

③ 내부역량분석

내부역량분석은 기존의 전략적 성과 및 재무적 성과를 측정하고, 기업이 보유한 내부 역량과 자원에 대한 탐색을 하는 단계이다. 기업의 전략적 및 재무적 성과에 영향을 미치는 중요 변수를 조직내부에서 찾아 규명하고, 산업 내 베스트 프랙티스 또는 경쟁기업과의 차이를 분석하여 전략적 함의를 도출한다. 내부역량분석은 크게 기업운영의 결과인 경영성과를 분석하고, 그러한 성과에 영향을 미치는 원인변수, 즉 제품/서비스분석, 고객 분석, 조직의 보유역량과 자원을 분석한다. 사업성과와 내부역량 간의 인과관계를 확인하고 경쟁기업과의 격차(Gap)분석을 통해 조직의 성과제고를 위한 전략적 시사점을 도출한다.

③-1 현재 성과분석

현재 성과분석은 조직 내부관점에서 기존 성과 측정기준의 이해를 통해 기존 전략실행의 모습과 성과를 측정하여 전사전략과의 부합성을 판단하는 것이다. 이 단계는 기존 전략에 따라 측정, 관리를 해왔던 핵심성과 지표와 기업의 기존 전략 간의 부합성을 검토하는 과정이다.

첫째, 기존 수립된 전사전략과 전략단위(SBU; Strategic Business Unit)전략을 열거하고 성과지표를 도출하여 기존전략과 성과지표를 일치시켜 본다. 이를 통해 도출되는 성과지표와 기업 내부에 존재하는 성과관리지표간의 부합성을 비교한다. 양자간 대부분 일치한다면 문제가 없으나, 기업 내부에 성과관리지표가 없거나 있더라도 일부만 일치한 경우에는 기존전략으로부터 성과지표를 다시 도출하여 성과를 재측정해야 한다. 이같은 과정이 지나치게 장기간의 시일과 자원이 소요되는 경우, 재무적 측면의 현행 성과만을 검토해야 한다.

둘째, 전사전략 및 사업단위 전략과 기존 성과측정 지표에 대한 부합성 검토가 끝나면, 성과지표의 측정 단위, 주기, 오너쉽, 관련 부서, 관련 프로세스(1레벨 서브 프로세스~2레벨 서브 프로세스 수준) 등을 파악한다. 성과측정지표 세부내역 파악을 통해 상위수준의 핵심 비즈니스 프로세스에 대한 판별이 가능해지고, 전후방 관련 프로세스, 부서간의 상충관계 파악이 가능하다. 예를 들어 '중간 재공품 재고 수준' 이라는 성과 관리지표의 경우 오너쉽은 해당 공정에서 보유하고 있지만, 성과지표의 달성을 좌우하는 것은 후속 공정의 '조업도'이다. 이처럼 성과측정지표 세부내역 파악을 통해 현행 성과 관리지표의 달성을 저해하는 제약조건에 대한 파악과 개선 방향을 수립하는데 기초자료로 활용하게 된다. 현재의 성과관리지표와 전사전략 및 SBU전략 간의 부합성이 미흡한 경우에는 재무적 관점의 성과 측정만이 수행된다. 재무적 성과 측정은 대차대조표와 손익계산서를 기반으로 이루어지므로 흔히 재무제표 분석이라고 불린다. 주로 성장성, 수익성, 효율성, 안정성 분석이 수행된다.

셋째, 성과측정지표 혹은 재무적 지표로도 파악되지 않은 부문(예: 연구개발, 인력관리 등)의 역량에 대해서는 정성적 분석이 수행된다. 특히 연구개발(현재 보유기술, 연구개발 환경, 조직분석 등), 기업하부구조, 인력관리, 기업문화, 정보력 등의 경우 기업의 성장과 관련이 있지만, 그 평가가 매우 주관적이므로 객관적 입장이 확보되도록 분석에 임해야 한다. 정성적 분석의 방법론은 이 책에서 컨설턴트가 가져야 할 역량으로 제시된 조사통계분석의 정성적 통계분석방법론을 활용하면 된다.

③-2 내부 역량 분석

내부역량 분석은 변화에 대한 기업 내부의 역량과 준비자세 등을 파악하는 과정이다. 기업이 보유한 내부역량 및 핵심역량의 도출 및 이해를 통해 변화의 준비성과 잠재력을 파악하는 것이다.

기업의 핵심 경쟁우위(Core Competence) 역량을 파악하기 위해서는 우선 기업들이 활용하게 되는 경쟁우위 자원의 주요 요소들을 고려해야 한다. 동 고려 요소들은 〈표 12〉에 예시되어 있다. 이러한 경쟁우위 자원요소를 활용하여 자사의 핵심적 경쟁우위 역량을 구축하게 된다. 핵심 경쟁우위 역량이란 자사가 보유하고 있는 경쟁사와의 차별화되고 사업성공의 핵심으로 작용하는 요인들이다. 〈표 13〉은 글로벌 모범 기업들이 보유하고 있는 기능별 핵심 역량의 요인들의 사례이다.

〈표 12〉 기업의 경영자원 주요 요소

경영자원	주요특성	핵심자원
물적 자원	공장과 설비의 규모, 위치, 기술의 정밀성과 유연성, 건물과 토지의 용도전환과 위치가 중요 원자재의 획득가능성이 기업의 생산가능성을 제한하며 비용 및 품질우위를 결정	고정자산의 재판매가치 자본설비의 수명 공장의 규모 공장의 규모 고정자산의 용도전환 가능성
금융 자원	기업의 자금차입능력과 내부자금의 운용가능성이 기업의 투자능력을 결정	부채/자본의 비율 자본지출에 대한 현금 보유 비율 신용등급
기술 자원	특허권, 저작권, 기업비밀 등의 독점기술과 노하우, 전문기술을 포괄하는 기술자원, 기술혁신자원, 연구설비, 기술인력	특허권의 수와 중요성 독점 라이센스로부터 얻는 수익 연구개발인력의 비중
브랜드	소비자들에게 널리 알려진 상표를 기업이 보유함으로써 소비자들과 좋은 관계를 만들어 갈 수 있으며, 기업이 만드는 제품에 대하여 소비자들에게 신뢰감을 줄 수 있음	브랜드 인지도 경쟁브랜드에 대한 가격프리미엄 재구매비율 제품품질에 대한 객관적인 측정
인적 자원	종업원에 대한 훈련과 그들이 보유한 전문기술이 그 기업이 활용할 수 있는 기술수준을 결정 종업원들의 유연성이 기업이 계획한 전략의 유연성을 결정 종업원들의 충성과 헌신이 경쟁우위를 유지할 수 있는 기업의 능력을 결정	종업원의 교육, 기술, 전문자격 산업평균대비 임금수준

〈표 13〉 기업의 기능별 핵심역량의 요인과 사례

기능별 분야	핵심역량	대표적 기업
경영관리	효과적인 재무관리 시스템	Hanson, Exxon
	다각화된 기업의 전략적 통제에 필요한 전문지식	General Electric, ABB
	효과적인 부문별 및 사업부단위의 경영조정과 동기부여	Shell
	인수합병 관리능력	Electrolux
	강력한 리더쉽	Wal-Mart Federal Express
경영정보	중앙에서 강력하게 조정되고 있는 효율적인 MIS네트워크	American Airlines의 Sabre 네트워크
연구개발	혁신적인 신제품을 개발할 수 있는 기초연구능력	AT&T, Sony, 3M
생산	생산의 효율성	Toyota
	제조공정의 지속적인 향상능력	Nucor
	유연성과 민첩한 반응속도	Benetton
제품디자인 마케팅	디자인 능력	Apple Computer
	브랜드의 관리 및 판촉	P&G, Pepsi Co.
	고품질의 명성을 널리 활용하는 판촉활동	AMEX, Benz
	시장의 흐름에 대한 빠른 반응	Gap
판매와 유통	판매량의 증대	Microsoft, Glaxo
	신속, 효율적인 물류, 결제	FeDex, Amazon
	대고객 서비스의 품질과 효율성	Walt Diseny Marks & Spencer

출처 : R. Grant, Contemporary Strategy Analysis, Blackwell, 1995, p.129.

기업이 경쟁우위 자원 요소를 활용하여 핵심 역량의 어떤 요소를 보유하게 되는지는 다양한 형태의 유형 및 무형자원과 조직능력에 의존하게 된다. 이러한 기업의 내부적 핵심역량분석을 위한 도구로는 Business System 또는 기업가치사슬분석(Corporate Value Chain Analysis), 원가분석(Cost Analysis), 조직역량분석(7S Model), 핵심역량분석(Core Competency Analysis) 등이 활용된다.

가치사슬분석(Corporate Value Chain Analysis) 도구는 포터가 기존의 Business System을 정교한 분석틀로 발전시킨 것이다. 기업의 전반적인 활동을 주활동과 지원활동으로 구분하고 각 부문에서 비용과 가치창출 요인을 분석할 수 있게 했다. 주활동은 제품의 생산 운송 마케팅 판매 물류 서비스 등과 같은 현장업무 활동으로 구성된다. 지원활동은 구매 R&D 인사 재무 기획 MIS등 현장업무 활동을 지원하는 제반 지원업무를 의미한다. 하지만 기업의 가치사슬활동을 정의하기 위한 데이터 획득이 실무적으로 매우 어렵기 때문에 핵심성공요인(CSF) 또는 EVA Tree분석에서 나타난 Value Drivers상의 활동을 중심으로 분석하는 것이 바람직하다. 가치사슬 분석의 핵심은 외부환경 분석단계에서 파악한 핵심성공요인(CSF)을 경쟁사 또는 산업 내 Best Practice 대비하여 자사가 얼마나 보유하고 있는지를 계량화하여 측정하고 분석하는 것이다.

조직역량분석(Organizational Competency Analysis)은 '조직이 핵심성공요인(CSF)를 얼마나 보유하고 있는지, CSF를 구성하는 역량을 얼마나 보유하고 있는지, 그리고 CSF와 관련된 역량 중 핵심역량(Core Competency)은 무엇이며, 핵심역량을 얼마나 보유하고 있는지, 그러한 CSF와 핵심역량이 경쟁사나 산업 내 Best Practice와 비교했을 때 어느 정도 격차(Gap)가 있는지를 분석하고 전략적 시사점을 이끌어내는 것'이다. 조직역량분석은 Mckinsey의 7S Model 또는 이를 변형한 7S Model을 많이 사용한다. Mckinsey의 7S Model은 기업의 성공은 Hard 3S[전략(Strategy), 조직구조(Structure), 시스템(System 또는 Process)]와 Soft 4S[인재(Staff)와 그들의 기술(Skills), 경영스타일(Style), 그리고 공유가치(Shared Value)]에 따라 결정된다는 것이다. 이 모델을 변형한 PWC의 조직진단모델(Organizational Assessment 7S Model)은 조직의 역량진단 모델로서 많이 활용되는데 전략, 핵심성공요인, 역량, 프로세스, 인력, 조직문화, 조직구조의 7개 개념을 측정 및 진단한다.

핵심역량분석(Core Competency Analysis)은 자원기반관점(Resource-based Perspectives) 또는 핵심역량경영(Core Competency Management)의 기초를 제공하는 도구이다. 핵심역량은 조직의 지속가능한 경쟁우위를 창출하는 역량으로서 CSF와 밀접한 관련이 있다. CSF는 외부 환경 분석에서 도출되는데, CSF를 지원 또는 구성하는 역량은 FGI 또는 FGM과 같이 소규모 미팅을 통해 도출하는 것이 효과적이다. 핵심역량의 도출은 핵심제품의 Value Chain상의 역량요인과 CSF 관련 역량요소 중에서 '핵심역량의 조건(VRIN)'을 얼마나 갖고 있는지를 측정 및 평가하여 선별한다. 핵심역량의 조건(VRIN)은

‘가치 있고(Value), 희소하고(Rareness), 모방 불가능하고(Inimitability), 대체불가능한(Non-substitutability)’라는 특성을 요구한다. (Gary Hamel & C.K. Prahalad, 1990)

상기의 도구들을 통해 확인된 기업의 핵심 역량은 ‘경쟁기업에 비하여 훨씬 우월한 능력, 즉 경쟁우위를 가져다주는 기업의 능력’이 된다. 따라서 기업의 핵심역량을 잘 파악하여 이를 지속적으로 발전시키는 것은 기업 성공에 결정적 영향을 미치게 된다. 〈표 13〉과 같이 기능별 분야에서 파악된 핵심 역량은 조직구조와 가치사슬 및 핵심성과관리지표를 활용하여 매핑(Mapping)시키면 보다 상세한 수준까지 전개해 나갈 수 있다.

내부역량 분석을 통해 추가로 파악해야 할 요소 중 하나로서 변화에 대한 준비자세(Change Readiness Capability)를 들 수 있다. BPR, BPE, ISP 등 어떤 형태의 기업 혁신이든지 필수적으로 동반되는 것이 조직변화이다. 조직변화는 피변화자인 조직구성원의 저항을 야기하기 마련이다. 따라서 조직구성원이 보유하고 있는 변화에 대한 준비자세 파악을 통해 변화에 대한 조직 구성원의 인식과 태도를 파악하고, 현재 표출되고 있는 저항을 식별해야 한다.

④ 프로세스 운영모델 분석

외부환경 분석과 내부역량 분석을 통해 확인된 성과격차와 개선 요구사항은 기업의 기존 전략을 수정하여 정리된다. 지금까지 다양한 관점에서 분석된 내용들이 SWOT기법을 통해 수렴되는 과정이 전사 전략 수정에 활용된다. 이어서 실천적인 운영전략 수립을 위해 KPI의 도출과 CSF정리 등이 진행된다. 운영전략 수립에 이어서 핵심프로세스가 정의되고 핵심프로세스의 비전을 도출한다. 프로세스운영모델 분석은 SWOT 분석 → 전사전략의 수정 → 핵심성과지표의 도출 및 목표치 설정 → 핵심성공요인의 정의 → 운영전략 수립 → 핵심 프로세스 정의 → 핵심 프로세스 비전 수립의 순으로 진행된다.

④-1 SWOT 분석

기업의 외부환경과 내부역량에 관한 이해를 통해 자사의 강점, 약점과 자사가 직면한 기회, 위기를 식별하고 SWOT Matrix를 작성하여 대응전략을 수립한다. 기업 외적인 환경요인(기회/위협)에 가장 잘 대응할 수 있도록 기업의 능력(강점/약점)을 조화시키는 부문별 전략을 도출한다. 즉, 기업내부의 강점을 살려서 사업기회를 창출하는 전략(SO전략)과 내부의 강점을 살려서 외부환경의 위협에 대응하는 전략(ST전략), 내부의 약점을 보완하여 사업기회를 포착하는 전략(WO전략), 내부의 약점을 보완하여 외부환경의 위협에 대응하는 전략(WT전략)을 각각 도출한다.

④-2 전사전략의 수정

기업이 보유한 기존의 전략을 바탕으로 외부환경 분석, 내부역량 분석에서 발견된 개선방향을 반영하여 수정된 전사전략으로 정리

한다. 우선 기존에 수립된 전략과 SWOT분석을 통하여 새로 수립한 전략 간의 차이를 확인해야 한다. 기존 전사 전략의 한계점을 파악하고 이를 극복하기 위한 수정 전략을 도출하기 위해서 유의할 점은 다음과 같다.

▶ 자사의 사업영역 측면
- 자사가 추구하는 비전은?
- 전략적 목표 달성을 위한 핵심 의사결정 사항은?

▶ 성과 측정 지표 측면
- 자사 내부에 장 · 단기 성과 측정지표가 있는가?
- 장 · 단기 성과 측정지표의 목표는 무엇인가?

▶ 전략적 목표 달성을 위한 조직 측면
- 현재의 조직 역량이 사명, 비전, 전략달성에 충분한 수준인가?
- 경쟁회사 대비 미흡한 조직 역량이 있는가?

수정되는 전사전략의 깊이와 넓이는 경영층의 의지와 밀접한 관계가 있다. 그러나 통상의 경우 전사적 차원의 중장기 전략이 근본적으로 변화되는 경우는 드물다. 수정전략의 범위는 기존 보유역량의 강점을 활용하여 외부의 위협을 극복하고, 기회를 활용하는 수준에서 결정된다. 경우에 따라서는 단기 실행전략의 수정에 머무르는 경우도 있다. 전사전략의 수정은 ⅰ)전사차원 목표 재정립, ⅱ)목표의 전략적 우선순위 파악, ⅲ)경영자원의 배분정도, ⅳ)조직구성원 이해와 같은 과정을 거친다.

④-3 성과격차의 발견

성과격차는 기업의 목표와 현재와의 차이 혹은 경쟁회사와의 차이를 의미한다. 또한 극복되어야 할 의미있는 과제 분야이기도 하다. 성과 격차의 발견을 위해 고려해야 할 요인은 다음과 같다.

▶ 기존의 성과측정지표에 의한 성과 모니터링이 주기적으로 이루어지고 있는가?

- 전사수준, 사업단위, 사업부, 기능차원의 성과측정지표가 존재하는가?
- 자사의 성과 측정지표는 내부적으로 측정되고, 그 결과가 피드백되는가?
- 기존의 성과측정지표에 대한 조직구성원의 공감대는 형성되어 있는가?

▶ 목표대비 부족한 격차가 발견되는가?

- 다양한 수준의 성과 측정지표에 의해 발견된 성과 격차가 있는가?
- 발견된 성과 격차들을 유사군(群)끼리 묶을 수 있는가?

▶ 기존의 중장기 전략이 발견된 성과격차와 연관성을 갖는가?

- 기존 전략이 지향하는 성과측정 관점이 적절한가?
- 상위수준의 성과측정지표가 연관성을 가지며 하위수준의 성과측정지표로 구성되는가?

④-4 성과격차와 내부역량간의 관계 파악

기업이 직면한 성과격차가 내부역량과 어떤 관계를 갖는지를 파악한다. 즉, 발견된 성과 격차가 내부 역량 부족에 기인한 것인지, 아니면 외부환경의 변화에 기인한 것인지를 파악한다. 외부환경 분석, 내부역량 분석에서 발견된 내용은 SWOT기법을 통해 정리되었다. 성과측정지표와 내부역량, 환경요소 등과의 비교를 통해 SWOT 분석 결과가 기존 전략의 수정으로 연결될 수 있다.

④-5 성과격차의 극복 방안 탐색

발견된 성과 격차를 어떻게 극복 할 것인지가 현안이다. 파악된 현안 과제들을 통해 문제의 원인을 찾는다. 문제 원인을 찾는데 KJ 기법 등 다양한 브레인스토밍 도구가 활용된다. 찾아낸 원인은 이슈트리(Issue Tree) 도구를 통해 정리한다. 이 단계는 관련 업무지식(Domain Knowledge)과 함께 문제해결 능력이 상당 수준 요구된다. 기존전략의 이해, 외부환경 분석, 내부역량 분석에서 수행되었던 분석 작업들이 종합 수렴되어 개선기회로 연계된다. 여기서 모색되는 격차의 극복방안은 실행방안에 대한 고민이 전제되어서는 안 된다. 실행 차원에서 정보기술 활용만을 지나치게 염두에 둘 경우 BPR의 성격이 혁신(Innovation)이 아닌 개선(Improvement) 수준에 머물게 된다.

④-6 Value Driver도출

가치동인(Value Drivers)은 자사가 직면한 현안(Business Issues)에

대해 수정된 전사전략을 활용하여 해결코자 하는 핵심 아이디어이다. 실행적 차원의 Value Driver는 상위수준에서 도출된다. 예를 들어 지금까지의 전사전략이 내적 효율화 위주의 지표들로 구성되어 있었으나, 경쟁사의 동향, 고객의 취향, 산업의 환경 등을 감안하여 성과 지표들이 고객만족위주로 재편되는 경우에 Value Driver는 내적효율성(Internal Efficiency)에서 고객만족(Customer Satisfaction)으로 변경될 것이다. 이와 같은 과정은 운영 전략 수립 및 프로세스 비전 설정에서 수행될 상위수준의 KPI와 CSF, 운영 전략을 도출하는데 입력요소로 활용된다.

⑤ 상위수준 KPI 및 CSF 정의

이 단계에서는 전사전략을 근간으로 보다 실제적이고 실천적인 운영전략 수립을 위해 상위수준의 KPI 도출과 CSF 정리를 하는 과정이다. 그 진행 절차는 기존 성과격차를 확인하고, 현행 비즈니스 프로세스와 맵핑하여 상위 수준의 KPI 목표치를 부여하고 아울러 CSF를 정리하는 순으로 진행된다.

⑤-1 기존 성과격차의 확인

KPI 지표가 수정된 전사전략이 달성될 수 있도록 가능케 하는지에 대한 평가, 보상 체계의 검토가 행해진다. KPI 지표는 상위수준의 최고 경영층 대상의 거시적인 지표를 구성하거나 때로는 현장관리자 수준의 상세한 KPI를 도출하기도 한다. 그 어떤 KPI이든 핵심적 성격으로 요구되는 점으로는 ① BPR의 방향성 및 목표점(BPR을 통해 추진코자 하는 혁신 분야 및 도달 목표를 정해 방향성을 제시), ② 변화관리의 시작점(KPI의 설정 및 피변화자의 이해와 공감을 통해 적극적인 참여와 거부감 해소)를 들 수 있다.

통상 KPI 지표는 조직수준의 KPI, 프로세스 차원의 KPI, 기능차원의 KPI로 분류된다. 상위수준의 KPI는 주로 조직 차원이거나 프로세스 차원에서 다루어진다. KPI를 통해 경쟁기업 분석 및 고객이해 등에 있어서 성과 격차가 발견되고 확인되면 이들 KPI지표의 집단화 및 계층화 작업이 진행된다.

⑤-2 현행 비즈니스 프로세스와 맵핑

집단화 및 계층화 작업이 진행된 KPI 지표는 현행 비즈니스 프로세스와 연계하여 분석하게 된다. 이 과정에서 발견된 성과 격차는 문제 영역으로 정의되게 되며, 프로세스 재설계 및 프로젝트 진행 우선순위 판단의 기초자료로 활용된다. 현행 비즈니스 프로세스와의 매핑 작업은 KPI 지표와 비즈니스 프로세스를 동등한 수준에 놓고 진행한다. 상위수준의 KPI는 상위수준의 현행 비즈니스 프로세스와 매핑해야 하고 하위수준의 KPI는 하위수준의 현행 비즈니스 프로세스와 매핑해야 한다.

⑤-3 상위수준 KPI 목표치 부여

발견된 성과 격차와 개선 분야를 중심으로 설정된 KPI에 목표치를 부여한다. 이 작업은 BPR의 방향성과 도달 목표를 제시하는 중요한 과정이다. 그러나 KPI 목표치 설정에 관한 명쾌한 논리적인 절차는 아직 존재하지 않는다.

BPR교과서나 마이클 해머 교수 등의 의견은 KPI 목표치 설정은 과거와의 단절과 발상의 전환을 통해 과감한 수준으로 결정하는 것이 바람직하다고 권고한다. 그러나 실제 BPR 수행과정에서 원론적인 방법만으로 KPI 목표치 도출에는 어려움이 많다. 그렇다보니 벤치마킹 도구를 통해 획득한 동종업계 선진회사 수준의 모범사례나 ERP에서의 Reference Model의 권고수준을 활용하거나 고객사 내부 전략에 따른 목표치를 활용하기도 한다.

⑤-4 핵심성공요인(CSF)의 정의

다음으로 핵심성공요인(Critical Success Factor)을 정의한다. CSF는 기업을 성공으로 이끄는 주요 요인으로서 경영 의사결정과정에서 중요하게 다루어져야 한다. CSF는 치열한 경쟁환경에서 KPI 목표치 달성의 핵심요건이 된다. CSF는 각 산업별로, 같은 산업내의 각 기업별로, 그리고 같은 기업내의 각 부문별, 개인별로 다르다. 산업별 CSF는 산업별 특성이나 환경 등과 관련된 것으로 산업내 각 기업의 성과목표나 전략 등의 결정에 영향을 미친다. 기업별 CSF는 기업별 특성이나 환경, 그리고 산업별 CSF와 관련되어 기업내 각 기능부문별 목표나 전략 등을 결정하는데 영향을 미치고, 각 기능부문별 CSF를 형성하게 된다. 개인별 CSF는 전사적(기업별) CSF및 각 기능부문별 CSF의 영향을 받아 형성되는 것으로 개별관리자의 목표 결정에 영향을 미친다.

⑥ 운영전략 수립

운영전략 수립은 사업 단위를 식별하고, 전사전략을 사업 단위별로 구체화한 운영의 전략을 만드는 단계이다. 그 절차는 목표 설정 및 환경 분석, 대상 결정 그리고 운영전략 수립의 순으로 진행된다.

⑥-1 운영전략의 목표 설정

운영전략의 목표는 상위수준의 KPI 및 CSF정의를 수행했고 CSF도 도출했기 때문에 이를 활용하면 된다. 운영전략 대상의 환경 분석의 경우도 마찬가지로 사업전략의 수정과 SWOT분석에서 확인된 내용을 활용하고 이 단계에서 반복은 무의미 하다. 전사전략과 사업전략 간의 관계를 정리하면 된다. 운영전략의 핵심 목표는 전사전략 범위 내에서 다음의 네가지 측면을 중점적으로 고려한다.

▶ 경제적 가치 측면

- 제한된 자원으로 최대의 효과를 달성한다.
- 비경제적인 요인을 제거한다.
- 경제적 가치를 창출하는 부문을 강화한다.

▶ 주주, 종업원 등 이해자 집단 측면

- 이해자 집단이 지향하는 목표와의 갈등요인을 사전에 제거한다.
- 이해자 집단이 희망하는 가치를 최대화한다.

▸ 위험 측면

- 총체적으로 기업에 위협 요인이 되는 것들을 고려한다.
- 특정부문에 위협이 되는 요인만을 관리한다.

▸ 기타 측면

- 대외적으로 위상을 강화한다.
- 사회공헌을 고려한다.

⑥-2 운영전략 대상 결정

운영전략의 목표가 정리되면 사업 단위의 식별을 통해 그 대상을 결정한다. 이 단계에서는 전사전략과 사업 단위간의 관계를 면밀히 검토해야 한다. 그 이유는 향후 정리될 프로세스의 집단화가 전략 달성의 효율성, 효과성 등과 얼마나 긴밀히 연계되는지 여부를 검토하기 위함이다. 운영전략 대상 결정에 있어서 고려할 5가지 핵심 요인은 다음과 같다.

▸ 제품

- 어떤 제품/서비스가 기업의 사업과 연관되는가?
- 제품과 고객의 마인드가 연관되는가?
- 여타 경쟁업체와 제공 방식에 차이가 있는가?

▸ 고객집단

- 고객의 요구 혹은 구매습성을 분류할 수 있는가?
- 고객집단의 특성을 규정할 수 있는가?(규모, 선호도, 업종 등)
- 마케팅과 판매경로와의 차이가 존재하는가?

▸ 사용기술

- 기업이 사용하는 기술을 가치창출, 가치전달, 가치지원 등으로 분류할 수 있는가?
- 일반적이고 공개된 기술이 존재하는가?
- 향후 핵심 비교우위로 작용할 수 있는 기술이 있는가?

▸ 원가 구조

- 원가를 공유하는가?
- 원가 발생원을 추적할 수 있는가?
- 규모의 경제 혹은 범위의 경제가 존재하는가?

▸ 지역적 조건

- 지역적 범위에 따라 사업 및 제품을 분류할 수 있는가?
- 지역별로 정책, 규제, 환경 등의 차이가 존재하는가?

⑥-3 운영전략의 수립

운영전략은 문구로 기술된다. 조금은 구체적인 수치가 기술되어도 좋다. 운영전략의 구조는 3단계로 구축된다. 1단계는 "희망하는 모습"이다. 경영환경 분석, 내부역량 분석에서 발견된 성과격차를 극복하고 내부역량을 강화하기 위한 노력을 보여 주어야 한다. 2단계는 "사업단위의 모습 기술"이다. 전사전략과 가치창출 활동 간의 관계를 보여야 한다. 3단계는 "통합된 행동"이다. 운영전략 달성을 위한 비즈니스 시스템의 상호작용을 보여준다.

⑦ 핵심 프로세스 선정 및 비전 수립

내부역량 분석을 통해 작성된 현행 프로세스 구조도를 바탕으로 전사전략, 운영전략을 달성하는데 효과적인 프로세스를 선정하고 주요 개념을 도출하며 그 비전과 기대효과를 제시하는 단계이다. 기업의 프로세스는 〈표 14〉와 같이 분류되는데 동 분류를 참고하여 핵심 프로세스를 선정케 된다.

〈표 14〉 기업 프로세스의 4가지 유형

프로세스의 종류	설 명	예
가치창출 프로세스	외부고객에게 직접적인 가치를 창출하는 프로세스	고객지원 판매
가치지원 프로세스	가치창출 프로세스가 가치를 창출할 수 있도록 지원해주는 프로세스(정보, 기술, 구매 등)	시장조사 사후 서비스
자산창출 프로세스	기업이 요구하는 기반자산을 창출하고 관리하는 프로세스	인사, 총무 재무관리 등
관 리 형 프로세스	프로세스간의 관계를 조율하거나, 지침을 제공하는 프로세스	기획

⑦-1 핵심 프로세스의 선정

내부역량 분석과정에서 도출된 비즈니스 프로세스를 바탕으로 전략적 핵심 프로세스를 선정한다. 여기서는 집중분석(Focused Analysis)을 통해 제한된 시간과 자원을 활용하여 최대의 효과를 볼 수 있는 범위와 방향을 설정토록 한다. 집중분석의 과정은 주로 다음과 같은 절차를 거친다.

▶ BPR이란 고객의 요구를 최대한 충족시킬 수 있도록 프로세스를 혁신하는 과정이다.
따라서 전략적 핵심 프로세스는 주로 가치창출 프로세스(Value Creating Process)에서 선정해야 한다.

▶ 타 프로세스는 가치창출 프로세스를 가능하게 하거나, 프로세스 성공여부를 평가하는 프로세스이다. 따라서 가치창출 프로세스를 기반으로 재설계될 수 있어야 한다.

▶ 전략적 핵심 프로세스의 선정은 고객의 가치분석을 기반으로 전략 분석 및 프로세스 비전 수립에서 제시된 전략과 이를 바탕으로 제시된 Value Driver를 중심으로 선정되어야 한다.

핵심 프로세스 선정은 향후 BPR 범위를 결정하는 중요한 단계이이다. 따라서 집중분석(Focused Analysis)의 방법론을 활용해야 한다. 유의할 점은 모든 기업에서 가치창출 프로세스가 핵심 프로세스인 것은 아니라는 점이다. 기획이나 재무관리 등이 핵심역량인 기업도 다수 있다. 핵심 프로세스 선정 결과의 산출물은 목표와 기준, 프로세스 분해도 그리고 핵심 프로세스 기술서 등이다. 이 때 다수의 핵심 프로세스를 선정한 경우 반복적으로 프로세스를 기술하게 된다.

⑦-2 조직 등에 대한 주요 개념 도출

이 단계는 도출된 핵심 프로세스에 대해 정보기술과 조직부문을 분리하는 과정이다. 비즈니스 프로세스에서 정보기술과 조직부문을 분리하는 이유로는 수행자(Enabler)로서의 역할을 탐색하고, 제약조건을 파악하기 위함이다. 일반적으로 이 단계에서 파악된 핵심 프로세스는 상위 수준에 머무르기 때문에 정보기술을 분리하여 분석해도 대개는 Application System 이름만 도출된다. 조직도 마찬가지로 기능부서명만 나열된다.

⑦-3 핵심 프로세스의 비전과 효과 기술

선정된 핵심 프로세스를 대상으로 프로세스의 주요한 새로운 개념을 수립하고, 핵심 프로세스 기술서를 작성함으로써 프로세스 재설계의 목표와 방향을 작성하게 된다. 핵심 프로세스기술서 작성에는 다음의 지침을 참고토록 한다.

- ▸ 프로세스 개선의 효과는 급격하게 이루어질 수 있도록 해야 한다.
- ▸ 프로세스 비전의 수립을 위해 브레인스토밍 등의 기법을 활용할 수 있다.
- ▸ 이 단계에서는 기술, 조직적인 제약에 구애 받지 않아야 한다.
- ▸ 개선의 효과를 정량적으로 명확히 할 필요는 없으며, 정성적인 용어로 기술한다.
- ▸ 프로세스 개념의 다이어그램은 서브 프로세스 및 서브 프로세스 사이의 현물흐름과 정보흐름을 개괄적으로 표현한다.

BPR의 전략분석 및 비전수립을 위한 내부환경 분석 및 프로세스 운영모델 분석의 세부적인 절차와 단계별 분석 도구(툴, 스킬 및 테크닉)는 〈표 15〉와 같다.

〈표 15〉 BPR 전략 분석 및 비전 수립 절차와 분석도구

<table>
<tr><th colspan="2">Procedures</th><th rowspan="2">Task & Analytic Activities</th><th rowspan="2">Toolkits & Techniques Applied</th></tr>
<tr><th>Phase</th><th>Step</th></tr>
<tr><td rowspan="8">전략 분석 및 비전 수립</td><td rowspan="3">내부 환경 분석</td><td>현재 성과분석</td><td>Accounting based Measures analysis, EVA analysis, ROIC/EVA Chart, EVA Tree analysis, CFROI tree analysis, Extra Profitability analysis, Bottleneck resource analysis</td></tr>
<tr><td>내부자원과 역량분석</td><td>Value Chain analysis, Cost analysis, Organization Assessment(7-S Model), CSF Position analysis, Business Model analysis, Competency analysis, Core Competency analysis</td></tr>
<tr><td>내부역량분석 시사점</td><td>Strength/Weakness analysis, Competitive Advantage analysis</td></tr>
<tr><td rowspan="5">프로 세스 운영 모델 분석</td><td>SWOT분석</td><td>SWOT analysis</td></tr>
<tr><td>전사전략 수정 및 이해</td><td>Understanding Corporate Strategy</td></tr>
<tr><td>상위 KPI/CSF정의</td><td>Defining High Level KPI/CSF</td></tr>
<tr><td>운영전략 수립</td><td>Building Operation Strategy</td></tr>
<tr><td>핵심프로세스 수립 및 비전 수립</td><td>Building Key Process & Visioning</td></tr>
</table>

(2) AS-IS 프로세스 분석

전략분석 및 비전수립에서 파악한 현행 프로세스와 프로세스의 문제점을 보다 심층적으로 분석하고 이를 바탕으로 재설계 방향을 설정하는 과정이다. 재설계 방향 설정은 부분적인 수정이 필요한 부분, 단기적인 개선이 가능한 부분, 전반적인 재설계 작업이 필요한 부분으로 분해하여 각각에 대한 작업을 진행한다.

① 현행 프로세스 모델 정의

이 단계는 프로세스 개념 설계(redesign) 단계로서 BPR추진에서 가장 중요한 과정이다. 수행 결과는 상위 조직모델의 정의, 상위 정보기술 모델의 정의와 병행적으로 추진된다. 그 결과는 비즈니스 모델 구현 과제에 종합되어 포함된다. 프로세스 모델 정의는 최상위의 메가 프로세스에서 출발하여 메이져 프로세스 및 서브프로세스 순으로 진행된다. 현행 프로세스 모델 정의 절차는 메가 프로세스 분석, 메이져 프로세스 분석 및 요건 정의, 서브 프로세스 상세 기술 순으로 진행된다.

①-1 메가 프로세스 분석

첫째, 메가 프로세스 개념 설계를 수행한다. 그 방법은 전략분석 및 비전수립에서 분석된 메가 프로세스에 대한 정보를 바탕으로 혁신 테마를 고려하여 진행한다. 이 과정에서 프로세스 모델링 방법론[12] 도구를 활용하게 된다. 메가 프로세스의 정의를 위해서는 최상위 프로세스 흐름(Highest Level Process Flow)을 도출해야 한다. 이를 위해서는 먼저 하위 프로세스를 정의 하고 브레인스토밍(Brainstorming)을 통해 상위 프로세스를 도출하는 귀납적 방법을 활용한다.

하위 프로세스 정의를 위해서 먼저 핵심 비즈니스 프로세스 시나리오를 선정해야 한다. 그 이유는 복잡한 제품 및 사업구조를 갖는 경우에 분석 및 설계의 복잡성이 초래되므로 세부적 프로세스의 수를 축약하는 것이 필요하기 때문이다. 다음에는 주요한 프로세스 사이클(Main Process Cycle)을 정의한다. 프로세스 사이클의 정의는 시간적 흐름에 따라 프로세스 시작과 종료 사건을 정의하는 것이다. 병렬적으로 수행될 수 있는 독립적인 프로세스 사이클을 도출해야 한다는 것을 의미한다. 독립적이라 함은 프로세스 시작 사건이 독립적이라는 의미이다.

다음은 정의 되어진 핵심 비즈니스 시나리오와 프로세스 사이클에 대해서 브레인스토밍을 실시한다. 프로세스 사이클에 대해서는 시작 사건으로 부터 종료 시점까지의 프로세스 흐름을 나열하여 살펴보는 것이다. 동 브레인스토밍과정에서 고려할 사항은 다음과 같다.

- 레벨링에 대한 정교한 고려를 피한다.
- 정의된 비즈니스 시나리오 가정 하에서 프로세스의 흐름을 정

의한다.

- 워크플로우를 중심으로 도출한다.
- 고객과 최초로 비즈니스 거래가 발생하는 것을 가정하여 시작한다.

이 경우 프로세스 발생에 따른 축적된 데이터가 없으므로 프로세스 사이클에 대해 여러 번의 시뮬레이션을 시도해 보아야 한다. 이렇게 해서 일단 개략적인 최상위 프로세스 흐름이 정의되고 나면, 하위의 프로세스를 만들기 위해 프로세스를 분해하는 Bounding이 필요하다. Bounding이란 관련된 영역으로 비즈니스 프로세스의 경계를 정의하는 작업이다. 이 작업은 비즈니스 프로세스 모델링에 있어서 하위 구조를 결정하고 또한 현행 비즈니스 프로세스를 분석하고 재설계하는 기본구조를 결정한다는 점에서 핵심적인 작업이다. 비즈니스 프로세스 Bounding과 관련된 의사결정의 기준은 다음과 같다.

- 분석, 재설계 및 프로세스 관리단위로의 유의미성
- 하위 업무간의 상호의존성
- 독립적인 사이클의 구성여부
- 데이터 및 정보처리의 상호의존성
- 조직의 업무영역

새롭게 개념 설계된 메가 프로세스를 기존의 프로세스와 비교하여 제시하고 업무를 종료한다. 프로세스의 통합, 분할, 삭제, 생성, 재배열 등의 모습을 가시적으로 도식화하고 그 효과를 기술해야 한다.

둘째, 메가 프로세스 개념설계에서 도출된 메이져 프로세스에 대해 상세히 기술한다. 동 상세 기술에 포함될 내용은 다음과 같다.

- ▶ 프로세스 설명
- ▶ 프로세스 특징
- ▶ 주요 입출력 정보
- ▶ 주요 가정 및 예외 사항
- ▶ 정보기술 요구사항
- ▶ 조직 요구사항
- ▶ 관련 KPI

메이져 프로세스 KPI는 프로세스별 설계 목표를 제시할 때 그 성과를 측정할 수 있는 핵심도구이다. 따라서 KPI를 먼저 도출하고 동 KPI를 바탕으로 목표가 제시되어야 한다. 메이져 프로세스 KPI는 상위 수준 메가 프로세스 KPI와 긴밀히 연계되어야 한다. 즉, 메가 프로세스 KPI 목표가 메이져 프로세스 KPI로 구체화되어야 한다.

①-2 메이져 프로세스 분석 및 요건정의

메가 프로세스 개념설계에서 제시된 메가 프로세스와 메이져 프로세스에 대한 설명, 설계목표 등을 고려하여 혁신 테마를 바탕으로 메이져 프로세스 개념을 설계한다. 또한, 개념 설계된 메이져 프로세스를 바탕으로 서브 프로세스의 수행에 필요한 주요 수행요소(Enabler)를 식별한다. 이 경우도 프로세스 모델링 방법론 도구를 활용하게 된다.

첫째, 메이져 프로세스의 개념 설계는 혁신테마를 바탕으로 진행한다. 혁신테마 도출 단계에서는 메가 프로세스가 정확히 정의되지 않은 상태이다. 따라서 혁신테마는 새롭게 정의되는 메이져 프로세스와 연계되고 이를 통해 메이져 프로세스의 개념이 도출된다. 혁신테마는 메가 프로세스 전반에 걸쳐 그리고 일부 메이져 프로세스 또는 개별 메이져 프로세스와 연계되게 되어 있으므로 메이져 프로세스 개념 설계시 혁신테마의 영향을 잘 분석해야 한다. 혁신테마로 인한 메이져 프로세스의 변화 이미지를 잘 작성하여 이를 기반으로 개념설계를 한다. 메이져 프로세스의 개념은 주요 서브 프로세스들 간의 업무흐름관계를 간략히 표현해서 기술해야 한다. 동 개념 설계의 깊이는 액티비티 상위 단계까지의 서브프로세스가 대상이다. 액티비티는 부가가치 활동과 비부가가치 활동으로 구분되는데 다음과 같이 정의 된다.

▸ 어떤 서브프로세스 내에 있는 특정한 업무활동

▶ 하루 이내 수행이 가능

▶ 1인 업무에 해당(회의의 경우는 예외)

메이져 프로세스 개념 설계시 액티비티와 메이져 프로세스 사이에는 기업의 규모에 따라 여러 개의 계층의 프로세스로 나뉠 수도 있고 하나로 표현될 수도 있다. 하나의 경우는 서브 프로세스라 하고 여러 단계로 나뉘는 경우는 1레벨 서브 프로세스, 2레벨 서브 프로세스, ... N레벨 서브 프로세스로 표현된다. 메이져 프로세스를 서브 프로세스로 분해할 때 그 기준으로는 프로세스 중심, 객체 중심, 수행 중심 등이 활용된다.

둘째, 메이져 프로세스의 개념 설계가 완료되면 메이져 프로세스에 포함된 서브 프로세스간의 업무흐름과 정보교환을 나타내는 개념도를 작성한다. 개념도에 포함될 정보와 표현방식은 다음과 같다.

▶ 포함된 서브프로세스
- 직사각형으로 표시
- 전체 영역을 큰 박스로 감싸줌

▶ 서브프로세스간의 업무흐름(정보흐름)
- 화살표로 표시하며 가급적 왼쪽에서 오른쪽 방향으로 연결
- 화살표 위에는 전달되는 주요정보를 표현

▶ 프로세스에 포함되지 않지만, 서브 프로세스 간 업무관계 혹은 정보교환 관계를 가지는 서브 프로세스

- 원으로 박스 밖에 표현
- 정보를 제공하는 서브 프로세스는 박스 왼쪽, 정보를 제공받는 서브 프로세스는 박스 오른쪽에 표시
- 정보를 주고, 받는 서브 프로세스들은 두 번 표시

▶ 프로세스에 포함되지 않지만, 업무연계 혹은 정보교환 관계를 가지는 외부 에이전트(고객, 관공서 등)

- 직사각형으로 박스 밖에 표현
- 정보를 제공하는 에이전트는 박스 왼쪽, 정보를 제공받는 에이전트는 박스 오른쪽에 표시
- 정보를 주고, 받는 에이전트들은 두 번 표시
- 다른 메가 프로세스에 포함된 서브 프로세스 또는 메이져 프로세스도 외부 에이전트로 표시

마지막으로 메이져 프로세스에 사용된 주요 혁신테마들을 기술한다. 이들 통해 혁신테마들이 서브 프로세스의 설계에 지속적으로 반영된다. 이 작업은 서브 프로세스 모델링에도 동일하게 이루어진다. 개념설계와 개념도에서 작성된 정보를 가지고 메이져 프로세스 개념설계서를 작성한다.

①-3 서브 프로세스 상세 기술

메이져 프로세스 개념도 작성을 통해 도출된 1레벨 서브 프로세스에 대해 보다 상세한 정보를 기술하여 프로세스 모델 작성 이후의 작업에 대한 기본 자료를 생성한다. 서브 프로세스 기술에 필요한 정보는 다음과 같다.

- ▸ 프로세스 경계
- ▸ 프로세스 설명
- ▸ 하위 서브프로세스 구조도
- ▸ 주요 입출력
- ▸ 관련 조직 및 요구사항
- ▸ 관련 정보시스템
- ▸ 관련 프로세스 인프라
- ▸ 핵심성공요인
- ▸ KPI

서브 프로세스 기술내용은 하위 서브 프로세스에 대한 설계방향을 제시하는 동시에 상위 프로세스에 대한 요구사항 충족여부를 보여준다. 따라서 하위 프로세스로 분해되어 가는 과정에서 작성된 산출물들은 중간산출물로서 N레벨 서브 프로세스가 완성된 이후 최종적으로 정리된다. 메이져 프로세스 상세 기술시 사용된 혁신테마를 기술하는 것과 같이 서브 프로세스 상세 기술시에도 관련된 주요 혁신테마를 기술한다. 이러한 과정을 통해 얻어진 혁신테마

사이의 관련성을 도표로 정리해서 제시한다.

② 현행 프로세스 분석 및 모델링

현행 프로세스 모델링 대상이 정의되면 프로세스 팀 및 현업 담장자를 중심으로 현행 프로세스를 모델링한다. 현업 담당자와 인터뷰하여 서브 프로세스의 주요 액티비티를 도출하여 이들의 흐름을 분석하고 모델링한다. 이를 통해 현행 프로세스의 작업흐름(Workflow), 프로세스, 조직 및 담당자와의 연관관계, 그리고 정보시스템 요구가 도출된다. 동 절차는 현행 프로세스 목표확인 및 분석기법 선택, 현행 프로세스 분석 및 모델링, 워크플로우 모델 작성, 그리고 현행 프로세스 사양서 작성 순으로 진행된다.

②-1 현행 프로세스 목표확인 및 분석도구 선택

현행 프로세스 모델링 목표는 현행 프로세스 중 재설계가 집중되는 영역을 정확히 이해하고 아울러 정보시스템 도입을 위한 현행 업무 프로세스 요건을 정의하는 것이다. 즉, 이미 진행된 비즈니스 모델 설계에서 수행한 현행 프로세스 분석을 보완하여 장애요인 파악, 세부적인 프로세스 변화의 구체적인 내용을 파악한다. 또한 프로세스 재설계와는 무관하게 정보시스템 도입을 위한 업무 요건 정의를 위함이다.

모델링 수행을 위해서는 그 대상과 목표를 분명해야 한다. 다양한 비즈니스 모델링기법 중에서 최적의 도구를 선택하여 활용하기 위해서다. 예를 들면, 하위 단위의 작업흐름이 비정형적이거나 단순해서 구체적인 작업흐름 표현이 무의미한 경우에는 플로우 차트를 그리는 것은 무의미하다. 이 경우 서브 프로세스 정보흐름도, 서브 프로세스 입/출력 다이어그램, 서브 프로세스 구조도(액티비티 구성)만을 작성하면 된다.

②-2 현행 프로세스 모델링 및 문서화

우선, 현행 서브 프로세스의 구체적인 작업흐름(Workflow)을 파악하기 위해 하위 요소인 액티비티를 도출하고 시간적 흐름에 따른 흐름과 연계 관계를 도출한다. 액티비티의 예로는, 지출결의서 작성, 주문서 작성, 구매요구 결재, 고객 기준정보 등록, 납기 확인, 고객여신 확인 등과 같은 것들이다. 그러나 액티비티 정의를 위한 기계적이고 절대적인 기준은 존재하지 않는다. 모델링 작업자의 관점과 프로세스의 다양한 상황에 따라 달라질 수 있다. 액티비티의 정의 수준을 어떻게 가져가느냐에 따라 장단점이 있다. 아주 세부적으로 액티비티를 정의하면 상세한 업무프로세스를 분석 수행할 수 있으나 모델링하는데 시간이 많이 소요되고 서브 프로세스의 전체적인 흐름파악이 어렵다. 반면, 액티비티 정의 레벨이 높은 경우는 반대의 상황에 봉착한다. 액티비티 정의를 위한 절대적인 기준은 존재하지 않으나 일반적으로 적용되는 원칙은 다음과 같다.

▸ 한 사람이 한 시점에서 단절 없이 수행하는 단위는 최소정의 단위(예 : 지출결의서 작성과 지출결의서 출력) 그러나 유사한

경우라도 두 개의 액티비티로 정의되는 경우(예 : 급여명세서 작성과 급여명세서 출력과 같은 batch job)

▶ 투입과 산출이 정의되지 않는 경우(독립적으로 정의되지 않는 경우) 액티비티로 도출해서는 안 됨(예 : 이동, 지출결의서 취합, 지출결의서 제출 등)

▶ 의사결정의 구체적인 결과는 액티비티로 도출하지 않음(예 : 지출결의서 승인, 반려 등)

▶ 물리적 작업 또는 의사결정 행위와 데이터 처리 업무의 경우는 Handoff가 발생하지 않는 한 하나의 액티비티로 처리(예 : 입고검수→입고검수결과 입력, 투자심의→투자 심의결과 입력 등)

▶ 서브 프로세스내에 행위자(Actor)는 최소한 하나 이상의 액티비티와 대응됨(Handoff 발생은 분명하게 표현)

둘째, N레벨 서브 프로세스의 플로우 차트를 작성한다. 동 플로우 차트는 정의된 플로우 차트 작성영역을 대상으로 도출된 액티비티와 행위자를 중심으로 액티비티들의 흐름을 모델링하는 것이다. 프로세스 플로우 차트에서 표현되어야 할 사항은 다음과 같다.

▶ 액티비티의 순차적 흐름

▶ 주요 의사결정 포인트 및 결과

▶ 액티비티와 액티비티 수행자간의 대응관계

▶ 주요 데이터 요구사항

▶ 정보시스템 지원사항

모델링 절차는 N레벨 서브 프로세스의 Variant분석과 워크플로우 모델작성의 두 단계로 나눠진다. 우선 서브 프로세스의 경우 다양한 Variant가 발생할 수 있다. 서브 프로세스의 Variant는 프로세스 플로우 자체가 다를 수 있고 이에 따른 성과 지표값과 프로세스 개선목표가 달라질 수 있다. 예를 들면, 주문처리 서브 프로세스의 경우 표준 주문처리, 주문생산제품 주문처리, 샘플 주문처리, 제3자 주문처리 등이 Variant이다. 이들은 서브 프로세스의 시작 이벤트와 프로세스 플로우가 상이하고 결과적으로 프로세스 성과지표(예 : 사이클 타임)가 달라지므로 워크플로우 모델링과 프로세스 분석이 별개로 진행되어야 한다. 따라서 서브 프로세스가 상이한 Variant를 가지는지 확인하여 필요한 경우 Variant에 대해서는 별도 모델링을 수행해야 한다.

셋째, 해당 서브 프로세스를 모델링을 위해서는 먼저 워크플로우가 모델링되어야 한다. 한번에 프로세스 관련 모든 사항을 동시에 모델링하기는 쉽지 않다. 따라서 먼저 액티비티와 주요 의사결정 포인트를 중심으로 워크플로우 모델을 작성하는 것이 효과적이다. 워크플로우 모델링을 위해서는 다음을 명확히 해야 한다.

- ▸ 서브 프로세스의 시작 이벤트와 종료 이벤트를 정의
- ▸ 액티비티의 주요 의사결정 및 규칙을 확인
- ▸ 선행 프로세스와 후속 프로세스의 인터페이스를 정의
  - 단순 비즈니스 규칙인 경우 논리연산자 심볼 룰을 사용

- 작업자의 구체적인 의사결정인 경우 논리연산자 심볼 Exclusive OR(XOR)을 사용

▸ 프로세스 인터페이스의 표현

- 해당 서브 프로세스를 트리거하는 선행 프로세스와 해당 서브 프로세스가 트리거하는 후속 서브 프로세스만을 도출

워크플로우 모델링에서 가장 중요한 요소는 누가 무엇을 어떻게 처리하느냐이다. 따라서 워크플로우 모델링의 확장요소로서 중요한 것은 액티비티 수행자, 정보시스템 지원여부라 할 수 있다.

넷째, 현행 서브 프로세스 사양서를 작성한다. 현행 프로세스에 대한 분석 및 모델링이 완료되면 이를 바탕으로 현행 서브 프로세스에 대한 문서화 작업을 수행한다.

③ 프로세스 진단 및 재설계 방향 수립

전략분석 및 비전수립에서 파악한 현행 프로세스와 프로세스 문제점을 보다 심층적으로 분석하고 이를 바탕으로 재설계 방향을 설정하는 과정이다. 재설계 방향설정은 부분적 수정, 단기 개선, 전반적 재설계로 분해하여 작업계획을 설정하게 된다. 그 절차는 현행 프로세스 분석, 현행 프로세스 문제점 분석, 프로세스 재설계 방향 수립 및 계획 수립 그리고 Quick Win 대상과제 기술의 순으로 진행된다.

③-1 현행 프로세스 분석

전략분석 및 비전수립에서 파악된 가치사슬 정보를 바탕으로 1레벨 서브 프로세스까지 현행 프로세스를 분석한다. 이를 통해 파악된 정보는 프로세스 문제점 분석을 위한 기초자료가 된다. 우선 전략분석 및 비전수립에서 파악한 현행 가치사슬 정보를 프로세스 재설계 관점에서 검토하고 조정한다. 프로세스 재설계에 초점을 두는 것은 고객관점에서 프로세스의 시작과 끝을 정의하는 것이며, 분석 역시 고객관점에서 문제점을 중심으로 프로세스를 분석하는 것이다.

이어서 현행 프로세스 모델을 작성한다. 현행 프로세스의 이해를 돕기 위해 현행 가치사슬 정보를 기능관점의 측면에서 하위 레벨에 대해 모델을 작성한다. 이때 하위 프로세스 모델링은 1레벨 서브 프로세스까지 실시하여 모델링에 소요되는 작업을 최소화한다. 프로세스 모델은 프로세스 구조도(Function Tree)도구를 사용하여 작성한다. 분석을 위해 세분화된 고객별로 프로세스 이해가 필요할 때는 프로세스 버전 개념을 도입할 수 있다 작성된 프로세스 모델은 현행 프로세스 기술서를 사용하여 정리한다. 현행 프로세스의 분석과 정의는 프로젝트 규모나 기간에 따라 다음과 같이 이루어질 수 있다.

- ▸ 제품군에 따라서 프로세스를 세분화하고 별도로 정의하는 방법
- ▸ 원형프로세스(Generic Process)를 정의하고 세부 프로세스를 변형

(Variant)하는 방법

▸ 프로세스를 세분화(Segmentation)하는 방법

③-2 현행 프로세스 문제점 분석

전략분석 및 비전수립에서 파악한 상위 수준에서 문제점을 바탕으로 보다 근본 원인을 파악하기 위해 현행 프로세스의 문제점을 분석하는 과정이다. 고객관점과 기업 내부의 운용관점에서 문제점으로 나뉘고 정리된 문제점은 Quick Win 과제도출 및 혁신테마 선정의 기본자료로 활용된다.

우선 현행 프로세스 문제점을 확인하고 재정의한다. 전략분석 및 비전수립에서는 대개 메가프로세스 수준 및 기능중심의 문제점이 진단되는데 많은 경우 복합적 원인으로 발생한다. 따라서 내부 장애와 연계된 근본원인 분석(Root Cause Analysis)이 필요한데 이때 활용하는 도구가 Fishbone다이아그램이다. 동 다이아그램을 활용하여 근본원인과 장애요인, 이로 인한 개선기회 도출 작업을 수행한다. 이외에도 업무흐름을 보다 자세히 도해하여 문제를 발견하는 Flow Chart기법, 부가가치 활동(Value-Added Activity)과 비부가가치 활동(Non Value-Added Activity), 업무 부가가치 활동(Business Value-Added)을 분석하는 부가가치 활동 기법, 프로세스 진행의 시간과 비용을 분석하는 시간/비용 분석기업, 그리고 메가 프로세스 상에 나타난 KPI 관련 문제점을 기여비율을 기준으로 하향식으로 집중화하는 Drilldown 기법 등이 활용된다. 이러한 근본원인의 분석

과정은 전략분석 및 비전수립에서의 Value Driver를 도출해 낸 관리자보다는 중간관리자등이 참여하는 워크숍 등에서 이루어진다. 여기서 식별된 장애요인은 조직상 요인, 정보기술상의 요인, 프로세스상의 요인, 업무상의 요인, 인프라상의 요인 등 항목에 따라 정리한다.

이처럼 식별된 장애요인들은 BPR프로젝트에서 주요 개선기회(Opportunity)가 된다. 이러한 개선기회를 바탕으로 향후 Quick Win 과제와 혁신 테마 과제가 도출된다. 장애요인에서 개선기회가 나열되면 이들을 체계적으로 분류하고 종합하여 최종적인 개선기회를 작성한다. 최종 개선기회는 중복된 개선기회는 단일화하고 유사한 개선기회는 통합하며 계층적인 개선기회는 계층화하여 제시된다.

③-3 프로세스 재설계 방향 및 계획 수립

재정의된 현행 프로세스와 프로세스 문제점을 바탕으로 프로세스 재설계 방향을 결정하고 재설계 계획을 수립한다. 프로세스 재설계 방향은 프로젝트의 기간과 인력, 비용 등을 고려하여 효율적이고 효과적인 재설계 전략을 추진해야 한다. 문제해결의 필요성, 해결 기간 등을 고려하여 현상유지, Quick Win, 중기개선과제의 세 가지로 그룹핑하여 제시한다.

현상유지 과제는 프로젝트 기간과 비용을 고려시 추진이 불가능하거나 효과가 노력에 비해 현저하게 낮은 경우이다. 집중분석(Focused Analysis)의 과제 대상에서 제외된다. Quick Win과제는 단기간의 프로세스 재설계 작업을 통해 큰 효과를 볼 수 있는 경우이다. 중기개선과제는 집중적인 개선 방안에 대한 연구와 재설계 과정에 보다 많은 인력과 비용이 투입되는 경우이다. 이러한 과제는 혁신 테마 선정으로 이어진다. 이러한 프로세스 재설계에는 델파이 기법이 도구로 활용된다.

프로세스 재설계 방향에 따라 구체적인 재설계 계획을 수립한다. 대상과제는 Quick Win 과제와 중기개선 과제로서 재설계 계획에 포함될 내용은 담당조직, 책임자, 작업일정, 보고일정 등이다.

③-4 Quick Win 대상과제 기술

프로세스 재설계 방향 및 계획수립에서 정리된 Quick Win 대상과제는 과제수행계획서를 활용하여 구체적인 정보를 상세히 기술해야 한다. Quick Win 과제 상세화에 포함될 내용은 관련 개선기회, 과제 관련 주요 수행도구(Enabler), 주요 변경사항(프로세스 변경사항, 조직 변경사항, 정보기술 변경사항, 인프라 변경사항), 과제수행 비용, 과제수행 효과 등이다.

BPR의 AS-IS 프로세스 분석의 세부적인 절차와 단계별 분석 도구(툴, 스킬 및 테크닉)는 〈표 16〉과 같다.

〈표 16〉 BPR AS-IS분석의 절차와 도구

Procedures		Task & Analytic Activities	Toolkits & Techniques Applied
Phase	Step		
As-Is 프로세스 분석	현행프로세스 모델정의	메가 프로세스 분석	Analyzing mega-process
		주요프로세스 분석 및 요건 정의	Analyzing key process and defining requirements
		하위프로세스 정의	Defining sub-process
	현행프로세스 분석 및 모델링	현행 프로세스모델링 목표확인	Identifying extant process modeling objectives
		현행프로세스모델링 및 문서화	Modeling extant process and Documentations
	프로세스진단 및재설계방향 수립	현행 프로세스모델 분석	Analyzing extant process modeling
		현행프로세스모델 문제점 분석	Analyzing extant process model problems
		프로세스재설계 방향 및 계획수립	Establishing process redesign direction & plan
		Quick-Win과제정의	Defining quick-win tasks

(3) TO-BE 프로세스 운영정책 정의

To-Be 프로세스 운영정책의 정의는 전략 및 환경 분석과 AS-IS 프로세스 분석을 통해 확인된 혁신테마 선정, 운영조직 모델의 정의, 운영 정보기술 모델의 정의, 운영정책과제 종합 등 4단계로 진행된다.

① 혁신 테마 선정

이 단계는 우선 선진사례를 조사하고, 혁신의 수행도구(Enabler)를 정보기술과 조직설계 개념에서 확인하고, 이를 바탕으로 혁신테마를 선정하여 기술하고 그 효과를 제시하게 된다.

①-1 선진사례 조사

핵심 프로세스 선정 및 비전 수립에서 제시된 프로세스 비전을 달성한 선진사례를 조사하고 동 사례에서 활용한 정보기술 및 프로세스 설계 방안을 파악하여 효과적인 프로세스 혁신을 위한 핵심테마를 찾는다. 선진사례 조사와 함께 모범기업의 베스트 프랙티스를 벤치마킹하면 더욱 효과적이다.

선진사례의 경우는 문헌, 자료, 정책보고서 등 다양한 자료를 통해 확보하게 된다. 기업의 전략적 목표 달성을 위한 자료 수집은 주로 동종업계의 사례에서 찾는 것이 일반적이나 PCF(Process Classification Framework)와 같은 글로벌 차원에서 표준화된 모범사례나 유사한 프로세스를 가진 경쟁기업을 대상으로 할 수 있다. 조사된 선진사례 분석결과는 프로세스 분석서를 도구로 활용하여 요약한다.

벤치마킹은 베스트 프랙티스를 참조하여 도달 가능한 급진적 수행목표를 발견하고 동시에 목표달성을 위한 방법을 발견하는 도구이다. 벤치마킹 도구를 활용하면 혁신 테마 도출의 신뢰도

(Credibility)를 높이고 구현 가능한(Buildable) 혁신 테마 도출에 도움을 준다. 벤치마킹 절차는 우선 벤치마킹의 대상 범위를 선정하고 벤치마킹 대상을 선정하게 되는데 그 기준은 다음과 같다.

▶ **벤치마킹 범위 선정 기준**

- 전략적 핵심 프로세스
- 경쟁기업에 비해 수행도가 현저히 떨어지는 프로세스
- 고객의 불만이 많은 프로세스
- 개선기회가 많은 프로세스

▶ **벤치마킹 대상 선정 고령요소**

- Best Practice로 알려진 선진 프로세스
- 동종업계의 선진 회사의 프로세스
- 벤치마킹에 활용할 수 있는 시간, 비용, 인력

이러한 벤치마킹의 범위 및 대상 선정 작업에는 브레인스토밍, 투표, KJ기법 등 도구들이 사용된다. 벤치마킹 실시결과는 벤치마킹보고서를 활용하여 정리한다.

①-2 혁신 수행도구(Enabler) 분석

운영전략 및 프로세스 비전에서 제시된 목표를 달성하는데 도움이 되는 수행도구(Enabler)로는 정보기술 및 조직설계 개념의 두 축에서 분석하게 된다.

우선, 정보기술 측면에서 수행도구(Enabler)는 아래와 같은 요소기술 및 하드웨어 가까운 기술 등을 예로 들 수 있다. 또한 다양한 기술들이 계속 개발되어 활용되거나 개발되고 있다.

- DMBS, 데이터웨어하우스, 데이터마이닝, EPP, SCM, PDM, EDMS, KMS
- 스케줄링시스템, MES, POP
- 네트워크기술, 무선통신기술, LAN, VAN, 클라이언트/서버기술, 분산객체 기술, 인터넷, 인트라넷, 그룹웨어, 워크플로우
- 바코드 시스템, Digital Picking System, POS
- EDI, EC, ECR(Efficient Consumer Response)

수많은 정보기술들이 프로세스 혁신의 수행도구(Enabler)의 역할을 담당하고 있고 이러한 추세는 점차 심화되어 이제는 선형적 진화를 벗어나 지수적 혁신(Exponential)상황으로 치닫고 있다.

혁신적인 정보기술을 발견할 때 활용하는 도구로서 기술로드맵(Technology Roadmap)이 활용된다. 정보기술 분석기관에서는 주요한 요소기술별로 기술로드맵을 만들어 발표하고 있다. 이러한 기술로드맵은 기술동향 파악과 수행도구(Enabler)로서 정보기술 선택에 도움이 된다. 파악된 요소기술 중에서 주요 기술을 선별하기 위해서는 델파이 기법 도구가 활용된다. 또한 주요 요소기술 및 패키지기술의 경우 기술동향을 조사하여 프로세스 혁신의 수행도구

(Enabler)의 역할을 수행할 기술을 파악해 낸다. 그리고 획득, 분석된 자료는 정보기술동향분석서를 사용하여 기술한다.

정보기술뿐 아니라 새로운 조직설계 개념, 인사관리 기법들 역시 중요한 수행도구(Enabler) 역할을 한다. 프로세스 재설계의 조직설계시 사용되는 조직설계 개념은 다음과 같다.

- ▶ 프로세스형 조직설계
- ▶ 전략적 대응을 위한 팀 중심 조직 설계
- ▶ 전산화를 통한 조직 통합 설계
- ▶ 성과 지표에 의한 조직 측정 지표 설계

프로세스형 조직이란 기능 중심으로 설계된 과거의 업무 구조를 프로세스 구조로 바뀔 때 따라야 할 조직변화 모형이다. 프로세스형 조직에서 프로세스 오너는 과거 조직 구조에서 기능의 효율적 운영에 집착하여 프로세스가 소홀히 취급되었던 문제를 해결하고 프로세스 추진시 발생하는 각종 문제를 진단하고 해결하는 주체가 된다. 프로세스형 조직에서 구성원의 태도에 많은 변화가 요구되는데 요약하면 다음 〈표 17〉과 같다.

〈표 17〉 기능별 조직과 프로세스 조직의 역할비교

조직 / 역할	기능조직	프로세스 조직
경영자 역할	일상적인 업무의 집행, 통제	비전 창조자
관리자 역할 (리더십)	지시/통제 지시적, 하향적	코치/촉진자 후원적, 참여적
개인의 역할	명령 수용적 단위업무, 부서내 최선 부문 활용성 추구 현상안주 단순기능 수행자 개인중심 업무수행 정보통제	자발적 문제발견 및 해결 타 프로세스와 연계 중시 전체조직의 효율성 추구 지속적인 학습(학습인) 다기능 수행자 팀중심 업무수행 정보개방과 공유

이러한 프로세스형 조직에서 활용되는 조직 운용원리는 다음과 같다.

- ▸ **원리1** : 단일 접점에서 고객에게 직접적으로 가치를 창출하는 Case Manager와 Case Team에게 상당한 권한과 책임을 부여하라.
- ▸ **원리2** : Case Manager는 다기능화된 전문인력으로 양성하라
- ▸ **원리3** : 부가가치 프로세스와 업무 부가가치 프로세스를 지원하는 지원팀은 가치창출 부서로부터 서비스질에 대한 평가를 받아라.
- ▸ **원리4** : 코치를 양성하기 위한 전문직과 프로세스 책임자로 양성하기 위한 전반 관리직으로 경력관리를 이원화하라.

▸ 원리5 : 고객가치에 입각한 관리지표(KPI)를 만들고 이에따른 평가와 보상을 하라.
▸ 원리6 : 훈련(Training)보다는 원리를 이해하기 위한 교육을 중시하라.

BPR개념과 병행하여 새롭게 제시되고 있는 신인사제도(New Personnel Planning)의 기본원칙은 다음과 같다.

▸ 원칙1 : 업무프로세스에 따른 조직설계
▸ 원칙2 : Slim/Fiat 조직
▸ 원칙3 : 최소화된 의사결정 단계
▸ 원칙4 : 통제범위의 확대
▸ 원칙5 : 가치적은 직무는 제거/아웃소싱
▸ 원칙6 : 사람보다는 업무활동을 고려한 조직설계
▸ 원칙7 : 팀/조직별 적정인원 보유
▸ 원칙8 : 다기능 팀의 구성
▸ 원칙9 : 부서간 중복기능 제거 또는 통제된 중복기능
▸ 원칙10 : 고객과의 단일접점

①-3 혁신테마 선정 및 분석

혁신테마란 개선기회를 효과적으로 해결함으로써 프로세스의 비전을 달성토록 하는 수단이다. 그러나 현재 가능한 기술, 예산, 조직 능력을 고려할 때 프로세스 비전에 도달하는 것이 불가능할 수

있으므로 혁신테마는 구현 가능한 목표에 도달하는 수단이다.

혁신테마 선정을 위한 기본 산출물은 선진사례 분석과 수행도구(Enabler) 분석에서 만들어진다. 아울러 컨설턴트의 창의적 아이디어, 높게 설정된 비전, 현재의 문제점에 대한 정확한 이해 역시 중요한 요소이다. 혁신테마 선정에서는 수준이 중요한데 프로젝트의 규모, 해결할 문제 성격 등에 따라 메가, 메이져 등 프로세스 수준과 연계된다. 또한 관심영역에 따라 전체 프로세스를 포괄하는 혁신테마를 도출하거나 프로세스별 혁신테마를 도출할 수 있다. 혁신테마를 발견하는 방법론으로는 핵심문제 중심, 기능성 중심, 정보기술 중심 등으로 구분된다. 사용도구로는 브레인 스토밍, 포스트잇, 델파이, 명목그룹, 쌍대비교 등이 있다.

도출된 혁신 테마에 대해서는 테마 구현과 관련한 상세한 정보를 분석하고 기술해야 한다. 혁신테마 기술서를 활용하여 정리하게 되는데 중요하게 다루어져야 할 내용들은 세부설명, 추진비용, 혁신효과 등이다.

①-4 혁신테마의 기대효과

혁신테마 구현과 관련된 비용과 효과를 제시하기 위해 비즈니스 케이스분석 기법을 활용한다. 비즈니스 케이스분석 절차는 기대효과 분석, 예상비용 분석, 비용대비 효과 분석의 순으로 진행한다.

첫째, 개대효과 분석 절차는 먼저 기대효과 분석범위를 설정한다. 모든 범위를 대상으로 하는 경우도 있지만 프로젝트에 따라 또는 혁신테마와 Quick Win 과제의 성격에 따라 분석 범위가 결정될 수 있다. 이어서 기대효과 분석모델을 정립한다. 선정된 분석범위에 대하여 분석모델을 구축하는데 기대효과요소, 효과요소별 계산인자 및 계산방법으로 구축된다. 기대효과요소 선정시 혁신 테마나 Quick Win과제와의 관련성이 고려되어야 한다. 경영전략이나 프로세스 비전 설정시 생성된 KPI도 선정에 도움을 줄 수 있다. 다음으로는 데이터의 수집과 분석이다. 구축된 분석모델에 포함되는 정량화된 인자의 실제 데이터를 수집하고 이를 분석모델에 적용하여 정량분석을 수행한다. 끝으로 분석결과를 종합하고 이를 그래프나 표 등 정리도구를 활용하여 종합한다.

둘째, 예상비용 분석을 실시한다. 우선 비용 요소 및 비용 분석 구조를 정립한다. 프로젝트의 특성 및 대상기업, 산업 별로 천차만별이다. 그러나 일반적으로 경제성 분석에 사용되는 비용으로는 초기비용(Initial Cost), 운용 및 유지비(Operation and Maintenance Cost), 고정비(Fixed Cost), 변동비(Variable Cost), 증분비용과 한계비용(Incremental and Marginal Cost), 매몰비용(Sunk Cost)로 구성된다. 정립된 비용분석 구조에 따라서 비용자료를 수집하고 수집된 자료를 분석하여 산출이 용이한 형태로 준비한다. 비용구조 분석에 적합하게 자료를 분류하고 누락자료 여부를 검토하여 자료의 신뢰성, 정밀성을 확보한다. 비용 자료간에 중복비용의 발생이 없도록 세밀히 검토한다. 이어서 비용구조 분석과 분석방법에 따라 비용추정치를 산출한다. 추정결과를 민감도 분석, 현재가, 잔존가치 반영 등으로 보완하여 최종결과를 산출한다. 비용분석 종합시에는 가장 신뢰도 높은 추정치를 제시하고 주요 가정사항 및 제약사항, 각종 민감도 분석 결과, 불확실에 따른 추정치의 신뢰도, 분석방법론의 설명 등 의사결정 과정에서 분석결과를 활용할 때 참조할 사항을 모두 명시해야 한다.

셋째, 비용대 효과 분석을 실시한다. 그 목적은 대안간의 비교분석을 통해 최적 방안을 선택하기 위함이다. 따라서 비교대상간의 장단점이 분석될 수 있는 방법을 모색해야 한다. 비교대상이 없는 경우는 "Go"와 "Not Go"라는 대안이 비교된다. 대안간의 정확한 비교분석을 위해서는 상대적인 비용 차이와 효과차이를 나타내는 요소가 누락되지 않고 제시되어야 한다.

② 운영조직 모델 정의

혁신 테마 선정을 통해서 정리된 조직에 대한 요구사항을 정리함으로써 요구되는 조직에 대한 개념을 정립하고 기존조직과의 차이점을 도출함으로써 조직변화관리 방향을 제시한다. 운영조직 모델 정의는 운영조직 모델링, 운영조직 인프라 개선기회 정의, 운영조직 변화관리 정의 순으로 진행한다.

②-1 운용조직 모델링

혁신 테마 선정 및 분석에서 정리된 조직에 대한 요구사항을 바탕으로 전사적 관점 또는 메가 프로세스 관점에서 조직의 개념을 설계하는 것이다. 모델링 절차는 조직요구사항 정리, 조직 개념 설계 그리고 조직 개념의 상세기술 순으로 진행된다.

조직요구사항 정리는 혁신 테마 기술서에서 테마별로 정리된 것을 조직 개념 설계에 유용한 기능별, 프로세스별, 주요 이슈별 분류 방식으로 정리한다. 조직 개념 설계는 분류된 조직요구사항을 기반으로 혁신 수행도구(Enabler) 분석시에 작성했던 조직설계 개념분석서에 제시된 개념을 활용하여 설계한다. BPR 추진시의 조직설계 개념은 프로세스형 조직 설계, 전략적 대응을 위한 팀중심 조직 설계 , 전산화를 통한 조직 통합 설계, 성과 지표에 의한 조직 측정 지표 설계 등이 사용된다. 조직 개념의 상세 기술에서는 먼저 새롭게 제안하는 조직 개념에 대한 기술로서 조직 개념 설계 원칙, 조직 개념 설계를 위한 기본 조직 인프라, 전사 조직 개념을 포함한다. 그리고 새롭게 설계된 주요 조직에 대한 내용과 조직에 포함되는 새로운 직급 및 직무에 대한 기술을 포함한다. 여기에 포함될 내용은 담당 프로세스명, 조직간 업무협조 관계, 조직 수행도 평가항목(KPI), 직원 요구사항(직능별 수행업무, 직능별 평가항목, 직능별 요구되는 전문성, 직능간 업무 협조 관계, 인원) 등이다.

②-2 운용조직 인프라 개선기회 정의

새롭게 제안된 조직 개념을 구체화하기 위해 필요한 조직 인프라 변화 과제를 식별하고 과제 수행계획을 수립하는 단계이다. 그 절차는 조직 변화요소의 식별, 조직 인프라 변화 과제 도출, 그리고 조직 인프라 과제 상세 기술로 진행된다.

첫째, 조직변화 요소를 식별해야 한다. 인력변화의 경우는 현재의 직급, 직능별 인력을 파악하고 새롭게 제시된 조직요구사항을 직급, 직능별로 파악하여 식별한다. 각 직무에 요구되는 전문성을 중심으로 인력의 공급과 수요를 분석하여 향후 직원 채용 및 교육 소요 도출에 도움을 주어야 한다. 아울러 직급, 직능별 직무변화, 평가항목의 변화 및 조직 계층수의 변화, 보고체계의 변화 등도 중요하게 식별되어야 한다.

둘째, 조직개념의 변화로 인한 인프라 변화과제를 도출한다. 조직 인프라 변화과제로는 직급구조 개편, 직능구조 개편, 해당 직급, 직능별 요구 자질 정의, 인사제도(평가, 승진 등) 개편, 급여 및 상여금 체계 개편, 교육체계 및 교육 내용 작성, 직원 선발 체계 개선 등이다.

끝으로 조직인프라 과제를 보다 상세하게 기술해야 한다. 조직인프라에 대해 기술되어야 할 상세 내용으로는 과제명, 관련 사규 및 담당 조직, 현행 상황 기술, 주요 변화 내용, 예상 과제 수행 비용,

예상 과제 수행 기간, 과제 수행시 예상되는 문제점 등이다.

②-3 운용조직 변화관리 정의

도출된 조직 변화 요소 및 주요 인프라 변화과제를 바탕으로 조직 변화관리(Organizational Change Management)를 수행한다. 조직 변화관리는 우선 변화관리를 프로젝트화하여 정의하고 구체적인 변화관리 프로젝트를 계획 수립한다.

조직 변화관리는 BPR로 인해서 야기되는 조직상의 급격한 변화에 따라 다양하게 발생할 수 있는 문제들을 체계화된 프로그램으로 대처하여 성공적으로 변화를 이끄는 것이다. 조직의 변화는 혼란, 불확실성, 당혹감, 자신감 결여, 권력게임, 기득권 상실 등의 저항요소에 봉착한다. 또한 새롭게 설계된 업무 구조의 효과가 바로 가시화되기는 어렵고 조직원이 새로운 프로세스, 정보기술에 익숙해지는데 일정 기간이 소요되고 이 경우 기업의 성과는 오히려 낮아질 수도 있다. 이를 절망의 계곡(Valley of Despair)라 부른다.

BPR로 야기되는 위험요소로는 첫째, 조직구조 측면에서 정보권력의 재분배, 부서간 갈등발생, 정체성의 변화가 야기되고 둘째, 구성원 측면에서 의사소통 양상의 변화, 사용자의 저항 그리고 셋째, 직무 측면에서 직무내용의 변화, 직무환경의 변화 등이다. 이러한 위험요소는 사전에 예측되어야 하고 변화관리 프로그램은 각 위험요소별로 적절히 대응되어 마련되어야 한다. 이런 조직 변화관리 프로젝트는 조직 변화관리 정의서를 활용하여 범위와 대상, 주요 활동에 대한 구체적으로 기술한다.

조직변화관리 정의가 완료되면 향후 일정과 조직, 예산 등을 고려하여 구체적의 실행계획을 수립하게 된다. 실행계획은 조직 변화관리 프로젝트 계획서를 사용하여 정리한다. 변화관리 프로젝트를 성공시키기 위해서 변화관리팀에 지켜야할 6전략은 다음과 같다.

- ▶ 전략1 : 현장(일선) 작업자들과 동행하라.
- ▶ 전략2 : 변화에 관한 두려움을 관리하라.
- ▶ 전략3 : 한시적인 문제해결을 위한 Task Force팀을 구성하라.
- ▶ 전략4 : 진보를 향한 단계를 구축하라.
- ▶ 전략5 : 품질 활동을 지원하라.
- ▶ 전략6 : 변화활동의 유지와 변화능력의 달성은 중요하다.

③ 운영정보기술 모델 정의

혁신 테마 선정을 통해서 정리된 정보 및 정보기술에 대한 요구사항을 정리함으로써 개념 설계로 인해 새롭게 요구되는 정보기술에 대한 개념을 정립하고 기존 정보기술과의 차이점을 도출함으로써 향후 시스템 구축 프로젝트에 대한 방향을 정립한다. 운영정보기술 모델정의는 운영 정보기술 모델링, 운영 정보기술 인프라 개선기회 정의 순으로 진행한다.

③-1 운용 정보기술 모델링

혁신 테마 선정을 통해서 정리된 정보 및 정보기술에 대한 요구사항을 재정리하고 이를 바탕으로 상위 정보기술을 모델링하고 상세히 기술함으로써 정보기술 구현계획 수립의 정보를 제공한다.

우선 정보기술 요구사항을 정리한다. 혁신 테마 선정 및 분석에서 선정된 혁신 테마들의 요구사항 중 정보기술 관련 요구사항을 유사 사항별로 요약 정리하는 절차이다. 정보기술 요구사항의 정리 유형으로는 소프트웨어 요구사항, 하드웨어 인프라 요구사항, 통신 네트워크 요구사항, LAN환경구축, 공급사슬관리를 위한 통합 EDI 망 구축, 화상 회의망 구축, 무선견적처리 시스템 등에 대한 개념 등이다.

둘째는 정보기술 개념을 설계한다. 혁신테마 또는 상위 프로세스 모델 정보로부터 요약, 정리된 정보기술 및 정보에 대한 요구사항을 바탕으로 정보기술에 대한 개념을 설계하는 절차이다. 정리된 정보기술 요구사항을 통합하면서 보다 효과적이고 효율적인 정보시스템을 구현하는 방안을 설계한다.

셋째는 정보기술 개념을 상세히 기술한다. 정보기술 개념이 설계되면 보다 상세한 내용을 기술함으로써 향후 개발 및 패키지 구입에 대한 요구사항을 작성하는 것이다. 정보기술 개념 상세기술에 포함될 사항으로는 세부기능, 주요정보, 주요 인터페이싱 시스템,

정보기술 인프라, 기능제공 패키지 등이다.

넷째는, 개발이 필요한 정보기술 부분을 식별한다. 요구 정보기술에 대한 상세 내용이 정리된 후 기존에 활용하고 있던 정보기술과의 격차를 분석함으로써 향후 개발해야 할 부분을 식별하는 것이다. 새로운 정보기술 요구사항의 일부분은 기존의 정보시스템을 활용할 수 있으며 때로는 보완을 거쳐 새로운 시스템으로 활용할 수 있다.

③-2 운용 정보기술 인프라 개선기회 정의

정의된 정보기술과 관련한 주요 인프라를 정의함으로써 제안된 정보시스템의 구현 타당성 분석에 대한 정보를 제공하는 단계이다.

우선 현재 정보기술 인프라의 문제점을 식별한다. 정보기술 인프라는 하드웨어, 소프트웨어, 통합 데이터베이스, 유무선 네트워크, 개인 노트북 등 정보기술 구현을 위한 공통의 핵심요소를 말한다. 이 절차에서는 상위 정보기술 모델링에서 정의한 정보기술 모델을 수행함에 있어서 현재 보유하고 있는 정보기술 관련 인프라에 어떤 한계가 있는지를 식별함으로써 요구되는 정보기술 인프라 과제의 도출에 도움을 주는 것이다. 정보기술 인프라의 문제점 분류 유형으로는 호스트, 서버 등 하드웨어 아키텍처, 데이터베이스, 개인용 컴퓨터, 통신 네트워크, 네트워크 관련 운용시스템 등이다.

둘째는, 도출된 정보기술 인프라의 문제점을 바탕으로 정보기술 인프라 개선과제를 도출한다. 예를 들면 서버교체, 데이터베이스 구축, 개인용 컴퓨터 교체, 통신 네트워크 확충, 인트라넷 기반 워크플로우 구축 등이다. 동 인프라 개선과제는 많은 비용이 소요되기 때문에 정확하게 도출하는 것이 요구된다.

셋째는, 정보기술 인프라 과제를 상세히 기술한다. 정보기술 인프라 기술 내용으로는 성능(용량, 주요기능), 기존 정보기술 인프라의 활용 가능성, 개략적인 구현방안, 구현시 예상되는 문제점, 예상 구현비용, 예상 구현기간, 예상 유지보수비용 등이다.

④ 운영정책과제 종합

혁신 테마 선정에서 제시된 재설계 방향을 바탕으로 프로세스 모델 정의에서의 운영모델 구축에 소요되는 비용 및 운영 모델 구축을 위한 프로세스 인프라 구축비용, 조직 모델 정의에서의 조직 인프라 구축 비용 및 변화관리 비용, 정보기술 모델 정의에서의 정보기술 구축비용 및 정보기술 인프라 구축 비용에 대한 내용을 정리하고 이를 종합 보고한다. 이 단계는 운영모델 설계의 마지막 단계로서 운영모델 설계 관련 과제를 종합하고 아울러 운영모델 설계 보고 자료를 작성하여 그 결과를 승인받는다.

④-1 운용 모델 과제 정리

운용 모델 설계에서 작성한 프로세스 모델, 조직 모델, 정보기술

모델에 대한 내용을 종합 검토하며 이러한 재설계안에 대한 효과와 비용을 계산함으로써 프로젝트를 종합 점검하며 재설계 프로젝트의 일정 수립에서 최고경영층 및 프로젝트 관련자에 대한 보고내용을 작성한다. 운영 모델 설계 관련한 과제 종합, 운영 모델 관련 효과 종합, 운영 모델 관련 비용 종합의 순으로 진행된다.

첫째 운용 모델 설계 단계에서 제시된 메가 프로세스, 메이져 프로세스, 1레벨 서브 프로세스, …, N레벨 서브 프로세스까지 프로세스 개념 구현을 위한 예상 비용 및 프로세스 인프라 과제, 조직 인프라 과제, 변화관리 과제, 정보시스템 구축과제 및 정보기술 인프라 과제의 추진에 소요되는 비용과 효과를 종합한다.

둘째, 전체적인 설계 정보들이 종합되고 나면 설계된 운영 모델의 효과를 상향식으로 검증한다. 즉 N레벨 프로세스부터 메가 프로세스까지 차례차례 종합 검증을 하는 것이다. 이 절차의 마지막으로 전체적인 운영 모델이 메가 프로세스의 설계 목표를 달성할 수 있는지 상향식으로 검증하는 것이다.

셋째, 프로세스 모델 정의, 조직 모델 정의, 정보기술 모델 정의 단계에서 산정한 비용 항목을 종합하는 절차이다. 각 설계팀에서 작성한 비용들을 단순히 합산하는 것으로 종합적인 비용이 구해지지 않는다. 모델 재조정, 부정확 내용, 상호 비독립적 항목에 대한 조정이 필요하다.

④-2 운용 모델 설계 보고자료 작성

운용 모델 설계과제에서 종합된 내용을 바탕으로 프로젝트 참여자에 대한 보고 및 최고 경영층에 대한 보고를 하게 된다. 또한 보고 과정에서 발견되거나 제시된 문제점, 건의사항을 바탕으로 마지막으로 수정하는 활동이 진행된다. 그 절차는 운영 모델 설계 보고자료 작성 및 운영 모델 설계 결과 보고 순으로 진행된다.

첫째, 운영 모델 종합 보고서를 바탕으로 보고 자료를 작성한다. 우선 프로젝트 관련자에 대한 보고와 마지막으로 최종 경영층에 대한 보고를 들 수 있다.

둘째, 운영 모델 종합 보고서를 바탕으로 보고회를 가지고 보고에 대한 반응을 수렴해야 한다. 최고 경영층의 반응, 중간관리자의 반응, 실무자들의 반응에 민감해야 하며 운영 모델 설계 단계에서 누락된 요소를 발견하도록 해야 한다. 수렴된 의견에 대해서는 향후 보완계획과 보완 결과에 대한 일정을 명확히 하여 보고회 내용이 프로젝트 수행에 반영될 수 있도록 해야 한다.

BPR의 TO-BE 프로세스 운영정책 정의의 세부적인 절차와 단계별 분석 도구(툴, 스킬 및 테크닉)는 〈표 18〉과 같다.

〈표 18〉 BPR TO-BE프로세스 운영정책 정의 절차와 도구

<table>
<tr><th colspan="2">Procedures</th><th rowspan="2">Task & Analytic Activities</th><th rowspan="2">Toolkits & Techniques Applied</th></tr>
<tr><th>Phase</th><th>Step</th></tr>
<tr><td rowspan="11">To-Be 프로세스 운영 정책 정의</td><td rowspan="4">혁신테마선정</td><td>베스트프랙티스 분석</td><td>Analyzing Best-practice</td></tr>
<tr><td>혁신Enabler 분석</td><td>Analyzing innovation Enabler</td></tr>
<tr><td>혁신테마 선정/분석</td><td>Selecting & Analyzing innovation theme</td></tr>
<tr><td>혁신테마구현 효과분석</td><td>Analyzing effect of implementing innovation theme</td></tr>
<tr><td rowspan="3">운영조직모델 정의</td><td>운영조직 모델링</td><td>Modeling operation organizations</td></tr>
<tr><td>운영조직인프라 개선기회정의</td><td>Defining opportunities improving of operation organizations infra</td></tr>
<tr><td>운영조직변화 관리정의</td><td>Defining operation organizations change management</td></tr>
<tr><td rowspan="2">운영정보기술 모델정의</td><td>운영정보기술 모델링</td><td>Operation information technology modeling</td></tr>
<tr><td>운영정보기술 인프라개선기회 정의</td><td>Defining opportunities improving of operation information technology</td></tr>
<tr><td rowspan="2">운영정책과제 종합</td><td>운영모델과제 정의</td><td>Defining operation model tasks</td></tr>
<tr><td>운영모델설계 결과 보고</td><td>Reporting operation model designs</td></tr>
</table>

(4) TO-BE 프로세스 설계

To-Be 프로세스 설계는 비즈니스 모델 설계를 통해 정의된 프로세스 설계의 기본 방향에 근거하여 현재의 프로세스를 재설계하고 이에 대한 실행계획을 수립하는 것이다. 프로세스 재설계 영역의 정의, 프로세스 재설계, 조직변화 요구사항 정의 그리고 정보시스템 요구사항 정의 등 4단계로 진행된다.

① 프로세스 재설계 영역 정의

비즈니스 모델 설계에서 결정된 개념적인 프로세스 모델에 근거하여 상세한 수준의 프로세스를 재설계하기 위해 프로세스 성과 측면에서 서브 프로세스 단위에서 재설계 집중 영역을 정의한다. 그리고 프로세스 팀 내부에서 역할과 세부 일정을 수립하고 아울러 재설계 모델링에 활용되는 다이아그램의 표준을 확정한다. 동 절차는 프로세스 모델의 검토 및 조정, 재설계 프로세스 영역 선정 순으로 진행된다.

①-1 프로세스 모델 검토 및 조정

서브 프로세스 재설계 분류작업에 앞서 비즈니스 모델 설계에서 정의한 서브 프로세스 구조를 검토하여 N레벨 서브 프로세스까지 적절히 도출되었는지를 확인한다. 그 절차는 운영 프로세스 모델 검토, N레벨 서브 프로세스 정의서 작성 순으로 진행한다.

첫째, N레벨 서브 프로세스는 하나의 단위 프로세스로서 구체적인 액티비티의 흐름을 설계할 수 있는 단위이며, 이 단위로 서브 프로세스의 플로우 차트가 작성되고 서브 프로세스간의 구체적인 인터페이스가 정의되므로 재설계의 가장 중요 단위이다. 따라서 N레벨 서브 프로세스가 비즈니스 모델 설계에서 정의된 프로세스 모델과 적정한지를 검토한다. 아울러 누락된 서브 프로세스가 있는지도 확인한다. 누락 서브 프로세스를 찾기 위해서는 현행 프로세스 모델과 비교해 보거나 1레벨 서브 프로세스의 정보 흐름도를 확인한다. 이와같이 최종적으로 결정된 To-Be 프로세스는 프로세스 구조도(ARIS 모델 타입 : Function Tree 사용) 도구를 활용하여 작성한다.

둘째, 재정의된 프로세스 구조도를 중심으로 N레벨 서브 프로세스 정의서를 작성한다. 정의서에 기술해야 할 항목은 메이져 프로세스명, 상위 서브 프로세스명, N레벨 서브 프로세스 개요 그리고 트리거 이벤트와 종료 이벤트이다.

①-2 재설계 프로세스 영역 선정

비즈니스 모델 설계에서 설정된 주요 혁신 방향에 따라 재설계되거나, 아니면 새롭게 설계되어야 할 서브 프로세스를 정의해야 한다. 비즈니스 모델 설계의 프로세스 혁신 방향에 근거하여 프로세스의 변화의 폭이 넓은 영역을 중심으로 재설계 작업을 집중하여 보다 효과적이고 효율적인 프로세스 재설계를 해야 한다. 재설계에서 설계의 초점은 N레벨 서브 프로세스 이하이기 때문에 많은 시간이 소요된다. 따라서 재설계 영역에 집중해서 프로젝트 자원을 집중 투입해야 한다. 재설계 프로세스 영역선정은 재설계 집중영역의 의사결정 기준 확인, 재설계 집중영역의 선정 그리고 재설계 집중영역 선정보고서 작성 순으로 진행한다.

첫째, 프로세스 재설계 집중영역을 결정하는 의사결정 기준의 두 축은 재설계의 필요성과 재설계의 우선순위이다. 구체적 기준으로는 혁신테마와의 연관성, 혁신테마 구현의 우선순위, 신규 프로세스, 재설계 성과 개선 목표와 현행 서브 프로세스 성과와의 갭 등이다.

둘째, 재설계 집중영역의 선정 기준에 따라 재설계 집중영역의 선정 작업을 수행한다. 작업을 수행하는 절차는 프로세스 레벨에 따라 선정한다. 먼저 메이져 프로세스 레벨에서 어떠한 프로세스가 집중 재설계 영역인가를 결정하고 재설계 집중영역으로 선정된 프로세스는 팀단위에서 토론을 통해 서브 프로세스 레벨이하의 집중적인 재설계 영역을 선정한다.

셋째, 프로세스 재설계 집중역역이 결정되면 이에 대한 보고서를 작성하고 현업의 검토를 의뢰한다. 보고서에 포함될 내용으로는 재설계 집중영역 분류기준, 재설계 집중영역, 재설계 집중영역 선정 이유 등이다.

② 프로세스 재설계

프로세스 재설계 집중영역 정의를 통해 정의된 프로세스 재설계 집중영역을 중심으로 정의된 혁신테마와 프로세스 혁신 방향에 근거하여 세부 단위의 프로세스 개선 목표를 정의하고 이에 대한 대안을 도출하여 프로세스 재설계 모델링을 수행한다. 재설계 모델링에서는 필요한 경우 구체적인 조직변화와 정보기술의 적용방향을 제시하고 실행관점에서의 장애요인 등의 실행가능성과 기대효과를 검토하여 고객사의 검증을 받고 이를 바탕으로 재설계 프로세스 모델을 확정한다.

②-1 프로세스 모델 재설계 목표 확인

프로세스 팀별로 재설계 대상 프로세스에 대한 개선 목표를 상세히 정의하는 작업이다. 비즈니스 모델 설계에서 도출된 혁신테마와 서브 프로세스별 주요 성과 지표와 현행 프로세스 분석에서 도출된 현행 성과 지표 값 및 갭을 확인하고 프로세스팀이 이에 대한 개선 목표를 결정한다.

첫째, 비즈니스 모델 설계 결과를 검토해야 한다. 서브 프로세스 레벨에서 프로세스 재설계 목표와 방향을 설정하기 위하여 검토해야 할 비즈니스 모델 설계에서 산출된 결과물로는 주요 혁신테마의 요구사항, 현행 프로세스 성과목표, 메이져 프로세스 레벨의 프로세스 혁신 목표, 상위 프로세스의 주요 요구 특성 및 KPI, CSF 등이다.

둘째, 비즈니스 모델 설계에서 도출된 프로세스 혁신 주요목표와 방향에 대해서 다음의 측면에서 검토한다.

- 프로세스 비전 또는 주요 혁신 테마와의 명확한 연관성을 식별해야 한다.
- 목표를 설정하는 담당자를 위한 목표가 정의되어서는 안된다.
- 상식적인 개념선상에서 실행가능하고 실용적인 실행을 요구하지 않는다.
- 대규모의 변화를 요구하는 수준의 목표를 설정한다.
- 기존의 사고 패러다임과 단절적인 목표수준을 설정한다.
- 제3자의 입장에서도 충분히 이해 가능한 목표를 설정한다.
- 경쟁자가 쉽게 모방할 수 없는 수준의 목표를 설정한다.
- 시장에서 느낄 수 있는 수준의 목표를 설정한다.

이러한 측면에서 잘 정의된 프로세스 목표의 특성으로는 단순성(2-3개 내외의 측정지표), 정량적, 도전적(현재의 프로세스에서 달성할 수 없음), 쉽게 이해되고 설명할 수 있음, 유의미성(조직의 유의미한 이익의 창출), 목표달성 기간이 분명함 등이다.

②-2 프로세스 변화과제 도출 및 평가

비즈니스 모델 설계에서 정의된 주요 추진과제를 검토하여 보다 구체적인 프로세스 변화과제를 도출하고 도출된 과제에 대해서 프로세스 팀을 중심으로 구현의 효과와 실행 측면에서의 비용과 장애요인에 대해 평가하여 프로세스 변화과제를 확정한다.

첫째, 프로세스 변화과제를 도출해야 하는데 비즈니스 모델 설계에서 정의된 주요 추진과제를 검토하고 이를 실현할 수 있는 재설계 주제를 구체화하고 담당자를 선정한다. 이는 상위 모델에 대한 상세화라는 것과 함께 구현 가능한 변화방향을 정의하는 것이다. 예를 들면 "고객요구에 신속한 대응"이라는 혁신 테마 관련해서 추진과제로는 "언제 어디서든지 주문가능, 고객의 요구사항에 따른 주문생산, 현지 시장요구에 맞는 가격 및 납기를 결정 등"의 결과물을 산출할 수 있어야 한다. 이러한 결과물의 산출을 위해서는 프로세스 팀별로 토론과 분석을 통해 평가하고 구체적인 추진과제를 도출해야 한다. 이와 같이 재설계 과제를 도출하는 작업은 기계적으로 결정되는 것은 아니고 프로세스 팀원들의 창의적인 아이디어를 결집하는 것이 중요하다. 프로세스 재설계 아이디어 산출에 활용되는 도구로서는 선진사례 분석, 참조모델 활용, IT요소기술 검토, 프로세스 재설계 일반 규칙 활용, 현행 프로세스 모델의 문제점 제거 등이다.

둘째, 도출된 프로세스 변화과제에 대해서 구현후의 이익과 구현에 소요되는 비용 및 실행의 난이도 측면에서 프로세스 팀별로 평가를 수행한다.

②-3 재설계 프로세스 모델링 및 문서화

도출된 재설계 과제를 중심으로 To-Be 프로세스 맵을 작성한다. 이는 재설계 프로세스에 대해서 이해관계자들의 동의를 획득하는 과정이다. 또한 최종 프로젝트 모델링 결과는 정보시스템 설계와 프로토타이프 수행의 청사진으로 정보를 제공한다. 그 절차는 재설계 프로세스 모델링, 재설계 프로세스 문서화 및 보고 순으로 진행된다.

첫째, 결정된 프로세스 변화 과제에 근거하여 프로세스 모델링을 수행한다. 프로세스에 대한 모델링은 To-Be프로세스에 대한 변화 모습을 추상화 시킨 형태로 표현하여 이해당사자에게 재설계 프로세스 아이디어를 정확히 전달토록 한다. 재설계 프로세스 모델링의 절차는 서브 프로세스의 플로우 차트 작성, 액티비티의 플로우 차트 작성 순으로 진행된다.

둘째, 재설계 프로세스 모델링이 완료된 후에는 재설계 프로세스에 대한 문서화 작업이 진행된다. 재설계 문서화에 포함될 내용은 서브 프로세스의 주요 변화내용, 재설계 서브프로세스 기술서, 서브 프로세스 플로우 차트, 액티비티 플로우 차트이다.

②-4 재설계 프로세스 검토 및 확정

개별 프로세스 팀별로 작성된 프로세스 모델에 대해서 관련된 프로세스 인터페이스를 확인하고 통합 모델을 작성하고 테스트하는 단계이다. 그 절차는 현행 프로세스 모델을 통합하고 재설계 프로세스 모델을 통합한 후에 프로세스 모델 통합을 테스트한다.

첫째, 현행 프로세스 모델을 통합한다. 프로세스가 변화가 없는 현행 프로세스의 경우에는 상향식(Bottom Up)프로세스 모델 통합을 수행한다. 프로세스 모델 통합 절차는 N레벨 서브프로세스 모델 통합, 1레벨 서브 프로세스 모델 통합, 메이져 프로세스 모델 통합 순으로 진행된다.

둘째, 재설계 프로세스 모델을 통합하는 방식도 기본적으로 현행 프로세스 모델 통합과 같다. 차이점은 재설계 프로세스 모델 통합은 기존 프로세스를 통합적 관점에서 파악하는 것이 아니라, 혁신테마와 프로세스 재설계 방향에 근거하여 상세 레벨까지 프로세스가 통합적으로 설계되었는가를 확인하는 것이다. 따라서 재설계 프로세스 모델 통합은 현행 프로세스 모델링 통합과는 달리 하향식(Top-Down)방식을 취한다. 재설계 프로세스 모델 통합은 메이져 프로세스 모델통합, 1레벨 프로세스 모델통합, N레벨 프로세스 모델통합의 순으로 진행한다.

셋째, 현행 및 재설계 프로세스에 대한 통합 모델링이 수행된 후 메가 프로세스 레벨에서 현행 및 재설계 프로세스의 통합 테스트를 한다. 파악해야 할 핵심은 프로세스 모델 중 재설계된 부분과 그대로 유지되는 부분이 통합적으로 운영될 수 있는가이다. 이를 위해서는 전체 메가 프로세스레벨에서 통합 모델을 작성한 후 비즈니스 모델 설계에서 수행하였던 최상위 레벨 프로세스 플로우 시나리오를 중심으로 통합 프로세스 모델을 대상으로 하향식(Top-Down)접근법으로 프로세스의 주요 인터페이스를 확인한다.

③ 조직변화 요구사항 정의

조직 재설계 프로세스에 근거하여 필요한 조직자원과 특성을 정의하고 조직자원에 대한 평가체계를 정의한다.

첫째, 재설계된 프로세스에 대해서 필요한 조직 사양을 정의한다. 재설계된 프로세스를 중심으로 조직운영의 특성을 Formalization, Specialization, Standardization, Hierarchy of Authority, Complexity, Centralization, Professionalism 등 측면에서 정의한다. 이어서 재설계 프로세스의 조직 자원 소요를 인원 및 업무량 측면세서 산정한다.

둘째, 프로세스 재설계에 따라 새롭게 정의된 KPI에 근거하여 프로세스를 수행하는 작업자 및 조직에 대한 평가 체계를 재정의 한다. 우선 프로세스별 주요 평가지료를 확인한다. 합리적인 조직별 평가체계를 정의하기 위해서 다음의 사항을 유의한다.

- ▸ 재설계 프로세스의 CSF, KPI의 내용을 반영한다.
- ▸ 재설계 프로세스가 잘 운영되기 위한 세부지표를 개발한다.
- ▸ 단위조직의 미션과 목표를 달성하기 위한 세부지표를 개발

하고 이를 반영한다.

▸ 팀빌딩을 통하여 팀원들에 의한 자율적인 지표를 선정하고, 선정된 지표에 대해 공감대를 형성한다.

▸ 평가지표는 프로세스 레벨에 따라서 달라진다.

프로세스 별 주요 평가지표에 대한 확인 작업이 완료되면 이를, 프로세스를 수행하는 조직 관점에서 조직의 사명과 관련된 주요 평가지표를 정의한다.

④ 정보시스템 요구사항 정의

현행 프로세스 분석 및 모델링, 프로세스 재설계에서 정의된 프로세스 모델에 근거하여 정보시스템 요구사항을 정의한다. 정보시스템 요구정의는 정보시스템 개발 방법론과의 연관성하에서 정의한다.

BPR의 TO-BE 프로세스 설계의 세부적인 절차와 단계별 분석 도구(툴, 스킬 및 테크닉)는 〈표 19〉와 같다.

〈표 19〉 BPR TO-BE프로세스 설계의 절차와 도구

<table>
<tr><th colspan="2">Procedures</th><th rowspan="2">Task &
Analytic Activities</th><th rowspan="2">Toolkits &
Techniques Applied</th></tr>
<tr><th>Phase</th><th>Step</th></tr>
<tr><td rowspan="10">To-Be 프로세스 설계</td><td rowspan="2">프로세스 재설계영역 정의</td><td>프로세스모델검토/조정</td><td>Adjusting process models</td></tr>
<tr><td>재설계프로세스 영역선정</td><td>Selecting redesigned process area</td></tr>
<tr><td rowspan="4">프로세스 재설계</td><td>프로세스재설계 목표확인</td><td>Identifying process redesign objectives</td></tr>
<tr><td>프로세스변환과제도출/평가</td><td>Evaluatiing process transformation tasks</td></tr>
<tr><td>재설계프로세스모델링/문서화</td><td>Modeling redesigned process and Documentation</td></tr>
<tr><td>재설계프로세스검토/확정</td><td>Reviewing and Confirming redesigned process</td></tr>
<tr><td rowspan="2">조직변화 요구사항 정의</td><td>프로세스조직정의</td><td>Defining process organizations</td></tr>
<tr><td>조직별 평가체계정의</td><td>Defining evaluation system by organization unit</td></tr>
<tr><td rowspan="2">정보시스템 요구사항 정의</td><td>프로세스별 정보시스템 요구사항</td><td>Defining Information system needs by process</td></tr>
<tr><td>정보시스템체계정의</td><td>Defining Information system</td></tr>
</table>

방법론 이야기 <6>

인생 이모작 1-2-3-4-5의 법칙

4차산업혁명시대에는 직장에서 물러나는 것이 곧 바로 은퇴로 이어져서는 안 된다. 오히려 남은 인생의 새로운 시작이 되어야 한다. 이제는 평생직장은 없고 평생직업만이 있을 뿐이다. 사람과 인공지능이 함께 공생해 나가는 리더십 역량을 평생 습득하고 활용해 나가야 한다. 그 핵심에는 호기심을 바탕으로 한 혁신과 창조가 자리한다. 호기심이 없이는 혁신도 창조도 없다. 호기심의 발현은 질문에 있고 여러 우물을 파야하고 전혀 모르는 사람을 쫓아 다녀야 한다. 호기심을 잃어버리고 과거 퇴행적인 집단행동에 매몰되고 앞장서는 것은 그야말로 인생 이모작을 낭비하는 우둔한 선택일 뿐이다. 인생 이모작은 호기심을 바탕으로 혁신과 창조의 리더가 되는 지름길이다. 인생 이모작 1-2-3-4-5의 법칙을 소개한다.

우선 먼저 1(일)을 실천해야 한다. 일에 최우선을 두어야 한다는 것이다. 4차산업혁명시대에는 나이가 일자리를 결정하는 것이 아니고 호기심이 일자리를 결정한다. 더하여 2(이)를 강화해 나가야 한다. 그동안 소홀했던 이재 관리를 철저히 해야 한다는 것이다. 새롭게 일자리를 마련하고 그동안 축적해온 자산을 신중하게 관리하여 9988 인생 마무리할 때까지 무병장수를 위한 기반을 갖춰야 한다. 그리고 인생 이모작의 설계는 3을 잘 그려야 한다. 3(삼)십년을 내다보는 장기적 시각과 전망으로 새로운 삶을 모색해야 한다는 것이다. 일자리 창출과 이재 관리를 30년 앞을 내다보는 장기적이고 균형된 관점에서 추진해야 성공할 수 있다. 넷째는 4(사)를 가슴속 깊이 내재화하고 실천해 나가는 것이다. 사랑하라. 여러분 이웃을 진정으로 사랑하라. 4차산업혁명시대의 가치 흐름은 바로 공감과 공유 그리고 상생이다. 그 핵심은 바로 이웃을 사랑하는 마음이라 할 것이다. 마지막으로 5(오)이다. 바로 오늘 실천하라는 것이다. 인생 2막은 그냥 다가오는 것이 아니다. 오늘 바로 결심하고 실천해야 한다. 그 가장 빠른 길의 하나가 매년 100권의 책을 읽는 것이다. 책 읽기는 바로 오늘 실천할 수 있으며 책 읽기는 바로 인생 이모작 1-2-3-4-5법칙 실천의 추동력이다.

– 운봉세상

제 3 절 세부 주제별 컨설팅방법론 실습 과제

실습 개요

경영컨설팅방법론은 전략과 운영(이 책에서는 BPR)이라는 핵심 2주제가 주축이라 했다. 동 2주제에 대해서는 학술적, 실무적 이론과 실제를 소개하고 방법론적 지식으로서 컨설팅방법론의 절차와 도구를 자세히 기술하였다. 동 컨설팅방법론에 대한 기술은 방법론 구성의 5요소인 목적, 절차, 도구, 논리, 체계를 바탕으로 컨설팅 전문직의 역량 5요소인 지식, 스킬, 테크닉, 태도, 전략의 5요소를 앙상블 조화롭게 융·복합하여 전개하였다. 경영컨설팅방법론에서 전략과 운용부문은 그 목적 지향점은 차이가 있지만 서로 보완적인 관계에 있다. 따라서 절차의 수행이나 도구 선택에서는 비슷하거나 겹치는 경우도 있다. 이 책에서 강조하는 다양한 컨설팅방법론의 개발과 활용에 있어서도 마찬가지다.

한편, 독일이나 일본, 그리고 우리 한국의 제조업 현장에서 강조하는 생산현장의 경우는 주제별 경영컨설팅방법론에는 별도로 포함하지 않았다. 그 이유는 BPR에서는 생산현장의 경우도 프로세스 혁신과 밀접히 연계되어 작동되므로 운영부문에서 포괄하기 때문이다. 그러나 우리 한국의 경우 독일이나 일본처럼 제조업과 중소기업 공장현장의 경쟁력 향상이 국가적인 과제이다. 따라서 중소기업 공장현장의 컨설팅방법론에 대해서는 제Ⅲ부에서 VPM을 소개하면서 기술토록 하였다.

경영컨설팅방법론의 부문별 주제 중에서 지속적으로 각광받는 분야로서 마케팅, 조직, 신규사업, 정보계획, 해외진출의 5가지 분야를 제시했다. 동 5부문의 이론과 방법론의 경우 전략과 운영부문에서 상당 부분을 포괄하여 소개했다. 이들 부문별 주제는 전략과 운영과는 밀접히 연계되어 작동되는 경영활동의 하위 부문이기 때문에 당연히 전략과 운영의 일부로서 분석하게 된다. 그렇지만 이들 부문별 주제는 또 다른 지식서비스의 하나이기도 하다. 따라서 이들 부문별 주제의 경우는 나름대로의 특화된 이론과 실제 그리고 컨설팅방법론이 작동된다.

동 5가지의 부문별 주제에 대해서는 독자 여러분 스스로 컨설팅방법론을 구체화 나가는 실습과제로 제시코자 한다. 전략 및 운영(BPR) 전개 과정을 참고하여 부문별 이론과 실제 그리고 차별화된 현장 경험을 통해 여러분 나름의 독자적인 방법론을 전개하면 될 것이다. 각 방법론 전개를 위한 절차와 도구에 대해서는 부문별 차별화된 프레임워크를 제공하였으니 동 프레임워크를 참고하면 될 것이다.

1. 마케팅전략수립

1-1. 마케팅전략의 이론과 실제

1-2. 마케팅전략수립 컨설팅방법론

(1) 마케팅전략수립 모델

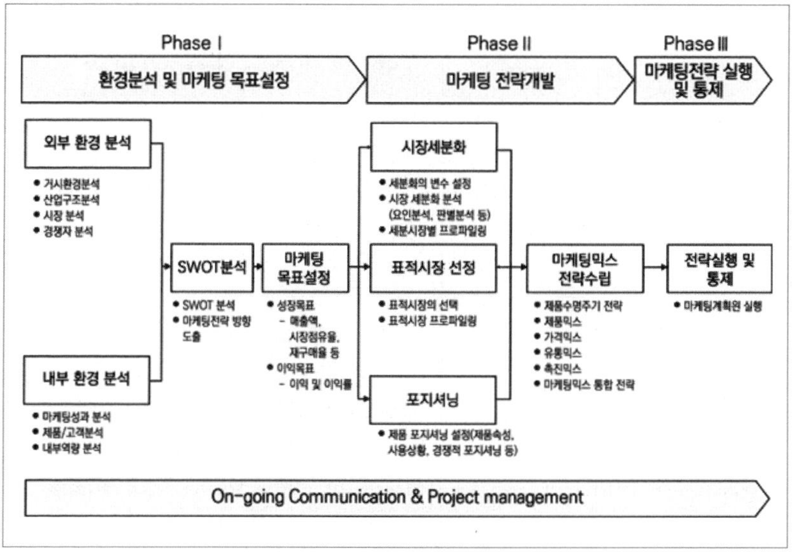

[그림 22] 마케팅전략수립 절차와 방법

(2) 마케팅전략수립 절차와 도구

① 외부환경분석 단계

〈표 20〉 마케팅 외부환경 분석의 절차와 도구

Procedures		Task & Analytic Activities	Toolkits & Techniques Applied
Phase	Step		
환경 분석 및 마케팅 목표 설정	외부 환경 분석	거시환경 분석	STEEP analysis, PEST analysis
		산업구조 분석	Strategy group analysis or 5Forces analysis, Industrial Value Chain analysis, CSF analysis, Environment Risk analysis, Marimekko analysis
		시장 분석	Market sizing, market growth rate & profitability, Cost structure, Channel structure, CSF analysis, Industry Product Life Cycle analysis, Technology Adaption Life Cycle(TALC) analysis, Innovation Diffusion analysis
		경쟁자 분석	Competitor analysis, Competitive Intensity analysis, RONA chart, Growth/Share Matrix, Competitive group analysis
		외부환경 분석 시사점 도출	Opportunities/Threats analysis, Industry attractiveness analysis, Market requirement analysis

② 내부환경분석 단계

〈표 21〉 마케팅 내부환경 분석의 절차와 도구

Procedures		Task & Analytic Activities	Toolkits & Techniques Applied
Phase	Step		
환경 분석 및 마케팅 목표 설정	내부 환경 분석	마케팅 성과분석	Accounting based Measures analysis, EVA analysis, ROIC/EVA Chart, EVA tree analysis, CFROI tree analysis, Extra Profitability analysis, Bottleneck resource analysis
		제품 및 고객분석	Product/Service Evaluation, Financial Contribution analysis, Market-map, Brand Recognition Evaluation, Product /Service Quality Evaluation, Customer Evaluation, Customer Satisfaction analysis, Customer Segmentation analysis, Pareto analysis, Strategy Canvas analysis, Conjoint analysis
		내부자원과 역량분석	Value Chain analysis, Cost analysis, Organization Assessment(7-S Model), CSF Position analysis, Business Model analysis, Competency analysis, Core Competency analysis
		내부환경분석 시사점	Strength/Weakness analysis, Competitive Advantage analysis

③ 전략방향수립단계

〈표 22〉 마케팅 전략방향 수립의 분석 절차와 도구

<table>
<tr><th colspan="2">Procedures</th><th rowspan="2">Task & Analytic Activities</th><th rowspan="2">Toolkits & Techniques Applied</th></tr>
<tr><th>Phase</th><th>Step</th></tr>
<tr><td rowspan="7">마케팅 전략 개발</td><td rowspan="3">시장 세분화</td><td>시장세분화 변수선정</td><td>Incomes, Job, Educations, Location, Life style, consumption pattern, Frequency, Brand royalty, Benefits and Social-Economical-Cultural Variables.</td></tr>
<tr><td>시장세분화 분석</td><td>Statistical analysis, techniques including Factor analysis, Cluster Analysis, Classification analysis, Decision tree analysis, Multi-dimensional scaling, Discriminant analysis</td></tr>
<tr><td>세분시장 프로파일 작성</td><td>profiling by segments</td></tr>
<tr><td rowspan="2">표적 시장 선정</td><td>특정세그먼트의 표적화</td><td>4R test</td></tr>
<tr><td>표적집단의 프로파일링</td><td>profiling of target segments</td></tr>
<tr><td>포지셔닝</td><td>제품 포지셔닝 설정</td><td>Statistical analysis techniques including Factor analysis, Multi-dimensional scaling analysis</td></tr>
<tr><td>마케팅 믹스전략 수립</td><td>4P-Mix전략 수립</td><td>Integrated marketing mix including Products, Pricing, Place, Promotions or IMC</td></tr>
</table>

④ 실행계획수립단계(PhaseⅣ)

〈표 23〉 마케팅의 실행계획 수립의 절차와 도구

<table>
<tr><th colspan="2">Procedures</th><th rowspan="2">Task & Analytic Activities</th><th rowspan="2">Toolkits & Techniques Applied</th></tr>
<tr><th>Phase</th><th>Step</th></tr>
<tr><td rowspan="6">마케팅 전략 실행 및 통제</td><td rowspan="2">실행과제 우선순위화</td><td>전략적 중요도 평가</td><td>Materiality analysis, Importance Evaluation</td></tr>
<tr><td>우선순위화</td><td>Prioritization Matrix, Implementation road-map</td></tr>
<tr><td>실행과제 정의</td><td>실행과제정의서</td><td>Action Item Profile</td></tr>
<tr><td rowspan="3">실행및통제</td><td>모니터링계획</td><td>Monitoring Planning</td></tr>
<tr><td>일정계획</td><td>Gantt Chart</td></tr>
<tr><td>추진조직</td><td>Building Steering Organizations</td></tr>
</table>

2. 조직전략 수립

2-1. 조직전략 수립의 이론과 실제

2-2. 조직전략 수립의 컨설팅방법론

(1) 조직전략 수립 모델

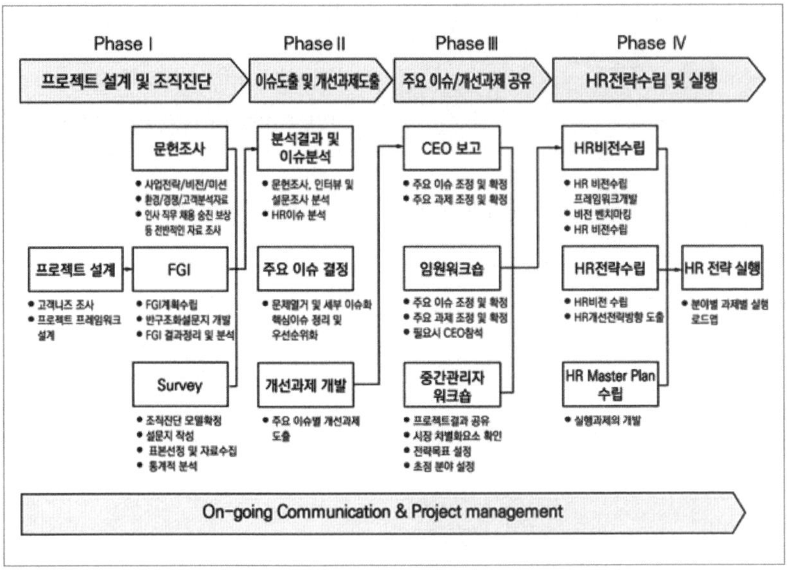

[그림 23] 조직전략 수립 절차와 방법

(2) 조직전략수립 절차와 도구

① 프로젝트설계 및 조직진단

〈표 24〉 조직전략 프로젝트 설계 및 조직진단 절차와 도구

Procedures		Task & Analytic Activities	Toolkits & Techniques Applied
Phase	Step		
프로젝트설계 및 조직진단	프로젝트 설계	고객니즈조사	Client's Expectation/ Needs Identification, Stakeholder analysis
		전략적 의도 파악	Strategic Intent analysis
		프로젝트프레임워크설계	Project Framework Design
	문헌조사	사업전략비전미션 분석	Vision Statement/Mission
		환경/경쟁/고객 분석자료조사	STEEP analysis, Competitor analysis, Strategy group analysis or 5Forces analysis, Product/ Service Evaluation, Financial Contribution analysis, Product/ Service Quality Evaluation, Customer Evaluation, Customer Satisfaction analysis, Customer Segmentation analysis,
		인사 직무 채용 승진 보상 등 전반적인 자료조사	Collecting and Analyzing extant HRM-related Materials(personnel management, Job management, Recruit, Promotion, Evaluation & Payoff etc.)

<table>
<tr><th colspan="2">Procedures</th><th rowspan="2">Task & Analytic Activities</th><th rowspan="2">Toolkits & Techniques Applied</th></tr>
<tr><th>Phase</th><th>Step</th></tr>
<tr><td rowspan="7">프로 젝트 설계 및 조직 진단</td><td rowspan="3">FGI</td><td>FGI계획수립</td><td>FGI Planning</td></tr>
<tr><td>반구조화설문지 작성</td><td>semi-structured Questionare</td></tr>
<tr><td>FGI 및 결과 정리와 분석</td><td>Arrangement and analysis FGI</td></tr>
<tr><td rowspan="4">Survey</td><td>조직진단모델 확정</td><td>Confirming Organization Diagnosis Model</td></tr>
<tr><td>설문지작성</td><td>preparing Questionare</td></tr>
<tr><td>표본선정 및 자료수집</td><td>Sampling & Data Collection</td></tr>
<tr><td>통계적 분석</td><td>Statistical Processing(factor analysis, Regression analysis, ANOVA, T-test)</td></tr>
</table>

② 이슈도출 및 개선과제 도출

〈표 25〉 조직전략 이슈도출 및 개선과제 도출의 절차와 도구

<table>
<tr><th colspan="2">Procedures</th><th rowspan="2">Task & Analytic Activities</th><th rowspan="2">Toolkits & Techniques Applied</th></tr>
<tr><th>Phase</th><th>Step</th></tr>
<tr><td rowspan="6">이슈 도출 및 개선 과제 도출</td><td rowspan="2">분석결과 및 이슈분석</td><td>문헌조사, FGI 및 설문조사분석</td><td>Analyzing Literature Research, Focus Group Interview & Survey research</td></tr>
<tr><td>HRM이슈분석</td><td>Analyzing HRM Issues</td></tr>
<tr><td rowspan="3">주요 이슈의 선정</td><td>문제열거 및 세부이슈화</td><td>Long Issue Lists</td></tr>
<tr><td>핵심이슈 정리</td><td>Deriving Key Issues, Cause-Effect-Issue Mapping, Causal Loop Diagram</td></tr>
<tr><td>이슈우선순위화</td><td>Importance/corelation Assesment</td></tr>
<tr><td>조직개선 과제개발</td><td>주요이슈별 개선 과제도출</td><td>Deriving Improvement Tasks by Issues</td></tr>
</table>

③ 이슈 및 조직개선과제 공유

〈표 26〉 조직전략 이슈 및 조직개선과제 공유의 절차와 도구

Procedures		Task & Analytic Activities	Toolkits & Techniques Applied
Phase	Step		
이슈 및 조직 개선 과제 공유	CEO 보고	주요 이슈의 조정 및 확정	Adjusting and Confirming Key Issues
		주요개선과 제조정 및 확정	Adjusting and Confirming main improvement tasks
	주요 임원 워크숍	주요 이슈의 조정 및 확정	Adjusting and Confirming Key Issues
		주요개선과 제조정 및 확정	Adjusting and Confirming main improvement tasks
	중간 관리자 워크숍	프로젝트 결과공유	Sharing project outcome
		시장 차별화요소 확인	Identifying market discrimination factors
		전략목표 설정	Establishing strategic objectives
		초점분야 설정	Establishing focal points

④ HR 전략수립 및 실행

〈표 27〉 조직전략 HR 전략수립 및 실행의 절차와 도구

Procedures		Task & Analytic Activities	Toolkits & Techniques Applied
Phase	Step		
HR 전략 수립 및 실행	HR비전 수립	HR비전수립 프레임워크개발	HR Visioning Frameworks
		HR비전 벤치마킹	HR Visioning Benchmarks
		HR비전수립	HR Visioning
	HR전략 수립	HR개선전략방향 도출	Deriving HR improvement strategic directions
		HR개선전략과제 도출	Deriving HR improvement strategic tasks
	HR 마스터 플랜수립	HR실행과제 도출	HR Action Item Development
		전략적중요도 평가	Materiality analysis, Importance Evaluation
		우선순위화	Prioritization Matrix, Implementation road-map
	HR전략 실행	실행과제정의서	Action Item Profile
		실행로드맵	Action Roadmap
		모니터링계획	Monitoring Planning
		일정계획	Gantt Chart
		추진조직	Steering Organization Structure
		변화관리계획	Change management plan

3. 신규사업전략 수립

3-1. 신규사업수립의 이론과 실제

3-2. 신규사업수립 컨설팅방법론

(1) 신규사업수립 모델

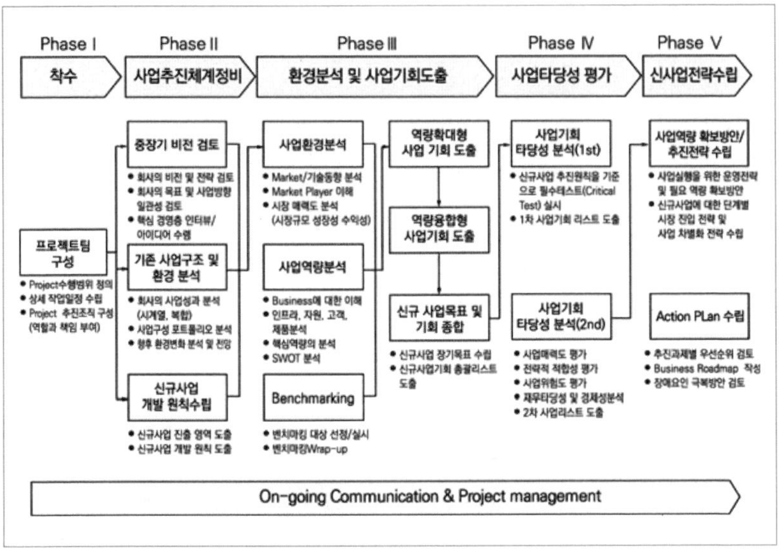

[그림 24] 신규사업전략 수립 절차와 방법

(2) 신규사업수립 절차와 도구

① 착수 및 사업추진체계 정비

〈표 28〉 신규사업 착수 및 사업추진체제 정비의 절차와 도구

<table>
<tr><th colspan="2">Procedures</th><th rowspan="2">Task & Analytic Activities</th><th rowspan="2">Toolkits & Techniques Applied</th></tr>
<tr><th>Phase</th><th>Step</th></tr>
<tr><td rowspan="3">착수</td><td rowspan="3">프로젝트 팀 구성</td><td>Project 수행범위 정의</td><td>Defining project Scope</td></tr>
<tr><td>Project 수행일정 수립</td><td>Defining project Schedule</td></tr>
<tr><td>Project 추진조직 구성</td><td>Defining Steering Organization,
Defining Role & Responsibility</td></tr>
<tr><td rowspan="8">사업 추진 체계 정비</td><td rowspan="3">중장기 비전 검토</td><td>비전 및 전략 검토</td><td>Reviewing extent Vision & Strategy</td></tr>
<tr><td>목표 및 사업방향 정합성검토</td><td>Reviewing Alignment between Objective and Business Directions</td></tr>
<tr><td>경영층인터뷰 및 아이디어 수렴</td><td>Indepth-Interview</td></tr>
<tr><td rowspan="3">기존 사업구조 분석</td><td>기존사업성과 분석</td><td>Accounting based Measures analysis, EVA analysis, EVA Tree analysis, CFROI tree analysis, Bottleneck resource analysis</td></tr>
<tr><td>사업구성 포트폴리오분석</td><td>Industry/Product Life Cycle Analysis, BCG Matrix</td></tr>
<tr><td>향후환경변화 및 전망</td><td>STEEP analysis, PEST analysis</td></tr>
<tr><td rowspan="2">신규사업 개발원칙 정의</td><td>신규사업진출 영역 도출</td><td>Deriving New Business Domain</td></tr>
<tr><td>신규사업 개발원칙 도출</td><td>Establishing Principles for New Business Development</td></tr>
</table>

② 사업환경분석

〈표 29〉 신규사업 사업환경분석 절차와 도구

Procedures		Task & Analytic Activities	Toolkits & Techniques Applied
Phase	Step		
환경 분석 및 사업 기회 도출	사업 환경 분석	거시환경분석	STEEP analysis, PEST analysis
		산업구조분석	Strategy group analysis or 5Forces analysis, Industrial Value Chain analysis, CSF analysis, Environment Risk analysis, Marimekko analysis
		시장/기술 분석	Market sizing, market growth rate & profitability, Cost structure, Channel structure, CSF analysis, Industry Product Life Cycle analysis, Technology Adaption Life Cycle (TALC) analysis, Innovation Diffusion analysis
		경쟁자 분석	Competitor analysis, Competitive Intensity analysis, RONA chart, Growth/Share Matrix, Competitive group analysis
		외부환경분석 시사점 도출	Opportunities/Threats analysis, Industry attractiveness analysis, Market requirement analysis

③ 사업역량 분석

〈표 30〉 신규사업 사업역량 분석의 절차와 도구

<table>
<tr><th colspan="2">Procedures</th><th rowspan="2">Task & Analytic Activities</th><th rowspan="2">Toolkits & Techniques Applied</th></tr>
<tr><th>Phase</th><th>Step</th></tr>
<tr><td rowspan="4">환경 분석 및 사업 기회 도출</td><td rowspan="4">사업 역량 분석</td><td>비즈니스 성과분석</td><td>Accounting based Measures analysis, EVA analysis, ROIC/EVA Chart, EVA Tree analysis, CFROI tree analysis, Extra Profitability analysis, Bottleneck resource analysis</td></tr>
<tr><td>제품및고객 분석</td><td>Product/Service Evaluation, Financial Contribution analysis, Market map, Brand Recognition Evaluation, Product/Service Quality Evaluation, Customer Evaluation, Customer Satisfaction analysis, Customer Segmentation analysis, Pareto analysis, Strategy Canvas analysis, Conjoint analysis</td></tr>
<tr><td>내부자원과역량 분석</td><td>Value Chain analysis, Cost analysis, Organization Assessment(7-S Model), CSF Position analysis, Business Model analysis, Competency analysis, Core Competency analysis</td></tr>
<tr><td>내부환경분석 시사점</td><td>Strength/Weakness analysis, Competitive Advantage analysis</td></tr>
</table>

④ 벤치마크분석, 신규사업기회 도출

〈표 31〉 신규사업 벤치마크 분석, 신규사업기회 도출의 절차와 도구

<table>
<tr><th colspan="2">Procedures</th><th rowspan="2">Task & Analytic Activities</th><th rowspan="2">Toolkits & Techniques Applied</th></tr>
<tr><th>Phase</th><th>Step</th></tr>
<tr><td rowspan="8">환경 분석 및 사업 기회 도출</td><td rowspan="4">벤치마크 분석</td><td>벤치마크계획 수립</td><td>benchmark Planning</td></tr>
<tr><td>대상정의 및 자료수집분석</td><td>Defining benchmark target and data collection</td></tr>
<tr><td>대상과 격차 분석</td><td>Gap analysis</td></tr>
<tr><td>핵심성공요인 적용 및 자산화</td><td>Applying and Internalizing CSF</td></tr>
<tr><td rowspan="2">사업기회 도출</td><td>역량확대형 사업기회 도출</td><td>Asset Extension Modeling (extending Brand, Product, Skills & Market)</td></tr>
<tr><td>역량융합형 사업기회도출</td><td>Industry Convergence Modeling (Technology, Market, Industry, Value chains)</td></tr>
<tr><td rowspan="2">신규사업 목표 및 기회종합</td><td>신규사업장기 목표수립</td><td>Building Long-term objectives (Sales, Market-sharing rate)</td></tr>
<tr><td>신규사업기회 롱리스트 도출</td><td>New Business opportunities Long List</td></tr>
</table>

⑤ 사업타당성 평가

〈표 32〉 신규사업 사업타당성 평가의 절차와 도구

<table>
<tr><th colspan="2">Procedures</th><th rowspan="2">Task & Analytic Activities</th><th rowspan="2">Toolkits & Techniques Applied</th></tr>
<tr><th>Phase</th><th>Step</th></tr>
<tr><td rowspan="7">사업 타당성 평가</td><td rowspan="2">사업기회 타당성평가 (1st)</td><td>필수테스트 실시</td><td>Critical Test & Questionare</td></tr>
<tr><td>1차사업기회리스트 도출</td><td>New Business Opportunities Long List(1st)</td></tr>
<tr><td rowspan="5">사업기회 타당성평가 (2nd)</td><td>사업매력도평가</td><td>BMO Test, SRI Model, BOE Model</td></tr>
<tr><td>전략적 적합성평가</td><td>Life cycle/Strategic fit analysis, Core competency fit analysis, Scenario risk analysis, Strategic fit analysis, Risk-Reward Evaluation</td></tr>
<tr><td>사업위험도평가</td><td>Risk/ Reward Matrix, sensitivity analysis, Risk analysis,</td></tr>
<tr><td>재무타당성 및 경제성분석</td><td>Feasibility Study</td></tr>
<tr><td>2차사업기회리스트 도출</td><td>New Business Opportunities Long List(2nd)</td></tr>
</table>

⑥ 신규사업전략 수립

〈표 33〉 신규사업 신규사업전략 수립의 절차와 도구

<table>
<tr><th colspan="2">Procedures</th><th rowspan="2">Task & Analytic Activities</th><th rowspan="2">Toolkits & Techniques Applied</th></tr>
<tr><th>Phase</th><th>Step</th></tr>
<tr><td rowspan="8">신규 사업 전략 수립</td><td rowspan="2">사업역량 확보방안</td><td>필요사업역량 정의</td><td>Defining required business competencies</td></tr>
<tr><td>사업역량확보 방안수립</td><td>Establishing Alternatives strengthening Competencies</td></tr>
<tr><td rowspan="2">신규사업 추진전략 수립</td><td>단계별 시장진입 전략수립</td><td>Developing Entry Strategy by steps</td></tr>
<tr><td>사업차별화전략 수립</td><td>Developing Discrimination strategy</td></tr>
<tr><td rowspan="4">Action Plan 수립</td><td>실행과제정의서</td><td>Action Item Profile</td></tr>
<tr><td>모니터링계획</td><td>Monitoring Planning</td></tr>
<tr><td>일정계획</td><td>Gantt Chart</td></tr>
<tr><td>추진조직</td><td>Building Steering Organizations</td></tr>
</table>

4. 정보전략 수립

4-1. 정보전략 수립의 이론과 실제

4-2. 정보전략 수립 컨설팅방법론

(1) 정보전략 수립 모델

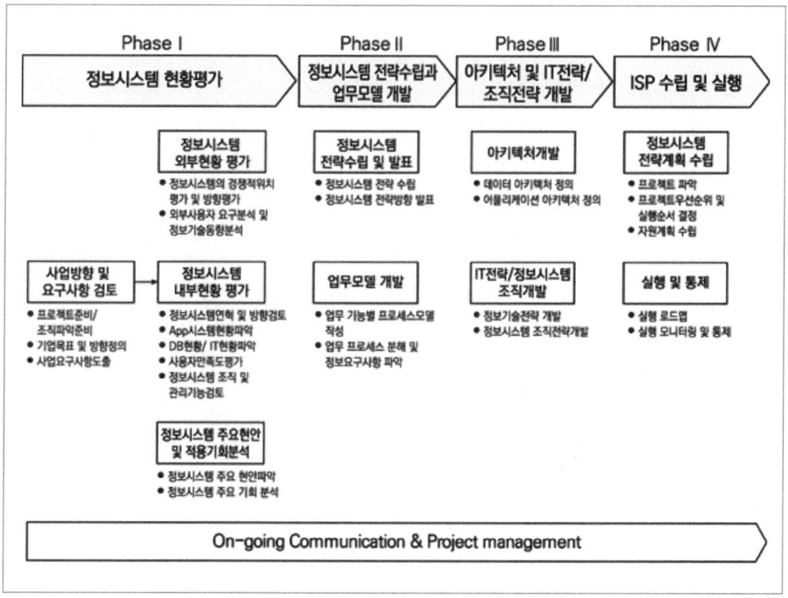

[그림 25] 정보전략의 수립 절차와 방법

(2) 정보전략 수립 절차와 도구

① 정보시스템 현황평가

〈표 34〉 정보시스템 현황평가의 절차와 도구

Procedures		Task & Analytic Activities	Toolkits & Techniques Applied
Phase	Step		
정보 시스템 현황 평가	사업방향 및 요구사항 분석	기존의비전/목표/ 전략의 확인	Understanding of Vision Statement, Business Plan
		고객의 니즈/ 목적 및 기대파악	Client's Expectation/Needs Identification, Stakeholder analysis
		전략적 의도 파악	Strategic Intent analysis
	정보시스템 외부환경 평가	정보시스템의 경쟁적 위치평가	Strategic Position Evaluation of Information System(IS)
		외부사용자요구 분석	External users' Needs analysis
		정보기술동향분석	Information Technology Trend analysis
	정보시스템 내부환경 평가	정보시스템 연혁 및 방향검토	History and Direction of Information System(IS)
		어플리케이션 현황파악	Application Status Identification
		DB현황/IT현황 파악	DB Status and Information Technology Status Identification

<table>
<tr><th colspan="2">Procedures</th><th rowspan="2">Task & Analytic Activities</th><th rowspan="2">Toolkits & Techniques Applied</th></tr>
<tr><th>Phase</th><th>Step</th></tr>
<tr><td rowspan="4">정보 시스템 현황 평가</td><td rowspan="2">정보시스템 내부환경 평가</td><td>사용자만족도평가</td><td>Evaluation of User satisfactions</td></tr>
<tr><td>정보시스템조직 및 관리기능 검토</td><td>Identifying IS organization and managerial Function</td></tr>
<tr><td rowspan="2">정보시스템 주요현안 및 적용 기회분석</td><td>정보시스템 주요현안파악</td><td>Identifying main issues on Information System</td></tr>
<tr><td>정보시스템 주요기회분석</td><td>Identifying main opportunities on Information System</td></tr>
</table>

② 정보시스템 전략수립과 업무모델 개발

〈표 35〉 정보시스템 전략수립과 업무모델 개발의 절차와 도구

<table>
<tr><th colspan="2">Procedures</th><th rowspan="2">Task & Analytic Activities</th><th rowspan="2">Toolkits & Techniques Applied</th></tr>
<tr><th>Phase</th><th>Step</th></tr>
<tr><td rowspan="4">정보 시스템 전략 수립과 업무 모델 개발</td><td rowspan="2">정보시스템 전략수립 및 발표</td><td>정보시스템전략개발</td><td>Information System Strategy Development</td></tr>
<tr><td>정보시스템 전략방향 발표</td><td>Information System Strategy Directions</td></tr>
<tr><td rowspan="2">업무모델 개발</td><td>업무기능별프로세스 모델작성</td><td>Process modeling by functions</td></tr>
<tr><td>업무프로세스분해 및 정보요구사항 파악</td><td>Decomposing business process and Identifying IT needs</td></tr>
</table>

③ 아키텍처 및 IT전략/조직전략 개발

〈표 36〉 아키텍처 및 IT전략/조직전략 개발의 절차와 도구

Procedures		Task & Analytic Activities	Toolkits & Techniques Applied
Phase	Step		
아키텍처 및 IT전략/조직전략 개발	아키텍처 개발	데이터아키텍처 정의	Defining Data Architectures
		어플리케이션 아키텍처정의	Defining Application Architectures
	IT전략/정보시스템 조직개발	정보기술전략 개발	Information Technology Strategy Development
		정보시스템조직 전략개발	Information Technology Org. Strategy Development
ISP수립 및 실행	정보시스템 전략계획 수립	프로젝트파악	Identifying Projects
		프로젝트우선 순위화	Prioritization Matrix
		자원계획수립	Planning Resource Procurement
	실행 및 통제	실행 로드맵	Implementation road-map
		실행모니터링	Monitoring Planning
		통제 및 피드백	Control & Feedback

5. 글로벌마케팅전략 수립

5-1. 글로벌마케팅전략 수립의 이론과 실제

5-2. 글로벌마케팅 전략수립 컨설팅방법론

(1) 글로벌마케팅 전략수립 모델

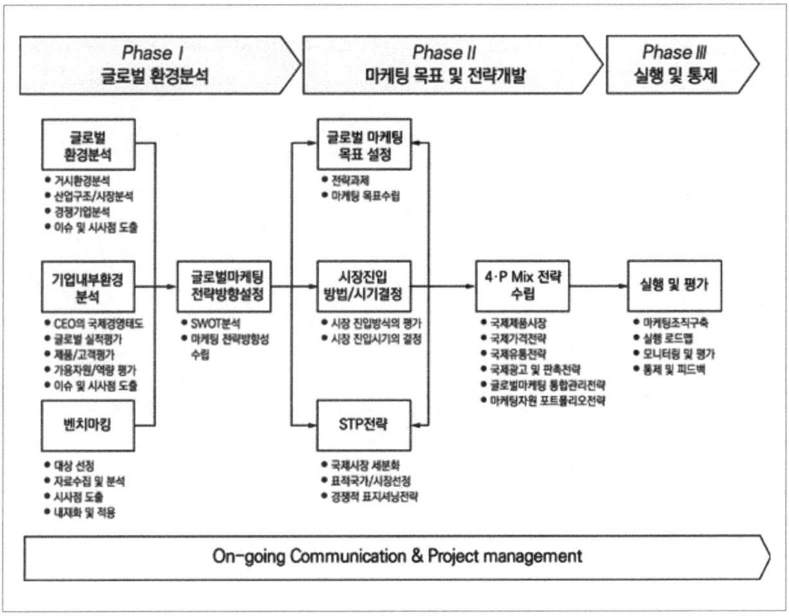

[그림 26] 해외마케팅 전략수립의 절차와 방법

(2) 글로벌마케팅 전략수립 절차와 도구

① 글로벌 환경분석 및 마케팅 전략방향 설정

〈표 37〉 글로벌 환경분석 및 마케팅 전략방향 설정의 절차와 도구

<table>
<tr><th colspan="2">Procedures</th><th rowspan="2">Tasks & Analytic Activities</th><th rowspan="2">Toolkits & Techniques Applied</th></tr>
<tr><th>Phase</th><th>Step</th></tr>
<tr><td rowspan="5">글로벌 환경 분석 및 마케팅 전략 방향 설정</td><td rowspan="5">글로벌 환경 분석</td><td>거시환경분석</td><td>STEEP analysis, PEST analysis</td></tr>
<tr><td>산업구조분석</td><td>Strategy group analysis or 5Forces analysis, Industrial Value Chain analysis, CSFanalysis, Environment Risk analysis, Marimekko analysis</td></tr>
<tr><td>시장 분석</td><td>Market sizing, market growth rate & profitability, Coststructure, Channelstructure, CSFanalysis, Industry Product Life Cycle analysis, Technology Adaption Life Cycle (TALC) analysis, Innovation Diffusion analysis</td></tr>
<tr><td>경쟁자 분석</td><td>Competitor analysis, Competitive Intensity analysis, RONA chart, Growth/Share Matrix, Competitive group analysis</td></tr>
<tr><td>외부환경분석 시사점 도출</td><td>Opportunities/Threats analysis, Industry attractiveness analysis, Market requirement analysis</td></tr>
</table>

② 기업 내부환경분석

〈표 38〉 글로벌 기업 내부환경 분석의 절차와 도구

<table>
<tr><th colspan="2">Procedures</th><th rowspan="2">Tasks & Analytic Activities</th><th rowspan="2">Toolkits & Techniques Applied</th></tr>
<tr><th>Phase</th><th>Step</th></tr>
<tr><td rowspan="4">글로벌 환경 분석 및 마케팅 전략 방향 설정</td><td rowspan="4">기업 내부 환경 분석</td><td>글로벌 성과 분석</td><td>Accounting based Measures analysis, EVA analysis, ROIC/EVA Chart, EVA Tree analysis, CFROI tree analysis, Extra Profitability analysis, Bottleneck resource analysis</td></tr>
<tr><td>제품 및 고객 분석</td><td>Product/Service Evaluation, Financial Contribution analysis, Market-map, Brand Recognition Evaluation, Product/Service Quality Evaluation, Customer Evaluation, Customer Satisfaction analysis, Customer Segmentation analysis, Pareto analysis, Strategy Canvas analysis, Conjoint analysis</td></tr>
<tr><td>내부자원과 역량분석</td><td>Value Chain analysis, Cost analysis, Organization Assessment(7-S Model), CSF Position analysis, Business Model analysis, Competency analysis, Core Competency analysis</td></tr>
<tr><td>내부환경 분석 시사점</td><td>Strength/Weakness analysis, Competitive Advantage analysis</td></tr>
</table>

③ 글로벌마케팅 전략방향수립

〈표 39〉 글로벌마케팅 전략방향 수립의 절차와 도구

<table>
<tr><th colspan="2">Procedures</th><th rowspan="2">Tasks & Analytic Activities</th><th rowspan="2">Toolkits & Techniques Applied</th></tr>
<tr><th>Phase</th><th>Step</th></tr>
<tr><td rowspan="3">글로벌 환경 분석 및 마케팅 전략 방향 설정</td><td rowspan="3">글로벌 마케팅 전략 방향 설정</td><td>전략방향대안 도출</td><td>Marketing Strategy Direction Option generation approach(Strategic Position-map, SWOT Matrix)</td></tr>
<tr><td>전략방향대안 평가</td><td>Life cycle/Strategic fit analysis, Core competency fit analysis, Scenario risk analysis, Strategic fit analysis, Risk-Reward Evaluation</td></tr>
<tr><td>전략방향선정</td><td>Selection from Evaluations</td></tr>
</table>

④ 글로벌마케팅 목표 및 전략개발

〈표 40〉 글로벌마케팅 목표 및 전략개발의 절차와 도구

<table>
<tr><th colspan="2">Procedures</th><th rowspan="2">Tasks & Analytic Activities</th><th rowspan="2">Toolkits & Techniques Applied</th></tr>
<tr><th>Phase</th><th>Step</th></tr>
<tr><td rowspan="4">글로벌 마케팅 목표 및 전략 개발</td><td rowspan="2">글로벌 마케팅 목표 설정</td><td>성장목표</td><td>Sales, Market sharing rate, customer's loyalty or re-purchase rate</td></tr>
<tr><td>이익목표</td><td>Profitability, Profit rate</td></tr>
<tr><td rowspan="2">시장진입 방법 선정</td><td>시장진입방법의 탐색</td><td>Exploring Entry Modes</td></tr>
<tr><td>시장집입방법 평가 기준정의</td><td>Defining Entry Mode Evaluation Criteria</td></tr>
</table>

<table>
<tr><th colspan="2">Procedures</th><th rowspan="2">Tasks & Analytic Activities</th><th rowspan="2">Toolkits & Techniques Applied</th></tr>
<tr><th>Phase</th><th>Step</th></tr>
<tr><td rowspan="9">글로벌 마케팅 목표 및 전략 개발</td><td></td><td>자료수집 및 평가</td><td>Data Collection and Evaluation</td></tr>
<tr><td rowspan="3">글로벌 시장 세분화</td><td>시장세분화 변수선정</td><td>Incomes, Job, Educations, Location, Lifestyle, Consumption pattern, Frequency, Brand royalty, Benefits and Social-Economical-Cultural Variables.</td></tr>
<tr><td>시장세분화 분석</td><td>Factor analysis, Cluster analysis, Classification analysis, Decision tree analysis, Multidimensional scaling, Discriminant analysis or Statistical analysis</td></tr>
<tr><td>세분시장 프로파일 작성</td><td>profiling by segments</td></tr>
<tr><td rowspan="2">표적국가 /시장 선정</td><td>특정세그먼트의 표적화</td><td>4R test</td></tr>
<tr><td>표적집단의 프로파일링</td><td>profiling of target segments</td></tr>
<tr><td>경쟁적 포지셔닝</td><td>제품 포지셔닝 설정</td><td>Statistical analysis including Factor analysis, Multidimensional scaling analysis</td></tr>
<tr><td>마케팅 믹스전략 수립</td><td>4P-Mix전략 수립</td><td>Products, Pricing, Place, Promotions strategy or Integrated Marketing Mix Strategy</td></tr>
</table>

방법론 이야기 <7>

관용과 포용의 정신

2017년 6월 1일은 인류역사에서 반동의 획을 긋는 불행한 하루로 기억될 것이다. 세계 질서의 형성과 관리자를 자임해 온 미국의 대통령 트럼프가 '나는 파리 아닌 피츠버그 대표'라고 국수주의적 반동 선언을 했다. 2015년 파리에서 체결된 기후협약은 시리아, 니카라과 2개국을 제외한 전 세계 195개국이 지난한 협상과 논의 끝에 체결한 지구를 살리고자 하는 인류의 양심선언이었다. 그런 협약을 한마디로 내팽개쳤다. 미국이라는 초일류국가가 인류의 공통이상과 반대로 나가겠다고 선언했다. 그 결과는 미국의 세계적인 리더십이 뿌리부터 훼손되는 결과를 초래할 것이다. 트럼프가가 약속한 미국 우선주의는 미국 파괴주의로 귀결될 것이다.

2017년 5월 19일에는 중동의 이란에서는 온건 개방파 하산 로하니가 대통령에 재선되어 집권 2기를 맞았다. 오바마 대통령시절에 미국과의 핵협상을 타결하고 이란 경제의 재건을 위해 국제적 제재를 풀어내기 위해 노력해 온 인물이다. 이란내의 종교적 강경파의 견제와 반대에도 불구하고 대중의 열렬한 지지에 힘입어 재선에 성공했다. 중동에서의 이란의 영향과 위상이 높아지는 것을 견제하기 위해 미국의 트럼프 대통령은 사우디와 이스라엘에 대한 전폭적 지지와 협조를 통해 강력한 견제구를 날리고 있다. 미국의 국익과 우선주의를 위해서는 글로벌 핵문제 해결 노력과 같은 인류의 공통 과제는 헌신짝처럼 내팽개치는 모습이다. 기후변화협약 탈퇴의 강력한 전조이기도 했다. 북한 핵문제와 관련해서도 미국의 트럼프가 취할 태도를 예상할 수 있는 시금석이다. 트럼프식의 장사꾼 사고로는 국제평화라거나 인류의 이상과 같은 도덕율은 언제나 헌신짝처럼 버릴 수 있다는 사실이다.

이란을 언급하면서 생각나는 인물이 있다. 관용과 포용의 리더 키루스 대왕이다. 그는 이란이 BC 6세기에 중동지역을 통일하여 페르시아 천년 제국의 기초를 닦는데 앞장선 인물이다. 양치기 소년에서 불우하게 살다가 페르시아 제국을 기초를 만들고 바빌론 유수에서 보여준 그의 종교에 대한 관용성은 성경에까지 언급되었다. 그는 관용과 포용정신으로 제국의 기초를 세웠다. 그가 건설한 페르시아 제국은 승승장구하여 다리우스 왕 시절에는 아시아를 넘어 유럽의 중심국가 그리스를 정벌하기 위해 2차례나 출정했고 마라톤의 유래가 탄생하기도 했다. 다리우스는 통치체제를 정비하고 도로망과 같은 인프라 구축에 심혈을 기울여 페르시아를 천년제국의 세계적 리더 국가로 웅비시켰다. 키루스와 다리우스의 위업은 서구에서는 로마라는 천년제국으로 바톤이 이어지게 되었다. 오늘날의 트럼프 미국을 보면서 미국인들은 과연 역사에서 어떤 교훈을 얻고 있는지 참으로 궁금하다.

키루스의 관용과 포용을 언급하면서 한국 대기업 노조의 탐욕적 이기주의를 생각한다. 지난 대선 토론 시에 정의당 심상정 후보는 '노동이 당당한 나라'를 내세우면서 '노동자가 연봉 1억원을 받으면 안 되는가?'라고 묻는 모습을 보았다. 노동이 당당한 나라, 맞는 말이다. 노동자들이 1억원을 받고 이들 모두가 당당하게 살아갈 수 있으면 얼마나 좋겠는가. 그러나 이러한 나라로 나아가기 위해서는 대기업 노조의 통근 관용과 양보가 선행되어야 한다. 주어진 파이를 조금씩 양보하여 대다수 노동자와 함께하려는 공동체지향의 노력이 아쉽기만 하다.

\- 운봉세상

제 6 장 경영컨설팅방법론의 도구 (Tool)

제 1 절 경영컨설팅방법론의 도구 개요

1. 경영컨설팅 도구에 대한 이해

경영컨설팅 방법론의 구성요소로서 경영컨설팅 도구에 대한 학술적인 차원의 개념 정의가 되어 있지 않다. 다만, 컨설팅 도구는 컨설팅시장에서 컨설팅서비스를 수행하는데 도움을 주는 방법론이자 수단으로 다양하게 개발되어 활용되고 있다. 그렇기 때문에 경영컨설팅 도구에 대해서는 일반화된 이론적 근거나 논리 설명은 거의 없는 상태에서 컨설팅 실무교육의 차원에서 컨설팅 툴, 툴킷, 방법론, 도구 등 다양한 용어를 혼용하면서 교육목적에 맞추어 필요한 도구들을 선별하여 소개하고 있는 실정이다.

경영컨설팅 도구는 경영컨설팅방법론의 일반 모델을 구성하는 요소의 하나로서 존재하기도 하고, 개별적인 도구 그 자체가 문제해결이나 경쟁우위 창출 등 목적 달성을 위한 독자적 방법론으로 활용되기도 한다. 경영컨설팅방법론이란 모델, 모듈, 툴킷, 솔루션과 같은 도구들을 표준 절차에 맞추어 시스템적으로 체계화해 놓은 일반화 개념이라 한다면, 도구는 일반화 개념의 하위 개별 구성요소이자 부분적인 개념이라 할 수 있다. 그렇지만, 도구 그 자체도 경영컨설팅의 부분요소에 해당하는 지식분야별 문제해결에 필요한 방법론으로 활용되기 때문에 경영컨설팅방법론이라 부를 수 있다.

이러한 경영컨설팅방법론과 도구의 상호관계를 고려할 때 '경영컨설팅방법론과 도구'라는 용어는 '경영컨설팅방법론'과 혼용되기도 하고 동일하게 취급할 수 있다.

저자는 컨설팅의 정의를 하면서 광의의 지식서비스 컨설팅, 협의의 경영컨설팅을 구분하여 제시했다. 그리고 협의의 경영컨설팅은 고객의 문제해결을 위한 방법론적 지식으로서 컨설팅방법론을 개발하여 활용하는데 있어 주도적 역할을 하고 있음을 기술했다. 또한, 광의의 지식서비스컨설팅에서도 경영컨설팅에서 개발 및 활용되고 있는 컨설팅방법론을 문제의 목적에 맞게 변형 진화시켜 나가거나 새롭게 창의적인 방법론을 개발해 나가야 할 필요성을 강조했다.

2. 경영컨설팅 도구의 속성 및 유용성

경영컨설팅 도구의 많은 부분이 경영학이나 기타 학문적 연구결과로부터 검증된 이론, 방법론, 개념, 프레임워크, 모델, 요인모듈 등에서 차용되었다. 한편, 글로벌 컨설팅사의 컨설턴트들이 경영컨설팅 현장에서 관찰된 사실이나 데이터 등을 활용하여 귀납적인 방법으로 새로운 콘셉트나 프레임워크를 구축하기 위해 도구를 개발하기도 하였다. 이러한 경영컨설팅 도구의 차용이나 귀납적 방식의 개발 및 활용은 기업경영에서 부딪치는 당면 문제해결, 경쟁우위 창출, 비즈니스 모델 창조 등을 위해 최적화하는 과정을 거치기 때문에 정태적으로 고정되지 않고 동태적으로 진화되는 특징을 가진다.

경영컨설팅 도구는 [그림 27]에서 볼 수 있듯이 사회경제적 현상을 도구(Tool)라는 방법론이나 수단을 통해서 분석하고 들여다보면 고객과 컨설턴트가 공감하는 과학적, 합리적, 체계적 결과물을 도출할 수 있도록 도와주는 수단이다. 도구는 컨설팅서비스 수요자인 고객과 컨설팅서비스 공급자인 컨설턴트가 유효하게 의사소통(Communication)을 하는 인터페이스(Interface)로 활용되기 때문에 상호 그 유용성에 대해 공감해야 한다. 그 유용성의 판단 기준으로는 정확성, 일반성, 간명성, 인과성, 열독성 등 5가지 요소가 제시된다. 정확성은 분석코자 하는 현상/문제를 정확하게 설명하고 통찰력을 제공할 수 있어야 한다. 일반성은 시간 장소가 다른 맥락에 적용하더라도 유사한 결과를 얻을 수 있어야 한다. 간명성은 경영현상을 분석하고 설명하는데 동원되는 개념의 수가 적을수록 좋다는 것이다. 인과성은 분석 대상인 현상/문제에 대해 인과관계가 높은 설명력을 제시할 수 있어야 한다. 열독성은 현상/문제에 대한 분석결과를 시각적으로 쉽게 이해할 수 있도록 제시해야 한다는 것이다.

- 대부분의 Consulting Tools은 경영학 기타 학제적 분야에서 나온 Theory, Methods, Concept, Framework, Factors, Model 등에 배경을 두고 있는 것이 많다.
- 일부는 BCG McCkinsey ADL 등 컨설턴트들이 컨설팅 현장에서 관찰된 facts, data 등을 활용하여 귀납적으로 Concept 또는 Framework을 consulting tool로 개발된 것들도 적지 않다.

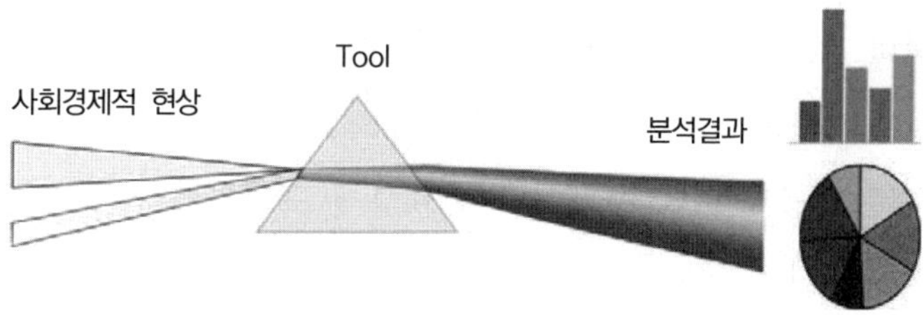

[그림 27] 경영컨설팅 도구의 속성도

3. 컨설팅 도구의 양태 및 연관성

컨설팅 도구는 그 도구의 속성, 사용하는 목적과 용도, 컨설팅의 종류 등에 따라 다양하게 분류될 수 있다. 그동안 경영컨설팅분야에서 개발 및 활용되어오고 있는 도구는 그 개발의 목적과 양태에 따라 [그림 28]과 같이 정리, 개념, 분석, 진단, 요인의 5가지로 크게 분류해서 제시되고 있다. 정리도구는 Process Matrix, Chart, Logic Tree, Diagram 등의 정리도구를 활용하여 아이디어나 문제해결 방안을 도출하거나 또는 분석대상을 구조화하고 정리하는 Tool이다. 개념도구는 3C, 5Forces, 4P Mix와 같이 개념이나 프레임워크를 활용하여 분석대상을 측정 평가하고 시사점을 도출하는 Tool이다. 분석도구는 Data, Facts 등 양적, 질적 데이터를 분석 기법이나 도구를 활용하여 변환한 후 결과 또는 산출물을 획득할 수 있도록 도와주는 Tool이다. 진단도구는 컨설팅의 목적과 범위가 명확하지 않은 경우 무엇인 문제인지 조직이 안고 있는 전반적인 문제를 진단하고 가장 취약한 문제점을 컨설팅 대상으로 선정할 수 있도록 도와주는 Tool이다. 요인도구는 산업별/지식영역별/테마별로 고객이 특정한 요인(예: 핵심성공요인)을 얼마나 보유하고 있는지, 혹은 어떤 유형에 속하는지를 진단하고 대안을 유효하게 모색할 수 있도록 도와주는 Tool이다.

이러한 경영컨설팅 도구의 양태를 구분하는 것은 편의상의 분류일 뿐이다. 특정 도구는 특정의 컨설팅 유형에만 활용되는 것은 아니고 그 어느 유형에도 필요에 따라 활용되어진다는 점을 유의해야 한다. 즉, 3C 도구는 3C 개념과 프레임워크를 기반으로 한 개념도구이지만 기업의 경쟁상황을 분석하거나 진단하는 분석 및 진단도구로 활용도 가능하며 한편으로는 기업의 복잡한 경쟁상황을 단순 명쾌하게 정리해 보여주는 정리도구이기도 한다. 한편으로 기업의 핵심 경쟁요인을 단순하게 3C로 요약해 놓은 요인도구로 이해될 수 있다. 따라서 특정 경영컨설팅 도구가 어느 유형에 속하는가를 묻는 것은 큰 의미가 없다. 단지, 컨설팅 도구를 개발하고 활용할 때 어떤 목적과 속성을 고려하는 것이 중요한지에 대한 이론적 근거와 시사점을 따져 보는데 도움을 얻는 것이 바람직하다.

Type of Toolkit		
1	정리도구	Process, Matrix, Chart, Logic tree, Diagram 등의 정리도구를 활용하여 아이디어나 문제해결방안을 도출하거나 또는 분석대상을 구조화하고 정리하는 Tool
2	개념도구	3C, 5 Forces, 4P Mix와 같이 Concepts나 Frameworks를 활용하여 분석대상을 측정 평가하고 시사점을 도출하는 Tools
3	분석도구	Data, Facts 등 양적 또는 질적 data를 분석도구를 활용하여 변환한 후 결과 또는 산출물을 획득할 수 있도록 도와주는 Tools
4	진단도구	컨설팅의 목적과 범위가 명확하지 않은 경우 무엇이 문제인지 조직이 안고 있는 전반적인 문제를 진단, 가장 취약한 문제점을 컨설팅 대상으로 선정할 수 있도록 도와주는 Tools
5	요인도구	산업별/지식영역별/테마별로 고객이 특정한 요인(예 : 핵심성공요인)을 얼마나 보유하고 있는지, 혹은 어떤 유형에 속하는지 진단할 수 있도록 도와주는 Tools

[그림 28] 경영컨설팅 도구의 양태

4. 컨설팅 도구의 활용 절차 및 방법

컨설팅 도구 중에서 분석이나 진단도구의 경우에는 [그림 29]처럼 분석목적 정의→변수 선정→조작화 및 자료수집→분석/진단→결론의 순으로 활용하게 된다. 이처럼 제시된 절차에 따라 data 또는 facts를 변환하여 어떤 시사점이나 결론을 얻고자 할 때 정량적 또는 정성적으로 접근하게 된다. 분석결과는 가능하면 시각적으로 Graph(막대형, 꺽은선형, 레이더형, 분산형), Diagram, Scatter plot, Matrix, Logic tree 등을 활용하여 제시하고 이슈와 시사점 그리고 결과를 정리하여 제시한다.

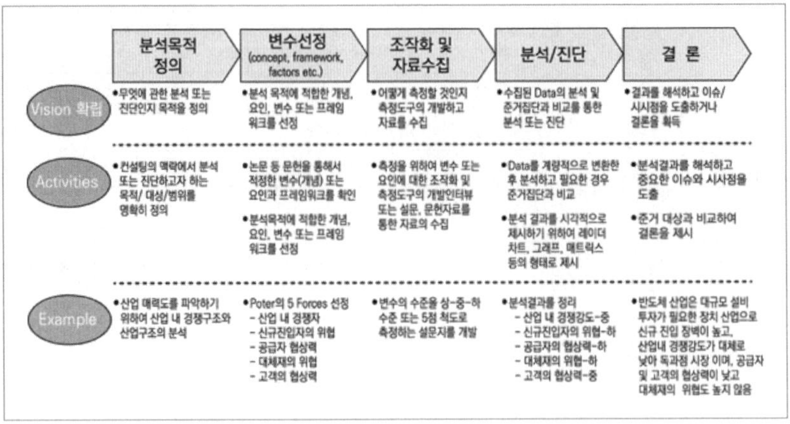

[그림 29] 분석 및 진단 도구의 적용절차 및 방법

컨설팅 도구에서 정리도구를 활용하는 절차와 방식에 대해서는 맥킨지에서 제시한 정리의 기술과 함께 로직트리와 매트릭스의 핵심요소를 간략히 제시코자 한다. 첫째, 맥키지에서 정리기술로서 제시한 것이 [그림 30]의 McKinsey-Way Chart이다. 매킨지 차트의 적용절차는 메시지 결정→비교유형 파악→차트형태 선택의 순으로 진행된다. 데이터를 통해 메시지 결정할 때는 항상 단순하면서도 효과적으로 표현해야 한다. 메시지를 비교할 때는 구성요소, 항목, 시간적 추세, 도수분포 또는 상관관계의 5가지 비교유형 중에서 선택토록 한다. 그리고 비교유형을 정리하는데 점, 꺾은 선, 세로막대, 가로막대, 원의 5가지의 기본적인 차트형태에서 선택한다.

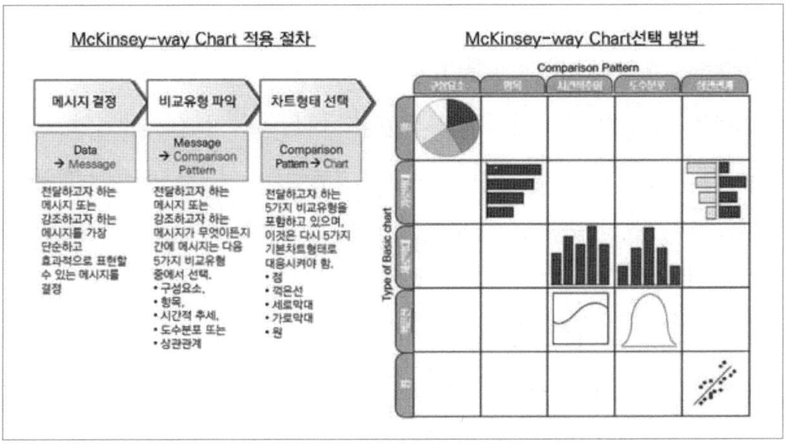

[그림 30] McKinsey-way Chart 적용 절차 및 방식

정리도구로서 활용되는 로직트리의 경우는 [그림 31]처럼 크게 3가지(Why, What, How)트리가 존재하며, 여기에서 파생된 콘셉트리, 전략트리, 솔루션트리 등을 목적에 적합토록 활용하면 된다.

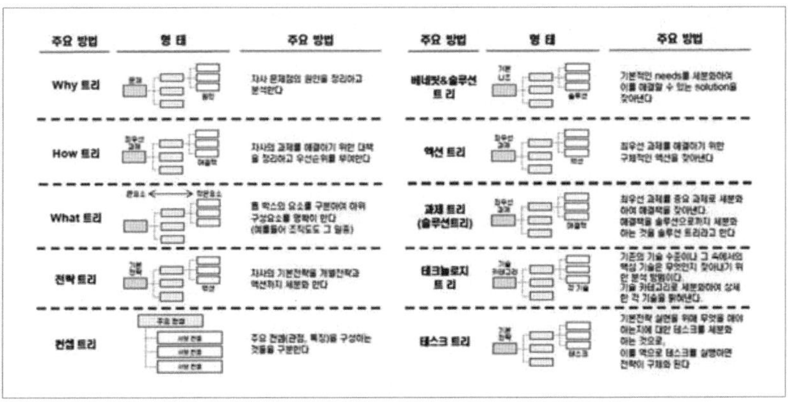

[그림 31] 로직트리의 형태 및 적용방법

정리도구로서 활용되는 매트릭스는 [그림 32]에서 그 형태와 적용방법을 요약하여 제시했다. 매트릭스의 적용 분야는 포지셔닝 맵, 고객 포트폴리오 분석, PPM 분석, 핵심역량 분석, 사업 로드맵, 타켓 세그멘테이션, 제품/시장 분석, SWOT분석 등 다양하게 활용된다. 여러 개의 축으로 정보를 정리하는 사고 도구로서 자사를 포함한 시장전체를 상관관계로 보거나 위치관계를 파악하거나 항목별로 정보를 정리할 때 활용할 수 있는 도구이다. 영향을 미치는 변수를 함수관계/상관관계로 표현하여 논리적으로 정리하는 도구로서 X, Y축의 변수선정이 중요하다.

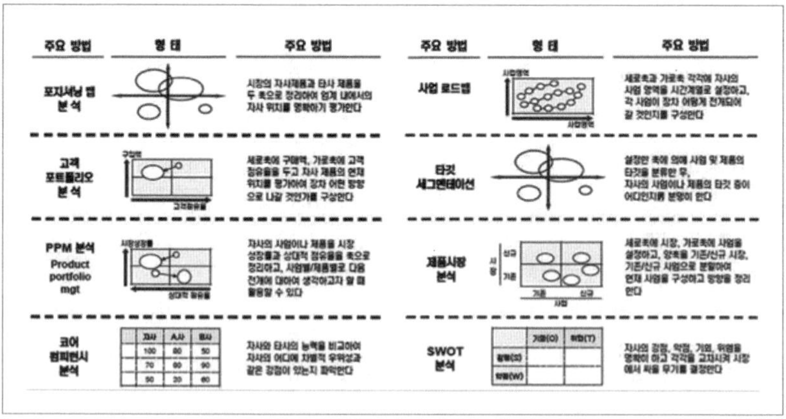

[그림 32] 매트릭스의 형태 및 적용방법

제 2 절 경영컨설팅 도구 소개 - 문제해결컨설팅 16종 도구

1. 경영컨설팅 도구의 개요

컨설팅방법론이란 문제해결의 목적 달성을 위한 절차(Procedure)와 도구(Tool)들의 논리적 시스템적인 체계라 했다. 그리고 제 I 부에서 컨설팅방법론을 논의하면서 문제해결 및 경영컨설팅 절차에 따라 유용하게 활용되는 도구들을 간략히 요약하여 표로 제시하였다. 이처럼 컨설팅 도구들을 컨설팅방법론의 절차에 맞추어 정리해 놓으면 문제해결이나 경영컨설팅 진행의 프로세스에 따라 적절한 도구를 선택하는데 도움을 줄 수 있다는 장점이 있다.

한편, 도구란 사용 목적을 중시하기 때문에 그 도구의 사용 목적에 맞추어 도구들을 분류하여 소개하는 경우도 많다. 경영컨설팅의 경우에는 지식서비스 분야의 문제해결컨설팅보다는 좀 더 다양한 프로세스와 도구가 활용된다. 경영은 문제해결을 포괄한 넓은 개념이기 때문이다. 따라서 경영컨설팅 수행 목적에 따라서 활용되는 도구를 분류해 놓은 것이 〈표 41〉이다. 동 표에서 보면, 경영컨설팅 수행 절차별 목적 상황을 외부환경 분석, 산업환경 분석, 시장 분석, 경쟁사/고객 분석, 진화적 분석, 내부역량 분석, 재무 분석, 성과부족 분석, 전략적 분석, 아이디어 창출, 전략방향, 연구방법 등으로 분류하여 다양한 도구들이 소개되어 있다.

〈표 41〉 경영컨설팅 목적별 도구

외부환경분석 Tool kit	산업환경 분석 Tool kit	시장분석 Tool kit	경쟁자/고객분석 Tool kit
1. STEEP분석 2. PEST 분석	1. 5 Forces Analysis 2. Industry Value chain Analysis 3. Marimekko Analysis	1. Customer Segmentation 2. 시장위치 분석 3. VOC분석 4. Statistic Analysis	1. 취약점분석 2. 경쟁사분석 3. 고객세분화 분석 4. 고객가치분석 5. 파레토 분석

진화적 분석 Tool kit	내부 역량 분석 Tool kit	재무분석 Tool kit	성과부족분석 Tool kit
1. 경험곡선분석 2. 성장벡터분석 3. 특허분석 4. PLC 분석 5. S-Curve분석	1. Value chain Analysis 2. Core Competency Analysis 3. SWOT분석 4. 가치전개 트리분석 5. 기술경쟁력분석	1. 재무비율 분석 2. 지속가능 성장률분석 3. 전략펀트 프로그래밍 분석	1. Cause-Effect Diagram 2. BCG Matrix 3. 5 Why 4. 산포도 연관도 히스토그램 5. Matrix Diagram 6. Bottle Neck Analysis

전략분석 Tool kit	아이디어창출/선택Tool kit	전략방향 Tool kit	Research Tool kit
1. GE Matrix 2. BCG Matrix 3. Business Model 분석 4. Strategy Canvas 5. Strategy Map 6. 이해관계자분석	1. Brain Storming 2. Brain Writing 3. SCRAPER 4. 6 Hat color 5. 쌍대비교 6. 품질기능전개	1. Value Disciplines	1. 시계열분석 2. 상관분석 3. 회귀분석 4. 군집분석 5. 컨조인트분석 6. 판별분석 7. 바스켓분석 8. 분류분석 9. 예측모델링 10. 연관분석

반면, 문제해결컨설팅의 경우는 경영컨설팅보다는 좀 더 광범위하고 단순한 지식서비스분야까지 포함한다. 따라서 다양한 문제해결 상황에서 좀 더 손쉽고 이해하기 쉬운 도구를 선택하여 활용토록 단순화해서 분류하는 것이 바람직하다. 따라서 저자는 컨설팅 방법론을 강의하면서 문제해결 목적 상황에 따라 손쉽게 자주 활용되는 도구 16종을 선별하여 〈표 42〉와 같이 분류하여 제시했다. 실무에서는 이 표에 제시된 도구뿐 아니라 다양한 추가적인 도구들이 활용되게 되는데, 동 도구들의 활용방법 전반에 대해서는 이 책에서 모두 다룰 수 없으므로 시중에 발간된 실용서적들을 참고하면 될 것이다.

〈표 42〉 문제해결 컨설팅 도구 16종

① 문제인식 및 방향성	③ 대안개발 및 선택
① 이해관계자분석 ② PARETO분석 ③ 외부환경분석 : STEP ④ 내부역량분석 : 7S ⑤ SWOT분석	⑫ Brain Storming ⑬ SCAMPER ⑭ 쌍대비교
② 경쟁상황 및 역량	**④ 비즈니스모델 창출**
⑥ 3C 분석 ⑦ 5 Forces 분석 ⑧ BCG 분석 ⑨ BSC 분석 ⑩ PCF 분석 ⑪ VCA 분석	⑮ 전략캔버스 ⑯ Business Model Canvas

2. 문제해결컨설팅 16종 도구 소개

2-1. 문제인식 및 방향성 모색

(1) 이해관계자 분석

이해관계자 분석(Stakeholder Analysis)은 기업의 안팎에서 기득권을 가진 다양한 이해관계자를 좀 더 깊이 있게 이해하고, 그들이 갖고 있는 최소한의 기대와 요구 또는 필요를 더 깊고 자세하게 이해하기 위해서 활용하는 도구이다. 그 분석 절차는 '이해관계자 확인→이해관계자 니즈 파악→우선순위 결정→이해관계자 합의/참여' 순으로 진행된다. 이해관계자 분석의 절차별 구체적인 고려요인은 다음과 같다.

▶ 이해관계자 확인

- 누가 이해관계자인가?
- 브레인스토밍을 통해 과제의 목적, 수단, 성과지표 및 영향을 파악하고 이해관계자 확인
- 내부 및 외부 이해관계자 목록 작성

▶ 이해관계자 니즈 파악

- 그들의 이해관계는 무엇인가?
- 주요 이해관계자의 생각과 니즈를 파악
- 설문지, 전화, 인터뷰, FGI, 관련자문위원회 의견 등을 기초로 니즈와 생각 확인
- 〈표 39〉와 같은 이해관계자 분석 템플릿을 활용하여 역할, 맥락, 이해관계, 권력구조, 참여능력, 중요도, 영향력 등을 분석 제시

▶ 우선순위 결정

- 어떤 이해관계자가 더 중요한 영향을 미치는가?
- 중요성 및 영향력을 기초로 4집단으로 분류하여 우선순위 분석
  * 집단 1 : 높은 중요성 / 낮은 영향력의 이해관계자
  * 집단 2 : 높은 중요성 / 높은 영향력의 이해관계자
  * 집단 3 : 낮은 중요성 / 낮은 영향력의 이해관계자
  * 집단 4 : 낮은 중요성 / 높은 영향력의 이해관계자

▶ 이해관계자의 합의 / 참여

- 이해관계자를 어떻게 관리할 것인가?

- 분석결과 이해관계자를 분류하고 프로젝트에 참여시킬지 여부를 결정
- 최종 수혜자 집단 및 타킷 그룹을 도출하고 대응계획을 마련
- 프로젝트의 주요 의사결정권자와 핵심 이해관계자의 지지와 합의는 프로젝트의 핵심 성공요인
- 핵심이해관계자는 프로젝트 계획수립 시에 참여시켜 책임성을 높이고 사업추진 과정에서 갈등해결에 도움

〈표 43〉 이해관계자 분석 사례

이해관계자	이해관계자의 이해	영향력 평가						협조획득/장애제거를 위한 잠재적 전략
		태 도			영 향			
		S	I	O	A	B	C	
지방정부	지역경제활성화기회	■				■		
지역주민	양질의 일자리 기회	■				■		
중앙부처	창업 활성화	■			■			
원조국	일자리창출/신시장창출기회	■				■		
관련기업	양질의 노동력 확보	■					■	
의회/정치권	경제활성화/고용창출	■				■		
협력국			■				■	

(2) 파레토분석

파레토 분석(Pareto Analysis)은 문제가 될 수 있는 이슈의 자료와 정보를 수집하고 이를 유형별로 그룹핑해서 중요한 문제를 찾아내는 기법이다. 파레토 분석의 기본 원리는 '20:80의 법칙'으로서 상위 20%가 80%의 역할을 다 해낸다는 것이다. '은행 순이익의 80%가 20% 상위고객에서 창출된다.'와 같은 20:80의 법칙은 다양한 사회적 현상을 설명하는데 널리 활용된다. 이 기법은 중요한 문제를 먼저 해결하자는 기본적인 상식에 기초를 두고 있고 문제에 관한 객관적 자료가 충분할 때 유용하다. 반면, 자료가 부족한 문제를 분석하기에는 적합치 않다. 파레토 분석의 절차는 '기초자료와 정보수집 → 자료와 정보의 분류 → 특성 분석 및 중요도 평가 → 중요한 문제의 집중 분석'의 순으로 진행된다.

파레토 분석을 통해서 [그림 33]과 같은 파레토 차트를 그린다. 우선 관련된 이슈에 대한 모든 자료와 정보를 수집하고 수집된 자료를 특성별, 유형별로 분류한다. 분류된 자료와 정보의 중요도를 매겨서 수치화하고 빈도가 높은 것부터 낮은 순으로 배열한다. 그리고 빈도수가 높거나 중요도가 높은 문제에 대해서 집중적으로 분석한다.

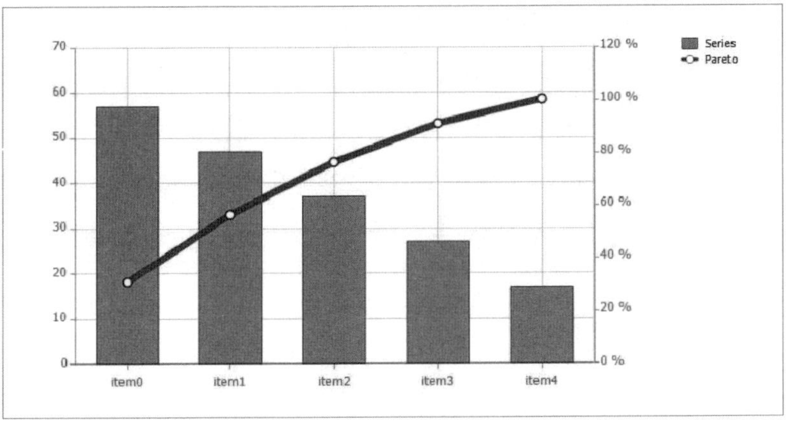

자료 : Google에서 다운

[그림 33] 파레토 차트 (사례)

(3) STEP 기법

STEP 기법이란 기업에 영향을 주는 외부 거시환경요인들을 PEST, STEEP 등과 같이 몇 가지의 영역으로 분류해서 각 요인들이 초래하는 문제와 기회를 탐색하는 도구이다. STEP기법 중에서 PEST 도구는 [그림 34]처럼 거시환경 분석의 대표적인 도구로서 기업의 전략과 업무에 중요한 의미를 갖는 환경 요소를 축약하여 표시한 것이다. 크게 정치적(Political), 경제적(Economical), 사회문화적(Socio-Cultural), 기술적(Technological) 요인을 포함하여 환경을 분석해야 한다는 것을 도구화한 것이다. STEP 기법의 수행 절차는 'STEP 요인 분석 → 변화의 동인 분석 → 문제와 기회의 탐색'의 순으로 진행된다. PEST 도구는 외부환경을 구조적으로 분석하는데 도움을 주는 사고(Thinking)의 프레임워크이다. 따라서 기업에 영향을 주는 중요한 이슈들은 현재와 잠재적 이슈 등 다양하기 때문에 도출된 이슈들을 위험발생 가능성(Probability)와 영향 정도(Scale of Impact)에 따라 평가해서 중요한 요인을 추출하게 된다. PEST 도구에서 거시환경의 핵심 요인으로 고려해야 할 내용은 다음과 같다.

▸ Political / Legal
- 정치체제
- 정치개혁 의제
- 기업 활동 규제와 환경규제
- 무역자유도/투자자 보호 등

▸ Economic
- GDP 성장율
- 물가 상승율
- 이자율
- 환율
- 에너지 가격 등

▸ Socio-Cultural
- 인구증가율
- 소비자 라이프 스타일 변화
- 여성의 사회적 진출
- 환경에 대한 사회인식 등

▶ Technological

- 정보기술
- 기술수준
- 신제품 혁신
- 기술 확산
- 지적재산권 보호 등

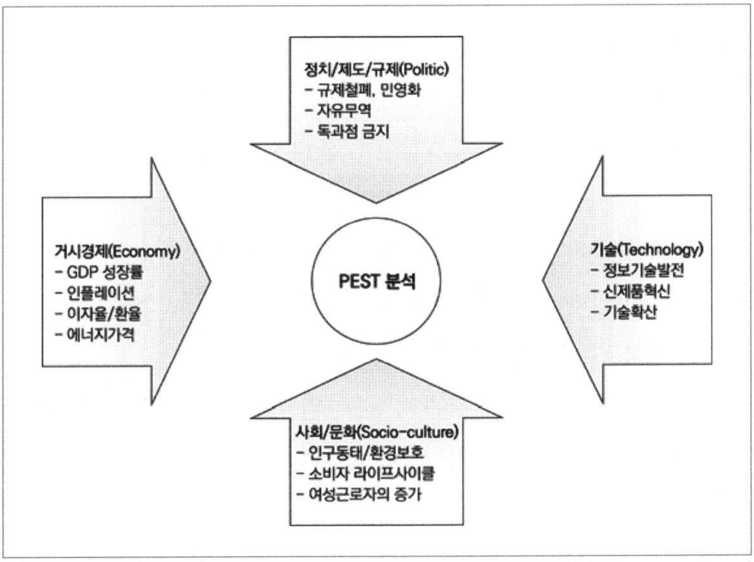

자료 : Google에서 다운

[그림 34] PEST 기법의 프레임

(4) 7S 기법

7S기법은 기업의 경쟁력은 일곱 가지의 핵심 요소에 의해서 영향을 받는다는 전제하에서 이들 요소들의 경쟁력을 평가하는 방법이다. 7S 기법은 [그림 35]처럼 가장 핵심이 되는 공유된 가치(Shared Value)를 중심으로 전략(Strategy), 제도(System), 조직구조(Structure), 인적자원(Staff), 리더십(Style), 관리능력(Skills)과 같은 소프트웨어와 하드웨어가 포함되어 있다. 7S 기법의 수행절차는 '전략분석 → 공유가치 분석 → 관리능력 분석 → 조직구조 분석 → 제도분석 → 인적자원 분석 → 리더십 분석'의 순으로 진행된다. 7S 기법의 요소별 고려요인을 간략히 살펴보면 다음과 같다.

- ▸ 전략(Strategy) : 기업전략의 장점과 약점 분석
- ▸ 공유가치(Shared Value) : 기업구성원들이 공유하고 있는 가치와 조직문화의 강점과 약점을 분석
- ▸ 관리능력(Skills) : 조직관리 능력의 강점과 약점을 분석
- ▸ 조직구조(Structure) : 기업조직의 형태와 책임 및 관리능력 측면에서 조직구조의 강점과 약점을 분석
- ▸ 제도(System) : 기업업무 프로세스와 절차 측면의 기업제도의 강점과 약점을 분석
- ▸ 인적자원(Staff) : 기업 인적자원의 업무수행 능력의 강점과 약점을 분석
- ▸ 리더십(Style) : 경영자의 경영방식과 의사결정 관점에서 리더십의 강점과 약점을 분석

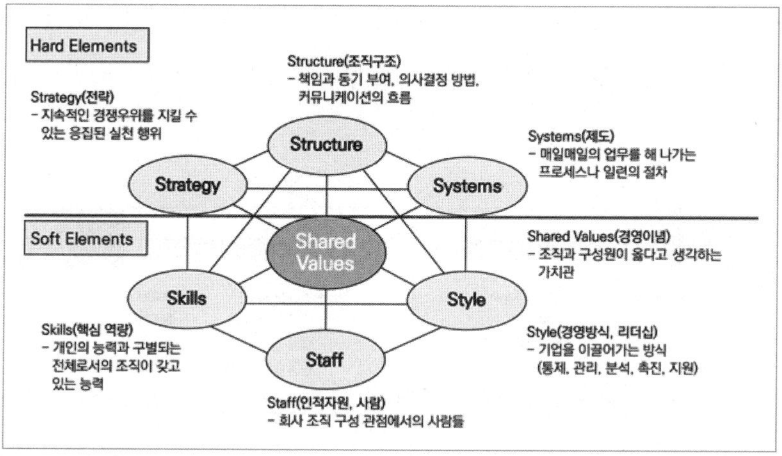

자료 : Google에서 다운

[그림 35] 7S 기법의 프레임

(5) SWOT 분석 기법

SWOT분석 기법은 [그림 36]의 분석 사례에서와 같이 외부환경의 기회요인(Opportunity)과 위협요인(Threat)을 파악하고 내부환경의 강점(Strength)과 약점(Weakness)을 분석한 후, 전략적 옵션을 찾는 도구이다. 기업의 강점요인을 활용하여 새로운 사업기회를 포착하고, 약점은 최소화하여 위협요인에 대처하는 전략을 모색하는데 활용된다. SWOT분석 기법은 분석도구라기 보다는 단순한 상황정리도구로 보는 것이 좋다. 논리적 사고 프로세스의 확대 및 압축이나 우선순위 및 중요도가 확인되는 것은 아니다. 단지, SWOT를 조합하면 다양한 아이디어가 나오게 되지만 자동적으로 문제해결방안이나 전략과제가 도출되는 것은 아니다. SWOT분석 기법의 수행절차는 '환경분석 → SWOT 매핑 → 전략 방향대안의 도출 및 평가 → 전략방향 도출 및 CSF(핵심성공요인)도출' 등의 순서로 진행된다.

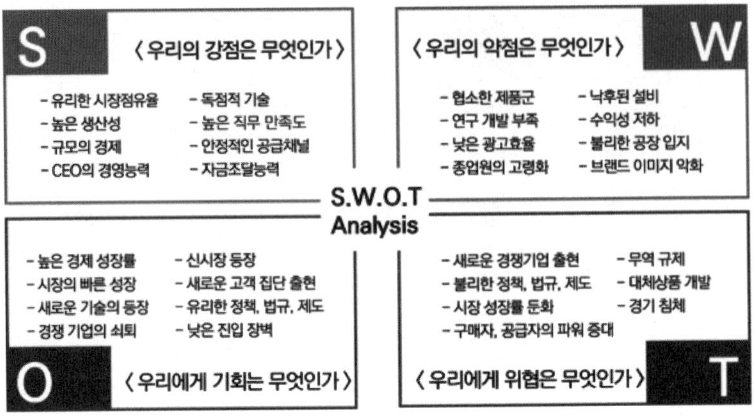

자료 : Google에서 다운

[그림 36] SWOT 분석 사례

2-2. 경쟁상황 및 역량 파악

(1) 3C 기법

기업 경쟁상황 및 역량 파악을 위한 대표적인 도구로서 3C 기법이 활용된다. 3C 기법은 [그림 37]에서와 같이 고객(Customers), 경쟁사(Competitors), 자사(Corporation)로 구성된 프레임의 약자로서 시장에서 경쟁구도를 파악하는 핵심 3요소를 지칭한다. 유통구조가 중요한 의미를 가지는 경우에는 유통경로(Channel)를 포함하는 4C

기법이라 하는 경우도 있다. 3C 기법의 수행절차는 '고객 → 경쟁사 → 자사' 분석의 순으로 진행된다. 3C 기법은 대략적인 분석 프레임워크이지만 전체적인 경쟁구도의 변화를 이해할 때 대단히 효과적인 분석도구로 활용된다. 3C 기법에서 고려할 요인을 간략히 요약하면 다음과 같다.

▶ 고객(Customer)
- 현재와 앞으로의 시장 동향은 어떠한가?
- 목표로 하는 시장의 고객니즈는 무엇인가?
- 잠재고객은 누구인가?
- 자사입장에서 사업기회는 어떠한가? 등

▶ 경쟁사(Competitors)
- 누가 승자이고 그 요인은 무엇인가?
- 앞으로의 경쟁상대로 누가 예상되는가?
- 현재 경쟁사의 장점과 약점은 무엇인가? 등

▶ 자사(Corporation)
- 자사의 현재 위치는 어디인가?
- 자사의 향후 목표는 무엇인가?
- 자사의 강점과 약점은 무엇인가?
- 자사의 강점을 살린 사업기회는 있는가? 등

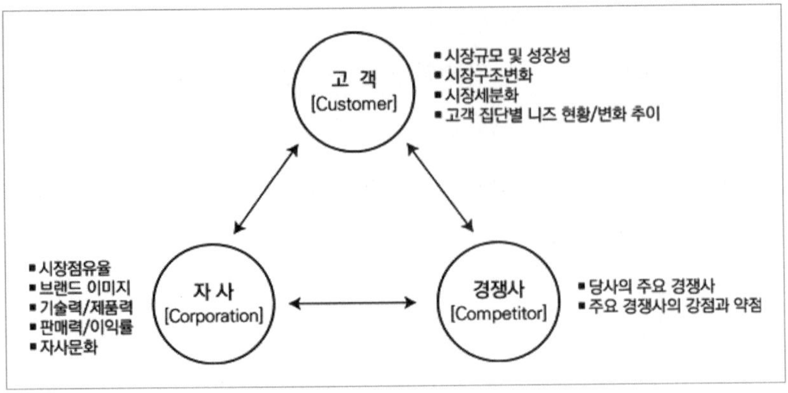

[그림 37] 3C기법의 프레임

(2) 5 Forces 기법

하바드 대학의 마이클 포터 교수가 제시한 산업분석과 경영전략 개발을 위한 프레임워크이자 컨설팅 도구이다. 5Forces 기법은 원래 산업구조분석을 위한 준거 틀로서 활용되었으나 컨설팅에서는 기업의 경쟁역량이나 경영환경을 분석하는 도구로 활용된다. [그림 38]에서 처럼 산업의 경쟁 환경을 결정하는 요소로서 경쟁자(Competitors), 신규참여자(New Entrants), 대체재(Substitutes), 공급자(Suppliers), 수요자(Buyers)의 5가지 힘이 작용한다고 본다. 5Forces 기법은 3C 기법에 비해 보다 경쟁자(Competitors)를 의식한 분석으로 3C 기법보다 좀 더 세밀하게 분석하는 도구라 할 수 있다. 5Forces 기법의 수행 절차는 '경쟁자 분석 → 신규참여자 위협 분석 → 구매자의 교섭력 분석 → 공급자의 교섭력 분석 → 대체품의 위협 분석'의 순으로 진행한다. 5Forces 기법에서 고려할 요인을 좀 더 자세히 살펴보면 다음과 같다.

▶ 경쟁자

- 시장의 성장성이나 제품의 차별성
- 생산능력
- 브랜드력 등

▶ 신규참여자

- 초기투자
- 대체비용
- 정부의 규제
- 기술장벽 등

▶ 구매자

- 제품의 차별성이나 브랜드력
- 구매자의 구매량
- 구매자로서 대체비용 등

▶ 판매자

- 공급품의 차별성이나 대체비용
- 공급업자의 상위 집중도
- 공급업자로서 판매량의 중요성 등

▶ 대체제

- 대체품의 성능이나 가격
- 대체비용
- 구매자의 동기부여 등

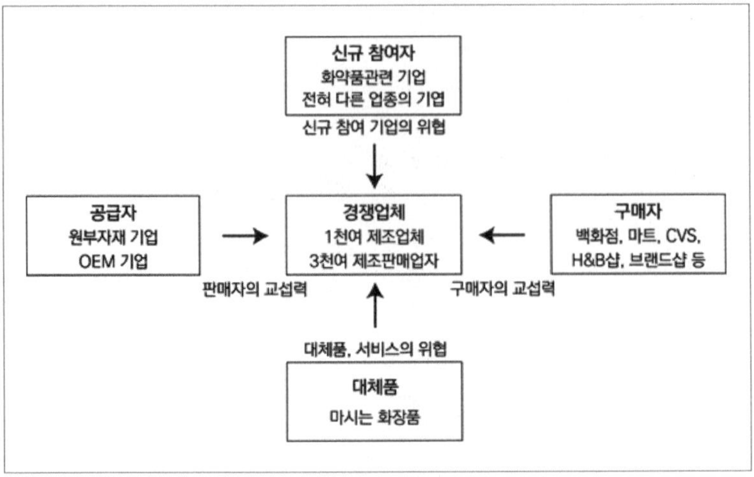

자료 : Google에서 다운

[그림 38] 5Forces 기법의 프레임워크

(3) BCG분석 기법

보스턴컨설팅그룹에서 개발 보급한 BCG분석 기법은 기업 내 각 사업단위에 대한 상대적 시장점유율과 시장성장율을 살펴본 후, 어떤 사업단위에 자원을 배분할지를 결정하는 기법이다. BCG분석 기법은 기업의 사업포트폴리오를 전략적 및 재무적 관점에서 객관적으로 평가할 수 있게 하며, 사업단위 간 투자우선순위와 자원배분의 효율성을 도모하고 사업단위의 전략목표 설정을 위한 합리적 기준을 제공한다. BCG분석 기법은 [그림 39]에서 처럼 시장성장율과 시장점유율의 매트릭스에서 위치에 따라 4분면으로 분할되는데 Cash Cow, Star, Dog, Question Mark로 불린다.

Cash Cow는 성장률은 평균보다 낮지만, 큰 시장 점유율을 가지고 있기 때문에 비교우위의 위치에 있어 안정적인 현금창출이 가능하지만 전략적 기회는 별로 없는 영역이다. Star는 평균 산업성장율 이상인 동시에 상대적으로 시장 점유율도 높게 차지하는 부분으로 지속적인 투자에 의한 현 위치의 고수 등의 매우 좋은 전략적 기회를 내포하는 영역이다. Dog는 평균 산업성장율 이하의 작은 시장 점유율을 나타내는 부분으로 거의 전략적인 기회를 갖지 못해서 철수해야 할 영역이다. Question Mark는 평균 산업성장율은 높으나 시장점유율이 작아서 향후 Star로 진행시켜 나갈 것인가를 전략적으로 기회를 모색해야 할 영역이다.

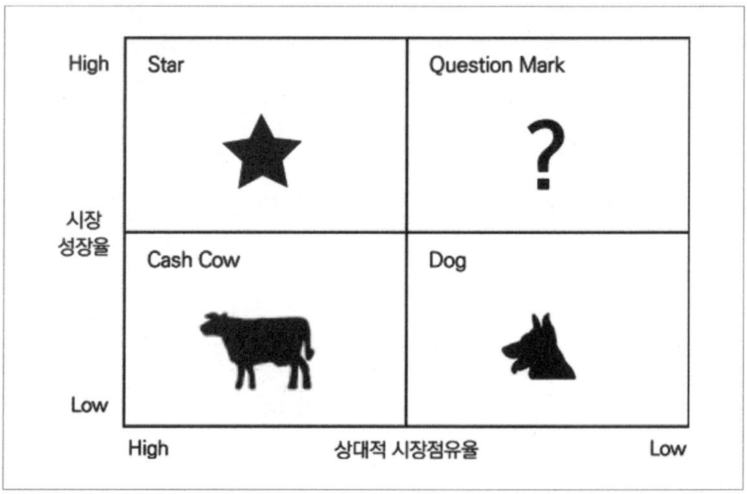

자료 : Google에서 다운

[그림 39] BCG분석 기법의 프레임워크

(4) BSC분석 기법

BSC분석 기법은 로버트 캐플란(Robert S. Kaplan)과 데이빗 노튼(David P. Norton)이 개발한 전략의 실천이나 과제의 해결을 위한 실천 요소를 프로세스화한 도구이다. BSC분석 기법의 'Balance'는 업무의 단기 실적 지표(예로서 년간 매출, 이익)와 중·장기적 실적 지표(예로서 고객만족도, 직원의 역량 향상)를 균형 있게 관리해야 한다는 의미이다. 한편, 'Score'는 지표화해서 관리한다는 것을 말한다. 기업의 경쟁상황을 판단함에 있어서도 BSC관점에서 균형된 시각이 중요하다는 측면에서 BSC분석 기법은 경쟁상황의 판단 도구로도 활용된다. [그림 40]에서와 같이 BSC분석 기법은 재무(Finance), 고객(Customer), 내부 프로세스(Process), 학습과 성장(Learning and Growth)이라는 4가지 핵심요소를 균형 있게 판단하고 관리해야 한다. BSC분석 기법의 수행 절차는 '재무측면 → 고객 측면 → 내부 프로세스 측면 → 학습 및 성장 측면'의 순으로 진행한다. BSC 기법의 네 가지 관점에서 고려할 요소를 좀 더 구체적으로 제시하면 다음과 같다.

- ▸ **재무 측면** : 기업 활동의 결과는 수익성으로 나타나야 하며 수익의 일부는 기업의 발전의 원동력이 되는 학습과 성장의 측면에 전략적으로 재투자 되어야 한다. 주요 측정지표는 투자수익율, 매출액, EVA, 영업이익, 현금흐름 등이다.
- ▸ **고객 측면** : 기업의 제품과 서비스가 현재 또는 잠재고객에게 가치를 제공하고 있는지를 판단한다. 측정지표로는 시장점유율,

고객확보율, 고객만족도, 주문이행시간, 반품율 등이다.

▸ **내부프로세스 측면** : 프로세스의 개선뿐 아니라 연관된 프로세스의 통합 및 미래 서비스의 제공을 위한 프로세스의 개발에 초점을 둔다. 측정지표로는 경쟁사 대비 신상품 출시비율, 애프터서비스 부분의 문제해결 소요시간 등이다.

▸ **학습 및 성장 측면** : 직원의 역량, 정보시스템 역량, 조직역량 등의 영역이 존재한다. 측정지표로는 종업원의 직무만족, 직무에 대한 몰입, 직무 개선 참여 정도 등이다.

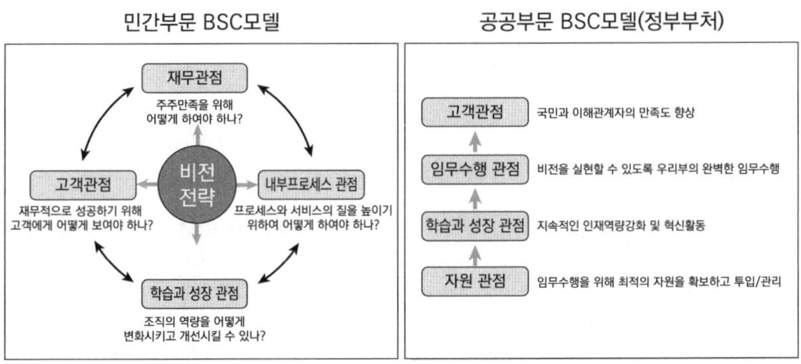

자료 : Google에서 다운

[그림 40] BSC분석 기법의 프레임워크(사례)

(5) PCF분석 모범사례

PCF 모범사례는 미국 생산성본부(APQC) 웹페이지를 이용하여 현행 프로세스의 기능여부 및 진단리포트를 통한 현행 프로세스 수준을 파악하고 개선점을 발견하는 참조도구이다. PCF 모범사례에서는 프로세스를 4단계로 구분하고 있다. Category - 프로세스 그룹 - 프로세스 - 액티비티가 그것이다. 일반적인 프로세스 구분인 메가 프로세스 - 메이져 프로세스 - 서브 프로세스 - 액티비티의 분류와는 차별화된다. PCF 모범사례의 프로세스 숫자 부여체계는 다음과 같다.

- **카테고리** : PCF의 가장 상위수준으로서 정수로 표시된다. (예 : 1.0)
- **프로세스 그룹** : 소수 첫째자리로 표시된 항목이다. (예 : 1.1)
- **프로세스** : 소수 둘째자리로 표시된 항목이다. (예 : 1.1.1)
- **액티비티** : 소수 셋째자리로 표시된 항목이다. (예 : 1.1.1.1)

일반적으로 기업의 가장 상위수준의 메가 프로세스는 생산, 영업/마케팅, 구매, 물류, 회계/재무, 홍보, 경영지원, R&D 8개로 구성된다. 그런데 PCF 모범사례에서는 가장 상위수준의 프로세스를 '카테고리'라 부르고 다음 [그림 41]과 같이 12개로 분류한다.

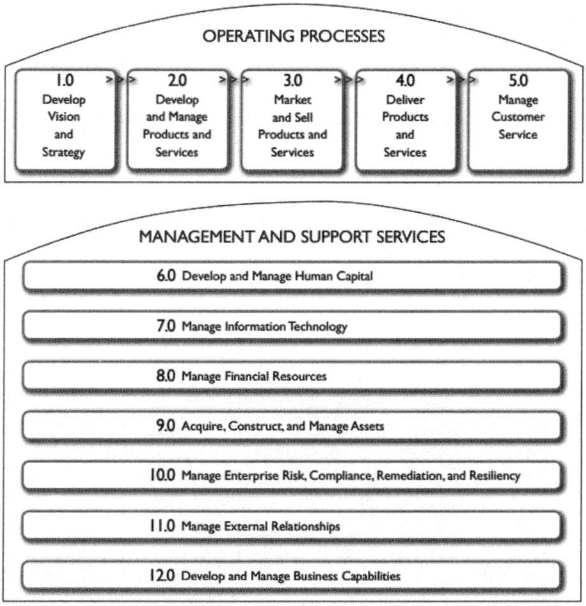

자료 : Google에서 다운

[그림 41] PCF모범사례의 12개 카테고리

(6) VCA분석 기법

VCA는 마이클 포터에 의해 개발된 가치창출 중심으로 기업 경쟁우위 상황을 판단하는 도구이다. 가치사슬(Value Chain)은 고객에게 가치를 제공함에 있어서 부가가치 창출에 직/간접적으로 관련된 일련의 활동, 기능, 프로세스의 연계를 의미한다. 기업이 행하는 모든 활동과 그 활동들이 어떻게 반응하는가를 살펴보는 시스템적인 방법이다. [그림 42]의 VCA 프레임워크에서 보듯이 모든 조직에서 수행하는 활동은 Primary Activity(본원활동)과 Support Activity

(지원활동)으로 나뉜다. 기본활동은 기업의 기본적인 업무 Inbound Logistics, Operations, Outbound Logistics, Marketing & Sales, Service의 순으로 프로세스가 구성된다. 각 단계를 거치면서 새로운 부가가치가 부가된다. 본원활동은 이러한 주된 활동을 도와주는 기업의 제반 업무인 기반구조, 인적자원관리, 기술개발, 조달구매 등의 지원활동에 의해서 지원되고 보완된다.

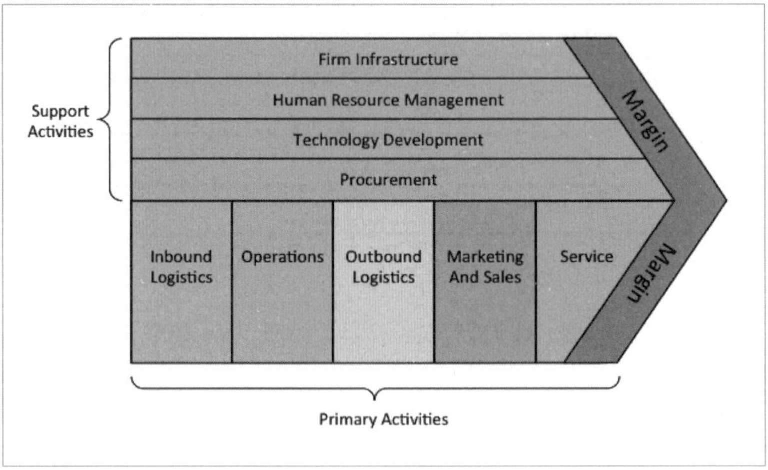

자료 : Google에서 다운

[그림 42] VCA분석 기법의 프레임워크

2-3. 대안개발 및 선택

(1) Brainstorming 기법

브레인스토밍은 여러 사람이 자유롭게 창의적인 아이디어를 제시하고 이를 결합하고 개선해서 많은 아이디어를 만들어 내는 기법이다. 브레인스토밍의 기본 출발점은 한사람보다 다수인 쪽이 제기되는 아이디어가 많고, 아이디어 수가 많을수록 질적으로 우수한 아이디어가 나올 가능성이 많다는 것이다. 이 기법을 진행하는 과정에서 회의를 이끄는 리더는 새로운 아이디어가 많이 창출될 수 있도록 분위기를 조성하고, 아이디어가 고갈 되었을 때 새로운 아이디어를 창출시키고, 다른 사람의 아이디어에 비판이 나오지 않게 하는 등의 역할을 수행한다. 브레인스토밍은 창의적 아이디어가 필요할 때 가장 널리 이용하는 도구이고 문제의 진단이나 아이디어 선택과정에도 활용된다. 브레인스토밍이 변형된 도구로는 brain sketching, brain writing, idea card method, brain writing game, constrained brain writing 등 다양하게 개발되어 왔다. 브레인스토밍의 수행 절차는 '문제와 기회 정의→아이디어 도출→아이디어 그룹핑 및 아이디어 창출'의 순으로 진행된다. 브레인스토밍을 위한 방법론적 도구로서 Card BS와 KJ기법 등이 활용된다.

첫째, Card BS는 카드 또는 포스트 잇 등을 활용하여 아이디어를 제시하고 정리하는 기법으로서 수행 방법은 다음의 5단계로 진행된다.

▸ 1단계 : 카드(포스트 잇 등)를 한 사람당 30-50장정도 준비한다.

▸ 2단계 : 아이디어 주제를 정하고 정해진 시간 내에 한 가지라도 더 많은 아이디어를 낸다. (시간은 5-7분이 적당하며 너무 길지 않는 것이 좋다.)

* 규칙1 : - 어떤 아이디어라도 좋다. 아이디어의 크고 작음을 따지지 않는다.
- 한 가지라도 더 많은 아이디어를 써 낸 사람이 승자다.

▸ 3단계 : 화이트보드에 2개의 매트릭스 축을 설정하고 각 사분면에 포스트잇을 붙인다.

* 규칙2 : - 절대 남의 아이디어를 비판하지 않는다.
- 다른 사람의 아이디어에 편승해서 새 아이디어를 내는 것은 바람직하지 않다.
- 똑같은 아이디어가 먼저 나오면 자기 아이디어는 제외한다.

▸ 4단계 : 각 사분면에 카드가 집중적으로 모인 부분을 그룹으로 분류하여 거기서 무엇을 할 수 있는지 논의한다. 카드가 부족한 사분면이 있는 경우 그 공간을 메울 아이디어를 추가로 낸다.

▸ 5단계 : 마지막으로 전체적인 모습을 살펴보고 거기서 무엇을 알 수 있는지 논의한다.

둘째, KJ기법은 문화인류학자 가와키타 지로가 고안한 아이디어 발상법으로서 일종의 귀납적 사고법이다. KJ기법은 무엇이 문제인지 정확하게 알 수 없는 경우 현상이나 문제점을 정리해서 종합해 나가는 방법이다. KJ기법의 아이디어 발상 및 정리단계를 간단히 소개하면 다음과 같다.

- ▶ 1단계 : Brainstorming 후 다양한 아이디어를 조그만 카드에 적어 나간다.
- ▶ 2단계 : 카드를 훑어본 수 비슷한 내용이 적힌 카트를 모아 그룹핑해 나간다.
- ▶ 3단계 : 각 그룹에 적합한 타이틀을 붙여 나간다.
- ▶ 4단계 : 각 그룹을 재그룹하여 중그룹과 대그룹으로 분류해 나간다.
- ▶ 5단계 : 그룹끼리 연관관계를 화살표로 연계하여 전체 구조를 도식화해 나간다.

(2) SCAMPER 기법

SCAMPER는 제품/서비스 혁신 또는 개선을 위한 아이디어 도출에 활용되는 도구이다. TRIZ를 간단하게 추려서 새로운 아이디어를 창출하고 기존 제품/서비스를 개선하고자 할 때 손쉽게 활용할 수 있다. 특히, 성숙기 시장에서 많은 경쟁제품/서비스가 경합하는 경우 아이디어 창출에 유용한 도구이다. SCAMPER 기법은 〈표 40〉에서 보듯이 Substitute(대체하기), Combine(결합하기), Adapt(적응시키기/개조하기), Modify/Mirror/Distort(수정하기/비추기/비틀기),

Put to other purpose(다른 용도에 적용하기), Eliminate(제거하기), Rearrange/Reverse(재정렬하기/거꾸로 하기)로 구성된다. SCAMPER의 수행 절차는 다음과 같다.

▸ 1단계 : 수행해야 할 과업을 명확히 정의한다.

▸ 2단계 : SCAMPER 절차를 적용한다.

- 한번에 하나의 질문을 하여 토의하고 아이디어를 정리한다.
- 팀원들은 한 명당 하나의 질문에 하나의 아이디어를 제출한다는 원칙을 정한다.
- 아이디어 창출을 위한 방아쇠로 'What- if-' 형식의 질문을 사용하고 각 질문에 해답을 구하고 있는 도중에 다음 질문으로 넘어가지 않는다. 아이디어 발상 중에는 아무도 아이디어를 평가하지 않고 비난하지 않아야 한다.
- 아이디어가 제시한 질문과 직접적으로 관련되어야 한다는 것은 중요하지 않다.
- 아이디어는 몇 가지 질문에 적합한 경우 반복될 수 있다.

▸ 3단계 : 도출된 아이디어는 카드 BS, KJ기법 등의 방법으로 분류하고 정리하여 타당성을 평가한다.

〈표 44〉 SCAMPER 기법의 프레임워크

Substitute (대체하기)	제품/서비스/또는 프로세스의 일부를 다른 것으로 대체할 수 있는 무언가를 도출
Combine (결합하기)	새로운 제품 또는 프로세스를 창조하거나 혹은 시너지를 내기 위하여 그 문제에 둘 이상의 부분을 결합할 만한 무엇인가를 도출
Adapt (개조하기)	제품/서비스/또는 프로세스의 일부가 그 문제를 제거하기 위하여 개조될 수 있다는 것을 생각해내고 제품/서비스의 특성을 어떻게 변경시킬 것인지 생각해내는 것
Modify (수정하기)	현재 솔루션의 일부 또는 전부를 이례적인 방법으로 비틀어서 변화시키는 방법을 생각해내는 것
Put to other purpose (다른 용도에 적용하기)	현재 솔루션을 다른 용도로 어떻게 사용할 수 있는지, 혹은 혁신문제를 해결하기 위하여 어딘가 다른 용도에 재사용할 수 있는 것이 무엇인지 생각해내는 것
Eliminate (제거하기)	만약 제품/서비스/문제의 여러 부분을 제거한다면 어떤 일이 발생할지 생각하는 것, 그러한 상황에서 무엇을 할 수 있을 것인지 고려하는 것
Reverse (거꾸로하기)	만약 제품/서비스/프로세스의 일부가 거꾸로 작동하거나 예전과 다른 순서로 작동한다면 어떤 일이 발생할지 생각하는 것

(3) 쌍대비교(AHP) 기법

쌍대비교 기법은 목표들 사이의 중요도(weight)를 계층적으로 나누어 대안간의 1:1(쌍대)비교를 통해서 최적의 대안을 결정하는 도구이다. 계층화를 통해서 의사결정의 단계를 세분화하고 각 계층 단계별로 요인들의 중요도를 산출하여 최종적으로 대안을 선택한다. 대안이 존재하는 경우에는 대안 선택이라는 의사결정에 도움이 되지만, 대안이 필요 없는 경우에도 단계별 요인간의 가중치 혹은 중요도를 산정할 수 있다. 계량적인 의사결정 변수뿐만 아니라 계량화하기 어려운 질적 혹은 무형의 의사결정 변수에 대해서도 비율척도로서 측정이 가능하다. 막연하거나 복잡한 문제를 점차 세부적이고 구체적인 요소로 분화하여 단순한 쌍대비교에 의한 판단으로 의사결정을 용이하게 한다. 쌍대비교(AHP) 기법의 수행절차는 '문제를 정의하고 목적이나 목표의 결정 → 계층구조 만들기 → 각각의 비교행렬 만들기 → 행렬의 n(n-1)/2회 행렬 비교를 통한 중요도 평가 및 C.I(Confidence Index), C.R(Confidence Ratio) 계산 → 최고수준의 Priority Vector 구하기 → 최종 행렬에서 C.R이 10%를 넘지 않으면 분석 종료, 넘으면 계속 반복'의 순으로 진행한다. 쌍대비교(AHP)를 활용한 매트릭스 사례는 〈표 41〉에 제시하였다. 쌍대비교(AHP) 기법을 적용할 때 유의해야 할 점은 다음과 같다.

- ▸ AHP를 수행하기 위하여 문제분석 경험과 창의성, 문제요소간의 연관관계, 경험적 판단 등의 능력이 기본적으로 요구된다.
- ▸ AHP에 대한 비판이 아니라 계층적 구조자체에 대한 비판이지만 문제정의 단계에서 발생하는 의사결정과정의 공통문제로서 부적절한 계층화의 위험성이 내포되어 있다.
- ▸ 가중치 산출에 대한 통일된 견해가 없다. 비선형적 관계를 갖는 특수한 문제를 제외하고는 고유치를 이용한 산정방법이 널리 사용된다.
- ▸ 집단의사 결정에 적용되는 방법이다.

▶ 수준의 수와 평가항목에 제한이 있다.

▶ 모든 의사결정기법 공통된 문제이지만 의사결정자의 의도대로 조작될 가능성이 충분히 있다.

▶ 의사결정권자들 간의 차이를 제거하지 못하는 문제점이 있다.

〈표 45〉 쌍대비교(AHP) 매트릭스 사례

	A	B	C
A	1	a	B
B	1 / a	1	c
C	1 / b	1 / c	1

자료 : Google에서 다운

2-4. 비즈니스 모델 창조

(1) 전략캔버스 모델

전략캔버스는 [그림 43]의 와인 사례에서 볼 수 있듯이 기존의 산업 공간에서 경쟁사들의 현 상황을 파악하여 고객들이 기존제품과 서비스로부터 얻는 것이 무엇인지를 분석하여 구매동기와 요인을 파악토록 한다. 전략캔버스는 블루오션 전략 중에서 가치 창조전략의 핵심 도구이며 현상분석을 위한 진단도구이기도 하다. 또한 기존시장에서 업계 참가자가 어디에 투자하며 업계가 경쟁하는 요소가 무엇이며 고객에게 제공해야 할 차별화된 가치를 확인하는 도구이다. 고객이 기존시장의 경쟁상품에서 얻는 것이 무엇인지를 파악하고 자사의 가치와 비교할 수 있도록 한다.

전략캔버스의 작성 순서는 첫째, 우선 수평축의 요소와 수직축의 요소를 결정하여 X축에는 업계가 경쟁하고 투자하는 요소의 범위를 제시한다. Y축에는 각 요소 범위에 기업이 어느 정도 투자하는지를 보여준다. 전략캔버스에서 Y축에 상대적 수준을 부여하기 위한 정형화된 방법은 없다. 정성적 느낌대로 표시해도 크게 지장이 없다. 각각의 값인 숫자가 중요한 것이 아니고 전체적인 패턴이 중요하다. 가치(value)커브의 패턴을 찾고 동일한 패턴에서 벗어나는 것이 중요하다. 부분에 집착하지 않고 전체를 보아야 한다. 둘째, 경쟁사와 자사의 가치곡선을 그린다. 가치곡선이란 업계의 경쟁요소와 관련된 기업의 실적을 보여주는 전략캔버스상의 곡선이나 직선의 형태이다. 전략캔버스의 Y축은 구매자에게 주는 가치, X축은 업계가 경쟁하고 투자하는 요소 범위를 결정하고, 이 위에 업계별 가치곡선을 그리면 업계의 경쟁요소와 관련된 기업의 실적을 비교해 볼 수 있게 된다. 셋째 시각화를 통해 블루오션 전략화를 수립한다. 전략캔버스를 통한 시각적 자각을 통해 현재 전략에서 변화가 필요한 부분을 확인하다.

이어서 블루오션 창출의 6가지 통로(6 Paths : 대안산업, 산업 내 전략그룹, 구매자 체인, 보완적 제품과 서비스 상품, 제품의 기능적 감성적 매력요소, 시대적 흐름)를 탐색하기 위해 현장에 나간다. 현장에서 대안제품과 서비스 상품의 차별화 강점을 관찰하고 어떤 요소를 제거, 창출, 변화시킬 것인지를 확인한다. 현장에서 얻은 통찰력을 기반으로 미래(To-Be)전략캔버스를 작성하여 고객, 경쟁사의 고객, 비 고객으로부터 대안 전략캔버스에 대한 피드백을 받는다. 시각적 품평회를 통해 최상의 미래전략캔버스를 작성하는 것이다. 더하여 과거 - 미래 전략비교가 가능토록 사내에 배포하고 기업의 전략실행에 도움이 되는 업무만 지원하는 등 시각적 커뮤니케이션을 실시한다.

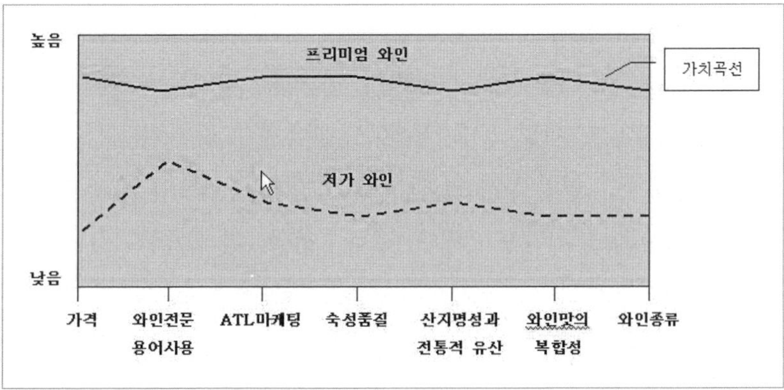

자료 : Google에서 다운

[그림 43] 전략캔버스의 사례(와인)

(2) 비즈니스 모델 캔버스

비즈니스모델 캔버스는 [그림 44]와 같이 9개의 블록으로 구축되어 상호 작용하고 있는데 각 블록의 의미 및 모듈의 구성요인은 다음과 같다.

▸ B1 고객세그먼트(CS; Customer Segment) : 조직은 하나 이상의 고객세그먼트에게 상품이나 서비스를 제공한다.

- 매스마켓, 틈새시장, 세그먼트가 명확히 이루어진 시장, 복합적 세그먼트가 혼재된 시장, 다면시장

▸ B2 가치제안(VP; Value Proposition) : 조직은 고객이 처한 문제를 해결해 주고 요구를 충족시켜주는 특정한 가치를 제공한다.

- 새로움, 퍼포먼스, 커스터마이징, 무언가를 '되게' 만드는 것, 디자인, 브랜드 지위, 가격, 비용 절감, 리스크 절감, 접근성, 편리성/유용성

▸ B3 채널(CH; Channels) : 조직이 제공하는 가치는 커뮤니케이션, 물류, 세일즈 채널 등을 통해 고객에게 도달한다.

- 채널유형 : 영업부서, 웹 사이트, 직영매장, 파트너 매장, 도매상
- 채널요소 : 이해도, 평가, 구매, 전달, 판매이후

▸ B4 고객관계(CR; Customer Relationship) : 고객과의 관계는 각각의 고객 세그먼트별로 특징적으로 확립되고 유지된다.

- 개별 어시스트, 매우 헌신적인 개별어시스트, 셀프서비스, 자동화서비스, 커뮤니티, 코-크리에이션

▸ B5 수익원(RS; Revenue Streams) : 조직은 고객들에게 전달하고자 하는 가치를 성공적으로 제공했을 때 수익을 얻는다.

- 물품 판매, 이용료, 가입비, 대여료/임대료, 라이센싱, 중개수수료, 광고

▸ B6 핵심자원(KR; Key Resources) : 앞의 다섯 가지를 실현하려면 자산으로서 핵심자원이 필요하다.

- 물적자원, 지적자산, 인적자원, 재무자원

▸ **B7 핵심활동(KA; Key Activities)** : 앞의 다섯 가지를 실현하려면 조직은 또한 여러 유형의 핵심활동을 수행해야 한다.

- 생산, 문제해결, 플랫폼/네트워크

▸ **B8 핵심 파트너십(KP; Key Partnership)** : 특정한 활동들은 외부의 파트너십을 통해 수행하며(아웃소싱), 일부자원 역시 조직 외부에서 얻는다.

- 최적화와 규모의 경제, 리스크/불확실성의 감소, 자원/활동의 획득

▸ **B9 비용구조(CS; Cost Structure)** : 비즈니스 모델의 여러 요소를 수행하자면 비용이 든다.

- 비용주도, 가치주도, 고정비, 변동비, 규모의 경제, 범위의 경제

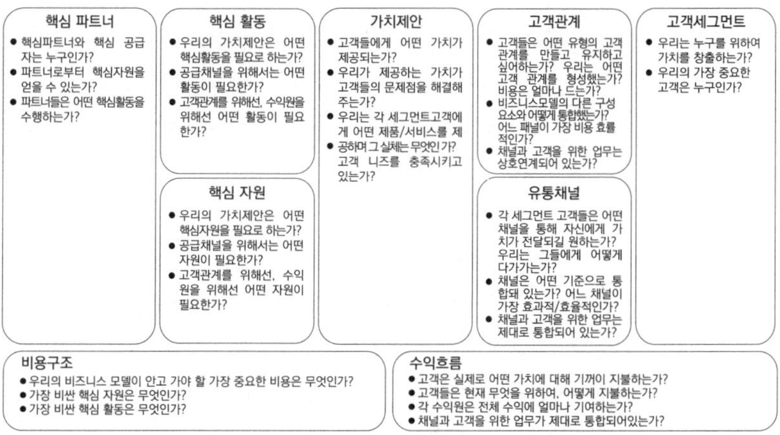

[그림 44] 비즈니스 모델 캔버스 프레임워크

방법론 이야기 <8>

신뢰경영의 5가지 법칙

조엘 피터슨 스탠퍼드대 경영대학원교수는 최근 주목받는 리더의 자질로서 〈신뢰경영〉을 강조한다. 그는 〈신뢰경영〉을 담보할 수 있게 하는 구체적이고 실천적인 방법론적 지식으로서 다음 5가지 원칙을 제시한다.

첫째는, CEO가 자신의 일정을 직원들에게 상세하게 공개해서 개방적이고 정직한 신뢰관계를 구축하는 것이 중요하다. 세계적 온라인 신발회사 자포스의 토니셰 최고경영자는 매일직원들에게 일정을 세세하게 공개함으로써 회사에 대한 직원들의 소속감을 높여 생산성을 미국직장인 평균의 2배 이상으로 올렸다.

둘째는, 리더의 사고는 조직전체에 전염되기 때문에 리더는 항상 진실성을 가져야 한다. 단순히 거짓말을 하지 않는 수준의 정직이 아니라 말과 행동이 일치하고 도덕적으로 흠이 없어 조직원들이 마음으로 우러러 볼 수 있는 인품을 가져야 한다. 앨런 멀러릴 포드 CEO는 10여년전 포드의 재건을 위해 조직원의 고통분담을 호소했을 뿐 아니라 목표 실적을 달성치 못할 때면 자신의 급여를 삭감했다. 스스로 직장 근처로 집을 옮기고 하루 12시간씩 일하면서 직원들과의 소통에 소홀하지 않았다.

셋째는, 진짜로 인격적, 도덕적으로 진실성 높은 리더는 자신이 저지른 잘못을 반성하고 투명하게 공개하며 진심으로 사과할 줄 안다. 직원들은 이런 모습을 가진 리더의 잘못에 관대해질 수밖에 없다. 악의로 저지른 잘못이 아니라 노력하는 과정에서 어쩔 수 없는 실수였다는 사실을 알기 때문이다. 반면에 몇 개의 가면을 쓰고 살아가는 사람은 그런 진실성이 없다. 한 곳에서 이런 말을 하고 다른 곳에서는 저런 말을 하는 식으로 매번 상황에 따라 말을 바꾼다. 이러한 리더가 이끄는 조직은 조직원들이 단기적 이해관계에 따라 움직여 정치적인 조직이 된다. 이러한 정치적 조직에서는 가장 능력이 뛰어난 사람이 힘을 얻는 것이 아니라 정치적 권모술수가 판을 치게 된다.

넷째는, 리더는 직원들을 신뢰하고 있다는 것을 행동으로 보여주어야 한다. 그 방법의 하나가 바로 경청이다. 상대가 내말을 진지하게 듣는다는 사실을 인지할 때 신뢰도가 올라간다. 아울러 권한을 위임하는 것도 중요하다. 현명하게 권한을 위임하면 권한을 받은 사람들은 그에 대한 책임을 느끼며 자신이 할 수 있는 최고의 능력을 발휘하게 된다. 아울러 리더는 세부 사항에 대한 지시가 아닌 큰 그림을 그려야 한다. 누구나 공감할 수 있는 목표를 세우고 조직원에게 영감을 불어 넣어야 한다. 바로 리더는 조직내에서 최고로 겸손한 사람이 되어야 한다.

다섯째는, 내부 신뢰가 탄탄한 조직이 외부와의 신뢰도를 잘 쌓게 된다는 것이다. 휴렛패커드의 경우 업무에 필요한 경우 자유롭게 장비를 외부에 반출토록 할 정도로 회사가 직원을 신뢰하는 수준이 높던 회사였다. 바로 HP웨이라 불리운 회사였던 것이다. 그런데 10여년전 회사정보를 유출한 사람을 색출한다는 명목으로 사설탐정을 고용해 회사 이사들과 여러 언론 매체의 기자들을 뒷조사한 사실이 밝혀져 큰 파문이 일었다. 내부 신뢰가 무너지는 위기적 상황에 봉착한 것이다. 이러한 내부 신뢰가 무너지게 되면 신뢰를 다시 쌓는데 큰 공을 들여야 한다. 진정한 반성과 함께 과정의 투명성을 높이고 그리고 결과의 책임감을 더욱 강화하는 등 조직의 신뢰를 새롭게 구축하는데 진력해야 한다.

– 운봉세상

제 III 부

컨설팅방법론의 개발 및 활용 사례

Ⅲ 컨설팅방법론의 개발 및 활용 사례

컨설팅방법론의 개발 및 활용 사례를 보면 기존의 경영컨설팅방법론을 그대로 컨설팅현장에 활용하는 경우가 많으나 고객의 컨설팅서비스 수요에 부응하여 맞춤형으로 진화된 방법론이 개발되어 활용되는 경우도 있다. 여기서는 그동안 저자가 컨설팅 현장경험을 통해 분류해 본 컨설팅방법론의 개발 및 활용 사례를 간략히 개괄한다.

첫째, 그동안 경영컨설팅에서 개발되어 보급되어온 경영컨설팅방법론을 모든 컨설팅분야에서 활용하는 경우이다. 문제해결을 위한 지식서비스에 경영컨설팅방법론을 접목하는 것이 컨설팅방법론 활용의 시작점이라 할 수 있다. 지시서비스 분야에서도 경영컨설팅방법론을 받아들여 지식서비스에 활용하면 더 논리적, 체계적으로 지식서비스를 제공할 수 있다. 이 책에서 주제별 경영컨설팅방법론을 통해 절차와 도구의 구체적인 내용을 기술한 것은 다양한 지식서비스 분야에서 컨설팅방법론을 접목하는데 도움을 주고자 함이다.

둘째, 그동안 경영컨설팅방법론에서 다소 소홀하게 취급되어 온 '공장현장관리 컨설팅방법론'을 한국적 제조현장에 맞게 변형하여 활용하는 경우이다. ACC컨설팅지식연구소[13])에서는 중소기업의 돈 버는 생산현장 구축을 위한 컨설팅방법론으로 'VPM(Value Performance Management)16 Module'을 개발하여 중소기업 제조현장에서 활용하고 있다. VPM과 같은 민간 개발 컨설팅방법론이더라도 한국적 중소기업 현장의 문제해결에 적합한 컨설팅방법론의 경우는 국가적인 컨설팅 인프라로 활용하는 방안을 강구해야 한다. 동 VPM 16모듈에 대해서 별도로 자세히 소개할 것이다. (제7장 제1절 및 제2절)

셋째, 경영컨설팅방법론을 변형 진화시켜 전문 지식서비스분야 컨설팅에 좀 더 적합하게 활용할 수 있도록 특화한 경우이다. 경영컨설팅방법론 일반모델을 바탕으로 전문 지식분야별 특성을 반영하여 변형 활용하는 것이다. 예를 들면, 해외진출, 기술전략, 기술사업화, 사회적 책임, 사이버 보안 등 전문 지식분야별로 경영컨설팅방법론의 모범사례를 활용하여 맞춤형 컨설팅방법론을 개발하여 활용하는 것이다. 제8장에서는 이와 같은 변형 진화 사례로서 다음의 몇 가지에 대해 좀 더 자세히 소개할 것이다. ① 2016년-2017년 기간 동안 저자는 국가인재개발원의 해외진출 고위공직자를 대상으로 한 '글로벌컨설팅 방법론' 개발 프로젝트에 참여하여 방법론을 개발 제공했다. (제8장 제1절) ② 한성대 지식서비스&컨설팅대학원에서는 컨설팅교과과정 개발의 일환으로 20여개 이상의 융합(컨버전스)컨설팅방법론을 개발하여 교육에 활용하고 있다. 동 사례 중 전략수립, 기술전략, 디자인경영, 기술사업화, PM(Project Management), M&A/PMI(Merger & Acquisition/Post Merger Integration) 등이다. (제8장 제2절) ③ 저자는 기업의 사회적 책임(CSR)에 관한 국제 표준인 'ISO 26000'을 중소기업의 사회적 책임경영 컨설팅에 활용할 수 있도록 '중소기업 사회적 책임경영 16모듈(SMBA's CSR 16Module)'을 개발하였다. (제8장 제3절) ④ 2017년 하반기부터는 금융보안원에서 추진하는 '금융권 사이버보안인력 프레임워크 작업계획'에 참여하고 있다. 동 금융권 사이버보안인력의 프레임워크 작업을 위해서는 모범사례를 활용해야 하는데, 2016년 미국의 NICE에서 '사이버보안인력 프레임워크(NCWF)' 표준모델을 발표하였다. 미국 NCWF는 사이버보안인력 컨설팅에 유용하게 활용할 수 있고 앞으로 진행될 금융권 등에서 활용되어질 다양한 모듈 개발의 모범사례이다. (제8장 제4절)

넷째는 이 책에서 제시한 '문제인식의 틀(Framework)'을 기반으로 '요인모듈'의 형태로 독창적인 지식서비스컨설팅방법론을 개발하여 활용하는 경우이다. 전문 지식서비스와 지식서비스 컨설팅을 차별화하고, 아울러 컨설팅시장과 컨설팅산업의 독자성을 확보하기 위해서는 차별화된 지식서비스컨설팅 방법론의 개발이 필수적이다. 저자는 한성대 지식서비스&컨설팅대학원 강의를 하면서 기업가정신, 기술사업화, 벤처창업 등 분야에서 학생들과 함께 차별화된 지식서비스컨설팅 방법론의 개발을 위해 노력하고 있다. '기업가정신 컨설팅방법론 모듈' '벤처창업 컨설팅방법론 모듈' '중소기업R&D추진전략 컨설팅방법론 모듈' 등을 들 수 있다. (제9장 제1절) 아울러 컨설팅 현장에서 유용하게 활용할 수 있는 간략하고 차별화된 방법론을 개발하여 공유하고 있다. '촉 - 단 - 공 기업가정신 모듈, 'SGs강소기업 기업가정신 모듈' 'Three 1만의 법칙' 등이 그것이다. (제9장 제2절)

끝으로 저자는 2017년 하반기부터는 변호사 등 전문직과의 학습 및 연구모임을 통해 다양한 전문 지식분야별 컨설팅방법론의 개발에도 도전하고 있다. 지속적으로 차별화된 전문지식분야의 컨설팅 방법론을 개발하여 공개할 예정이다.

제 7 장 중소기업 생산현장 컨설팅방법론 사례

제 1 절 VPM컨설팅방법론 소개

한국 컨설팅시장에서 아직 블루오션으로 남아있는 분야는 공장현장컨설팅이다. 특히 한국이 축적해 온 제조업 경쟁력의 핵심으로서 산업혁신 4.0시대에 부합한 스마트 공장을 구축하고 아울러 국민경제기반이자 일자리 창출의 주역인 중소기업의 생산현장을 돈 버는 공장으로 혁신시켜 나갈 한국적 공장현장 컨설팅방법론의 개발이 시급하다. 공장현장이 생산성 향상을 통해 돈 버는 공장이 되기 위해서는 기초질서와 기준준수, 생산관리 혁신을 통한 납기준수, 그리고 원가절감을 통한 수익창출 등이 유기적으로 연계되어 운영되어야 한다.

이러한 공장 생산현장의 생산성 향상을 위한 컨설팅방법론의 베스트 프랙티스가 있다. ACC컨설팅지식연구소에서 개발하여 보급하고 있는 'VPM컨설팅방법론 16개 모듈'이 바로 그것이다. VPM컨설팅방법론은 공장현장의 생산성향상은 현장기초질서 만들기에서 시작하여 생산관리 혁신 그리고 원가절감을 통한 수익창출로 이어지는 아래로부터의 경영혁신의 방법론이다.

VPM컨설팅방법론은 성장경영전략 체제와 생존수익경영 체제가 유기적으로 상호작용하도록 [그림 45]에 보는 바와 같이 16개 모듈이 시스템적으로 최적화되었다. 성장전략경영 체제는 비전/전략, 혁신마스터플랜의 2모델로 그리고 생존수익경영 체제는 목표관리, 개선활동의 2모델로 구분되어 하위 모듈들로 뒷받침 된다.

우선 성장전략경영 체제의 비전/전략 모델은 M1: 비전/전략, M2: BMR(Business Model Reengineering), M3: Net Business Modeling의 3하위 모듈로 구축된다. 비전/전략의 M3 하위 모듈로부터 혁신마스터플랜 모델이 연계되어 구축된다. 혁신마스터플랜 모델은 M4: PRP (Product Redesign Program), M5: MDP(Market Development Program), M6: MSR(Manufacturing System Redesign)로 구성되고 이러한 3모듈을 기반으로 M7: CVP(Cost Volume Profit)로 구성되는 사업계획이 수립되게 된다. 이러한 성장전략경영 체제에서 수립된 사업계획은 이어 제시되는 생존수익경영 체제를 통해 실천적으로 뒷받침되게 된다.

둘째, 생존수익경영 체제의 목표관리 모델은 M8: MBS(Manufacturing Balance Scoring), M9: TCM(Total Cost Management), M10: SCM(Supply Chain Management), M11: BMS(Block Management System) M12: PLM(Problem Loss Management)의 다섯 하위 모듈로 구분되는데 반드시 M13: 평가보상, M14: L&G(Learning & Growth)가 함께 해야 하며 생산현장의 생산성향상이 목표이다. 이러한 목표관리 모델을 구성하는 모듈들은 M15: IMS(Integrated Management System)를 통해서 체계적으로 실시간 의사결정에 반영되고 피드백이 이루어

져야 한다. 이처럼 생존수익경영 체제 모델은 8개의 모듈로 구축된다. 이러한 수익경영 체제는 끊임없는 현장개선활동으로 뒷받침 되어야 하는데 M16: VPM 6Sigma 모듈로 뒷받침 된다.

① 성장전략 경영체제

[비전/전략]

Module 1 : 비전/전략 프로그램
Module 2 : BMR(Business Model Reengineering)프로그램
Module 3 : Net Biz Modeling 프로그램

[혁신마스터플랜]

Module 4 : PRP(Product Redesign Program)
Module 5 : MDP(Market Development Program)
Module 6 : MSR(Manufacturing System Redesign)프로그램
Module 7 : CVP(Cost Value Program)

② 생존수익 경영체제

[목표관리]

Module 8 : MBS(Manufacturing Balance Scoring)프로그램
Module 9 : TCM(Total Cost Management)프로그램
Module 10 : SCM(Supply Chain Management)프로그램
Module 11 : BMS(Block Management System)프로그램
Module 12 : PLM(Problem Loss Management)프로그램
Module 13 : 평가보상 프로그램
Module 14 : L&G(Learning & Growth)프로그램
Module 15 : IMS(Integrated Management System)프로그램

[개선활동]

Module 16 : VPM 6 Sigma

[그림 45] VPM컨설팅방법론 16개 모듈

제 2 절 VPM경영혁명의 이론적 근거와 실행 방법[14)]

1. VPM의 실행개념

고도성장기에는 수요보다 공급이 부족하여 만들면 팔렸고, 많이 만들기 위해 대량 생산을 했으며, 대량 생산 체재는 고효율을 요구하여, 기능 중심적 분업사상이 기본적인 경영방식의 기조를 이루었다. 대량 생산의 사고는 대형 투자를 수반하게 되었고, 누가 빨리 어떤 자본이든 조달하여 투자하면 사업에 성공할 수 있었다. 자동차 사업, 전자 사업, 반도체 사업, 중화학 공업 사업 등이 그 대표적인 예이다. 이 같은 상황은 배짱있는 천재 경영자들의 감각에 의한 판단에 의존했으며, 1인 중심의 피라미드 조직 구조를 선호하게 만들었다.

피라미드 조직은 기능을 중심으로 한 다단계 의사결정 구조를 가진 것으로, 효율과 전문성은 우수하나 Speed와 변화 대응력은 매우 취약한 조직구조이다. 천재 경영자에 의한 1인 독재는 획일적이며 기능 중심이기 때문에 관리 부문간의 행로와 빠른 의사결정에 많은 문제를 야기시키면서 간접인원과 업무의 증가를 가져왔다. 공급이 넘치면서 다품종 소량 생산 시대가 왔고, 이같은 피라미드 조직 구조는 다품종 소량에 부적합함이 발견되어 기업들은 사업부제를 도입하면서 Process지향의 조직형태를 갖추기 시작했다.

그러나 관리 단위가 줄어들고 Speed는 올라갔음에도 여전히 관리자 중심의 경영의 틀을 벗어나지 못하고 있으며 아직도 불합리한 관리에 의한 현장의 Loss가 존재하고 있다.

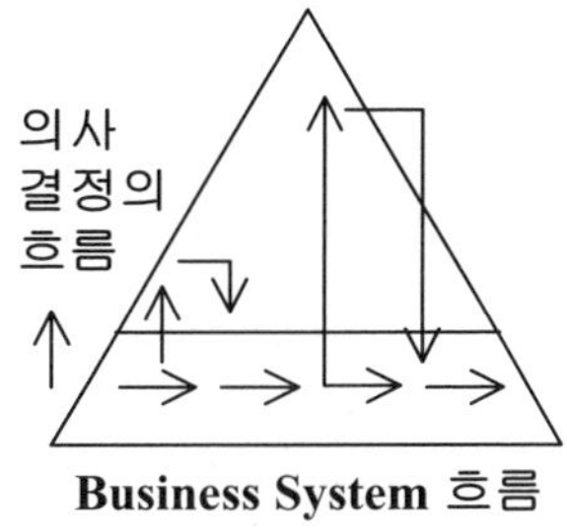

정보화 시대가 왔고, 이제부터의 조직은 평면형 조직으로 Cell단위의 자치적 운영 체제를 도입할 필요가 있다. 중간관리자 단계를 생략한 Top이 직접 관장하면서 현장 하부에서는 Cell단위(Block단위)에서 자율적이면서 자치적인 활동을 할 수 있는 조직구조라면 Speed와 효율면에서 최고의 단계가 될 수 있을 것이다.

지금까지 기업체의 업무 Lead Time이 길어진 이유는 Business System상의 흐름과 의사결정의 흐름이 복합적으로 작용했기 때문이며, 이제부터는 상층부로 올라가는 의사결정 Process를 생략하고 Business System 흐름상에 자치권을 줌으로써 Lead Time를 단축시켜 Speed경영에 대응할 수 있게 해야 하는 것이다. 이는 현장의 사원 중심의 경영을 가능케 함으로써 간접비를 절감하고 Loss를 감소시킬 수 있으며, 현장의 자율경영에 의한 책임경영이 이루어지므로 문제발생의 원천으로부터 Loss를 관리할 수 있는 구조가 되어 고객 만족과 고수익성 지향의 경영을 가능하게 만들어 준다. 이것이 VPM경영기법의 탄생 배경인 것이다. 좋은 자동차의 수명과 성능의 유지는 좋은 운전수의 자질과 능력에 달려 있다. 오늘날 현장의 운전수는 누구인가?

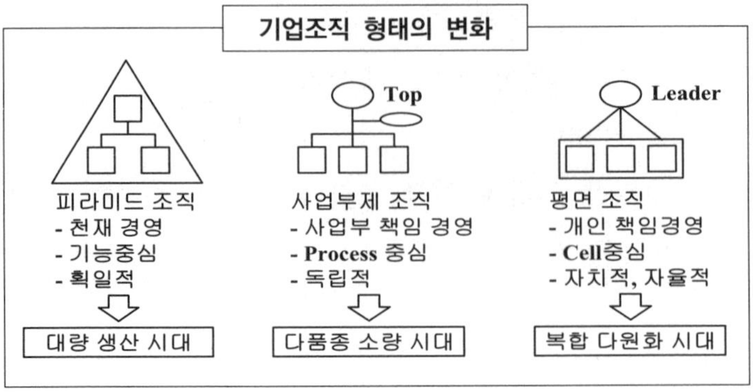

2. VPM의 기본 정신

기업의 생존과 성장의 2대 과제는 "고객만족과 사업가치의 극대화"로서 2가지의 과제를 동시에 만족시키지 못한다면 기업은 존재할 수 없을 것이다. 이 같은 과제들은 현장에서 이루어지는 것이므로 현장의 체질 강화와 사원들의 의식강화로 실현할 수 있는 것이다. 첫째, 고객만족이란, 수시로 변화하는 시장과 기업 환경 속에서 새롭게 요구하는 고객의 요구에 기업이 어떻게 기동성 있게 대응하느냐의 문제이며, 이는 자기 변신력의 크기와 비례한다.

고객 만족의 원칙

시장의 변화	고객의 Needs	기업의 대응
1. 저성장	1. 저원가	1. 슬림화
2. 복합화	2. 단납기	2. 스피드화
3. 다원화	3. 다품종 소량	3. 변신력
4. 불확실	4. 고품질	4. 상황 적응력
5. 시장개방	5. 다양화	5. 핵심역량 강화

기업은 고품질, 저원가, 납기 준수라는 Q, C, D 종합 경쟁력을 갖추어야 한다. 이는 기업내에 철저한 Non Value 요소의 배제와, 문제 가시화를 통한 조기 문제 발견, 조기조치 체재를 갖춤으로써 업무와 물류가 정체가 없는 흐름화 체재를 만들고, 고객정보의 신속한 전달과 전부문의 공유로서 기동성 있는 대응이 이루어질 때 가능하게 될 것이다. 이는 기업내 모든 조직과 현장을 감도가 높은 Sensitive한 상태로 만들 때 가능케 된다. 인간이 5감을 통하여 주변에서 일어나는 모든 상황과 현상을 느끼고 인식하고, 반응하고, 판단하고, 행동하듯이 조직이 5感을 가지고 반응하는 상태를 만들어야 한다.

인간과 기업의 5感

인 간	5 感	기 업
- 보고 판단 - 듣고 판단 - 냄새로 판단 - 맛으로 판단 - 느낌으로 판단	- 시각(視) - 청각(聽) - 후각(嗅) - 미각(味) - 촉각(觸)	- 분위기를 통해 느끼게 하고 - 문제가 보이게 하고 - 문제를 보여 주고 - 생각하게 하고 - 이해 시키고 - 실행하게 하고
⇩	⇩	⇩
지성(이성)	감각	목적
◇. 냉철한 판단력	◇. 동물적 감각	◇. 짧은 L/T

기업에 있어서 신속한 대응은 변화대응력을 의미하는 것이며, 이는 Lead Time의 단축을 통해서 갖출 수 있다. 업무의 Lead Time과 물류의 Lead Time를 합쳐서 Lead Time이라고 하며 Lead Time이 긴 회사에서는 항시 Stock의 개념을 활용한다. 재고의 충분한 확보, 여유있는 CAPA확보, 잉여인력의 확보를 방법으로 생각하나, 이는

기업가치 차원에서는 수익성을 저하시키는 요인이 되는 것이다. 변화에 대응하는 유일한 대안은 기업의 Lead Time의 단축에 있다고 할 수 있다. Lead Time의 단축은 기업내에 존재하는 모든 업무와 현장안의 정체와 대기를 없애고, 多 Cycle업무 방식을 적용할 때 가능해진다. 둘째는 기업가치의 극대화를 통해서 기업이 지속적 성장할 수 있는 것이다. 기업이 지속적인 성장은 이익을 내고 채권자와 주주에게 만족을 주어 새로운 자금조달의 능력을 확보함으로써 가능하게 될 것이다.

사업의 가치란 제품의 가치와 서비스 가치의 합으로서, 제품은 항시 한계이익이 고정비를 넘어 이익을 낼 수 있는 구조를 갖추어야 하며, 서비스의 가치를 통한 고객 만족은 신뢰와 믿음으로 이어져 수주 증대로 연결되도록 해야 한다. 어떻게 하면 이것을 실현할 수 있을 것인가?

3. VPM경영의 핵심 10원칙

첫째, 경영혁신의 성공은 기업의 상황과 입장에 따라서 올바른 진단에 의해 방향성을 찾아야 한다. 혁신하는 방법과 선택하는 코스는 여러 가지가 있으나, 방법과 코스의 선택은 반드시 그 기업이 가지고 있는 역사적 문화적 배경과 사업의 특성과 경영자의 철학, 종업원들의 의식 수준과 정서에 따라야 한다. 따라서, Top Management와 종업원들이 공유할 수 있는 기업 Vision의 정립부터 출발하는 것이 필요하다.

둘째, 혁신과 변화의 주체는 사람이다. 사람이 바뀌지 않으면 시스템의 성공은 없는 것이다. 따라서, 반드시 사람의 변화와 시스템의 변화를 동시에 전개해야 한다. 문제를 일으키는 것도 사람이고, 해결하는 것도 사람이므로, 시스템의 크기와 수준은 사람의 눈높이 수준과 일치하는 것이어야 한다.

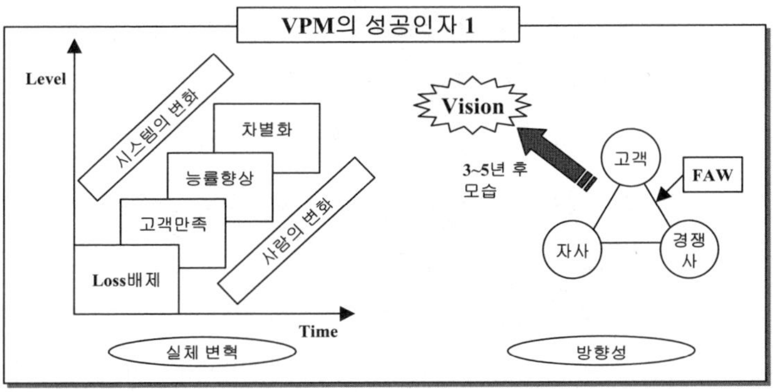

셋째, 문제해결의 가속력은 시간과 문제의 크기와 비례하는 것으로서, 외과적인 문제를 먼저 치료한 뒤 내과적 치료가 필요하며, 단기간 내에 고질적이고 만성적인 문제를 해결하는 것이 중요한 요소이다.

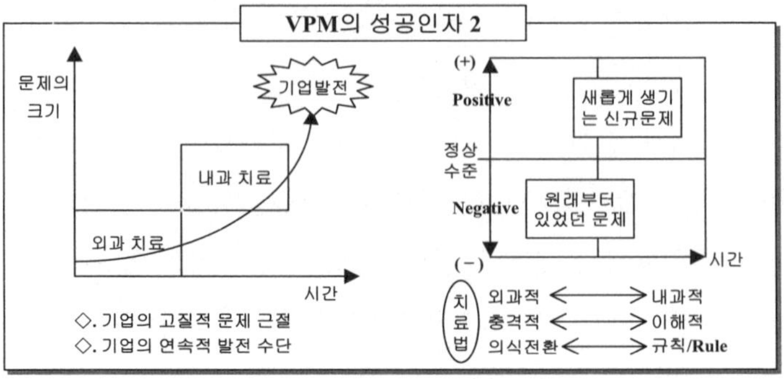

넷째, 이 같은 고질적인 만성적 문제는 이해와 납득을 통해서 해결되기 보다는 문제의 크기를 가시적으로 보여 줌으로써 느끼게 하고, 생각하게 하고, 자극시켜 충격을 줄 때 해결될 수 있다. Negative적인 요소는 수술을 통해 단기간 내에 근절시켜야 한다.

다섯째, 사원들에게 강한 동기부여와 실천 지향적인 사고를 심어 줌으로써 성취감을 갖게 하고, 작은 성공 체험으로 자신감을 갖게 하여 높은 목표에 도전하게 하는 공격 지향적인 분위기를 만드는 것이다.

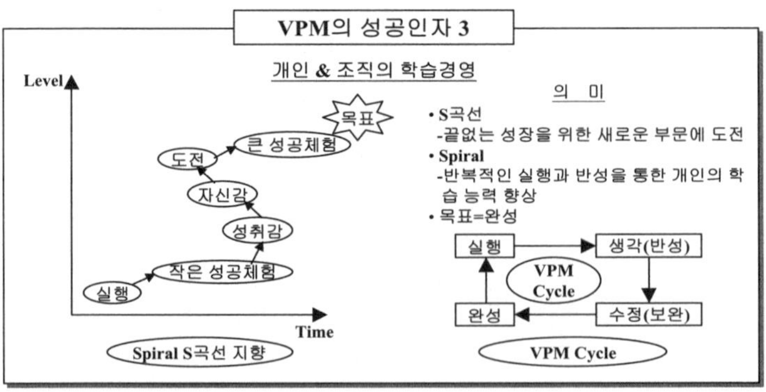

여섯째, 공격 지향적 분위기는 개인과 조직의 능력을 동시에 강화시키는 수단이 될 수 있으며, 개인의 학습능력 향상이 바로 조직의 Skill강화로 이어져 조직의 행동문화의 틀에 변화가 일어나는 것이다. VPM성공의 열쇠가 여기에 있다고 해도 과언이 아니다.

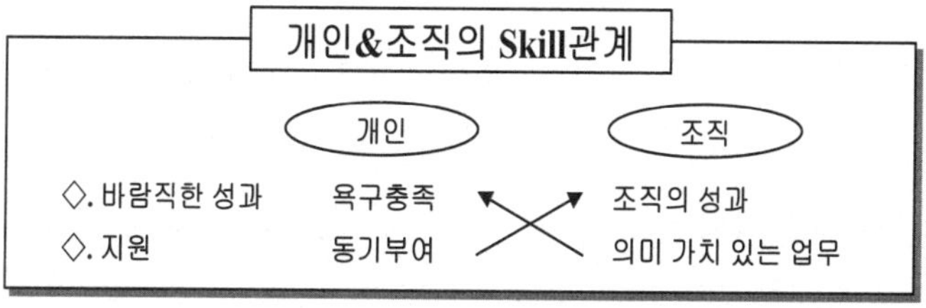

이 같은 개인들의 도전적 성향으로의 행동문화의 변화는 타인과 전체조직에 미치는 Impact가 매우 크며, 성공 체험을 통한 성취감을 느낀 개인의 학습효과 또한 대단히 커서 자발적으로 새로운 문제에 도전하게 되는 결과를 가져오는 것이다. 개인의 능력향상과 조직의 능력향상은 상호 교환적이며 보완적인 것이다.

의미있고 가치있는 업무라는 인식은 개인의 욕구를 충족시켜 주는 것이며 이같은 만족은 곧 성과로 이어지고, 개인에게 부여된 동기부여가 바로 조직의 성과로 연계되므로, VPM활동의 초점이 개개인의 변화에 맞춰지는 것이다.

일곱째, 고객만족과 기업가치 증대는 일부 몇몇의 엘리트에 의해서 이루어질 수 없으며, 전사적인 활동으로서 조직된 전체가 참여

할 때 가능하게 된다. Top에서 말단에 이르기까지 같은 목표와 방향을 공유하고, 동일한 행동문화 속에서 공정한 평가 기준에 따라 심의될 때, 전체의 시너지가 발휘되어 보이지 않는 잠재능력이 폭발적으로 나올 수 있게 된다.

여덟째, 전사적인 목표의 달성은 철저한 권한이양과 책임경영의 기반위에서 이루어질 수 있으며 계정과목별 목표전개와 계층간의 책임과 권한의 명확화가 이루어져야 한다. 즉, 경영의 목표가 개인단위까지 전개되도록 하는 것으로, 각 개인으로부터 책임있는 목표달성을 위해서는 권한위임이 전제조건이 되어야 하며, 그 권한의 크기는 관리단위를 어떻게 구분하는가에 달려 있다. 회사의 권한(Top의 권한)은 현장 공정 단위인 Block단위까지 위임하여야 한다. 권한위임은 곧 자치적이며 자율적인 활동을 보장하는 것으로, 이렇게 함으로써 사원중심적 책임경영이 실현될 수 있다.

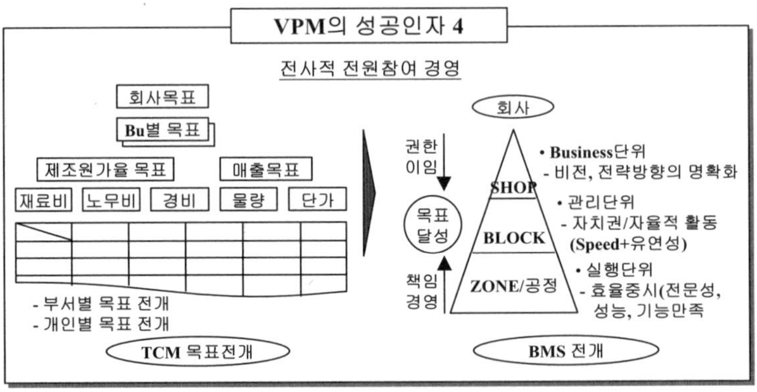

아홉째, Top은 명령하고, 지시하고, 평가하는 존재가 아니라, 사원들이 자율적이며 자치적으로 자기의 책임영역 안에서 활동하는 것을 지속적으로 확인하며, Neck과제를 해결해 주는 문제해결사로서의 역할로 전환해야 한다. 조직의 수준이 상향 평준화되도록 회사내의 Best Practice를 발굴하여 보급, 전파해야 하며, 지속적인 개선이 이루어지도록 동기부여하고 격려하며 관심을 보이는 Leader로서의 역량을 수행해야 한다. 전략과 Process가 일치하도록 Process의 변화를 시도하며, 기술적 변화를 과감히 수용하고, 개인들의 변화를 극복하면서 조직의 변화가 Global화 되도록 유도해야 한다.

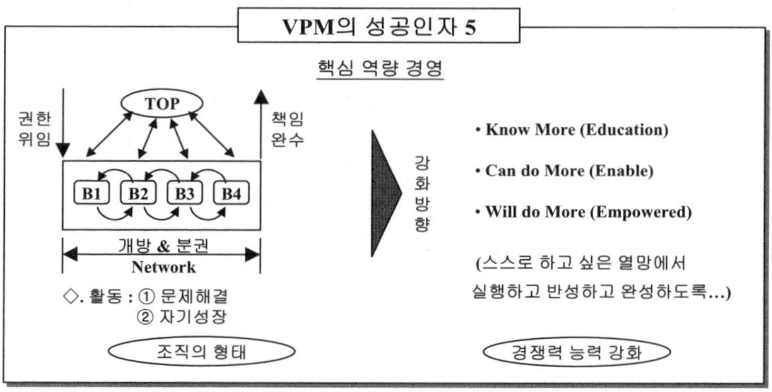

열번째, 회사내의 개인과 조직들이 경쟁적인 능력(Competitive Work Face)을 확보하도록 핵심역량 강화에 주력해야 한다. 경쟁력 능력 확보의 Leadership은 문제 해결형 조직과 Network 조직, 개방형 조직, 분권조직, 자기성장형 조직이어야 이룰 수 있다.

개인과 조직의 과제를 주고 수행시켜 문제해결 능력을 향상시키도록 지속적으로 상승 지향적인 목표를 제시해야 한다. 혼자의 힘이 아니라 이해관계 부서와의 협업을 통해 문제를 해결해 가는 Task Force형 Net-work 조직을 만들어 운영해야 한다. 모든 정보를 상호 공유하고 Open하며 공개적인 평가를 받는, 열린 개방형 관리를 해야 한다. 권한은 위임되고 나누어져야 하며 분산된 권한의 약점을 보완하기 위해 정기적인 결산 체재를 갖추어야 한다.

- ▶ 공정단위에서는 시간 목표를 주고 시간 결산이 되어야 하며, Block장은 일보 결산하고,
- ▶ 관리직은 주간단위 업무목표와 실적에 대한 주간 결산을,
- ▶ 사업본부장은 월간 결산을 통해 경영실적을 평가해야 한다.

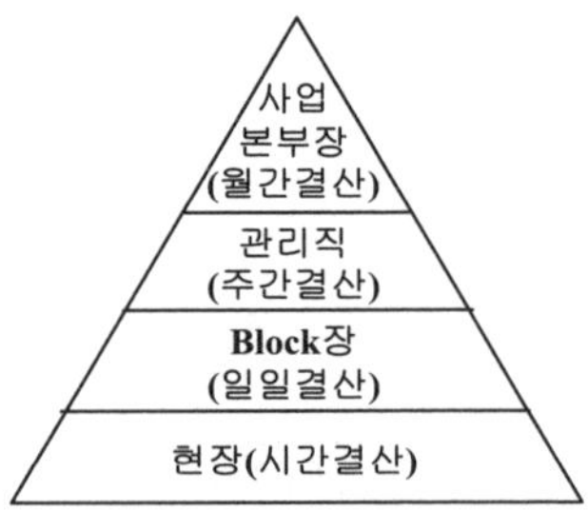

각 계층별로 이같은 결산 체재를 통해 자기성장형 조직으로 변화시킬 수 있으며, 이것이 VPM이 추구하는 기본사상이고 이념이다.

4. VPM 경영혁명의 전개

4-1. VPM 체계

VPM(Value Performance Management)기법은 (주)ACC 컨설팅에서 이론체계화 한 것으로 크게 5가지 영역으로 나누어져 있다. Vision 수립, 혁신의 방향성과 목표수립, 실행체제 구축과 목표 전개, 경영성과 측정/평가, Infra 구축이다. 즉, 방향을 제시하는 기능과 목표제시 기능, 성과제시 기능, 목표달성 기능, 이들을 지원하기 위한 Infra 기능으로 구성되어 있다.

(1) VPM 목표 설정

사업의 특성별로 고객만족과 고수익성을 구현하기 위한 기획활동으로서 3C, FAW(고객, 경쟁사, 자사) 및 환경분석을 통하여 자사의 나아갈 방향을 제시하는 것으로 4 Step으로 구분 전개한다.

Step 1〉 기업 Vision 만들기

자사제품과 시장을 분석하여 중장기 사업 계획 실현 가능성과 방향성을 설정하여 중기경영비전을 제시,

Step 2〉 경영분석 활동

Business Unit별 사업실적을 EVA분석을 통해 사업가치 평가로 구조변혁의 대상을 선정하고 자사의 취약 부문을 명확히 하며,

Step 3〉 BMR 전개

BU별로 제품 및 사업특성에 맞는 전략 설정과 생산& 관리시스템의 Image를 설계하여 수익개선의 Point와 고객에게 제공해야 하는 가치를 명확히 한 후 제품, Process, 생산거점 방향을 구체화 하면서,

Step 4〉 목표 설정

경영의 목표를 명확히 하고 이를 시스템 목표와 연계시키며 시스템(현장 및 관리시스템)의 개선테마를 구체화 한다.

(2) MMR(Management Model Reengineering)

고객만족을 실현하기 위한 Process의 혁신과 Value Chain Innovation을 전개하며 5가지 Step으로 전개한다.

Step 1〉 Process 혁신 Image 설계

수주~출하까지의 Core Process상의 문제점을 파악, 혁신의 방향을 설정하고,

Step 2〉 자사에 맞는 관리 Model 설계

자사의 문제와 수준과 특성에 맞는 최적관리 Model의 설계를 하며,

Step 3〉 Pilot Application

신 관리 방식을 현업에 적용하면서 임시 Rule을 Operation

하면서 경영성과 도출과 인재양성, Rule 적용 가능성 검증을 통하여,

Step 4〉 신 생산관리 Model 완성

최적의 생산관리 방식을 확정하여 구체적인 업무 설계 실시한 후,

Step 5〉 경영정보화 구축

신 관리 방식을 정보화하기 위해 ERP PKG의 선정부터 적용까지 일관된 지도를 실시한다.

(3) TCM(Total Cost Management)

적자회사는 흑자전환! 흑자회사는 EVA율 강화! 를 위한 고수익 구조 구축 활동을 4가지 Step으로 전개한다.

Step 1〉 TCM 과제 전개

BU별 원가절감 목표를 설정하고, 영업이익 향상과 투하자산 회전율을 개선하기 위한 테마 발굴을 2단계로 추진하고,

- TCM 1 (10 Tool)
- TCM 2 (13 Tool)

Step 2〉 개선안 설계

각기 테마별로 개선 Idea 도출과 실행 계획수립을 2가지 형태로 전개하며,

- Bench Marketing 방식 적용

- WSS 방식 적용

Step 3〉 실행체제 구축

원가절감을 조직적으로 수행하기 위한 팀편성 및 운영 체재 구축을 위해 팀을 편성 후 현장과 접목시키고,

- TSI팀 편성

- BMS 적용

Step 4〉 경영성과 유도

기간별, 부문별, 실행을 유도하여 정기적으로 평가하여 지속적으로 개선을 유도한다.

(4) BMS(Block Management System) 전개

조직의 계층을 단순화시키고 현장 중심의 자율경영을 실현하여 고효율 현장 구축을 4가지 Step으로 전개한다.

Step 1〉 Block화 전개

현장의 관리 단위를 Block화하여 Block 단위 자율 관리 체재 구축을 하기 위해,

Step 2〉 Block간 Chain화

Block전후 Balance 유지 및 정류화 유도, 각각의 관리항목을 설정하여 자주관리 하도록 유도하며,

Step 3〉 Block내 Performance 향상

Neck과제, 품질과제, 설비과제 등 중점과제 중심의 문제점 개선 활동을 전개하고,

Step 4〉 Block 단위 평가

자주 개선 활동을 정기적으로 평가하여 사람과 시스템의 Level을 향상시킨다.

(5) 계층별 연수

시스템의 Level과 사람의 Level을 동시에 높이기 위해 계층별 연수를 3단계로 전개한다.

1단계〉 Top 경영층 연수

- 경영분석 및 비전과 가치경영 기법, 전략적 경영기법 소개

2단계〉 관리자 연수

- 관리능력 및 문제점 개선 능력 향상기법 소개

3단계〉 감독자 연수

- IE 기초과정, 정보화 기초과정 교육

(6) MDP(Market Develop Program)

대상상품의 시장구조를 기본으로서 기존제품 및 신제품의 MKT'G 전략입안, 확대책, 생산의 고효율화 기반 구축 활동을 전개하며

다음 3가지 내용으로 구성되어 있다.

- ▶ 기존제품 상품매력도 향상
- ▶ 신시장, 신제품 개발기획
- ▶ 시장 소구력 강화를 위한 상품기획

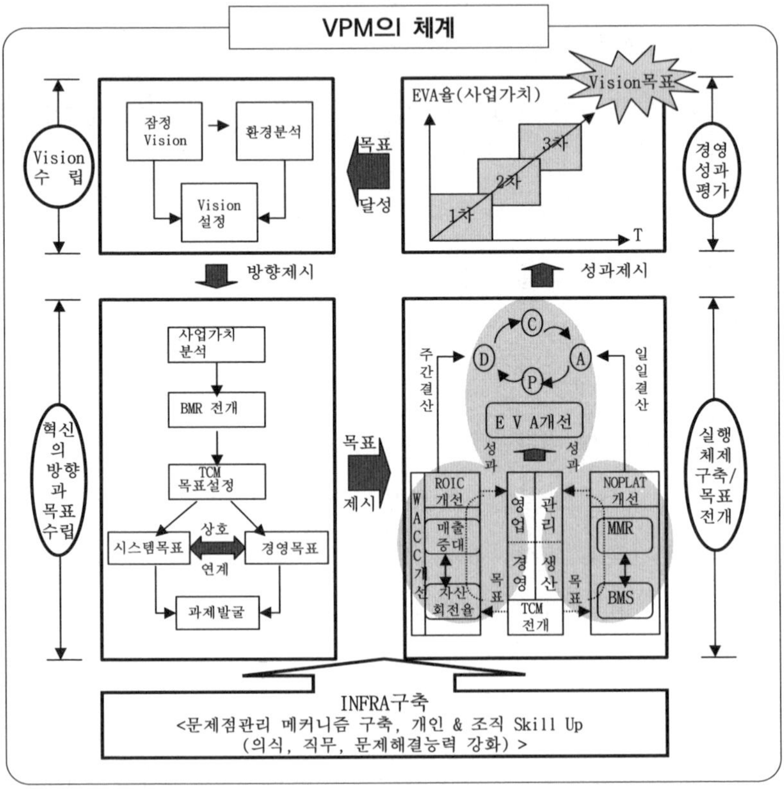

기업의 경영혁신은 부분적인 관점에서 전체적 관점으로 발전시켜야 하며, Top의 방침 방향과 관리의 방식, 현장의 움직임을 연계시켜야 경영성과로 이어질 수 있다. 대부분의 회사들이 혁신활동에 성공하고, 비즈니스에 실패하는 이유는 경영성과라는 관점에서 혁신을 보지 않기 때문이다. Vision 수립과 경영목표와 연계시키며, 혁신의 방향과 목표를 일치시킨 후 실제 혁신활동을 일상업무와 혁신업무를 동시에 전개하는 방식을 채택해야 한다.

혁신이란, 특정한 과제와 테마를 해결하는 활동이라고 생각한다면, 그것은 잘못된 사고이며, 결코 경영성과와 연계시키기가 어려울 것이다. 어느 회사이건 1년간의 사업계획이 있을 것이며, 이 같은 사업계획은 매월 진행하면서 환경과 시장, 고객 또는 내부 시스템의 변화로 목표와 Gap이 발생할 것이다. 이런 Gap이 문제이며, 이를 Rolling Plan과 연계시키고 목표미달부분을 보충하고자 하는 전사적 활동이 곧 혁신활동인 것이다. 따라서, 계획은 변경시킬 수 있으나, 목표는 변경할 수 없고, 반드시 목표에 도달하도록 경영활동을 돕는 행위가 혁신활동인 것이다. 그렇기 때문에 일상업무와 혁신활동은 구분할 수 없는 것이다.

4-2. 1단계 VPM 경영혁명

VPM(Value Performance Management)기법 중 첫 번째 단계인 "Vision 수립" Program은 "중소기업형 Vision 만들기"로서 모든 것이

열악하고 부족한 중소기업에서 미래의 설계를 한다는 측면에서 매우 중요한 의미와 가치를 가지고 있는 것으로서 작지만 강한 기업을 만든다는 신념에서 출발하며 회사의 미래가 타인에 의해서 좌우되던 중소기업이 자기 스스로 미래를 설계한다는 측면에서 매우 가치 있는 활동이며 많은 성공사례들이 발견되고 있다.

(1) Vision이란 무엇인가?

Vision은 꿈과는 다른 개념이다. 막연한 기대와 희망사항이 꿈이라면, 반드시 실현시켜야 하며, 실현할 수 있는 중장기 관점의 경영구상을 Vision이라고 할 수 있다. 즉, Vision은 현상과 목표를 결부시킨 경영구상이다. 기업은 항시 자사와 경쟁사와 고객 사이에서 존재하며, 환경의 변화에 따라서 3가지 인자는 각기 자기 입장에서 변화를 시도한다. 경영과 사업환경을 구성하는 3요소를 고객(Customer), 자사(Corporation), 경쟁사(Competitor)라고 하며, 외부환경의 변화(Few)가 있을 때마다 이 3요소는 함께 변화하게 되어 있으며, 그러한 변화 속에서 자사가 어떻게 처신할 것인가가 전략이며, 이러한 전략을 2~5년 후의 환경변화와 함께 생각하는 것을 기업의 바람직한 미래상, Vision이라고 하는 것이다. 지금까지 모체의존형 사업과 타인에 의해 좌우되던 경영의 상황을 근본적으로 개선할 수 있는 길은 중소기업도 Vision을 만드는 것이다.

(2) Vision의 구성

Vision은 "명쾌한 사상"을 통해서 장래기업 상을 확립하는 일로서 첫째는, 사업의 영역을 명확히 하는 것으로부터 출발한다. 어느 제품을 어떠한 고객에게, 또는 시장에서 어느 지역, 어느 나라에 팔 것인가를 구체화한다. 시장이 넓지만 그 넓은 시장 중에서 내가 사업하려는 대상 시장을 명확히 하고, 그 시장 안에서 자사의 어떤 제품을 팔 것인가를 명확히 해야 한다. 둘째는, 대상 시장 안에서 매출을 어느 정도의 범위로 하며 필요이익 수준과 이익률에 대한 목표를 설정하는 것이다. 셋째는, 이 같은 목표를 달성하려면 어떤 기능이 가장 중요하며 어떤 자세와 방법으로 사업을 할 것인가를 결정하기 위해 비즈니스 시스템(R&D, 생산, 구매, 판매 등의 과정) 상에서 경쟁의 차별성과 비교우위를 하기 위한 방법을 설정하며 넷째는, 이 같은 운영을 하려면 어떤 인재가 필요하며, 어떻게 인재를 육성할 것인가, 필요한 자금은 어떻게 조달할 것인가, Cost 경쟁력 확보를 위해 어떤 조치를 취할 것인가, Customer를 확실하게 대응하기 위해 System은 어떻게 고려할 것인가, R&D 및 연구 투자는 어느 수준으로 할 것인가 등의 내용과 각 요소별 Image를 일체성을 견지하면서 한마디로 전체상을 설계하는 활동을 Vision이라고 할 수 있다.

따라서, Vision을 확립하려면 Top Management의 통찰력과 지도력, 지속성에 대한 Leadership이 요구된다. 넓은 시야를 보는 명쾌한 판단력, 부하를 신뢰하고 맡김과 동시에 결함부분을 보완하는

지도력과 중요한 개념을 반복하면서 지속적으로 실행하는 능력이 필요하다 하겠다.

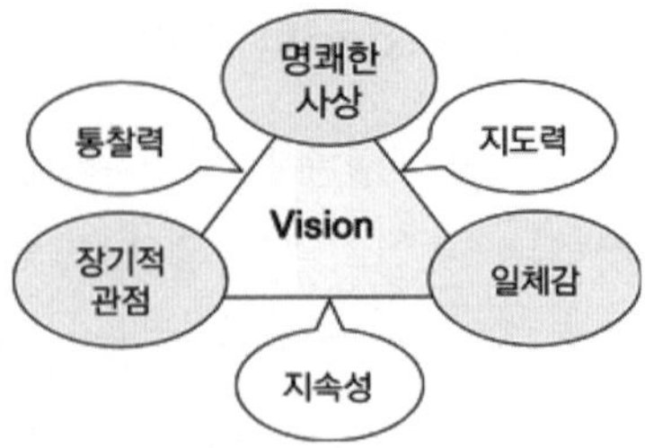

Vision은 몇몇 사람이 만드는 것이 아니고 전체 종업원의 희망과 열망과 참여를 전제로 하는 것이 아니면 안 된다. 왜냐하면 Vision의 실행의 주체는 종업원들이기 때문에 Vision을 만드는 과정에 종업원들이 반드시 참여토록 Top은 배려해야 한다. Vision을 만들면서 교육을 통한 Workshop, 일반사원들이 참여하는 Workshop 등을 실시해야 하고, 사장과 간부와의 대화와 사장의 철학과 이념 등을 알기 쉽게 풀이한 책자 발행, 현장 기술진들의 Vision작성에 적극 참여를 유도하는 활동은 Vision 성공의 절대요건인 것이다.

(3) Vision의 효용성

Vision의 가치와 효용성은 Vision을 계속적으로 공유함으로써 기업발전의 확실한 성장을 실현할 수 있는 것이다. Vision이 없이 하는 기업활동은 그때 그때 외부환경에 의해서 좌우되는 천수답경영을 하게 되지만, Vision이 있다면 기업경영의 성과를 정기적으로 측정하면서 자신의 위치와 상황을 목표와 대비해 가면서 조정할 수 있는 능력을 갖게 되며 기업미래의 이정표가 되는 것이다.

Vision은 자기 자신이 스스로 목표를 책정하고 시간의 축 상에서 자기를 반성하고 전체 종업원에게 희망과 목표와 방향을 제시하는 공유가치가 되는 것이다.

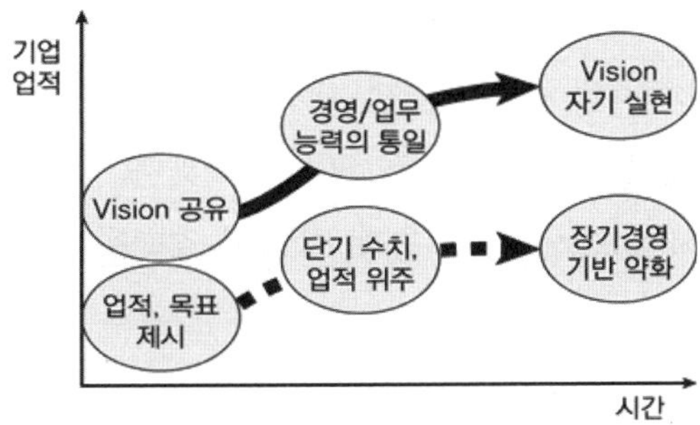

지금까지 대부분의 중소기업들이 점진적 업적 지향형 관리만을 해 왔다. 즉, 전년대비 성장률, 이익률의 향상 여부에만 관심 갖고, 중장기적 목표를 하부에 Top Down 전개하겠다는 Vision지향적 사고가 거의 없었다. 이제부터라도 21c의 주역이 되려면 Vision을 세우고, 언제 무엇을 하지 않으면 안되는가를 정의하고 전략을 세우고 버릴 것과 취할 것을 명확히 하는 선택과 집중이 필요한 시대인 것이다.

(4) Vision의 수립 절차

Vision은 아래와 같이 4단계를 거쳐서 수립되어질 수 있다. 먼저는 사장의 가치관과 앞선 기업의 사례와 사업의 환경을 고려하여 잠정적으로 Vision을 만들어 놓고, 구체적인 현상의 기본 분석을 하여 문제점과 과제에 대한 해결방안을 수립, 그의 실현성과 구체성을 검증하여 잠정 Vision을 보완수정하면서 종업원들을 참여시켜,

공유하면서 조직과제로 연계시켜 나가는 것이다.

첫째, 현상의 기본분석 시에는 사내자료와 사외자료를 조사하여 기초적인 인식을 한 후 인터뷰를 통하여 현상에 대한 인식과 장래를 예측하는 것이며, 둘째, 중요과제해결 방향의 설정은 문헌조사, Brain-Storming,고객인터뷰, 선진기업 방문 등을 통해 중요과제에 대한 해결 Idea를 모으고, 셋째, 실현성과 구체성은 집중토의, Simulation 등을 통해 합의된 결과를 해결책으로 제시하는 것이다.

< **Vision 수립 Process** >

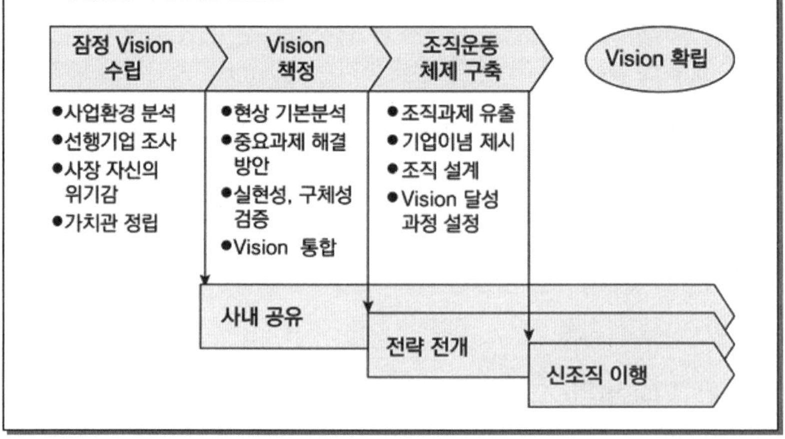

(5) Vision 구축 사례

이 같은 과정을 통해 만들어진 매출액 100억 규모의 중소 공구업체의 Vision 내용을 소개한다. 새로운 사업문화 창출을 기반으로 시스템혁신, 인재양성, 신조직 구상을 통해 경영성과를 극대화하기 위한 20개의 축으로 한 핵심역량 강화와 생산력 고도화를 통해서 경영성과로서 경상이익 20%, 매출 200억 규모의 회사를 만들어 상장하겠다는 소박한 Vision이다.

1년 전 50억 매출을 하던 회사가 1년이 안된 지금 110억 매출을 목표로 뛰고 현재까지 목표달성을 무난히 하고 있는 것은 Vision을 전 종업원이 공유하고, 사장이 종업원들에게 제시한 약속을 꾸준히 지킨 결과로 보인다.

4-3. 2단계 VPM 경영혁명

중소기업이 초우량화 되려면 2가지 요건이 필요하다. Value(고객만족)와 Performance(내부효율)의 양자 조건을 만족시킬 때 가능한 것이다. VPM Tool 중 내부효율을 극대화하는 TCM(Total Cost Management)의 사례와 기법을 소개한다.

(1) 왜 중소기업은 TCM을 하여야 하는가?

관리 Level이 낮고 모체 의존형인 중소기업들은 고유기술과 설비중심의 생산활동에 주력하여 왔으며, 단순 임가공 또는 저임금의 Merit로 사업을 영위하여 왔고, IMF 이후 임금상승이 지속되면서 급기야 중국기업과의 경쟁관계에 놓여 있는 것이 지금의 한국 중소기업의 현실이다. 작게는 30%, 크게는 50%의 Cost Gap이 발생되고 있으며 과거 품질의 문제로 적용이 지연되어 왔다. 중국산 제품이 급속히 품질이 안정되면서 인건비 Merit와 가격경쟁력을 가진 한국의 중소기업을 여러 분야에서 위협하고 있다. 또한 대기업들은 Global Sourcing이니, 전자상거래니 하면서 해외의 값싼 부품들을 필요시 언제든지 구매하겠다는 생각과 사고를 가지고 계열화 또는 협력화가 점차 희박해지고 있으며, 특히, 자동차, 전자분야의 기업 합병 또는 구조조정의 일환으로 협력회사의 정예화를 시키고 있는 모든 일련의 활동은 Cost를 낮추기 위한 목적으로 전개하는 것들이다.

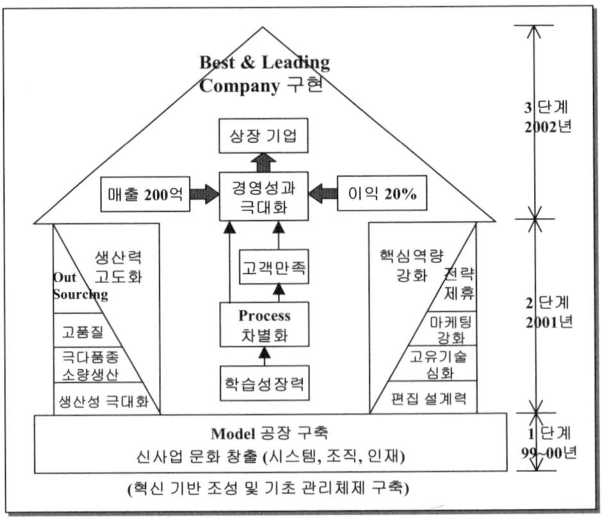

21C에는 제품의 기술과 생산기술은 보편화되어 있으며 누구든지 원하면 기술을 살 수 있고 얻을 수 있는 개방화 사회에 우리가 살고 있는 지금 한국의 중소기업은 어떻게 생존할 수 있을 것인가가 문

제인 것이다. 물론 지금까지 모체의 지원과 요구에 따라 부분적인 개선과 혁신활동으로 일부의 Cost절감활동이 전개되어 왔으나 그 효과는 불과 5~10% 수준에 머물고 임금상승의 폭도 쫓지 못하는 수준에 머물고 있다. 중소기업의 Cost경쟁력을 획기적으로 갖게 할 수 있는 경영혁신 Tool을 개발하는 이유이다. 이제는 부분적인 원가절감이 아니라 전사적이며 조직적이며 사업의 성과와 계획에 연계시킨 Total 지향적 Cost관리가 필요 불가결한 시대이다.

왜냐하면 갈수록 이익의 폭이 적어지는 박리다매의 시대에 물량의 증대는 곧 종류와 품종의 증대를 수반하고 다품종 소량시대에 이익의 폭은 1~5%수준이지만 Loss는 30~50%수준이다. 물량을 증대시켜 이익을 내기보다는 Loss를 절감하여 이익의 효과를 더 크게 하는 것이 필요한 실정이다.

< 원가절감의 마술 >

• A회사가 2000년 계획한 손익 목표는

총 매출액	500억
— 총 비용	480억
순이익	20억 (4%)이 된다.

• 그러나 만일 총비용의 5%를 절감한다면

총 매출액	500억
— 총 비용	456억
순이익	44억 (8.8%)이 되므로

☞ 총이익 44억 ÷ 20억 × 100% = 220%로서 무려 2.2배의 이익을 얻게 되는 것이다. 즉 5%의 절감은 약 220%의 이익을 증대 시킨다는 마술(?)을 일으킨다.

• 또한 총비용의 10%를 절감한다면

총 매출액	500억
— 총 비용	432억
순이익	68억 (13.6%)이 되므로

☞ 결과적으로 10%의 총비용 절감은 340%(68억 ÷ 20억 × 100%)이익증대를 가져오게 된다.

(2) TCM이란 무엇인가?

TCM은 Total Cost Management의 약자로서 기업의 전 부문에서 Cost를 정의하고 절약함으로써 작은 돈이 모여 큰돈이 되게 하는 원리이다. 마진의 폭이 작을수록 총 제조원가 구성은 큰 것이며 적은 비용의 절감으로도 이익측면에서는 몇 백%의 이익증대의 효과를 가져 온다. TCM은 전 부문에서 전개되어야 한다.

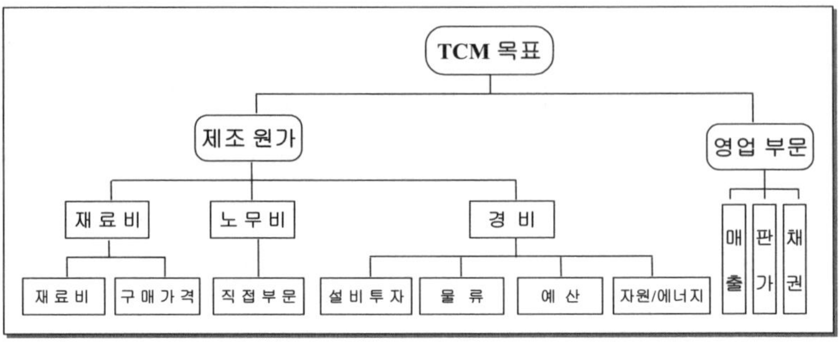

TCM은 비목별로 재료비, 노무비, 경비로 구성되어 있고, 재료비, 구매가격, 직접부문, 설비투자, 물류, 예산, 자원/에너지 매출, 판가, 채권의 10 Tool로서 구성되어 있다.

첫째, 재료비는 원재료, 부품, 부자재 등이 대상 항목으로 표준화, 공용화, 단순화 등을,

둘째, 구매가격은 직 구입부품이 대상 항목으로 추가 단가인하, 대체 자재선정 등을,

셋째, 노무비는 임률, 인건비 등이 대상항목으로 공수효율, 불량

감소, 결품, 설비효율 등을,

넷째, 설비투자는 수선비, 금형제작 등이 대상항목으로 내작화, 보전성, TPM, 중복투자 등을,

다섯째, 물류는 포장비, 운송비, 보관비 등이 대상항목으로 공동수송, 자재효율, 운반효율 등을 고려

여섯째, 예산은 외주가공비, 소모품비, 수선비, 광고선전비, 접대비, 출장비 등이 대상 항목으로 일정 절감율의 목표를 할당하여 시행

일곱째, 자원/에너지는 전력비, 용수비, 연료비 등이 대상항목으로 일정절감율의 목표를 할당하여 시행

여덟째, 매출은 매출증대가 대상항목으로 한계이익률 증대를 관리

아홉째, 판가는 인상을 대상항목으로 판가의 인상/인하를 관리

열 번째, 채권은 채권 회전일수가 대상항목으로 채권 회전일수 단축을 관리하는 것을 TCM 목표로 관리한다.

(3) TCM 전개방법

TCM은 아래와 같이 5단계를 거쳐서 수립되어질 수 있다.

<TCM 전개 Process>

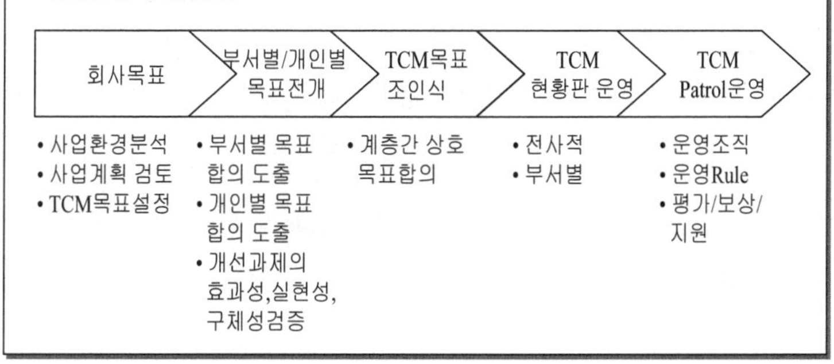

회사목표를 수립하기 위해서 먼저 해당 년도의 사업환경을 분석하여 경영의 악화요인(재료비 인상, 유가인상 등)과 개선요인(매출증대 등)을 파악하여 추정손익계산서를 만들어 Vision 또는 회사가 설정한 이익목표와의 차이를 TCM목표로 설정한다. TCM 목표는 매출과 원가절감 목표로 구성되어진다.

이렇게 결정된 TCM목표를 달성하기 위하여 먼저 전사원의 TCM 목표 설명회를 실시하여 공감대를 형성하고 TCM 10 Tool의 개념을 설명하여 원가의식을 고취시킨다.

전사 TCM 목표를 10Tool별 TCM 목표로 세분화한다. 이를 부서별 관련성을 평가하여 목표 부여가중치를 산정하고 부서간 상호 협의한다. 이를 토대로 부서별 TCM 목표를 설정한다. 부서별 TCM 목표가 설정되면 부서별 Work-shop을 실시한다. 문제해결기법인 Logic Tree를 통하여 개선 Potential을 도출하고 개선 테마를 도출한다. 도출된 개선테마는 효과성, 실현성 등을 평가하여 우선순위를 정하고 테마별 개선 구상안 Sheet를 작성하여 구체화한다. 개선 테마별로 Code화하고 10Tool로 구분하여 개선테마 일람표를 작성한다. 이렇게 하여 도출된 개선테마별 효과금액과 TCM 목표금액과의 정합성을 검증한다. 부서별 TCM 목표전개 Master Plan을 수립하여 발표하고 계층간 상호 목표합의 조인식을 실시한다. 전사적 TCM 종합상황실을 설치하여 부서단위의 주간계획 대 실적을 관리하고 부서는 팀별주간 TCM계획 대 실적을 관리한다. TCM Patrol 팀별로 선정된 테마의 진행과 과제 수행시 발생되는 문제점의 조기 해결을 위한 조치를 취함으로써 TCM 목표를 달성하는데 그 목적이 있다. TCM Patrol 팀은 주간단위 Patrol 계획을 수립하고 Patrol Check Sheet로 각 팀의 문제점을 파악하여 해결방안 및 지원사항을 신속히 해결해 준다. 또한 주간단위 Patrol 결과 및 TCM 목표달성의 성과를 측정/평가하여 성과에 대한 포상을 한다.

5. 발전하는 VPM-Sigma 경영혁명

5-1. 초우량 중소기업의 Image

초우량 중소기업이란 어떤 모습을 말하는 것인가? 그것은 5大 조건을 갖추고 관리하고 있는 기업을 말하는 것이다.

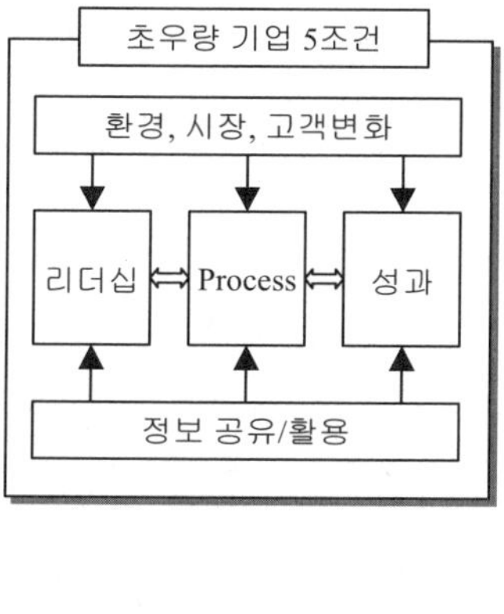

초우량 기업은 항시 결과(성과)를 측정하여 자신을 정기적으로 평가할 수 있어야 한다. 즉, 경영성과란 첫째 고객만족에 대한 평가와 경영결과 이익률에 대한 평가를 말하는 것이며 그 결과에 따라 원인이 되는 Process상에서의 문제를 찾아야 한다.

Process란 계획을 사람이 수행하는 절차, 수순, 원칙을 말하며 일하는 과정 및 절차인 Process가 경영성과의 원인이 되는 것이다. 또한, Process상에서 각종 문제점과 모순이 발견되며 그 같은 문제점에 관한 정보는 상호공유하고, 활용할 수 있는 구조를 만들어야 비로소 관리자들이 리더십을 발휘할 수 있게 된다. 정보가 없는 리더는 상징적인 존재일 뿐, 의사결정과 조정역을 할 수가 없는 것이며, 올바른 일에 대한 지침과 방향을 제시할 수도 없는 것이다. 또한, 이같은 리더십은 고객과 시장과 환경의 변화가 기업경영 성과에 미치는 영향을 생각하여 늘 바람직한 방향으로 태도를 수정해 가는 것이다.

이같이 경영성과(고객만족, 내부수익성)를 측정하여 원인인 Process를 검토하고, 검토과정에서 발견된 정보를 상호공유, 활용하여 올바른 의사결정과 조정을 시의적절하게 하는 리더십을 발휘하며, 환경, 시장, 고객의 변화를 능동적으로 선행하여 대응해 가는 기업의 모습이 초우량기업의 Image라고 할 수 있다.

5-2. 기업경영의 2大 과오

대부분의 기업들이 2가지 측면의 과오를 범하므로 커다란 Loss를 유발시키고 있다.

첫째, 제 1종의 과오

이는 불필요한 업무와 가치, 의미 없는 일을 열심히 하여 발생시키는 Loss로서, 열심히 하면 할수록 Loss는 더 커진다.

둘째, 제 2종의 과오

이는 문제의 본질에서 벗어난 피상적이며, 표면적인 문제해결만 함으로써 일시적인 성과는 있으나, 다시금 동일한 문제가 발생되어 생기는 Loss로서, 이 2가지의 과오로 인한 Loss를 합쳐 COPQ(Cost Of Poor Quality)라 하며 보이는 Loss와 보이지 않는 Loss의 합이라 할 수 있다.

초우량이란 이 2가지 과오를 줄여서 Loss 없는 관리 상태를 만드는 것을 말하며 이는 곧 부가가치가 극대화된 상태를 말하는 것이다. 열심히 일하는 것이 중요하지 않으며 합리적으로 일하는 것이 중요하다. 노동강도를 높이는 것보다 노동본질을 높이려는 노력이 더 필요하다는 말이다. RTR(Right Things Right Way)로서 올바른 일을 올바른 방법으로 하는 것이 중요한 초점이다.

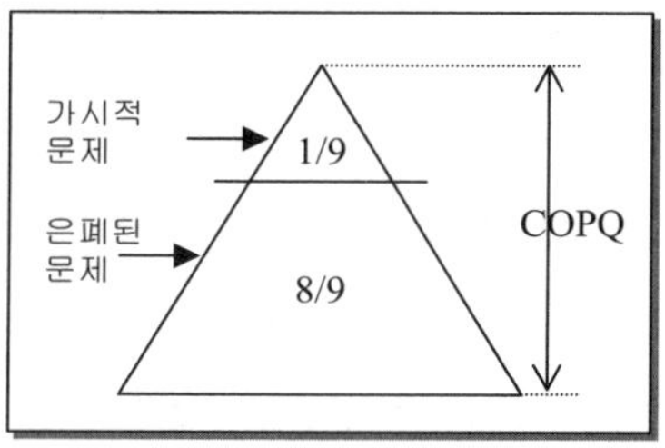

5-3. 기업의 바람직한 평가체계

기업이 초우량으로 가려면 올바른 평가체계를 갖추어야 하며 평가체계는 비재무지표가 재무지표로 발전하도록 관리해 가는 것을 말한다.

재무지표란, 기업의 가치, 투하자산 수익률, 영업이익, 투하자산의 관리, 크기 등을 말하는 것이며, 비재무지표란 고객만족지표(납기준수율, 입고준수율, 계획신뢰도 등)과 내부 Process 지표(생산량, 불량률, 가동율, 결품율 등)를 말하는 것으로서 비재무지표를 관리하여 Level이 올라가면 자연적으로 재무지표는 향상되는 것이다. 대부분의 기업들이 관리지표와 성과지표를 구분하지 못하고 있으며, 어떻게 지표의 Level을 올릴 수 있는지를 모른다. 즉, 지표는 상호 인과관계에 있으며 지표의 향상은 기업의 핵심역량이 커질 때 가능하게 된다.

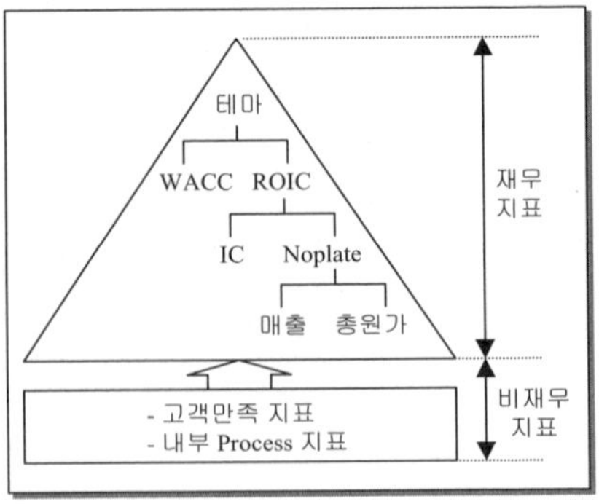

즉, 경영의 결과는 시스템의 능력에 좌우되는 것이며, 이 능력은 사람의 능력, 계획 및 전략의 신뢰도, Process의 합리성에 의해 좌우되는 것이며, 시스템의 능력은 보유핵심역량에 따라 달라진다. 핵심역량이란 무엇인가? 기업의 핵심역량이란 문제해결 능력을 보유한 개인 및 조직의 Skill로서 학습하면서 성장하고 있는 조직의 문화를 의미하는 것이다.

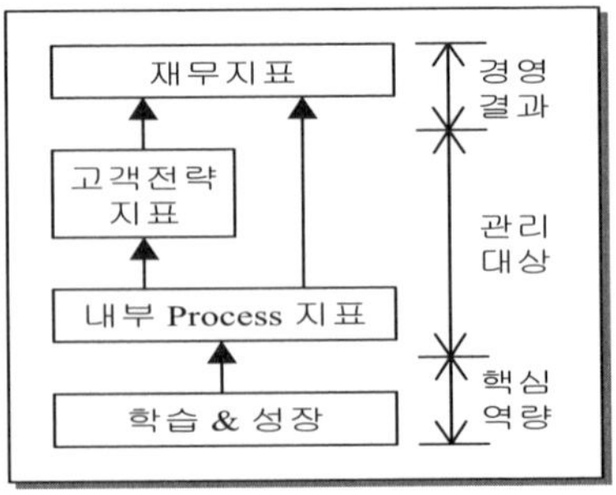

5-4. 기업의 핵심역량 구분

계층별 보유능력의 Balance를 유지할 때 자사의 핵심역량이 커진다고 할 수 있다.

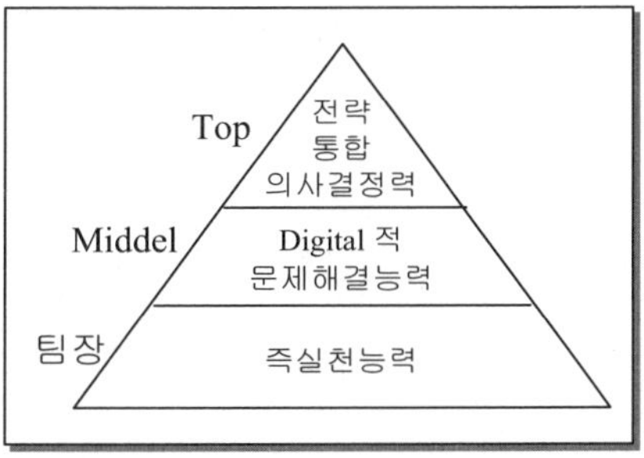

핵심역량은 계층별로 그 의미가 다르다. 즉, 현장의 핵심역량이란 즉실천능력, Troule 대응력, Speedy한 실행력을 말하는 것이며, 중간관리자들의 핵심역량이란 만성적/고질적인 문제와 Digital적 문제해결능력으로서 업무를 지표화, 계수화, 계량화시켜 관리하는 능력을 말하며, Top의 역량은 환경변화대응 전략적 의사결정과 내부상황을 총합적으로 판단하는 능력을 말한다.

5-5. COPQ의 정합성

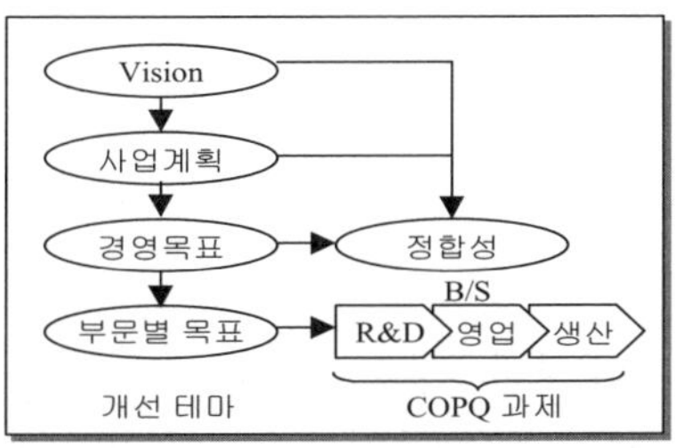

기업은 사업단위별 Business System이 있으며 Business System 상에는 반드시 Loss와 문제점이 존재하게 된다. 이같은 문제점들은 경영의 목표와 정합성을 맞추어 개선해 가야 하며 우선순위가 결정되어야 한다. 초우량기업은 개별성과 전체성의 조화를 이루는 Holonic적 경영사고로 전환되어야 하며, 경영의 과제해결의 우선순위가 사업성과에 주는 Impact가 크기 때문에 매우 중요하다는 것이다.

5-6. 초우량기업 만들기 수순

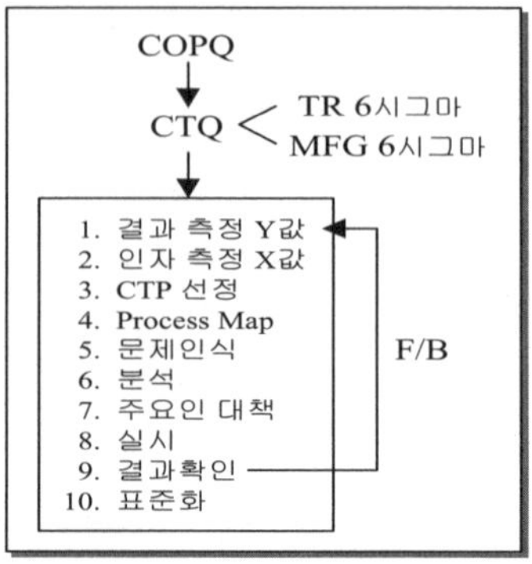

그러면, 어떻게 초우량기업을 만들어갈 것인가?

각종 COPQ 중에서 개선테마를 추출하여 개별과제를 선정하고 좌측의 표에서와 같이 1~10 Step까지 전개하여 Process의 Level을 높여가는 것이다. 기업은 반드시 D-MAIC Cycle이 회전되어야 하며 과거 PDCA Cycle과는 그 본질이 다른 것이다. 즉, 원인과 결과의 인과관계를 규명하여 핵심인자를 배제함으로써 결과를 개선하는 기법으로 6시그마의 기본사상에서 출발하는 것이다.

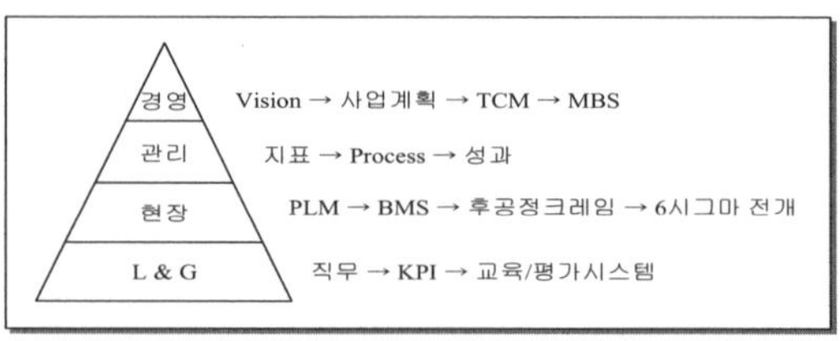

이같이 개별적 요소와 전체적 요소가 조화를 이루어 시너지효과를 창출할 때 비로소 초우량 기업이 되는 것이며, 초우량의 최종모습은 4개 분야가 초우량이 되는 것을 말한다.

제 8 장 경영컨설팅방법론 변형 활용 사례

제 1 절 글로벌컨설팅 방법론 개발 사례

국가인재개발원에서는 2006년 국가고위직 공무원들의 해외 업무 수행에 있어서 효율성과 효과성 제고를 위해 기존의 교육과정에 글로벌컨설팅 방법론 과정의 도입을 위한 용역사업을 시행했다. 저자는 동 용역사업에 참여하여 공직자들의 해외진출 지원을 위한 글로벌컨설팅 방법론 개발을 주도하였다. 동 방법론 개발의 과정과 결과에 대해 간략히 기술하여 향후 방법론 개발의 모델로서 제시코자 한다.

1. 글로벌컨설팅 방법론 개발의 목적(Purpose) 정의

컨설팅방법론의 핵심 다섯 가지 요소는 '목적(Purpose), 절차(Procedure), 도구(Tools), 논리(Logics), 체계(System)'라 했다. 경영컨설팅에서 개발된 이상적인 방법론 모델을 지식서비스 분야에 변형 활용하기 위해서는 우선 방법론 개발을 위한 핵심요인의 파악에서부터 출발해야 한다. 그 첫 단계가 글로벌컨설팅 방법론 개발의 목적(Purpose)을 확인하는 것이다.

컨설팅방법론 개발의 목적을 정의하기 위해서는 우선 컨설팅방법론 개발의 핵심 고객(Clients)을 확인하고 정의해야 한다. 고객이 누구인지 정확히 정의되어야만 그들의 니즈(Needs)가 무엇인지를 찾고 확인할 수 있기 때문이다. 국가인재개발원은 공직자 및 공공기관 임직원들에 대한 다양한 직무교육을 담당하는 곳이다. 그 교육과정의 하나로서 국제기구 진출이나 개도국 개발협력 사업에 참여하는 고위 공직인력에 대한 교육을 실시하고 있다. 따라서 글로벌컨설팅 방법론의 개발을 위한 고객(Clients)은 '국제기구 진출이나 개도국 개발협력 사업에 참여하는 고위 공직인력'이라 정의할 수 있다.

고객이 정의되면 이들의 니즈(Needs)를 확인해서 방법론 개발의 목적을 결정할 수 있게 된다. 한국의 고위 공직인력의 해외 진출의 니즈(Needs)는 개발협력 사업을 주관하는 국내외 기관들의 협력사업의 유형에 대한 분석을 통해 도출할 수 있다. 이들 주관기관들의 개발협력 사업에 대한 전문지식서비스를 통상 '개발컨설팅(Development Consulting)'이라 부른다. 고위공직자들의 글로벌진출 니즈(Needs)는 개발컨설팅서비스 유형 중에서 프로젝트컨설팅의 사전단계인 '마스터플랜수립'과 '사업타당성분석' 그리고 정책자문의 '정책 및 전략수립과 제도 구축'으로 조사되었다. 한국의 주요 개발컨설팅 실시기관별 컨설팅 유형은 〈표 45〉에 제시된 바와 같다.

〈표 45〉 개발컨설팅 실시기관별 컨설팅의 유형

Development Consulting Service의 유형

프로젝트컨설팅		정책자문
사전단계	실행단계	
·산업 연구	·입찰서류작성	·정책 및 전략수립
·마스터플랜수립	·조달지원	·조직재설계 및 민영화
·사업타당성분석	·건설감리	·제도구축
·기본/실시설계	·프로젝트관리	·훈련/지식이전
	·품질관리	·경영자문
	·커미셔닝	·기술/운영자문

Source : World Bank, Consulting Service Manual(2006), 국제개발협력위원회(2013)

실시기관별 Development Consulting 유형

프로젝트컨설팅		정책자문
사전단계	실행단계	
·EDCF F/S* ·KOICA F/S ·KOICA개발조사**	· EDCF · KOICA (EDCF, KOICA사업이 대부분을 차지)	·KDI KSP ·KOICA자문단 ·KOICA퇴직전문가(NIPA)등

* F/S: 본사업의 적합성 평가를 위한 타당성조사
**개발조사:사업형태로 기초조사, 실시설계, 종합개발계획 등

Source : 개발컨설팅 ODA사업 종합평가결과(2011,국제개발협력 평가소위원회)

2. 글로벌컨설팅 방법론 특화된 절차 및 도구 확인

글로벌컨설팅 방법론 개발의 목적(Purpose)이 정의되면 동 목적에 적합한 특화된 절차와 도구를 확인해야 한다. 경영컨설팅방법론에서는 이상적인 기업을 대상으로 그들 기업의 목적 달성에 필요한 절차와 도구를 제시하고 있다. 경영컨설팅방법론의 절차와 도구를 글로벌 컨설팅이라는 전문지식분야의 지식서비스컨설팅방법론으로 변환, 진화시키기 위해서는 글로벌컨설팅이라는 전문지식분야의 차별화된 절차와 도구가 무엇인지를 식별하는 단계이다. 이를 위해 선행연구 및 사례 등 문헌분석을 통한 귀납적인 요인 추출방법을 활용하였다. 상기 개발컨설팅 기관들을 통해 실행된 컨설팅결과물 및 OECD, WB, IMF, ADB 등 글로벌 기구들의 개발협력분석 보고서 등 자료 중에서 본 글로벌컨설팅 방법론 개발의 목적에 적합한 자료들을 수집하였다. 그리고 동 자료들에 대한 내용분석과

함께 Nvivo 프로그램15)을 통한 부호화(Coding)과정을 통해서 글로벌컨설팅에 적용되는 절차와 도구의 차별화 요인을 확인하였다. 글로벌컨설팅방법론 개발의 프로세스는 [그림 46]에서 제시한 바와 같은 접근법을 활용하여 진행했다. 국가인재개발원의 용역과제에서는 방법론 개발과 함께 케이스 스터디 자료 개발까지 요구했기 때문에 케이스 사례까지 확장하여 진행하였다.

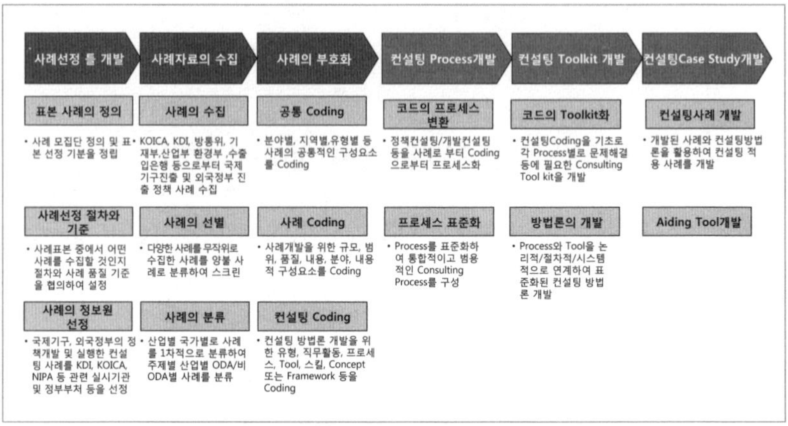

[그림 46] 글로벌컨설팅방법론 개발 접근법

Nvivo 10.0 분석 프로그램을 통해서 글로벌컨설팅 방법론에 특화된 요인의 추출을 위해 부호화(Coding)한 내용을 예시하면 [그림 47]과 같다.

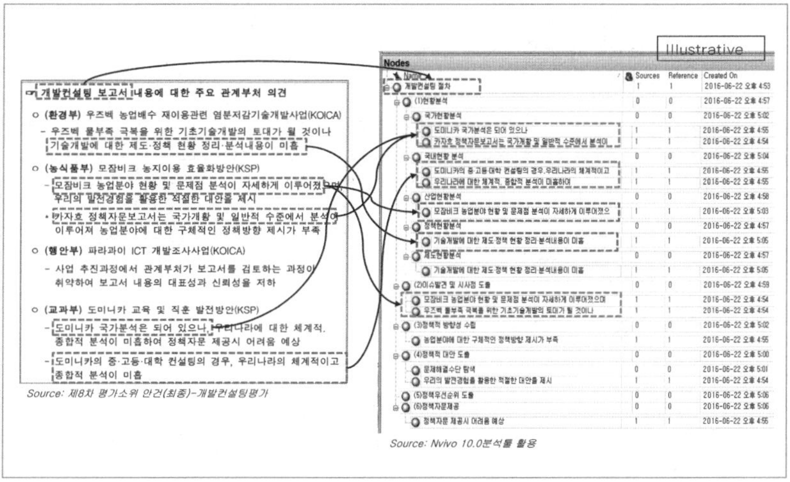

[그림 47] 글로벌컨설팅방법론의 부호화(Coding) 사례

3. 글로벌컨설팅 방법론의 논리화 및 체계화

글로벌컨설팅 방법론의 논리화 및 체계화는 이미 개발되어 활용되고 있는 경영컨설팅 방법론의 다양한 모델을 참조하였다. 경영컨설팅방법론의 수행절차로서 [그림 48]의 전략개발, [그림 49]의 마케팅역량제고, [그림 50]의 블루오션 창출의 세 가지 프레임워크를 제시했다. 동 프레임워크를 상세하게 비교해 보면 전략개발에서의 기본모델이 마케팅과 블루오션이라는 테마별 모델로 변형되면서 마케팅과 블루오션 부문의 독자적 특성이 반영되어 구축되어진 것을 알 수 있을 것이다.

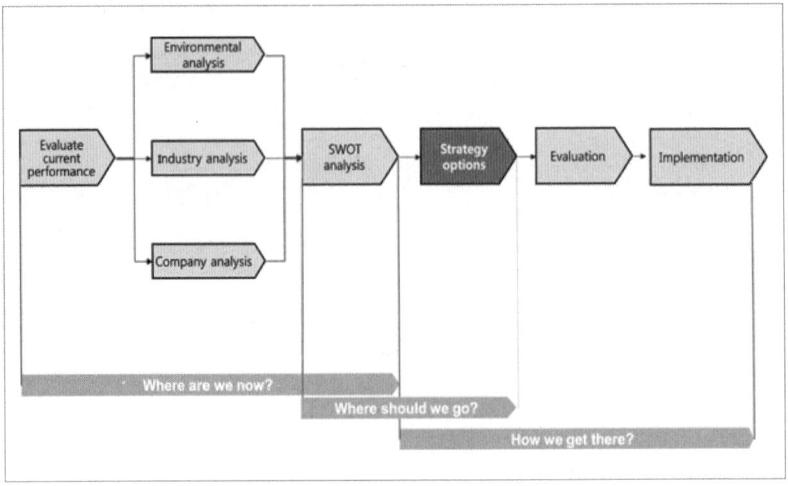

[그림 48] 경영컨설팅방법론 : 전략개발

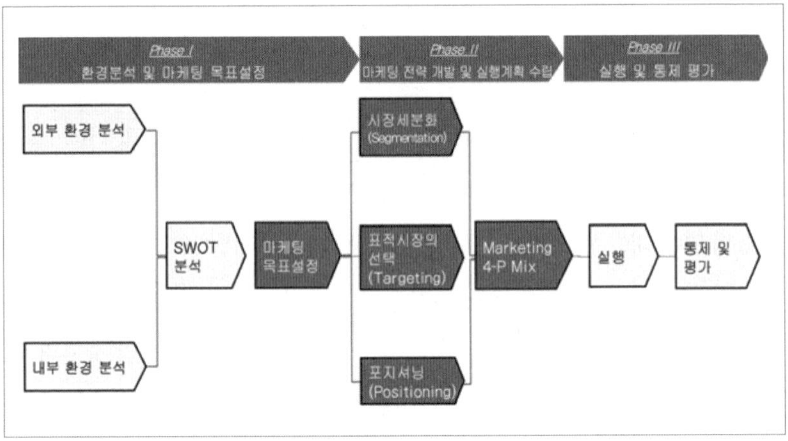

[그림 49] 경영컨설팅 방법론 : 마케팅역량 제고

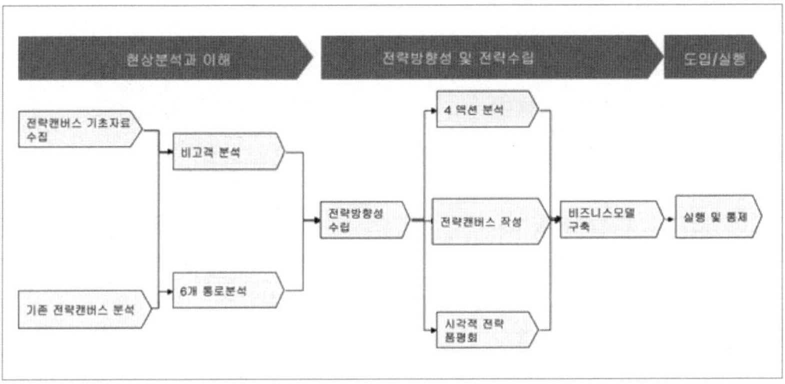

[그림 50] 경영컨설팅 방법론 : 블루오션 창출

따라서 글로벌컨설팅 방법론의 논리화 및 체계화를 위해서는 경영컨설팅 방법론의 전략개발 모델을 기반으로 [그림 51]에서 제시된 것처럼 글로벌컨설팅 분야 전반에 걸쳐 활용될 수 있는 표준모델을 먼저 개발하였다. 아울러 동 표준모델을 기반으로 글로벌컨설팅 분야의 하부 핵심 부문으로 나타난 타당성 조사 방법론은 [그림 52]와 같이 개발하였고, 마스터플랜 구축 방법론은 [그림 53]과 같이, 그리고 정책자문 방법론은 [그림 54]와 같이 개발하여 제공하였다. 경영컨설팅 방법론의 전략분야에서 마케팅 역량제고, 블루오션 창출의 특화 사례를 개발한 내용을 참고하여 글로벌컨설팅 분야의 분야별 방법론 모델 개발을 수행하였다.

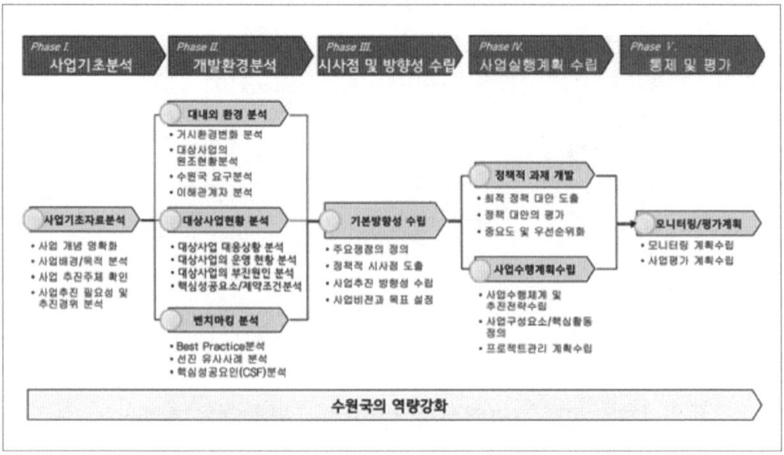

[그림 51] 표준 글로벌컨설팅 방법론 모델

[그림 52] 글로벌컨설팅 방법론 : 타당성 조사

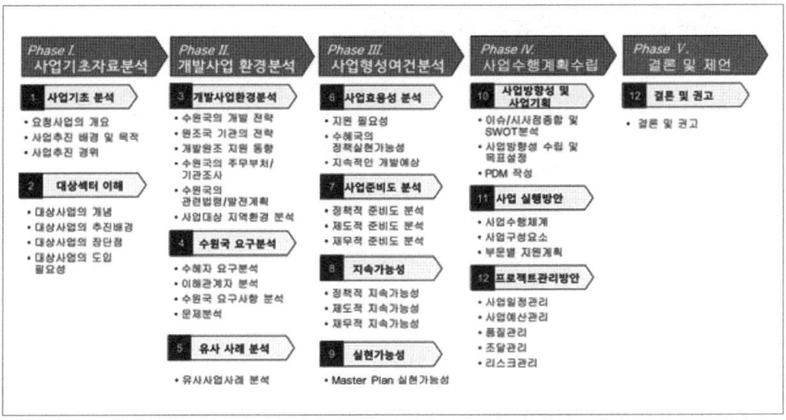

[그림 53] 글로벌컨설팅 방법론 : 마스터 플랜 수립

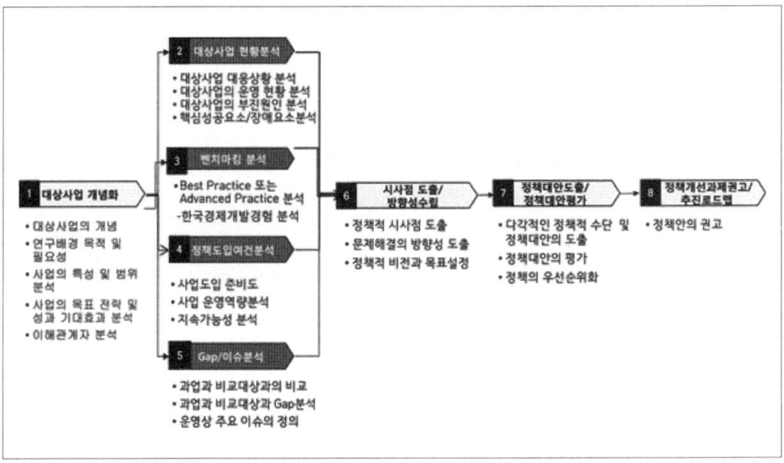

[그림 54] 글로벌컨설팅 방법론 : 정책 자문

4. 글로벌컨설팅 표준방법론 모델

컨설팅방법론 핵심5요소를 고려해서 글로벌컨설팅 방법론의 표준 모델 개발과 함께 부문 모델로서 타당성 조사, 마스타플랜 구축, 정책자문 방법론 모델을 개발하였다. 동 방법론은 모델로서 프레임워크만을 제시했기 때문에 각각의 모델을 컨설팅현장에서 실천적으로 활용하기 위해서는 모델의 하부 모듈에 대한 구체적인 절차와 도구의 개발이 필요하다. 글로벌컨설팅 방법론의 세부 프로세스 진행에 필요한 세부 절차와 투입/산출물 그리고 활용 도구에 대한 구체적인 모듈 정보가 제시되어야 한다는 것이다.

글로벌컨설팅 방법론 표준모델의 경우는 '사업기초자료 분석 → 대내외 환경 분석 → 대상사업 현황분석 → 벤치마킹 분석 → 기본방향성 수립 → 정책적 과제개발 → 사업시행계획 수립 → 모니터링 및 평가계획 수립'의 8 단계(step)으로 구축하였다. 동 8단계 프로세스 중에서 참고자료로서 'step2 : 대내외 환경 분석'의 세부 절차와 투입/산출물 그리고 활용 도구의 구체적 모듈 정보는 '[그림 55] 대내외 환경분석, [그림 56] 활용도구: PEST분석'과 같이 구체적으로 컨설팅현장에서 활용할 수 있도록 개발하여 제공하였다.

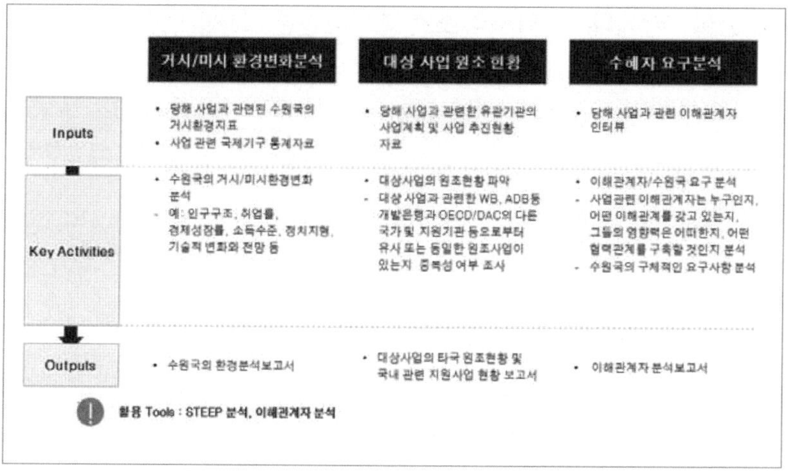

[그림 55] step2 대내외 환경분석

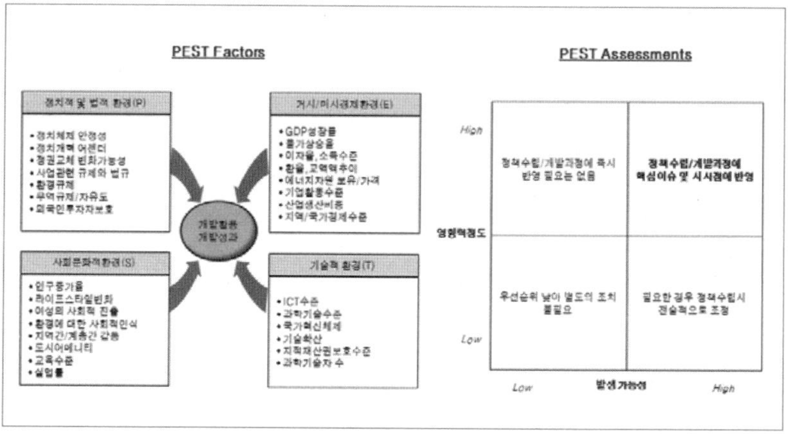

[그림 56] 활용도구 : PEST 분석

제 2 절 한성대 지식서비스컨설팅방법론 교재개발 사례

한성대 지식서비스&컨설팅대학원은 2008년에 정부지원 중소기업 컨설팅대학원으로 지정되어 2017년 현재 9년째 운영 중이다. 동 대학원에서는 매년 3-4건의 컨설팅방법론 교재개발을 진행하여 현재까지 20여건 이상의 방법론이 개발되어 강의에 활용되고 있다. 동 방법론 개발을 위해 교수 및 컨설턴트와 컨설팅 유경험자들이 참여하여 그동안 개발 및 활용 되어온 경영컨설팅방법론을 벤치마킹하여 기업현장의 경쟁우위 창출이나 문제해결을 위해 필요한 지식서비스 과제에 대한 컨설팅방법론을 개발하였다. 그 몇 가지 사례로서 전략수립, 기술전략, 디자인경영, 기술사업화, PM(Project Management), M&A(Merger Acquisition) 및 PMI(Post Merger Integration) 등에 대해 간략히 소개코자 한다.

1. 전략수립 컨설팅방법론

전략수립 컨설팅방법론의 모듈로서 ① 경영전략의 개념을 정의하고 경영전략 수립의 절차를 제시하였다. ② 경영전략 수립을 위한 논리적이고 체계적인 절차를 소개하였다. 경영전략 수립 절차의 하위 모듈로서 외부환경 분석, 경쟁자 분석, 내부역량 분석, 전략방향 도출, 비전 및 목표 수립, 전략 수립, 실행계획 등 7개 모듈을 제시하였다. ③ 경영전략 수립 사례로서 건설사, 엔터테인먼트사, 통신사, 공공기관 컨설팅 사례를 통해 컨설팅 현장에서 전략수립 모델이 어떻게 활용되고 있는지를 예시하였다. [그림 57]은 전략수립 컨설팅방법론의 목차를 정리한 것이다.

제1장 경영전략의 개요
1. 경영전략의 개념
2. 경영전략의 발전
3. 경영전략의 수립절차

제2장 외부환경 분석
1. 거시환경 분석
2. 산업구조 분석
3. 경쟁환경 분석
4. 산업진화 분석

제3장 경쟁자 분석
1. 전략집단 분석
2. 경쟁자 분석

제4장 내부역량 분석
1. 수익성 분석
2. 시장성과 분석
3. Business System 분석
4. 핵심역량 분석
5. 벤치마킹
6. 종합

제5장 전략방향 도출
1. 이슈 분석
2. 전략방향 대안 도출
3. 전략방향 대안 평가

제6장 비전 및 목표 수립
1. 비전 수립
2. 경영목표 수립

제7장 전략 수립
1. 전사 전략 수립
2. 사업부 전략 수립
3. 기능 전략 수립

제8장 실행계획 수립

제9장 전략 수립 사례
1. 건설사 사례
2. 엔터테인먼트사 사례
3. 통신사 사례
4. 공공기관 사례

[그림 57] 전략수립 컨설팅방법론(목차)

2. 기술전략 컨설팅방법론

기술전략 컨설팅방법론 교육 모듈은 다음과 같이 구성되었다. ①기술경영과 기술전략의 개념을 정의하고 기술전략 수립의 과정에 대한 소개를 통해 컨설팅방법론의 목적과 절차를 명확히 하였다. ②기술전략 수립을 위한 논리적이고 체계적인 절차를 제시하였다. 기술전략 수립의 하위 모듈로서 기술환경 분석, 전략방향수립, 시장조사방법, 기술예측, 기술발굴방법론, 기술역량강화 전략, 기술확보 전략, 기술사업화 방법론의 8개 모듈을 제시하였고, 각 모듈별 진단, 분석, 정리, 요인도구를 제시하였다. ③기술전략 수립의 컨설팅 사례를 통해 컨설팅 현장에서 실제로 어떻게 모듈이 작동되어 활용되는지를 예시하였다. [그림 58]은 기술전략 컨설팅방법론의 목차를 정리한 것이다.

제1장 기술경영과 기술전략
1. 기술경영의 정의, 필요성 그리고 목적
2. 기술전략수립
3. 기술전략과 경영전략

제2장 기술전략 수립과 그 과정
1. 기술전략 수립의 목적과 그 중요성
2. 기술전략 수립 프로세스

제3장 기술환경 분석
1. 개요
2. 메가트렌드 분석
3. 고객가치 분석
4. 기술트렌드 분석
5. 경쟁상대 분석
6. 규제환경 분석

제4장 전략방향 수립
1. 전략의 개념과 전략방향 도출 개요
2. 잠재기회 도출 및 선정
3. 전략방향 수립

제5장 시장조사방법 1. 개요 2. 시장조사방법 3. 시장예측방법	**제9장 기술확보 전략** 1. 기술확보 전략 일반론 2. 개방형 혁신 3. M&A, JV 등
제6장 기술예측 1. 기술트렌드 분석 2. 기술로드맵 작성	**제10장 기술사업화 방법론** 1. 기술사업화 과정 2. 기술사업화 타당성 분석 3. 기술사업화 전략
제7장 기술발굴방법론 1. 기술발굴방법론 및 최신 트렌드 2. 주요 기술발굴 관련 솔루션	**제11장 기술전략 수립 사례 분석** 1. 전사기술전략 개요 및 컨설팅 대상 항목 2. 환경분석 3. 기술전략 4. 통합기술전략의 개요 및 컨설팅 대상 항목
제8장 기술역량강화전략 1. R&D 2. 기업 내부역량 강화	

[그림 58] 기술전략 컨설팅방법론(목차)

3. 디자인경영 컨설팅방법론

디자인경영 컨설팅방법론 모듈은 다음과 같다. ①디자인 경영에 대한 개념과 가치를 정의하여 디자인경영 컨설팅방법론의 목적과 절차를 명확히 한다. ②디자인경영 컨설팅을 위한 논리적이고 체계적인 절차에 따라 컨설팅 방법론들을 제시한다. 디자인경영의 모듈로서 디자인과 전략, 디자인과 마케팅, 디자인과 브랜드, 디자인과 조직관리, 디자인경영 프로세스의 5개 요소를 제시하고 그 하위

(sub) 모듈로서 진단, 분석, 정리, 요인도구들을 제시하고 있다. ③ 디자인경영 성공 사례를 통해 컨설팅 현장에서 실제로 어떻게 컨설팅 방법론 모듈이 작동되어 활용되었는지를 예시한다. [그림 59]는 디자인경영 컨설팅방법론의 목차를 기술한 것이다.

제1장 디자인과 경영
1. 디자인경영의 대두
2. 디자인의 가치
3. 디자인경영의 개념

제2장 디자인과 전략
(사례) 현대카드
1. 경영전략의 이해
2. 디자인의 전략적 역할
3. 디자인 전략

제3장 디자인과 마케팅
1. 디자인과 마케팅연계의 중요성
2. 시장분석
3. 고객세분화(segmentation)
4. 표적시장 선정(targeting)
5. 포지셔닝(positioning)
6. 마케팅믹스(4P)전략
7. 제품 디자인 컨셉 도출

제4장 디자인과 브랜드
1. 브랜드의 이해
2. 브랜드 매니지먼트
3. 브랜드 체계(Brand Hierarchy)
4. Case study : 내장재 전문기업 브랜드 전략수립 과정

제5장 디자인과 조직관리
(사례) 도시바
(사례) W Hotel
1. 디자인 조직화(organizing)
2. 디자인 조직설계
3. 전사적 디자인 협업체계 구축
4. 디자인과 기업문화

제6장 디자인경영 프로세스
1. 개요
2. 디자인의 실행과 통제
3. 디자인 경영의 평가
4. 디자인 경영의 매트릭스

제7장 디자인 경영 성공사례
1. 애플
2. 기아자동차
3. 아사히야마 동물원
4. 크라운베이커리
5. 모토로라
6. 아이리버

[별첨] 디자인 보호를 위한 지적재산권

[그림 59] 디자인경영 컨설팅방법론(목차)

4. 기술사업화 컨설팅방법론

기술사업화 컨설팅방법론 모듈은 [그림 60]에서 보는 바와 같이 총 13개 모듈로 구성되었다. ① 기술사업화 방법론에 대한 Overview로서 총 5개 모듈로 구성되었다. 방법론의 개요 및 기본 개념, 기본 접근 절차 및 기본 Tool & Techniques 소개, 세부업무활동 1단계 관념화(Ideation), 2단계 검토 (Investigation), 그리고 3단계 실행 (Implementation) 등이다. ② 기술사업화 Toolkit소개 및 Exercise로서 4개 모듈로 구성되었다. 1단계 관념화, 2단계 검토(2 sub 요소), 3단계 실행을 위한 Toolkit & Exercise로서 환경분석, 역량진단, NBD (New Business Domain), 기술사업화타당성 분석, 글로벌기술협상 등 전반에 걸친 세부적인 Toolkits을 소개하고 Exercise를 제시하였다. ③ Case Study로서 4개 모듈을 제공하고 있는데 기술사업화 Case review, 환경분석 등 각 단계 실습, 기술사업화타당성 분석 실습, 해외마케팅 추진전략 실습 등을 제시하였다.

Session 1 : 기술사업화방법론 Overview

Module 1 : 기술사업화 컨설팅방법론 개요
Module 2 : 기술사업화 컨설팅방법론 소개
Module 3 : 세부업무활동-
Phase 1 관념화(Ideation Stage)
Module 4 : 세부업무활동-
Phase 2 검토(Investigation Stage)
Module 5 : 세부업무활동-
Phase 3 실행(Implementation Stage)

Session 2 : 기술사업화방법론 Toolkit & Exercise

Module 6 : 관념화(Ideation Stage)
- 환경분석, 역량진단, NBD(New Business Domain)

Module 7 : 검토(Investigation Stage)
- NPD(New Product Domain)

Module 8 : 검토(Investigation Stage)
- 기술사업화 타당성 분석

Module 9 : 실행(Implementation Stage)
- 글로벌 기술협상

Session 3 : 기술사업화방법론 Case Study

Module 10 : 기술사업화 Case Review

Module 11 : 환경분석 등 각 단계별 실습

Module 12 : 기술사업화 타당성 분석 실습

Module 13 : 해외마케팅 추진전략 수립실습

[그림 60] 기술사업화 컨설팅방법론(목차)

5. PM(Project Management)컨설팅 방법론

PM컨설팅방법론의 모듈은 [그림 61]에서 보는 바와 같이 총 13개 모듈로 구성하여 제시하고 있다. ① 전략적 프로젝트관리 방법론의 Overview로서 총 5개 모듈로 구성하였다. 전략적 프로젝트관리 개요, 전략적 프로젝트관리 프레임워크, 프로젝트관리 프로세스, 전략적 프로젝트관리 지식영역(Part Ⅰ), 전략적 프로젝트관리 지식영역(Part Ⅱ) 등이다. ② 전략적 프로젝트 관리 Toolkit소개 및 Exercise로서 4개 모듈로 구성되었다. 프로젝트관리 구조 및 팀 조직개발,

프로젝트관리 워크플랜수립(Project Workplan), 프로젝트비용 분석, 프로젝트 리스크 평가를 위한 세부적인 Toolkit을 소개하고 Exercise를 제시하였다. ③ Case Study로서 4개 모듈을 제공하고 있는데 전략적 프로젝트관리 Case review, 프로젝트 현장 개발 및 RACI 분석실습, 프로젝트자원 분석 및 예산 수립 실습, 프로젝트 워크플랜 수립 실습 등을 제시하고 있다.

Session 1 : 전략적 프로젝트관리 방법론 Overview

Module 1 : 전략적 프로젝트 관리 개요
Module 2 : 전략적 프로젝트 관리 프레임워크
Module 3 : 프로젝트관리 프로세스
Module 4 : 전략적 프로젝트관리 지식영역(Part I)
Module 5 : 전략적 프로젝트관리 지식영역(Part II)

Session 2 : 전략적 프로젝트관리 Toolkit & Exercise

Module 6 : 프로젝트 관리 구조 및 팀 조직 개발
Module 7 : 프로젝트 워크플랜 수립(Project Workplan)
Module 8 : 프로젝트 비용 분석
Module 9 : 프로젝트 리스크 평가

Session 3 : 프로젝트관리 Case Study

Module 10 : 전략적 프로젝트관리 Case Review
Module 11 : 프로젝트헌장 개발 및 RACI 분석 실습
Module 12 : 프로젝트 자원분석 및 예산 수립 실습
Module 13 : 프로젝트 워크플랜 수립실습

[그림 61] PM(Project Management) 컨설팅방법론(목차)

6. M&A(Merger & Acquisition) / PMI(Post Merger Integration) 컨설팅 방법론

M&A/PMI컨설팅 방법론의 모듈은 [그림 62]에서 보는 바와 같이 총 13개 모듈로 구성되어 있다. M&A컨설팅방법론은 ① Session 1에서는 M&A 개요 및 M&A 프로세스로서 3개의 모듈로 구성된다. 첫째는 경영전략, 성장전략 및 M&A, 둘째는 M&A프로세스 Overview, 셋째는 기업가치 평가 및 M&A전략수립이다. ② Session Ⅱ에서는 M&A컨설팅 Toolkit & Exercise(실무전략으로서 팀별 시뮬레이션)를 다루는데 2개의 모듈로 구성된다. 첫째는 M&A 실무전략 및 시뮬레이션, 둘째는 M&A 응용전략 및 시뮬레이션이다. ③ Session Ⅲ에서는 M&A Case Study를 제시하는데 팀별 시뮬레이션을 위한 2개 모듈로 구성된다. M&A 사례분석(1)과 M&A 사례분석(2)이다. ④ Session Ⅳ에서는 PMI컨설팅 방법론의 Overview를 제시하는데 2개 모듈로 구성된다. PMI컨설팅방법론 개요 및 PMI컨설팅프로세스이다. ⑤ Session Ⅴ는 PMI컨설팅 Toolkit및 Exercise인데 2개 모듈로 제시된다. 세부적인 통합플랜(Detailed Integration Plan)과 문화통합(Cultural Integration)이다. ⑥ Session Ⅵ는 케이스 스터디로서 2개 모듈로 구성된다. PMI Case Review & Integration Plan 발표 및 Cultural Integration Plan발표이다.

Session Ⅰ: M&A개요 및 M&A 프로세스

Module 1 : 경영전략, 성장전략 및 M&A
Module 2 : M&A Process Overview
Module 3 : 기업가치 평가 및 M&A전략 수립

Session Ⅱ: M&A컨설팅 Toolkit & Exercise(실무전략) (팀별시뮬레이션)

Module 4 : M&A 실무전략 및 시뮬레이션
Module 5 : M&A 응용전략 및 시뮬레이션

Session Ⅲ: M&A Case Study (팀별 시뮬레이션)

Module 6 : M&A사례분석(1)
Module 7 : M&A사례분석(2)

Session Ⅳ: PMI컨설팅방법론 Overview

Module 8 : PMI컨설팅방법론 개요
Module 9 : PMI컨설팅 프로세스

Session Ⅴ: PMI컨설팅방법론 Toolkit & Exercise

Module 10 : Detailed Integration Plan
Module 11 : Cultural Integration

Session Ⅵ: Case Study

Module 12 : PMI Case Review & Integration Plan 발표
Module 13 : Cultural Integration Plan 발표

[그림 62] M&A PMI 컨설팅방법론(목차)

제 3 절 중소기업 사회책임 컨설팅방법론 사례 : SMBA CSR 17 Indicators

1. 한국기업의 사회적 책임경영 : 경영의 뉴 패러다임

한국기업의 사회적 책임경영에 대한 전반적 인식 상태는 어느 정도의 수준일까. 대기업들은 글로벌 차원의 큰 흐름에 동참하고 있다. 대부분 사회공헌을 중심으로 활동을 집중하고 있다. 아직도 '울며 겨자먹기 기업'도 없지는 않다. 중소기업의 경우는 대다수 기업이 당장 살기도 힘든데 무슨 사회적 책임이냐는 볼멘 목소리가 많다. 사회 전반의 인식도 기업의 사회책임에 대한 정보 및 이해 부족으로 비용만 든다는 부정적 인식이 팽배해 있다. 사회공헌은 숨겨야 미덕이라는 수동적 관점과 기업은 돈 벌어서 세금만 내면 되지 하는 소극적 입장이 강하다. 글로벌화가 진행되면서 국민적 인식이 많이 개선되고는 있다. 아직도 개발연대 재벌그룹들의 부도덕한 경영행태에 대한 불신, 돈을 중심으로 고착화된 한국 사회의 시스템 구조 등이 한국 기업의 사회적 책임경영을 가로막도 장애요인으로 작용하고 있다.

ISO26000이라는 글로벌 사회책임표준과 기업의 재무상황에 대한 기업스스로의 책임을 강조한 IFRS 국제회계표준이 도입되어 광범위하게 활용되고 있다. 한국 기업들이 사회 책임경영을 통해 21세기 지속가능경영을 주도하기 위한 방향성을 살펴보자.

글로벌 대기업 및 우량기업의 경우 글로벌 일류를 지향하고 인류사회의 행복에 기여코자 하는 노블리스 오블리주 정신을 발휘해야 한다. 글로벌화의 최대 수혜자로서 지구촌과 시장 그리고 이해관계자 모두의 행복을 위한 사회책임 경영에 능동적으로 나서야 한다. ISO 등 국제기구의 이니셔티브에 적극 참여하고 이행에 앞장서야 한다. 글로벌 브랜드를 제고하고 산업화시대 이래 한국적 관행으로 고착화된 대·중소기업간 불균등 구조 해소에도 주도적으로 나서야 한다. 일류집단간의 불공정 커넥션 구조를 단절하여 균등한 사회전체의 행복추구에 기여토록 해야 한다. 대기업 집단의 지배구조도 정도, 투명, 책임경영 체제가 가능한 구조로 진화시켜 나가야 한다.

중소기업의 경우는 사회책임 경영을 기업 경영의 블루오션으로 활용하는 푸시(Push)전략을 추진할 필요가 있다. 지금까지의 우물안 개구리 식 경영을 탈피하는 핵심 동인으로 인식해야 한다. 사회공헌 활동을 전략적 마케팅 활동에 접목해 나가야 한다. 사회책임 경영이 비용만 든다는 인식에서 탈피해야 한다. 그러기 위해서는 가깝고 쉬운 것부터 차근차근 실시하고 외부전문가를 통한 자문과 기업내부의 시스템 구축에도 노력해야 한다.

라젠드라 시소디어 등은『위대한 기업을 넘어 사랑받은 기업으로』에서 미국사회가 권리획득의 시대에서 지식의 시대를 거쳐 고령화와 함께 초월성의 시대로 접어들고 있다고 한다. 모든 개인들이 물질적인 풍요로움을 넘어 정신적 가치를 추구하고 있음을 강조한다. 기업들도 이러한 시대적 흐름에 맞추어 가치 중심의 경영에 나서야 한다고 주장한다. 신자유주의에서 추구하는 주주이익뿐만 아니라 이해관계자를 포함하는 전부의 이익을 잘 정렬하는 것이 사랑받는 기업의 특성이라고 한다. 그 결과는 주주이익의 극대화와 함께 지속가능한 기업성장을 담보하게 된다고 지적한다. 사랑받는 기업전략을 추구하는 글로벌 기업 30개를 선정하여 분석했다. 그 결과를 보면 짐 콜린스가 그의 책 『좋은 기업을 넘어 위대한 기업』에서 선별한 11개의 위대한 기업들보다 경영성과가 훨씬 뛰어남을 실증했다. 21세기 가치 중심의 시대에는 기업경영전략도 사회책임위주의 경영이 주주이익 극대화 경영보다도 지속가능성이나 이윤창출에서 우위에 설 수 있음을 실증해 주었다.

한편 정부의 리더십도 중요하다. 한국기업이 사회책임경영의 글로벌 흐름에 적극 동참토록 지원해야 한다. 국격을 한 차원 높여나가고 국제협상 시에도 기업의 사회책임요소를 적극 고려해야 한다. 사회전반의 원칙과 신뢰를 회복하기 위해 기본에 충실하고 엄격해야 한다. 한국사회의 고질적인 부패 및 커넥션 구조를 단절해야 한다. 우리 사회에 공정성의 담론이 화두가 되고 대중소기업간의 동반성장과 불공정 시장구조 개선을 위한 다양한 법적, 제도적, 문화적 조치들이 강화되고 있다. 대중소기업간 동반성장을 위해서는 한국 특유의 독과점적 산업구조 및 대기업 우월적 구조를 혁신해야 한다. 대중소기업간 불공정한 거래관계를 파트너십 관계로 발전시켜 나가는 노력이 요구된다. 사회전반의 신뢰를 높여나갈 합리적 규범의 설정과 엄격한 집행이 필요하다. 그리고 사회책임펀드 등 기업의 사회책임을 유인할 인프라를 확충해야 한다. 중소기업의 미흡한 사회책임 마인드를 개선하면서 분야별 맞춤형 사회책임 전략을 마련토록 하고 적극 보급해 나가야 한다.

2. 중소기업 사회책임 컨설팅 방법론 사례 : SMBA CSR 17 Indicators

저자는 중소기업 사회책임을 확산시켜 나가기 위해서 ISO 26000 표준규범을 바탕으로 한국 중소기업의 현실에 부합한 맞춤형 방법론 필요성을 절감했다. 중소기업청 차장으로 근무하면서부터 중소기업의 새로운 경영전략으로 사회책임경영이 도입될 수 있도록 다양한 정책적 노력을 기울였다. 그러나 정부가 아무리 CSR 경영의 중요성을 강조하고 지원을 하더라도 중소기업 경영현장에서는 기업이 당장 먹고살기도 힘든데 열심히 일해서 돈 벌면 되지 무슨 사회책임이냐는 반론도 많이 제기되었다. 사회책임 경영은 대기업이든 중소기업이든 지속가능한 성장을 위한 인프라 투자라는 인식이 미흡했기 때문이다. 이러한 상황을 극복하기 위해서는 한국 중소기업의 현실에 부합한 사회책임경영의 실천을 위한 구체적인 방법론의 개발과 함께 동 방법론을 통해 중소기업 현장의 사회책임경영의 실천을 도와줄 컨설팅서비스가 시급함을 절감했다.

이러한 문제의식에서 2011년에 한국생산성본부(KPC)의 사회책임포럼을 통해서 [그림 63]과 같은 한국 중소기업 적합형 CSR 17

Indicators를 개발하여 중소기업 컨설팅 현장에 보급하고 있다. 한성대학교 CSR컨설팅 교육에서도 동 모듈을 중심으로 CSR컨설팅 방법론에 대한 이론과 실제를 강의하고 있다.

1. Governance (지배구조)
  1-1. Decision-making (의사결정)
  1-2. Stakeholder Engagement (이해관계자 관여)

2. Environment (환경)
  2-1. Pollution Prevention (오염방지)
  2-2. Sustainable Resource Use (지속가능한 자원활용)
  2-3. Climate Change(기후변화)
  2-4. Protection of Natural Environment(자연환경 보호)

3. Fair Business Practice(공정거래)
  3-1. Preventing Corruption(부패방지)
  3-2. Fair Competition(공정경쟁)
  3-3. Responsible Supply Chain(책임있는 공급망)

4. Labour/ Human Rights(노동/인권)
  4-1. Human Rights(인권)
  4-2. Fair Work Conditions(공정 노동조건)
  4-3. Workplace Health and Safety(근로자 건강과 안전)
  4-4. Worker Grievance Mechanisms(고충처리)

5. Consumer and Community(소비자와 지역사회)
  5-1. Safe and Sustainable Products(안전과 지속가능 상품)
  5-2. Fair Advertising, Marketing & Communications (공정 광고, 마케팅과 커뮤니케이션)
  5-3. Consumer/Customer Care & Information (소비자/고객 고려 및 정보제공)
  5-4. Community Investment(지역사회 투자)

[그림 63] SMBA CSR 17 Indicators

제 4 절 사이버보안인력 프레임워크 사례 : NICE Cyber-security Workforce Framework (NCWF)

1. 사이버보안 인력의 양성과 활용의 필요성

2017년 세계경제포럼(WEF)은 사이버 범죄와 사이버 전쟁의 위험을 경고했다. 전 세계가 인터넷을 통해 연결되는 4차 산업혁명 시대에는 사이버 범죄로 인한 피해가 더욱 커질 것이라는 분석에서다. 또한 국가와 각종 집단 간에 사이버 공간을 통한 전쟁이 재래식 전쟁보다 훨씬 더 큰 피해를 입힐 것으로 예상된다.

한국의 사이버 보안은 정보화 사회의 급속한 진화에 비하면 아류로서 취급되었다. 미국 등 사이버보안 선진권의 독과점적 영향력에 의존했고 안주했다. 일부 선도적 노력이 없지는 않으나 조족지혈에 머물렀다. 오늘날 전 세계적인 네트워크로 연계된 우리의 삶과 안전은 사이버보안이 중핵으로 등장했다.

한국기술정보진흥원의 유준상 원장은 사이버보안의 불모지인 한국에서 "BoB(Best of Best)"라는 해커양성 프로그램을 론칭해서 500여명의 해커를 양성했다. 율곡이 주장한 10만 양병설을 정보보안인력양성분야에서 주창했다. 전국 유수대학 및 대학원의 보안인력 양성과 군의 사이버보안인력 수급에도 기여했다. 세계적인 해킹방어대회인 데프콘에서 한국팀의 우승을 일구어 내기도 했다.

최근 사이버보안의 중요성이 강조되면서 전국의 대학들 (대학 37, 전문대학 8, 대학원 28 등)마다 우후죽순격으로 인력양성에 뛰어들었다. 매년 1000명이상의 전문인력이 배출되고 있다. 그러나 산업체의 요구와는 간극이 크다는 평가다. 세계시장을 선도할 뛰어난 해커, 산업현장의 정보보안을 책임질 전문 인재 그리고 중소기업 실무보안 인력 등 차별화된 인력 수급이 절실하다. 벤처창업 전선에 뛰어드는 창업유망 인재도 드물다.

한국 정부의 최우선 정책과제는 일자리 창출이다. 사이버보안 인력은 4차산업혁명시대로 나아가면서 향후 일자리 창출의 보배다. 4차산업 혁명이 가속화하면서 기존 산업에서는 일자리 감소가 우려된다. 반면, 사이버 보안인력 수요는 기하급수적으로 늘고 역할 또한 더욱 강화될 것이다. 따라서 사이버보안 중소기업의 창업과 함께 중소기업 경영현장에 보안역량을 접목할 보안 실무인력 일자리를 대대적으로 늘려야 한다.

사이버보안 주도국인 미국은 2010년부터 사이버보안 이니셔티브(N1CE)를 발족하여 정부차원의 사이버보안 인력양성에 앞장서고 있다. 특히, 미국 국립기술표준원(NIST)은 2016년에 사이버보안 인력프레임워크(NCWF)를 발표했다. 사이버 보안 업무와 책임을 대분류, 세부 분야, 담당 업무, 업무 수행에 필요한 지식, 기술 및 역량까지 자세히 명시했다. 국가 차원에서 일괄적으로 인력을 세분해서 관리가 가능토록 만들었다. 한국도 조속히 미국 모델을 벤치마킹해서 좋은 일자리 창출의 기회로 활용할 필요가 있다.

2. NCWF 프레임워크의 구조

금융보안원에서는 2017년부터 금융보안관리 표준개발그룹을 구성하여 운영하고 있다. 13개 표준화 과제를 채택하여 중점과제 7개는 2018년 9월까지 개발할 예정이고 나머지 6개 과제는 일반 표준화 과제로서 표준개발 완료시기는 정하지 않고 개발을 진행하고 있다. 표준개발 과제의 분류를 보면 블록체인 5개, 금융보안기술 4개, 금융보안관리 3개, 신용카드 인프라가 1개이다. 저자가 제안한 '금융권 사이버보안 인력에 대한 프레임워크'는 금융보안관리 분야의 일반 표준화 과제로 채택되어 작업을 진행하고 있다.

사이버보안인력 프레임워크는 미국 NICE에서 2016년 NCWF프레임워크를 개발하여 발표했다. 따라서 금융권 사이버보안인력 프레임워크를 동 NCWF를 참조하여 한국적 금융권 현실에 부합하는 맞춤형 프레임워크로 개발할 예정이다. 이 책에서 설명한 모범사례를 활용한 수요자 맞춤형 방법론을 개발코자 하는 것이다. '금융권 사이버보안 인력에 대한 프레임워크'는 금융권 사이버보안 인력의 채용, 양성, 관리 등을 위한 컨설팅방법론으로 활용될 수 있을 것이다. 동 방법론 개발의 결과는 금융보안원 표준화 작업이 마무리되는 시점에 공개하고자 하며, 여기에서는 모범사례로서 활용할 미국 NICE 발표 NCWF 프레임워크를 간단히 소개하고자 한다.

NCWF는 사이버보안인력에 대한 표준 프레임워크이다. 우리 한국도 국가직무능력 표준 NCS(National Competency Standard)를 개발하여 산업과 교육현장에 도입하고 있지만 미국 등 서구에서는 모든 직무분야에서 NCS체계를 도입하여 활용하는 것이 일상화되어 있다. 사이버보안인력 관련 산업과 정부역할 등에 있어 미국은 세계에서 가장 앞서 있기 때문에 2016년 최초로 NCWF 프레임워크를 개발하여 발표하였다. 그 구조는 Category - Specialty Areas - Work Roles - Tasks - Knowledge, Skills, and Abilities(KSAs)의 체계로 구축되어 있다.

최상위 모듈이 Category이다. NCWF는 7개 Category 모듈로 구축되는데 '① Securely Provision(SP) ② Operate and Maintain(OM) ③ Oversee and Govern(OV) ④ Protect and Defend(PR) ⑤ Analyze(AN) ⑥ Collect and Operate(CO) ⑦ Investigate(IN)'이 그것이다. Category별 sub 모듈로서 Speciality Area, sub-sub 모듈로서 Work Role을 분류하여 정의하고 있는데 프레임워크 전반에 대한 자료는 NIST 홈페이지에 접속하여 다운받을 수 있다. 참고로 NCWF 프레임워크 구조의 일부를 간략히 도시하면 [그림 64]와 같다.

□ Securely Provision (SP)

○ Speciality Areas

* Risk Management(RM)
* Software Development(DEV)
* System Architecture(ARC)
* Technology R&D(RD)
* System Requirements Planning(RP)
* Test and Evaluation(TE)
* System Development(SYS)

◇ Work Role (NCWF ID)

√ Information Systems Security Developer(SP-SYS-001)

√ Systems Developer (SP-SYS-002)

▽ Tasks (T0928)

▼ Knowledge(K0613), Skills (S0359), Abilities (A0119)

[그림 64] SP Category의 NCWF 프레임워크 구조

제 9 장 지식서비스컨설팅방법론 독자개발 사례

제 1 절 컨설팅대학원 강의를 통한 개발 사례

1. 기업가정신컨설팅방법론 모듈

기업가정신컨설팅방법론은 지식서비스컨설팅방법론의 한 분야로 개발되고 있다. 기업가정신과 컨설팅방법론을 융합하여 고객의 문제해결요구에 최적으로 부응할 인터페이스로서 도구를 개발하는 것이다. 그동안 기업가정신에 대해서는 다양한 성공 실패사례, 기업가적 자질에 대한 이론, 기업가적 환경요인 등에 대한 논의가 무성하였다. 기업가정신 일반론은 많았다는 것이다. 그럼에도 불구하고 기업이나 조직의 현장에서 문제해결을 위한 맞춤형 기업가정신의 핵심요인이 무엇일까에 대한 연구나 고민은 미흡하였다. 컨설턴트가 컨설팅현장에서 고객의 문제해결서비스에 나서면서 기업가정신 일반론을 현장의 요구에 맞추어 취사선택하는 방식이 주로 활용되었다. 그렇다보니 컨설턴트의 기업가정신에 대한 지식역량과 이러한 지식역량을 현장의 수요와 연계시키는 컨설턴트의 독자적 역량과 자질이 핵심요소로 작용했다. 그 결과는 컨설팅 결과물이 너무도 컨설턴트의 전문가적 역량에 의존하게 되었다. 기업가정신컨설팅은 기업가정신지식서비스와 그다지 차별화가 되지 않게 되는 것이다.

기업가정신에 특화된 컨설팅방법론이란 도구가 개발되어 활용된다면 지금까지의 컨설턴트의 전문가적 역량에 의존하는 경향을 극복할 수 있을 것이다. 이러한 문제의식에서 기업가정신컨설팅방법론의 개발에 착수했다. 저자는 도구라는 방법론은 지식의 공급과 수요를 연계하는 인터페이스로서 방법론적 지식이라고 했다. 그 중에서도 지식의 수요와 공급의 함수적 인과관계를 연계하는 요인도구가 중요하다고 했다. 수요와 공급을 연계하는 방법론적 요인도구를 개발하려면 우선 클라이언트의 수요를 인식하는 것이 중요하다. 그 문제인식의 핵심요소가 바로 문제해결, 경쟁우위, 패러다임전환이다. 문제인식의 핵심요소를 찾기 위해서는 다양한 지식공급요소를 검토해야 한다. 그것이 바로 이론과 원칙, 정보와 기술, 경험과 사례, 법과 제도, 환경 트렌드변화 등이다. 그 중에서도 컨설팅방법론 개발에 가장 중요한 지식 공급요소로서는 경험과 사례를 꼽을 수 있다. 경험과 사례라는 것은 대부분 지식공급요소들이 상호 융복합되어 현장의 실천적 결과로 드러난 실체이기 때문이다. 컨설팅에서 Case의 DB를 중시하고 이러한 DB축적의 차이가 컨설팅서비스의 경쟁우위에 직결되는 이유이기도 하다.

기업가정신컨설팅방법론 강의에서는 우선 이러한 문제인식을 위한 발표와 토론이 행해진다. 지금까지 이러한 과정을 거쳐서 개발된 기업가정신관련 문제인식의 핵심요인 모듈은 [그림 65]에서 볼 수 있는 바와 같이 기업가적 자질, 사회경제 생태계, 스타트-업 역량, 성장통 극복 역량, 글로벌 진출 역량 등이 도출되었다. 이러한 기업가정신 문제인식의 요인별 문제해결을 위한 하위 요소를 추가도 도출해내는 것은 두 번째 단계이다. 요인별 문제해결 요소도출을 위해서는 그동안 개발된 다양한 경영컨설팅방법론 특히 SWOT 분석을 통해서 문제인식을 위한 지식공급 요소들 중에서 최적의 인터페이스를 찾아내게 된다. 이 과정에서 Case 사례는 문제해결 요소도출에 최우선적으로 활용된다. Case사례가 부족한 경우에 이론과 지식, 정보와 기술, 법과 제도, 환경 트렌드변화 중에서 SWOT 도구 등을 활용하여 최적의 문제해결 요소를 찾아내게 된다.

이러한 기업가정신컨설팅방법론의 모듈개발 방식은 현재 진행형이며 앞으로 좀 더 진화되고 발전되어야 할 것이다. 동 모듈에 대해서는 컨설턴트나 클라이언트에 대한 추가적이 통계적 조사방법을 통해서 그 유의성을 지속적으로 검증해 나가야 한다. 또한 동 모듈의 구체적인 컨설팅 현장 적용을 위해서는 요인별 측정지표를 개발하여 가중치를 개발하고 현장 적용이후에는 DB를 구축하여 향후 모듈의 진화 발전에 활용토록 해 나가야 할 것이다.

[모듈 1] 기업가적 자질

sub M 1-1 변화(change)
sub M 1-2 도전(challenge)
sub M 1-3 열정(passion)
sub M 1-4 소통(communication)
sub M 1-5 상생(coexistence)

[모듈 2] 사회경제 생태계

sub M 2-1 경제산업의 구조적 경직성
sub M 2-2 사회관계의 공정성
sub M 2-3 안정보수지향의 교육체제
sub M 2-4 각자도생의 분파적 경쟁의지
sub M 2-5 관료적 위계질서

[모듈 3] 스타트-업 역량

sub M 3-1 스타트-업 핵심요소 상호작용
(혁신-계기-실행-성장)
sub M 3-2 새로운 사업기회 인식
(기회-고객-타이밍-기업가와 팀-자원)
sub M 3-3 자원수요 결정 및 조달
(한국적 정책요소 핵심 고려)
sub M 3-4 수익가능성
(M&A, IPO, 단순현금이외 요소)

[모듈 4] 성장통 극복 역량

sub M 4-1 광적인 규율
sub M 4-2 실증적 창의성
sub M 4-3 생산적 피해망상

[모듈 5] 글로벌 진출 역량

sub M 5-1 의식의 개방성
sub M 5-2 문화적 다양성
sub M 5-3 국제적 관계와 규범 이해

[그림 65] 기업가정신컨설팅방법론 모듈

2. 벤처창업컨설팅방법론 모듈

벤처창업컨설팅방법론의 경우도 지식서비스컨설팅방법론의 한 분야로 개발되고 있다. 벤처와 창업이라는 지식분야의 특성에 부합한 컨설팅방법론을 개발하여 벤처창업을 위한 문제해결요구에 최적으로 부응코자 하는 것이다. 벤처창업에 있어서도 다양한 성공 실패사례, 벤처창업의 이론과 실무, 벤처창업 생태계 등에 대한 연구와 소개는 많았다. 즉, 벤처창업의 지식 공급 측면에서의 일반론은 많았다는 것이다. 이러한 벤처창업지식을 기반으로 컨설턴트가 벤처창업현장에서 고객의 현장수요에 맞추어 대안을 제시하는 전문가적 역량 발휘가 주로 활용되었다. 벤처창업의 경우에도 벤처창업이라는 지식서비스와 벤처창업컨설팅이라는 지식서비스컨설팅의 차별화 요소가 분명치 않았다.

벤처창업컨설팅방법론의 경우도 우선 벤처창업지식의 수요측면에서 핵심 네 가지 요인을 추출하고 이들을 뒷받침하는 총 10가지 모듈을 개발하였다. 벤처창업에서 문제인식은 벤처측면, 창업측면, 성장측면, 정책측면에서의 특성을 이해하는 것이다. 우선 벤처는 고위험 - 고수익(high-risk, high-return)을 추구하는 차별화된 특성을 가지고 있어 그 하위 모듈로서 기업가정신, 업의 발견, 벤처 환경의 3모듈이 개발되었다. 둘째, 창업의 경우는 전략전술 - 프로세스 - 자원동원 노력이 상호 유기적으로 연계되어 작동되는 특성을 가지고 있어 한국적 창업전략, 창업프로세스, 창업자원 동원의 3모듈을 개발하였다. 셋째, 벤처창업은 성장을 통해 시장주도력을 발휘하는 것이 중요하다는 측면에서 하위 모듈로서 지속가능성장, 혁신상시화, 전략적 마케팅의 3모듈을 개발하였다. 넷째, 벤처창업의 경우는 정부주도에 의한 생태계 구축 및 정책지원 환경이 지대한 역할을 하므로 벤처창업지원정책의 활용을 마지막 모듈로 개발했다.

벤처창업컨설팅방법론의 10개 모듈은 [그림 66]과 같이 제시되어 있다. 각 모듈별 하위 구성요소와 이들의 측정 방법 등에 대해서는 지속적인 연구와 개발을 진행시켜 나갈 것이다.

[모듈 1] 벤처측면 : high risk-high return
sub Module 1-1 : 기업가정신
sub Module 1-2 : 업의 발견 – 사업아이디어
sub Module 1-3 : 벤처환경

[모듈 2] 창업측면 : 전략전술 - 프로세스 - 자원동원
sub Module 2-1 : 한국적 창업전략
sub Module 2-2 : 창업프로세스
sub Module 2-3 : 창업자원 동원

[모듈 3] 성장측면 : 벤처창업기업의 성장주도력
sub Module 3-1 : 지속가능 성장
sub Module 3-2 : 혁신상시화
sub Module 3-3 : 전략적 마케팅 창조

[모듈 4] 정책측면 : 벤처창업 지원정책 활용
sub Moduel 4-1 : 벤처창업지원정책

[그림 66] 벤처창업컨설팅방법론 모듈

3. 중소기업R&D추진전략 컨설팅방법론 모듈

중소기업R&D추진전략의 경우 중소기업, R&D, 컨설팅방법론이라는 3가지 지식영역이 상호 융합되어야 제대로 된 고객의 문제해결을 위한 방법론을 개발할 수 있게 된다. 중소기업R&D추진전략 컨설팅방법론은 한성대 지식서비스&컨설팅대학원 융합기술학과에서 개발한 방법론의 사례이다. 중소기업, R&D 모두 정부의 정책적 관심과 지원이 지대한 분야이고 시장기능에만 맡길 경우 시장의 실패가 나타나는 부분이기 때문에 정부 정책요소를 고려하는 것이 대단히 중요하다. 특히 R&D의 경우 기업의 경영전략과 밀접히 연계되어 추진되어야 하고 그 전문성과 사업성 평가가 중요한 요소이기 때문에 이러한 요소들을 고려하여 컨설팅방법론을 개발하였다.

중소기업R&D추진전략에 있어서 문제인식의 핵심은 2가지 요소로 구분할 수 있는데 그중 하나는 기업차원에서 진행되는 R&D프로젝트 진행이며 또 하나는 정부차원에서 지원되는 정부 R&D지원정책 활용이 될 것이다. 우선 R&D프로젝트 진행과 관련된 하위 모듈은 기업R&D프로젝트 총론, 중소기업의 비전과 사업포트폴리오 구축, 기업기술력 평가와 연구개발과제 추출 및 평가, 기업부설연구소/전담부서의 설립 운영, 기술가치 평가의 5모듈로 개발되었다. 한편 정부의 R&D지원정책 활용을 구성하는 하위 요인으로는 연구개발지원 정책 및 전담기관 사업, 전담기관별 관리사업, 지원제도 신청절차와 활용, 사업계획서 작성, 사업수행시 참고사항의 5모듈로 개발되었다.

중소기업R&D추진전략 컨설팅방법론의 10개 모듈은 [그림 67]에 제시한 바와 같다. 하위 모듈도 함께 제시되어 있는데 향후 지속적인 연구 개발을 통해 진화 발전시켜 나가게 될 것이다.

Part Ⅰ: R&D프로젝트 진행

[모듈 1] 기업R&D프로젝트 총론
- sub 1-1 계층별 자원분배와 의사결정
- sub 1-2 기술전략의 구조와 내용
- sub 1-3 연구개발 프로젝트의 전주기 프로세스

[모듈 2] 중소기업의 비전과 사업포트폴리오 구축
- sub 2-1 중장기경영전략수립 프로세스
- sub 2-2 사업포트폴리오 구성방법[PPM분석 실무]

[모듈 3] 기업기술력평가와 연구개발과제 추출 및 평가
- sub 3-1 기업기술력 평가[KIAT Method]
- sub 3-2 Business Canvas에 의한 연구과제 개발
- sub 3-3 BMO법에 의한 과제 Screening Method

[모듈 4] 기업부설연구소 / 전담부서 설립 및 운영
- sub 4-1 제도개요
- sub 4-2 설립절차 흐름도
- sub 4-3 인정요건
- sub 4-4 운영전략

[모듈 5] 기술가치 평가
- sub 5-1 기술가치 평가 개요 및 흐름도
- sub 5-2 추정재무제표 및 FCF작성법

Part Ⅱ: 정부의 R&D지원정책 활용

[모듈 6] 연구개발 지원정책 및 전담기관 사업
- sub 6-1 정부예산의 개요

sub 6-2 국가연구개발사업의 개요
sub 6-3 R&D지원
sub 6-4 산업통상자원부의 R&D사업
sub 6-5 중소기업청의 R&D사업

[모듈 7] 전담기관별 관리사업
sub 7-1 한국산업기술평가관리원[KEIT]
sub 7-2 한국산업기술진흥원[KIAT]
sub 7-3 한국에너지기술평가원[KETEP]
sub 7-4 중기청의 R&D사업[KEITE 등 3기관]

[모듈 8] 지원제도 신청절차와 활용방법
sub 8-1 일반사항
sub 8-2 발표요령

[모듈 9] 사업계획서 작성실무
sub 9-1 개념계획서 작성 방법
sub 9-2 사업계획서 작성방법 및 유의점

[모듈 10] 사업 수행시 참고사항
sub 10-1 평가관리프로세스
sub 10-2 사업비사용 및 정산방법
sub 10-3 사업성과관리 및 등록방법

[그림 67] 중소기업R&D추진전략 컨설팅방법론 모듈

제 2 절 '문제인식의 틀(Framework)'을 활용한 독자개발 사례

1. ACE발효리더십 모듈

창조혁신시대의 한국적 발효리더십 발휘를 위한 리더십 모듈로서 권광영의 책 『톱리더의 조건(2015)』을 참고하여 [그림 68]에서 보는 바와 같이 ACE 발효리더십 모듈을 개발하였다. A는 발효리더십 발휘를 위한 첫 번째 모듈로서 전략적 민첩성(Strategic Agility)이며 환경변화(Situation), 스타일(Style), 전략(Strategy)의 3요인으로 구성된다. C는 발효리더십 실행을 위한 두 번째 모듈로서 커뮤니케이션(Communication)을 말한다. 구성원들에게 전략을 전달하고 공감하기 위한 C모듈은 자신감(Confidence), 집중(Concentration), 배려(Consideration)의 3요소로 구축된다. E는 창조혁신시대의 실행의 방식인 협업을 의미하는 앙상블(Ensemble Execution)을 의미한다. 계획이 10이면 소통이 30이고 실행은 60이다. 앙상블 실행을 위해서는 간결함(Simplicity), 진정성(Sincerity), 속도(Speed)의 3요소가 필수적이다.

[모듈A] 전략적 민첩성A(strategic Agility) : 리더십 유효기간 인식

〈 1s 〉 환경변화(situation) : 태풍 – 전체 – 혁신
〈 2s 〉 스타일(style) : 성찰 – 재창조 – 유효기간
〈 3s 〉 전략(strategy) : 집사 – 광익 – 균형

[모듈C] 커뮤니케이션C(comunication) : 삼현일장(三顯一藏) 〈 주역 〉

〈 1C 〉 자신감(confidence) : 논쟁/경청 – 도움/감사 – 반드시 – 눈높이
〈 2C 〉 집중(concentration) : 핵심 – 스몰빅 – 헌신
〈 3C 〉 배려(consideration) : 포용 – 인정 – 경계

[모듈 E] 앙상블E(Ensemble Execution) : 실행 72시간 법칙

〈 1S 〉 간결함(simplicity) : 3분론 – 편집자 – 정반합
〈 2S 〉 속도(speed) : 가장 빠르게 – 전속력 – 디자인 사고 – 큰그림 / 작은행동
〈 3S 〉 진정성(sincerity) : 책임감 – 사명감 – 심리적 빈 공간

[그림 68] ACE발효리더십 모듈

2. SGs 기업가정신 모듈

SGs강소기업의 SGs는 Small Giants(강소기업)의 약자다. 저자는 헤르만 지몬의 저서 『히든챔피언(2008)』을 통해 한국적 기업가정신 모듈을 착안했다. SGs는 방법론의 목적을 나타낸다. 즉, Small Giants로서 글로벌 일류의 강소기업으로 우뚝 서도록 하겠다는 기업가정신 발휘의 비전이자 목적이다.

[그림 69]에서 보는 바와 같이 SGs모델은 S + G + s의 3개의 대분류 3모듈로 구성된다. 우선 S는 Star Management로서 스타경영이다. G는 Great Opportunities로서 위대한 기회이다. 마지막으로 s는 solid Foundation으로서 튼튼한 기반이다.

SGs 대분류 모듈은 3S + 3G + 3s의 9중분류 모듈로 구성된다. Star Management 스타경영 모듈의 3중분류 모듈은 Soft Power 소프트파워, Smart Innovation 스마트혁신, Strong Partnership 강한 파트너십의 셋이다. Great Opportunites의 3중분류 모듈은 Globalization Leadership 글로벌리더십, Global Strategy 글로벌전략, Government Role 정부역할이다. solid Foundation의 3중분류 모듈은 sensational Start-Up 선풍적 스타트업, sustainable Growth 지속가능 성장, social Responsibilities and Sharing 사회적 책임 및 공유이다.

3S중분류 모듈은 11개의 소분류 모듈로 구성된다. 우선 Soft Power

소프트파워 중분류 모듈은 가치중시, 창조성, 인본주의, 다양성(소프트파워 사례들)의 4소분류 모듈로 이루어 졌다. Smart Innovation 스마트혁신 중분류 모듈은 리더십과 제도, 자발성, 차별화, 다양성(스마트혁신 사례들)의 4소분류 모듈로 뒷받침 된다. Strong Partnership 강한 파트너십 중분류 모듈은 신뢰자산, 생태계, 협업 노력이라는 3소분류 모듈로 구성된다.

3G 중분류 모듈은 9개의 소분류 모듈로 구성된다. 우선 Globalization Leadership 글로벌리더십이라는 중분류 모듈은 대 트렌드, 확산성, 대응성의 3소분류 모듈로 나뉜다. Global Strategy 글로벌 전략의 중분류 모듈은 국가차원, 산업차원, 기업차원에서의 3소분류 모듈로 뒷받침 된다. Government Role 정부역할이라는 중분류 모듈은 법과 원칙, 공정/공유가치, 시장친화라는 3소분류 모듈로 구성된다.

3s 중분류 모듈도 역시 9개의 소분류 모듈로 구성된다. 우선 sensational Strart-Up 선풍적 스타트업 중분류 모듈은 창업 생태계, 기본기 충실, 뉴 비스니스 모델의 3소분류 모듈로 나뉜다. sustainable Growth 지속가능성장의 중분류 모듈은 전천후 리더십, 경제 민주화, 자조 · 자립 · 협동, 기초체력 강화라는 3소분류 모듈로 구성된다. 마지막으로 social Responsibilities and Sharing 사회적 책임 및 공유의 중분류 모듈은 글로벌 공존공영, 국가사회 공헌, 기본질서 준수라는 3소분류 모듈로 뒷받침된다.

SGs	3S+3G+3s	29 소모듈
Star Management	(1) Soft Power	① 가치중시 ② 창조성 ③ 인본주의 ④ 다양성(사례)
	(2) Smart Innovation	① 리더십과 제도 ② 자발성 ③ 차별화 ④ 다양성(사례)
	(3) Strong Partnership	① 신뢰자산 ② 생태계 ③ 협업 노력
Great Opportunities	(1) Globalization Leadership	① 대 트렌드 ② 확산성 ③ 대응성
	(2) Global Strategy	① 국가차원 ② 산업차원 ③ 기업차원
	(3) Government Role	① 법과 원치 ② 공정/공유가치 ③ 시장친화
solid Foundation	(1) sensational Start-Up	① 창업 생태계 ② 기본기 충실 ③ 뉴 비즈니스 모델
	(2) sustainable Growth	① 전천후 리더십 ② 경제민주화/ 자조·자립·협동 ③ 기초체력 강화
	(3) social Responsibilities and Sharing	① 글로벌 공존공영 ② 국가사회 공헌 ③ 기본질서 준수

[그림 69] SGs 기업가정신 모듈

3. '촉 - 단 - 공' 기업가정신 모듈

기업가정신 '촉' 모듈은 저자가 5년 이상을 담당해 온 매일경제TV 경세제민 '촉' 프로그램의 MC를 수행하면서 다양한 출연자들과의 대화의 과정에서 아이디어가 떠올랐다. '단'모듈은 이지훈의 책자 『단』을 읽으면서 컨설팅방법론으로 진화시키게 되었다. 한편 '공' 모듈은 저자의 시대흐름을 보는 눈이고 삶의 철학이기도 하다. 이 세 개의 모듈이 결합되어 21세기 창조혁신을 위한 기업가정신 모듈 '촉 - 단 - 공' 컨설팅방법론으로 탄생하게 되었다.

'촉 - 단 - 공' 모듈의 프레임워크는 다음의 [그림 70]과 같다. 대분류 모듈 '촉'은 안테나를 높이 세우고 위기의식을 강조하며 세상을 촉으로 들여다보는 것이다. '촉' 모듈의 하위모듈은 '만나라 - 느껴라 - 이어라'로 중분류 된다. '만나라'의 하위 모듈은 '자신 - 역사 - 현장'이다. '느껴라'의 하위모듈은 '관심 - 관찰 - 관조'이다. '이어라'의 하위모듈은 '생각 - 전략 - 실행'이다.

'단' 모듈은 창조혁신사회의 지식정보의 모호성, 복잡성, 암묵성을 극복하고 비전을 공유하고 공감하고 실행하는 것이다. 단의 3하위모듈은 '버려라 - 세워라 - 지켜라'이다. '버리라'의 하위 모듈은 '욕망 - 집착 - 편견'이다. 세우라'의 하위모듈은 '브랜드 - 방법론 - 연계망'이다. 그리고 중분류 '지켜라'의 하위모듈은 '본질 - 신뢰 - 약속'이다.

'공' 모듈은 집사광익을 통해 공존하는 사회, 공유가치를 창출하는 사회 그리고 말로만이 아닌 행동을 중시하는 사회를 지향하는 것이다. 공 모듈의 하위 3모듈은 '나눠라 - 도와라 - 행하라'이다. '나눠라'의 하위모듈은 '배려 - 진정 - 공감'의 3하위요인으로 구성된다. '도와라'는 '책임 - 환원 - 공존'의 3하위요인으로 구성된다. 마지막으로 '행하라' 이다. 행동하지 않은 양심은 악의 편이다. 마지막으로 행모듈은 '신속 - 친절 - 조화'의 3하위 모듈로 구성된다.

[촉(觸) 모듈] 안테나를 높이 세우고 위기의식을 강조하라.
위기의식과 생존 그리고 갈망의 키워드 : 절박한가? 간절한가?

① 만나라 : 자신(self)-역사(history)-현장(field)
② 느껴라 : 관심(interest)-관찰(observation)-관조(contemplation)
③ 이어라 : 생각(thinking)-전략(strategy)-실행(execution)

[단(單) 모듈] 비전 공유 - 공감 - 실행의 3박자 최적화의 지름길 간결함이다.

① 버려라 : 욕망(desire)-집착(obsession)-편견(prejudice)
② 세워라 : 브랜드(brand)-방법론(methodology)-연계망(network)
③ 지켜라 : 본질(essence)-신뢰(credibility)-약속(promise)

[공(共) 모듈] 집사광익의 길 - 사회적 책임을 넘어 공유가치창출로 나가야

① 나눠라 : 배려(consideration)-진정(sincerity)-공감(sympathy)
② 도와라 : 책임(responsibility)-환원(return)-공존(coexistence)
③ 행하라 : 신속(speed)-친절(hospitality)-조화(ensemble)

[그림 70] '촉 - 단 - 공' 기업가정신 모듈

4. Three 1만의 법칙

컨설턴트의 삶은 개인적으로 보면 건강 - 가족 - 경쟁과의 조화를 어떻게 가져가는가가 성패를 좌우한다. 조화로운 삶의 방법론으로 개발하고 활용하자는 것이 바로 'Three 1만의 법칙' 모듈이다. '1만보 걷기 - 1만원 행복 - 1만 시간 집중'의 하위 요인으로 구성된다.

1만보 걷기를 생활화하는 것이다. 말로만 아닌 행하는 1만보 법칙이다. 1만보 법칙을 행하기 위해서는 컨설턴트 자신에 적합한 특화된 활동 매뉴얼을 구축해야 하고 지켜나가야 한다. BMW(버스 - 메트로 - 워킹)생활화, 서서 TV시청하기, 서서 회의하기 등 가까이서 실천가능한 방법론을 개발, 적용해야 한다.

1만원의 행복의 기회를 자주 만드는 것이다. 가화만사성이라 했다. 가정이 행복하고 안정되어야 컨설턴트의 바쁜 생활과 균형을 유지할 수 있다. 매주 1만원의 행복 시간을 자주 마련하는 것이 좋다. 안주인과 영화 관람, 외식하기, 선물하기 등 1만원 안팎에서 조그만 행복기회를 자주 가지는 것이다. 뭔가 크게 해보겠다고 마음먹는 순간 아무것도 이루어지지 않는 것이다. 실천 가능한 단순한 방법론이 핵심이다.

1만 시간을 전문 분야에 집중하는 것이다. 저자는 컨설팅계에 입문하여 이제야 9년이 지났다. 1만 시간의 종착역인 10년에는 아직도 미흡하다. 매일 3시간씩 컨설팅에 집중했어도 10년이 되어야 최소한의 전문적 역량을 좀 가졌다고 얘기할 수 있을 텐데 부족한 부분이 많을 것이다.

제 10 장 컨설팅방법론의 개발, 공개 / 공유 및 진화

제 1 절 필요성

인류사회가 진보하면서 지식 공급의 확산과 함께 복잡성, 암묵성, 모호성이 더욱 심화되고 있다. 지식의 수요에 있어서도 고객이 당면한 문제해결에 도움이 되는 방법론적 지식이 더욱 각광을 받고 있다. 그렇다보니 다양한 지식공급 요소와 고객의 지식 수요를 연계하는 방법론적 인터페이스로서 역할을 하는 도구의 개발과 활용이 더욱 중요해 졌다. 컨설팅방법론은 바로 지식의 공급과 수요를 연계하는 방법론적 지식을 체계화한 도구이다. 컨설팅방법론의 개발과 활용은 인류사회 진보의 필연적 귀결이다.

지금까지 기술한 것처럼 컨설팅서비스가 지식서비스와 차별화되지 못하고 컨설팅 정의도 기존의 백가쟁명 상황에 머무르게 된다면 창조혁신사회의 카오스적 문제해결을 위한 지식역량의 한 단계 도약은 한계에 봉착할 것이다. 더구나 우리 한국의 경우 독자적인 컨설팅 시장이나 컨설팅 산업이 존재하기 어려운 개념의 혼돈상황에 직면해 있다. 따라서 이론이나 실무에서 컨설팅에 대한 새로운 정의를 통해 컨설팅 시장과 산업의 존재 근거로서 컨설팅방법론의 개발과 활용에 적극 나서야 한다.

이러한 시대적 요구에 부응하여 저자는 컨설팅방법론의 이론적,

실무적 소개와 함께 그동안 경영컨설팅에서 개발되어 활용되고 있는 방법론과 도구를 소개하였다. 아울러 한국적 컨설팅방법론의 개발 필요성과 함께 구체적인 개발 사례를 소개하고 지속적인 진화의 필요성을 제기하였다. 동 사례들은 현재 진행형으로서 컨설팅 현장에서 구체화하고 실행하기 위해서는 좀 더 정교하게 다듬어질 필요가 있다. 그렇다고 해서 현재의 수준에서 현장 활용이 불가능하다는 것이 아니다. 이 책에서 소개한 방법론을 기존의 경영컨설팅방법론과 잘 융합해 활용하면 컨설팅서비스의 유효최적화에 큰 도움이 될 것이다.

컨설팅방법론은 의료 도구와 마찬가지로 계속적으로 진화하고 발전해 나가야 한다. 아울러 컨설턴트들이 이 도구를 활용하여 현장에서 컨설팅서비스에 적용하고 그 결과물을 케이스로 축적하고 공통된 요소들은 DB로 축적해야 한다. 축적된 케이스와 DB는 좀 더 진화된 컨설팅방법론의 개발에 도움을 주게 될 것이다. 컨설팅방법론 개발과 활용을 통한 케이스와 DB축적을 위해서는 컨설팅방법론의 공개/공유가 필요하다. 그러나 경쟁적인 컨설팅시장에서는 컨설팅방법론과 같은 지적자산의 공개/공유는 용이치 않다. 따라서 컨설팅방법론의 공개/공유를 촉진하고 사회적 자산화를 촉진하기 위해서는 한국적 컨설팅시장과 산업 상황을 고려하여 컨설팅인프라 구축의 관점에서 접근할 필요가 있다.

제 2 절 컨설팅방법론의 개발 및 공개 / 공유

경영컨설팅방법론은 글로벌 컨설팅사와 우수 경영대학원의 합작 노력으로 다수 개발되어 공개되어 있다. 그러나 전문지식 분야별 핵심요인에 기반한 지식서비스컨설팅방법론의 경우 개별 컨설팅 업체에서 자체 개발하여 활용하고 있으나 공개/공유가 미흡한 실정이다.

더구나 이러한 컨설팅방법론을 활용한 케이스나 DB 축적은 대부분 글로벌사의 독점적 지식자산화 되어 있고 이들의 경쟁우위에 활용되고 있다. 일부 글로컬사들의 경우도 이러한 DB 구축과 지식자산화를 위해 노력하고 있으나 아직은 역부족인 상황이며 중소컨설팅사들의 경우는 아직 엄두를 내지 못하고 있다. 한국 정부의 경우는 중소기업에 대한 컨설팅지원 사업을 실시하고 있으나 컨설팅방법론의 개발 및 활용과 같은 인프라 투자에 역점을 두기 보다는 개별 기업의 컨설팅서비스 보조지원에 치중하고 있다.

한국 컨설팅시장은 대중소컨설팅사간의 양극화가 심하고 중소컨설팅시장의 유치성을 특징으로 한다. 따라서 정부는 중소기업컨설팅 시장의 유치성 극복을 위한 인프라 구축에 정책의 촛점을 두어야 한다. 컨설팅방법론의 개발과 보급 그리고 컨설팅 케이스 및 DB 축적을 위한 인프라 투자가 확대되어야 한다는 것이다. 컨설팅방법론의 개발과 보급은 정부지정 컨설팅대학원을 중심으로 컨설팅업체 및 단체가 참여하여 다양한 지식서비스분야에서 서비스R&D방식으로 추진할 수 있을 것이다. 컨설팅방법론이 인프라 역할을 해내기 위해서는 방법론의 표준화를 통해 케이스와 DB축적이 가능해야 한다. 컨설팅방법론의 표준화는 새롭게 시장에 진입하려는 신규 컨설턴트에 대한 진입장벽을 낮추고 보편적 컨설팅 지식역량의 확산을 위한 기반이 될 것이다. 아울러 컨설팅 결과물의 DB축적이 가능한 템플릿 및 플랫폼 구축의 여건을 형성하는데도 도움이 될 것이다. 그러나 표준화는 범용성 표준화에 한정해야 한다는 점을 유의할 필요가 있다. 컨설팅 인프라로서 범용성 표준화는 시장의 자발적인 연계 방법론들의 개발 및 확산을 유인하게 될 것이다. 컨설팅 시장과 산업이 제대로 작동하기 위해서는 컨설팅방법론의 표준화와 다양화라는 두 마리 토끼를 잡는 투트랙 전략이 필요하다.

제 3 절 다양한 컨설팅 솔루션 개발 및 확산

컨설팅방법론의 표준화를 통한 DB가 축적이 되면 이를 바탕으로 다양한 솔루션이 개발되게 된다. 컨설팅 시장에서는 방법론을 활용한 컨설팅 결과물들이 정보보호나 지식재산권 보호 등의 요인으로 원활하게 유통 및 활용되지 못하고 있다. 오히려 특정한 컨설팅회사나 조직차원에서 경쟁우위 확보를 위해 방법론을 활용한 DB구축과 투자가 이루어지는데 그 결과는 컨설팅 시장의 양극화를 더욱 강화시키는 요인으로 작용한다.

컨설팅결과물의 DB가 축적이 되면 동 DB가 모범사례로서 역할을 할 뿐 아니라 동 DB를 통해 컨설팅 프로젝트 수행시 분야별, 기능별 최적효율화를 위한 솔루션 개발에도 큰 도움을 주게 된다. 컨설팅은 문제해결, 경쟁우위창출, 신 비즈니스 모델 창조을 위한 방법론이 핵심이라는 점을 강조했다. 따라서 다양한 지식 요인들이 상호 작용하는 구조를 파악하고 이를 시스템적으로 연계한 솔루션들이 개발되고 활용된다면 컨설팅방법론의 적용시 신속성, 효율성, 정확성, 예측성을 크게 향상시킬 수 있게 된다.

이러한 솔루션 개발 및 활용은 컨설팅방법론과 마찬가지로 표준화와 다양화의 두 방향으로 진행되어야 한다. 중소기업을 상대로 한 중소기업컨설팅의 경우는 정부나 공공부분이 나서서 표준화된 방법론 개발과 DB 축적과 함께 이들 중소기업에 표준적으로 활용 가능한 솔루션을 개발하여 보급하는 것이 바람직하다. 이렇게 되면 시장에서는 공개된 표준화된 방법론과 솔루션을 바탕으로 특화된 솔루션 개발이 활성화될 것으로 기대된다. 반면 국내 컨설팅 시장에서 경쟁우위를 점하고 있는 글로벌 및 글로컬 컨설팅사들의 경우는 그들이 보유하는 솔루션 중 시장에 공개할 부분은 과감하게 공개하고 새롭고 혁신적인 솔루션들을 자체적으로 개발 활용해 나가는 노력이 요구된다.

에필로그

컨설팅 전문직의 미래 3대 핵심 전략

4차산업혁명 시대는 생각보다 빨리 우리 눈앞에 펼쳐지고 있다. 이 책 시리즈 Ⅱ권의 에필로그를 쓰던 2016년 6월 이세돌 9단을 가볍게 꺾은 신생아 마스터 알파고는 또 다시 새롭게 등장한 4개월생 제로 알파고에게 여지없이 무너졌다. 마스터 알파고는 정책망과 가치망이란 두 가지 신경망을 통한 강화학습을 통해 실력을 배양한 인공지능이었다. 반면, 제로 알파고는 아예 백지상태에서 인간지식의 도움 없이 스스로 실력을 쌓은 완전히 맨 바탕에서 시작한 인공지능이다. 기존 마스터 알파고는 인간 전문가가 존재하는 영역에서만 능력을 발휘하고 인간이 고려하지 않는 일은 할 수 없었다. 그러나 신생의 제로 알파고는 아예 인간을 배제한 채 학습을 해서 마스터 알파고의 한계를 빠른 시간에 극복해 냈다. 인공지능 기계가 인간의 역할을 대체할 날도 멀지 않았음을 웅변해 준다. 이와 같이 급변하는 지수적 변화의 시대에 컨설팅 전문직이 추구해야 할 3대 전략을 제시코자 한다.

첫째는, 컨설팅 전문직은 이 책에서 강조하는 방법론적 지식의 창출과 활용으로 기존 전문지식의 한계를 극복해야 한다. 4차산업혁명 시대에 전문직의 미래는 결코 밝다고 할 수 없다.[16] 전문직 전반이 뭔가 코페르니쿠스적 사고전환이 없다면 위기적 상황에 봉착하거나 소멸의 운명을 맞이할 것이다. 하지만 컨설팅 전문직종의 경우 저자가 주장하는 방법론적 지식의 창출과 활용의 전문가로 새롭게 정의하면서 동 정의에 걸맞는 새로운 방향성과 전략전술을 모색해 나갈 경우 각광받는 직종으로 떠오르게 될 것이다. 컨설팅 전문직의 최우선 전략적 방향성은 '방법론적 지식의 개발과 활용'이 될 것이다. 이 책에서 컨설팅방법론의 이론과 실제, 경영컨설팅방법론의 소개와 함께 지식서비스 컨설팅방법론의 개발 및 활용의 사례를 제시한 것은 이와 같은 문제의식에서이다. 컨설팅 전문직의 미래는 새롭게 대안 세력으로 등장하는 인공지능 기계와 조화롭게 협업하여 고객 맞춤형 문제해결 역량을 높여나가는 것이다. 그 핵심 역량이 바로 방법론적 지식의 개발과 활용이라 할 것이다.

둘째는, 컨설팅 전문직이 그동안의 전문가적 역량으로 승부할 수 있는 분야는 4차산업혁명의 전문지식을 기업 경영현장으로 접목하는 지식분야이다. 4차산업혁명 시대에는 네트워크 플랫폼을 장악한 글로벌 거대기업 1%와 나머지 99%와의 격차가 더욱 심화되게 될 것이다. 특히, 9988 중소기업은 기존 시장에서 생존하는데도 버거운데 거대한 신물결까지 몰아치고 있어 위기가 일상화하고 있다. 반면에 노력하기에 따라 기존의 시장 질서를 무너뜨리고 새로운 강자로 부상할 수 있는 절호의 기회이기도 한다. 4차산업혁명 시대에는 다수의 99%가 소수의 독과점 1%와 유효하게 협력과 경쟁을 펼쳐 나갈 수 있도록 도와주는 미래전략컨설턴트의 역할과 책임이 요구된다.

셋째는, 자본주의 진화과정에서 지나친 자본 중심의 경제시스템 작동으로 양극화, 일자리 부족 등 글로벌 차원의 3불(불균형, 불공정, 불합리)구조가 심화되고 있다. 그 대안으로 복지국가의 등장과 함께 제3의 길인 사회적경제가 강조되고 있다. UN은 2012년을 협동조합의 해로 선포하면서 사회적경제의 활성화를 전세계에 호소했다. EU의 경우에는 사회적경제의 국민경제에서 비중이 10%수준에 근접해 가고 있다. 반면, 우리 한국은 협동조합이나 사회적 협동조합 그리고 사회적 기업 등과 같은 사회적 경제 주체의 설립과 활동을 지원하는 법적, 제도적 준비와 양적 성장은 괄목할 만하나 아직 국민적 인식과 질적 성장은 미흡한 실정이다. 신정부는 일자리 창출과 사람중심 경제를 달성해 나가기 위해 사회적 경제 활성화를 적극 추진하고 있다. 그러나 사람과 공동체 중심의 경제가 원활히 작동하기 위해서는 이해관계의 조정과 중재 그리고 창조적 비즈니스 모델의 창출이 중요하다. 사회적경제의 진화와 발전을 지원하기위한 사회적 컨설팅의 역할과 중요성이 강조되고 있다. 사회적 경제의 진화는 새 시대 컨설팅산업의 블루오션의 하나로 다가오고 있다.

부 록

부록 I 컨설턴트 나도성의 중소기업 정책 들여다보기

2008 - 2017년간 언론 기고

[내일신문 경제시평] 2012. 5. 8 - 2017. 9. 8 까지 23편

[이데일리 목멱칼럼] 2017. 6. 5 - 2017. 7. 25 까지 4편

[전기신문 등촌광장] 2008. 6. 11 - 2009. 9. 3 까지 13편

[내일신문 경제시평]

(1) 불공정 불합리 불균형 … 중소기업 3불 해소를

경제민주화, 재벌개혁, 복지확대 등 양극화 해소를 위한 정치권의 공약이 만발하고 있다. 글로벌 금융위기 이후 신자유주의에 대한 세계 각국의 반성이 일면서 국내에서도 공동체의 정의 실현을 위한 개혁이 화두이다. 바람직한 현상이다.

개혁 정책은 제도로서 경로의존성과 상호보완성을 갖기 때문에 그 실현이 만만치 않다. 그런데 정치권의 정책 공약 상당수가 중소기업 살리기와 직간접적으로 연계되어 있다.

중소기업은 '9988'(업체수 99%, 종업원수 88%)로서 우리 국민경제의 기반이다. 그러나 현실은 역사적, 구조적, 시스템적인 3불(불공정, 불합리, 불균형)의 질곡에 시달리고 있다. 정부는 1300여개가 넘는 세계 일류의 지원시책을 공급하고 있으나 중소기업의 어려움은 가중되고 있다. 국가경제 운영시스템상 근원적인 문제가 있다는 반증이다.

글로벌 금융위기는 신자유주의 확산이 양극화를 초래한 핵심요인임을 드러냈다. 한국의 3불구조 청산도 신자유주의의 문제점 해소에 초점을 맞출 필요가 있다.

첫째, 한국적 불공정 시장과 대중소기업간 불공정 거래관계를 해소하기 위한 뉴 패러다임이 필요하다. 우리의 공정시장 이념은 신자유주의 시장의 효율성을 확보하기 위한 최소한의 공정성만을 규율한다. 시장경쟁에서 도태되는 문제는 간섭치 않는다.

그러나 한국적 상황은 산업의 독과점화와 재벌의 경제력 집중현상이 계속 심화되고 있어 중소 경쟁자의 생존력을 확보하기 위한 정부의 개입이 필요하다. 대중소기업간의 거래관계도 외형은 자유로운 독립기업간의 계약관계 형태를 취하고 있으나 실질은 대기업 우월적 지배종속 관계이다.

둘째, 신자유주의적 시장중심의 합리성에 기반한 금융 및 자본시장 개방, 규제완화 조치 등의 재검토와 그 부정적 영향에 대한 보완이다. 주주자본주의는 주주이익 극대화에 치중함으로써 노동자와 하청 중소기업 등 이해관계자의 이익을 수탈한다.

기업경영의 단기화를 추동하여 중장기적인 미래성장산업의 투자를 저해한다. 비즈니스 프렌들리를 앞세운 규제완화 조치는 대기업의 일방적 경쟁우위를 강화시킬 우려가 있다. 시장의 합리성에 근거한 자유화나 규제 완화 조치는 그 결과에 대한 신중한 검토와 보정이 요구된다. 아울러 노동 및 복지 등 생산적 복지 정책을 통한 불합리성의 보완이 필요하다.

셋째, 시장중심에서는 규모 및 범위경제가 작동하고 학습경험 축적이 유리한 대기업이 경쟁우위에 선다. 정부의 정책지원에도 불구하고 대중소기업간 경쟁 불균형 현상은 심화된다.

중소기업의 이익률 저하, 생존율 하락 그리고 성장 단절을 야기한다. 그 결과는 임금격차 그리고 지역 간 불균형 등 양극화를 심화시키는 요인이 된다.

중소기업이 대기업과 균등하게 경쟁할 수 있도록 이들의 협력을 통한 네트워크 대형화를 돕고 보완책을 마련해야 한다. 영세자영업의 구조조정과 함께 4대 보험을 적용하고 프랜차이즈화를 유도하는 것은 그 한 방법이다.

중소기업의 3불 현상은 상호작용을 통해 강화되는 경향이 있으므로 그 해소 방향도 단편적, 부분적이기 보다는 종합적, 체계적이어야 한다. 경제시스템 전반을 종횡하여 경제, 산업, 기업 그리고 재벌, 동반성장, 노동, 복지 정책을 조합하는 패키지형 정책이 필요하다.

(2012. 5. 8)

(2) 한국경제 재도약 위한 3대 과제

글로벌 경제환경의 불확실성이 지속되는 가운데 한국경제의 역사적, 구조적, 시스템적인 '3불'(불공정 불합리 불균형)현상이 심화되고 있다. 이 3불은 우리 한국경제가 2만달러시대의 장벽을 뚫고 한 단계 도약하기 위해 반드시 극복해야 할 장벽이기도 하다.

박근혜 당선인은 어려운 여건에서도 경제민주화, 일자리 창출, 복지 등 어찌 보면 양립하기 어려운 과제들을 한꺼번에 해결하겠다고 공약하고 국민행복시대를 약속했다.

박 당선인은 민생살리기 첫 행보로 쪽방촌 영세민과 중소기업단체를 먼저 찾아 의지를 내비쳤다. 그 비전을 달성할 전략전술과 실천방안이 중요한데 이 부분에 대해서는 아직 미지수다. 정권인수위원회에서 어떻게 제시될지 궁금한데 정책공약에 나온 내용만으로 보면 산업화시대의 낡은 레코드를 다시 틀어댈 우려도 없지 않다.

한국경제가 한 단계 레벨-업 되고 세계 일류국가로 도약하기 위해서는 지식정보시대에 걸맞는 정책패러다임의 근원적 전환이 필요하다. 그 핵심을 간략히 제시하고자 한다.

첫째, 경제민주화의 중단 없는 실천이다. 우리 경제가 60년대 이래 수출주도형 성장을 추구하여 반세기 만에 글로벌 10대 경제대국으로 크기는 했으나 3불이라는 근원적 문제를 배태했다.

이러한 3불 극복의 필요조건이 바로 경제민주화이다. 그 첫 단추가 한국경제 전반을 독과점화한 재벌구조 혁신이다. 이것이 바로 시장 불공정성 회복의 지름길이다. 아울러 시장공정성을 보장하기 위한 법적, 제도적 장치를 강화하고, 시장 파수꾼의 역할을 공명정대하게 재정립해야 한다. 우리 경제 전반에 만연한 불공정한 기업 간 거래, 그리고 이익에 근거한 강자들 간의 커넥션 구조도 해체해야 한다.

둘째, 중소기업의 경쟁역량 배양이다. 시장의 3불에 대한 대가로 정부는 중소기업 지원시책을 백화점식으로 공급했다. 그 결과는 정부의존적 체질의 강화와 모랄해저드 확대이다.

1,300여개가 넘는 중소기업 지원시책을 재정비해서 경쟁력을 높여야 한다. 우선 창조적 혁신역량을 높여나가도록 기술 위주에서 경영과 시스템 그리고 비즈니스 모델까지 포함하는 스마트 혁신을 추진한다.

대기업과의 상생과 동반성장 그리고 중소기업 간의 전략적 협력도 필요하다. 더불어 지식정보시대의 융복합 가치창출이 가능한 네트워크 협력체제를 구축해야 한다. 또한 하나뿐인 지구보전을 위한 그린성장, 기업의 사회적 책임의 경영전략 접목, 그리고 융복합 가치창출을 위한 뉴 비즈니스 모델의 발굴이 필요하다.

셋째는 중소기업드라이브의 의지를 기업경영 현장으로 연계시켜 나갈 지식정보전달시스템의 구축이다. 중소기업은 전체기업의 99% 종업원의 88%를 차지하는 9988 국민경제의 기반이다. 업체수는 300만개를 넘어서며, 영세 자영업에서부터 혁신형 중소기업까지, 그리고 규모도

1인기업에서 중견기업까지 다양하다.

다양한 정부정책이 기업의 경쟁전략과 맞춤형으로 연계시켜 나갈 수 있도록 의료전달체계를 벤치마킹한 중소기업 건강관리 시스템의 국가적 확충이 필요하다. 아울러 중소기업 정책드라이브를 걸겠다는 국가지도자의 의지를 뒷받침할 정부 조직 시스템의 재정립이 시급하다 할 것이다.

(2013. 1. 10)

(3) 중소기업 구조개선 및 재도전 촉진법

지난해 말 중소기업청장 초청 대담을 가졌다. 이 자리에서 박근혜정부에서 벤처창업생태계는 어느 정도 완비하였는데 재기 재도전시장이 원활치 않아 창업에 걸림돌이 되고 있다는 이야기를 들었다.

중소기업재도전 종합대책에 의하면 한국 중소기업의 경우, 창업 후 생존율이 10년차에는 24% 수준이며 현재 중소기업의 1/3이상이 부실 징후를 보이고 있고 한계기업의 60% 이상이 잠재적 실패기업으로 시장에서 생존하고 있는 것으로 나타났다. 한국 중소기업의 부실상태가 이렇게 심한 것은 준비되지 않은 창업, 시장의 불공정성, 경영환경의 악화, 중소기업 경쟁역량의 취약성 등 다양한 요인이 작용한다.

이에 따라 기업 스스로 생존 및 자구노력에 나서고 있고 정부도 정책적 지원을 마다않고 있다. 그럼에도 불구하고 중소기업 회생 및 퇴출 시장의 작동이 불균형적이어서 지속적으로 부실기업이 양산되고 한

계기업이 적체되고 있다. 더구나 한국 사회에서 사업에 실패하면 사회의 낙오자로 전락하게 되고, 일가친척까지 패가망신하는 경우도 많다. 정부가 청년 창업하라고 강조하고 각종 지원정책을 확대해도 그 메아리는 크지 않다.

정부가 뒤늦게나마 재도전 재기를 위한 종합대책을 마련하고 나선 것은 다행이다. 창업부터 성장 및 회생 그리고 퇴출 및 재 창업 단계에 걸쳐 다양한 대책을 마련하고 관련 인프라 구축에 나섰다. 문제는 이러한 대책들 하나하나가 중기청을 포함한 금융위, 법무부 등 관련부처들의 지원과 협력을 필요로 하는데 현장에서 느낌은 잘 돌아가고 있지 않다는 것이다. 더구나 회생 및 퇴출시장에서의 채권자 우월적 시장구조를 혁신하려는 노력이나 사전적 기업부실 방지를 위한 제도적 장치 마련은 미흡했다.

올해 들어와 경제상황이 더욱 어려워지고 부실기업이 확산되는 상황에서 소상공인 및 중소기업의 구조개선 및 재기회생을 위한 자금 및 컨설팅 지원 등 정책적 노력이 한층 강화되고 있다. 필자는 한국 중소기업이 처한 작금의 총체적 문제 해결을 위해서는 그동안 창업 성장 분야에 과도하게 남발된 정책 및 제도적 지원은 축소하고 그 여분을 중소기업의 회생 및 재기분야에 중점 투입해 나갈 것을 제안한다.

그 근거법으로서 (가칭) 중소기업 구조개선 및 재도전 촉진법 제정의 필요성을 제기한다. 현재의 '중소기업사업전환 촉진에 관한 특별법'을 개정하거나 새로운 법을 제정하는 방법도 생각해 볼 수 있겠다. 동법은 사전적 건강관리 측정을 통한 사업전환 및 회생, 금융기관을 통한 구조개선 조치 및 워크아웃, 그리고 법원을 통한 청산 및 파산에 관한 원론적인 규정과 함께 재기 재도전 관련 지원 시책과 부실 중소기업의 구조개선 및 회생을 촉진하기 위한 내용 등을 포함할 필요가 있다. 그동안의 정부 종합대책에 담겨진 내용을 포함하여 기존의 관련법을 개별적으로 개정하기 어렵기 때문에 특별법 형태로 추진하는 것이 바람직하다.

필자는 기업회생경영사(CTP)과정 교육현장에 참가하면서 적지 않은 교육비에도 경상, 전라, 충청 등 전국 각지에서 컨설턴트, 법무사, 변호사, 은행원 등 전문인들이 회생교육 참가를 위해 천리길도 멀지 않다는 의지와 열기를 확인했다. 이 시점이 바로 특별법 제정의 첫 단추를 꿰맬 수 있는 바로 그때가 아닌가 생각한다.

(2015. 2. 12)

(4) 소상공인 구조조정과 명품화

최근 내수부진이 심화되는 가운데 소상공인과 재래시장 등 국민경제의 뿌리가 흔들리고 있다. 설이나 추석 등 명절이면 정치인들이 빠뜨리지 않고 들르는 단골 메뉴가 재래시장이다. 그만큼 서민생활과 밀접한 관련이 있고 표와 인심을 얻는 데 중요한 대상이 소상공인이라는 반증이다. 정치적 관심은 이렇게 큰데도 이들이 살길은 더욱 막막하기만 한데 근원적 처방이 시급하다.

지난해 소상공인 진흥기금이 2조원 규모로 설치되었고 소상공인시장진흥공단도 새롭게 설립되었다. 소상공인연합회도 정식으로 출범하였다. 300만 소상공인을 살리고자 하는 법적제도적 장치는 공고하게 구축되었다. 이제부터는 좀 더 피부에 와닿는 소상공인 살리기 노력이 가시화될 시점이다.

첫째는 소상공인의 과열경쟁을 해소하기 위한 구조조정에 박차를 가해야 한다. 300만 소상공인 숫자는 사업체수에서 국민경제의 90%에 육박하고 근로자수 비율은 선진국 15%의 두 배인 30%에 달한다. 정규 노동시장에서 밀려나 너도나도 준비없는 생계형 창업에 몰려들기 때문이다. 이들의 구조조정을 서둘러야 할 이유이다. 금년 들어 소상공인 희망패키지 지원사업으로 100억원을 투입하여 한계 소상공인의 구조조정 지원을 시작했다. 본격적으로 사업전환, M&A, 워크아웃, 회생 등 종합적인 대책을 마련, 시행해 나가야 한다.

둘째는 소공인 명품화를 통한 글로벌 일류브랜드 구축에 나서야 한다. 가방, 구두, 목공 등 다양한 소공인 단지들이 전국 각지에 산재해 있다. 그동안 정부는 산업정책 차원에서 지역특화산업이니 전통산업이니 하는 방식으로 이들 소공인을 육성해왔다. 이제는 발상을 근원적으로 전환하여 시장에서 고객들이 찾는 명품단지로 키워야 한다. 공공과 민간이 함께하는 일류 브랜드를 탄생시키고 소공인들의 협력생산 시스템 구축으로 최상의 품질을 갖추어야 한다. 글로벌 시장에 도전하는 한국판 명품 소공인을 탄생시키는 것이 중요하다.

셋째는 젊은 인재들이 소상공인 현장에 진출하여 활력을 불어 넣도록 대학의 역할이 강조되어야 한다. 우리가 처한 당면과제는 청년실업 문제다. 열정에 찬 젊은이들이 스스로 찾는 괜찮은 직장으로 소상공인 현장을 탈바꿈시켜야 한다. 전통시장이 국제적 문화와 관광, 산업이 함께 어우러진 복합단지로 탈바꿈한다면 젊은이들이 이곳을 기피할 이유가 없다. 부모가 애써 키워 온 전통가업을 젊은 후계자가 창의력으로 이어받는다면 소상공인의 희망찬 미래가 보인다. 대학이 이러한 소상공인 현장 변화를 추동할 핵심 동력이 되어야 한다. 대학들마다 생존을 위한 구조조정 노력에 나서고 있다. 이들 중 차별화된 모델로 소상공인 현장을 변화시키는 소상공인 선도대학을 육성해 나갈 필요가 있다. 대학의 젊은 인재와 소상공인 현장이 융합하는 새롭고 차별화된 모델에 도전해야 한다.

마지막으로 필자는 소상공인 살리기에 우리 한국의 재벌들이 적극 나설 것을 호소한다. 한국 재벌은 그동안 국가사회로부터 수많은 특혜를 받아와 오늘의 글로벌 기업으로 성장했다. 한국이란 공동체의 지속가능 성장을 위해 양극화의 한편에 몰린 소상공인 살리기를 위한 사회적 책임을 다해야 한다.

(2015. 3. 5)

(5) 중소컨설팅산업 인프라 구축 시급하다

최근 중소기업중앙회에서 300개 중소기업 상대로 조사한 바에 따르면 응답기업의 52%가 한국 중소기업 수준이 개도국 수준을 못 벗어났고 69%가 최근 상황을 위기상황이라고 답변했다. 경제 전반이 저성장세와 무기력증에 빠진 것은 바로 국민경제의 기반인 중소기업들이 돌파구를 찾고 있지 못하기 때문이다. 뭔가 코페르니쿠스적 발상의 전환이 필요한 시점이다.

우리 주변 골목상권을 잘 들여다보면 그 해답의 실마리기 보인다. 다들 힘들다고 하는데도 유달리 손님이 와글거리는 곳도 없지 않다. 필자가 사는 한남동 골목길은 허름한 뒷골목인데도 외국 관광객이 줄지어 찾는 곳도 있다. 유명연예인들이 자주 왔다 가는 곳도 많다. 궁금해서 들어가 보니 뭔가 독특한 느낌을 준다. 그 핵심에는 독창적인 지식경영이 체화되어 있었다.

우리 정부는 중소기업을 살리겠다고 세계일류의 정책을 백화점식으로 공급하고 있다. 결과는 밑빠진 독에 물 붓는 격이다. 중소기업 스스로 자조, 자립, 협동의 기업가정신을 바탕으로 독특한 역량을 키워나가야 하는데 역으로 정부의존형 행태만 키웠다. 산업화시대의 퍼주기 방식에서 지식경영을 뒷받침하는 인프라 구축으로 전환해야 한다.

지식경영은 인재, 시스템, 자본력이 부족한 중소기업에게는 그림의 떡이 될 수 있다. 지식경영의 동반자가 필요하다. 그것이 바로 중소기업컨설팅이다. 중소기업이 당면한 문제해결자, 경쟁우위 창출자, 뉴 비즈니스모델 창조자로서 파트너십 역할이다. 그러나 한국 중소컨설팅시장은 낙후상태다. 컨설팅이 무엇인지, 그 핵심 역량은 어떤지, 시장작동의 방향성은 어디인지 혼란상에 직면해 있다. 유치 중소컨설팅시장의 혁신을 위한 인프라 형성이 시급하다.

첫째, 중소기업컨설팅의 개념을 새롭게 정립하고 전문 인력 양성, 방법론의 개발 보급, DB축적 및 유통, 확산을 위한 플랫폼 구축, 유치 시장의 분할 경쟁 촉진 등을 체계적으로 지원하기 위한 가칭 '중소컨설팅산업 인프라 구축법안' 제정의 필요성을 제기한다.

둘째, 중소기업청 및 정부 각 부처에서 기존 프로그램에다 컨설팅이라는 이름만 붙여 놓은 사업의 대대적인 구조조정이다. 컨설팅은 무료 지식서비스를 공급하는 개념이 아니다. 이들이 독창적 지식경영체제를 확립하여 시장에서 승자로 우뚝 서도록 체계적으로 돕는 것이다. 기존의 개별 기업 중심의 컨설팅 지원을 공통의 인프라 구축으로 전환시켜야 한다.

셋째, 당장 시급한 것은 중소컨설턴트의 역량 제고를 위한 방법론의 개발, 보급이다. 한국 컨설팅 시장은 글로벌, 글로칼, 로칼의 3극화가 극심하다. 그 근원에는 방법론과 DB축적 역량이 자리한다. 정부, 컨설팅 유관협회, 컨설팅대학원 등 전문인력 공급에만 관심을 기울였다. 현장으로 배출된 전문인력들이 쓸 수 있는 무기가 부족하다. 중소기업 지식경영에 바로 접목할 수 있는 표준화된 툴(도구)들을 개발, 보급하고 아울러 시장의 자율경쟁에 의한 차별화를 동시 모색해야 한다.

넷째, 한국적 경험을 바탕으로 중소지식경영을 세계로 확산시켜 나가는 글로벌화 추진이다. 국내 인프라 구축과 함께 중국, 동남아 등 신흥시장을 목표로 한 한국적 중소 컨설팅모델을 개발하고 시장 개척에도 적극 나서야 한다.

(2015. 5. 15)

(6) 이탈리아의 중소기업 생태계

세월호와 메르스 사태는 사상누각의 부실한 국가시스템 작동의 현주소를 적나라하게 드러냈다. 시장경제 작동의 윤활유인 신뢰자산이 붕괴되면 공동체가 얼마나 피폐화되는지를 생생하게 목격했다.

중국 증시의 버블붕괴와 세계경제의 침체 현상, 일본 기업의 경쟁력 회복으로 한국 경제의 버팀목이었던 수출까지 부진하여 우려가 증폭되고 있다. 우리 경제가 본격적인 저성장 기조로 빠져들지 않나 하는 우려가 현실화되는 상황이다. 특히 소상공인을 비롯한 중소기업들은 쏟아지는 직격탄을 맞고 더 이상 버텨내기기 힘들게 되었다. 새로운 돌파구가 필요한 시점이다.

중소기업을 지식창조시대의 성장동력으로 새롭게 일으켜 세우는 발상의 전환이 필요하다. 정부가 추경을 편성하여 경제를 살려보려고 애쓰고 있지만 시장이 작동하지 않는데 고전적 방식으로 돈만 푼다고 효과가 있을까. 연목구어가 될 우려가 크다. 중소기업들이 융합창조력을 극대로 발휘할 수 있도록 시장 작동기제를 바꿀 필요가 있다. 특히 우리 한국처럼 신뢰자산이 붕괴된 경우에 이를 제도적으로 보완해 주는 것이 시급하다.

그동안 우리 정부는 산업융합촉진법을 제정하는 등 국가적인 융합창조력을 높이기 위한 다양한 정책적 노력을 기울여 왔다. 그럼에도 불구하고 융합창조를 통한 성장 동력의 확보는 요원하기만 하다.

한국이 벤치마킹할 수 있는 융합창조의 성공사례로 몇 가지를 들 수 있다. 엔젤과 벤처캐피탈(VC)의 중핵 역할을 중심으로 성장한 실리콘밸리, 지역에 기반한 개방적이고 수평적인 분업을 통해 성장한 일본의 교토 등은 이미 잘 알려진 사례다.

반면 산업클러스터와 장인정신을 바탕으로 네트워크 거래계약법까지 가미한 이탈리아 중소기업 생태계는 생소한 편이다. 이탈리아는 우리 한국처럼 반도국이어서 국민적 성향도 비슷한데 그동안 사회적 신뢰자산이 많이 허물어진 상황에 봉착했다.

이런 이탈리아가 중소기업의 융합창조 생태계 구축을 위해 새롭게 도입한 제도가 '네트워크 거래계약법'이다. 중세 이래 길드제도를 통해 소상공인들의 자발적 협력과 공존 그리고 세계진출 전략을 도모해 온 모범국가다운 발상이다.

네트워크 거래계약법은 2009년 소규모 중소기업 중심의 기업 환경의 애로를 극복하고 국제 경쟁력을 높이고자 하는 목적으로 제정되었다. 이 법의 기본구성은 '네트워크 계약의 법률적 정의, 네트워크 계약의 참여기업의 범위, 네트워크 계약이 포함하여야 할 사항, 기타 타 법률과의 충돌 해결 및 타 법률 인용관련 사항'으로 되어 있다.

2012년 7월 기준 네트워크 계약 412개, 참여기업 2136개, 참여지역 19도(regions) 및 97군(provinces)에 이른다. 참여기업의 성장률은 2011~2012년 기준 34%에 달하는 것으로 나타났다. 이러한 네트워크 거래계약에 참여하는 기업에게는 조세 및 금융 등 다양한 지원이 제공된다.

한국도 중소기업 간 협력을 통한 공동 기술개발, 공동 마케팅, 공동 상표개발 등 다양한 정책을 마련, 시행해왔다. 그러나 신뢰라는 사회적 자산의 부족으로 대부분의 정책이 그 성과를 거두는 데 한계를 보이고 있다. 늦었지만 한국 사회에 가장 부족한 신뢰자산을 제도적으로 보완하는 핵심적인 기제로 이탈리아식의 '네트워크 거래계약법'의 도입 및 제정을 적극적으로 검토할 것을 제안한다.

(2015. 7. 14)

(7) '기술혁신형기업'과 일자리 창출

우리 경제는 저성장세에 신성장동력 발굴이 부진하고 더구나 양질의 일자리 부족에 직면해 있다. 이 난국을 어떻게 극복하느냐가 절체절명의 과제이다. 중국경제까지 난기류에 휩싸여 어려움이 가중되고 있다. 대내적으로는 시급한 구조개혁이 지지부진한 실정이다.

한국경제를 이 정도 키워온데 기여한 산업정책은 시효가 지난 것인가. 다행히 기업들의 성장사다리 구축을 위한 노력은 다양하게 진행되었다. 소상공인 지원을 강화하고 벤처창업을 활성화했으며 중견기업을 새롭게 도입하여 지원하고 있다. 문제는 이러한 백화점식 지원이 과연 얼마나 실효성이 있는가이다. 그 어느 곳에서도 우리 경제가 구조적으로 좋아지고 있다는 희망적 얘기보다는 어렵다는 하소연이 많다. 국가경제시스템 전체를 조망하는 구조적이고 체계적인 정책 모델의 전환이 필요하다.

필자는 한국경제의 새로운 성장동력의 하나로 기술혁신형기업을 주목한다. 통칭 이노비즈(inobiz)기업이라 불린다. 2015년 상반기 현재 1만7500개에 달한다.

우리는 벤처기업이 재벌을 대신할 성장 동력이라고 본다. IMF위기

이후 불어 닥친 벤처열풍 경험과 벤처육성은 경제 활성의 대안으로 제기되 왔기 때문이다. 반면 이노비즈기업에 대해서는 다소 낯설다. 왜 그럴까. 물론 스타트업 벤처가 중요하다. 그러나 기업들은 업력이 10년 전후가 되면 기업가정신이 퇴조하고 정체기로 접어든다. 죽음의 계곡(Death Valley)에 다다른다는 것이다.

이 시기에 혜성처럼 모습을 드러내는 기업군이 바로 이노비즈기업이다. 통계를 보면 이노비즈기업의 평균종사자는 49.3명으로 벤처 24.7명에 비해 2배 수준의 양질의 일자리를 제공한다. 종사자수는 80만명으로 중소제조업 236만명의 40%에 가깝고 매년 새롭게 3만개의 일자리를 창출한다.

수출에 참가하는 이노비즈기업은 55%에 달하고 직접수출액도 256억 달러 규모로 전체 제조업 수출의 27%를 차지한다. 참으로 귀중한 존재가 아닐 수 없다. 이노비즈기업의 모임인 이노비즈협회는 '5-10-15(매년 일자리 5만개 창출, 중견기업 1000개 육성, 수출기업 1만5000개 육성) 이노비즈 중장기 계획'을 업계 자율로 추진하고 있다. '가슴엔 혁신을, 두 눈은 세계로'를 슬로건으로 내세우고 매진하고 있다.

지난해에는 중소기업기술혁신촉진법이 개정되어 이노비즈기업에게도 M&A 촉진 등 벤처에 준하는 지원제도를 도입했다. 이노비즈기업 스스로도 중국 - 베트남 - 인도네시아 연계의 '비즈니스트라이앵글' 판로거점 구축 등 글로벌 진출을 강화하고 있다. 모두 다 글로벌 일류 중 소기업으로 도약하고 중견 및 대기업으로 성장코자 하는 노력이다.

한 가지 아쉬운 점은 스타트-업 창업단계에 치우친 정부정책이다. 중소기업은 창업 후 8년이 되면 정체기에 접어들고 업력 15년이 되면 중견기업으로 도약해야 하는데 이 시기의 정부정책이 소홀하다. 특히 투자, 해외진출, 신기술 개발, 인재 확보 등을 위한 자금 수요가 급증하는데 담보위주의 대출관행은 여전하다.

창조경제는 새롭고 눈에 띄는 분야에서만 기회가 있는 것이 아니다. 기존의 산업 및 기업정책 전반에 걸쳐 사각지대를 찾아보고 새로운 시각으로 접근하는 자세가 중요하다. 신성장 동력 창출과 양질의 일자리 창출의 보고 이노비즈기업을 지목한다.

(2015. 9. 8)

(8) 한국경제 재도약 위한 여성기업 역할

저성장세가 지속되는 한국 경제의 돌파구를 어디서 찾을 것인가. 정부는 재정, 금융 확대와 함께 노동시장 개혁 등 구조개혁에 올인하고 있다. 기업들도 신성장 동력을 발굴하고자 융합창조역량 발휘에 매진하고 있다. 글로벌 시장 환경은 환태평양동반자협정(TPP)이 타결되는 등 더욱 치열한 경쟁의 장이 펼쳐지고 있다. 한국적 특화되고 차별화된 전략적 우위분야 발굴이 시급하다.

창조혁신시대에 총아로서 여성 기업을 주목하자. 기업 CEO들의 모임에 갈 때마다 한결같이 여성 CEO들의 기업가적 열정을 느낄 수 있었다. 한국 사회 곳곳에서 여성의 사회 활동이 급증하면서 여성의 경제활동 참여와 함께 여성기업의 창업과 성장이 두드러진다. 그러나 여성의 경제활동 참가율은 55.6%로서 OECD 평균 62.6%보다 낮고 34개국 중 30위에 불과하다.

여성기업은 134만개로서 전체 사업자의 39% 수준이다. 숙박 · 음식 및 도 · 소매, 개인서비스 중심의 자영업이 70%를 넘는다. 최근 들어 제조업이나 벤처 그리고 지식 서비스 분야에서의 성장세가 주목된다. 특히 미감유창(美感柔創)의 지식서비스 분야에서 창업 활동이 활발하다.

필자는 중소기업청 근무 당시 여성기업종합지원센타 회관 확보를 위해 동분서주한 경험이 있다. 여성경제인협회에서 벌이는 창업교육, 실태조사, 마케팅 활동 등 프로젝트에 참여하면서 여성기업인들만의 섬세하고 감각적인 경영마인드를 실감한다.

대학을 중심으로 창조혁신시대에 부응한 여성창업 열기를 느낀다. 여성기업에 대한 공공기관 우선구매비율 5%가 의무화된 이후 여성기업 확인을 받으려는 업체도 늘고 있다. 신성장 동력의 하나로 커나가는 여성기업의 다이내믹한 현장 모습이다.

여성기업이 한국 경제의 한 축으로 우뚝 서기 위해 요구되는 숙제도 있다. 첫째는 여성 CEO들의 발효리더십 발휘이다. 우리 사회는 산업화 시대 이래 고속성장 과정에서 인스턴트리더십이 너무 강화되었다. 인스턴트식품처럼 당장 입에는 달지만 몸에는 해롭고 잘못 간수하면 부패하기 쉽다. 창조혁신사회에서는 모든 구성원의 가진 역량의 합을 최적화 할 발효리더십이 중요하다. 모성애를 바탕으로 한 여성 CEO가 발효리더십 발휘의 주역이 될 수 있다.

둘째는 여성기업이 앞장서서 정부의존형 경영 행태를 과감히 버릴 때가 되었다. 여성기업지원법에서는 여성기업에 대해 자금, 세제, 마케팅 등 다양한 우대조치를 규정하고 있다. 여성기업이 시장경쟁에서 불리한 요소를 보완해 주고자하는 목적이다. 이러한 정부지원이 자칫 정부의존형으로 기울기 쉽다. 여성기업 스스로 자조, 자립, 협동 노력을 기울이는 것이 우선이다.

셋째는 여성기업 확인제도의 선택과 집중이 필요하다. 현행 여성기업지원법에서 규정한 여성기업 확인 범위가 지나치게 광범위하다. 여성이 최대 지분만 가지면 여성기업으로 인정하게 되므로서 무늬만 여성기업을 양산하는 경향이 있다.

여성의 차별성과 특성을 최적 발휘할 수 있도록 여성기업 확인요건을 강화해야 한다. 선진국에서처럼 여성 CEO의 보유지분이 51%를 넘도록 강화할 필요가 있다. 창조혁신사회의 신성장 동력으로서 국민의 반을 차지하는 여성의 경제활동 참가를 확대하고 여성기업의 창업 및 역량 강화를 위한 특단의 노력을 기대한다.

(2015. 10. 13)

(9) 중소중견기업의 글로벌 인프라 구축

2011년 무역1조 달러를 달성했다고 자축한 것이 엊그제 같은데 4년 지난 금년에는 1조 대열에서 탈락할 것 같다. 글로벌 경기둔화 및 국내 산업의 경쟁력 약화가 맞물려 수출 수입 모두 줄었기 때문이다.

동시다발 FTA를 추진하면서 최대 교역국인 중국, 미국과도 FTA체결을 했는데 그 결실을 충분히 향유치 못하고 있다. 주력수출산업인 자동차, 전기전자, 반도체, 철강, 석유화학, 조선 등 중후장대산업에서 중국의 추격과 일본의 재도약에 샌드위치 상황에 몰려 있다. 신성장 분야인 바이오, 나노, 생명, 융합, 부품소재 등 고부가가치산업에서는 일부 선전하고는 있으나 아직 중소중견기업들의 역동적 글로벌 기업가정신의 발휘가 미흡하다.

통계로 보면 한국 중소중견기업의 전체 수출 비중은 34%(중소기업 18%, 중견기업 16%) 수준인데 2015년 상반기 동향을 보면 대기업은 -8.5%, 중소기업은 -5.3% 감소한 반면 중견기업은 9.3% 늘었다. 중후장대산업의 대기업 수출부진과 부품소재 등 중소기업 수출부진을 화장품, 바이오 등 신산업분야 중견기업이 보완하는 양태이다.

정부는 범정부적으로 수출부진을 타개하기 위해 무역보험지원 확대, 해외마케팅 지원 등 다양한 대책을 내놓고 있는데 기존 정책을 재탕 삼탕한 것들이 대부분이다.

얼마 전 후배 한의사를 만났다. 국내 경기가 안 좋아 한방시장이 어려운데 나름대로 선방하고 있었다. 그러면서도 중국시장을 겨냥해서 한의사로서의 핵심역량을 살려 자연한방 얼굴팩을 개발해 중국 홈쇼핑과 협력해서 대규모 물량을 수출한다고 했다. 한중 생산-유통의 융합 비즈니스 모델로서 한방과 화장품, 한국 벤처창업기업과 중국 홈쇼핑 유통망의 융합 형태다.

요즈음 한 중국전자상거래 업체는 한국 중소중견기업을 상대로 한류 상품의 중국내수시장 진출을 대대적으로 확산코자 하는 온라인 플랫폼을 구축하고 있다. 한류 열품과 함께 한국의 우수한 제품이 신흥 중국 부자들에게 크게 어필하기 때문이다. 한중 FTA나 한미 FTA 체결로 이러한 비즈니스 모델이 더욱 각광을 받고 있다.

우리 중소중견기업 제품은 이제 중국뿐 아니라 세계 어디에 내놓아도 충분히 경쟁력이 있는 경우가 많다. 어떻게 기업가 스스로 글로벌 차원에서 소비자에게 선택받을 수 있는 비즈니스 모델을 구축하고 실행할 것인가가 중요하다.

그런데 중소중견기업이 가진 인적, 물적 자원으로는 한계에 봉착한다. 우리 정부가 할 일은 바로 이러한 중소중견기업의 글로벌 비즈니스 모델이 성공할 수 있도록 인프라를 구축하고 그들이 역량을 극대화하도록 인적, 물적 힘을 보태는 것이다.

그동안 개별 중소기업의 수출 지원에 초점을 맞춰온 수출정책의 혁신이 필요하다. 중소중견기업이 함께 모여 글로벌 비즈니스 플랫폼을 구축 하고 이를 통해 해외 비즈니스에 참여토록 하는 네트워크 방식을 도입할 필요가 있다.

향후 한국 수출에서 중소중견기업 수출 비중을 현재의 34% 수준에서 부가가치 비중인 50% 수준까지 높여 나가기 위해서는 정부 정책의 코페르니쿠스적 전환이 요구된다. 글로벌 무한경쟁과 불황을 뚫고 우리 무역이 1조달러를 회복하고 경제 전반이 되살아나기 위한 지름길이 바로 여기 있다.

(2015. 12. 1)

⑽ 농촌과 중소기업을 살리는 6차산업

2015년 연말에 한중FTA가 발효되었다. 미국과 일본 주도의 환태평양동반자 협정(TPP)이 타결되어 참여 12개국이 인준 절차를 밟고 있다. 한국은 TPP 가입에 소홀했다는 비판적 시각과 함께 정부도 조속한 참여에 긍정적이다. 이러한 동시다발의 FTA 추진과 함께 글로벌화의 급진전에 따라 경쟁 열위에 처한 농촌과 중소기업은 위기적 상황에 봉착했다.

위기는 더 큰 기회이기도 하다. 그동안 보호막에 안주하던 농촌과 중소기업이 글로벌 무한경쟁시장에서 강자로 도약할 신전략이 필요하다. 2014년 말 기준 우리 한국의 농식품가공 수출액은 100억달러 정도에 불과해 전체 수출 5731억달러의 1.7%수준이다. 세계시장에서 경쟁하는 미국이나 네델란드 등 선진권 10% 수준과 비교하면 조족지혈이다.

더구나 한국 중소기업의 경우 340여만 개에 달하지만 부가가치 비중이 전체의 50%수준에 불과하다. 국민경제에서 9988(사업체수 99%, 종업원수 88%) 위상에 비하면 열악한 생산성 수준에 머물러 있음을 보여준다. 필자는 농촌과 중소기업을 함께 살리는 전략으로 6차산업 육성을 주목한다.

6차산업은 1998년 일본의 이마무라 나라오미 농업경제학교수가 처음

사용한 용어이다. 1차산업(농업)을 바탕으로 2차산업(제조업), 3차산업(서비스업)간 융·복합 활동을 통해 새로운 부가가치 및 일자리를 창출하는 산업을 말한다.

6차산업은 한중일이 치열하게 전개되는 전쟁터이다. 일본은 1990년대 후반 이래 6차산업 정책을 추진했다. 범정부적인 유기적 협조체제를 구축하여 6차산업을 지원한다. 중국은 농업무문의 경쟁력과 가치에 관심이 높은 가운데 농업의 산업화를 선도하는 중추적 네트워크 조직체인 용두기업을 중심으로 6차산업화를 추진한다.

한편 한국은 일본을 벤치마킹하여 2010년 농림부와 중기청 주도로 '농공상융합형 중소기업 육성전략'을 마련하고 농공상융합중소기업 지정 등 정책 지원을 추진했다. 2014년 농림부는 '농촌 융복합산업 육성 및 지원에 관한 법률'을 제정하고 농촌주도의 6차산업 육성에 나서고 있다.

일본과 중국은 가공제조와 유통이 농촌을 이끄는 글로벌 경쟁지향이라면 한국은 농촌이 주도하고 제조와 유통이 뒤따르는 내수지향이라는 차이가 있다.

2015년 12월 산업연구원에서 발표한 '6차산업화 정책추진의 문제점과 발전과제'는 한국 6차산업 육성정책의 당면 현실과 개선 방향을 잘 제기하였다.

필자는 동 연구발표에 참여하면서 한국 정부부처간의 칸막이 행태와 이기주의를 절감했다. 농촌과 농식품부 만의 좁은 시각에서 벗어나 제조중소기업을 살리고 유통물류 그리고 관광서비스까지 아우르는 전략적 혁신이 필요하다.

현행법의 6차산업 수행주체는 '농업인 또는 농촌지역에 거주하는 자'로 한정되어 같은 1차산업인 어업 뿐 아니고 2, 3차산업은 배제하고 있다. 중소기업을 담당하는 중기청은 농식품부에 주도권을 넘긴 채로 6차산업 논의에서 비켜나 있다. 더구나 총리실 등 유관부처들은 아예 "나 몰라라"하는 실정이다.

우리 한국이 창조융합시대 글로벌 무한경쟁에서 살아남고 양극화에 몰린 농촌과 중소기업을 함께 살리려면 6차산업 육성에서부터 정부부처간의 상호 융합과 협력이 절실하다.

(2016. 1. 12)

⑾ 중소기업 아이디어, 정부가 먼저 구매해야

인공지능과 인간의 바둑대결에서 4:1승리, 우리 사회는 경악과 함께 두려움 그리고 4차산업혁명시대의 도래를 깨닫는 계기가 되었다. 무인자동차, 드론, 가상현실, Iot, 안티 에이징, 우주여행 등 글로벌 각축전이 벌어지고 있다.

그러나 우리는 고달픈 생존의 현장에 얽매어 멀리 내다보지 못했다. 실용보다 이념 지향의 정치권, 집단지성보다 각자도생에 익숙한 산업현장, 사회 곳곳에 파고든 집단이기주의, 안정선호에 따른 기업가정신

쇠락 등 국가사회 전반의 열정이 식었다. 알파고의 충격은 우리 모두에게 다시금 '하면 된다'는 의지를 모으는 계기가 되었다.

매주 TV방송의 '크라우딩펀딩쇼'에 참여하여 많은 창업기업인을 만난다. 우리 사회 곳곳에서 창조적 용암이 분출할 기회를 찾아 꿈틀대고 있음을 느낀다. 화장품, 건강식품, 의료기기, 바이오약품, 상거래 솔루션 등 다양한 아이디어가 사업화를 위한 투자자를 찾고 있다.

반면에 시중에 풀린 돈은 투자할 곳 없다고 아우성이다. 대기업들은 벌어들인 돈을 사내 유보하기 바쁘고 금융기관들의 예금은 넘치는데 빌려줄 곳은 없다. 정부는 경제 살린다고 재정집행은 늘렸는데 성장률은 하락하고 고용사정은 더욱 어렵다.

국가사회 전반의 수요와 공급의 미스매치 현상이 심각하다. 산업화 시대 이래 구조화된 국가시스템의 경직성 때문이다. '지도를 거꾸로 보면 세상이 보인다.' 창조혁신시대에는 물구나무서기의 지혜가 필요하다. 세상 돌아가는 상황에 역으로 대응하면 길이 보인다.

첫째, 글로벌 기업이 주도하는 4차산업혁명 흐름에 우리 한국은 중소기업을 앞장 세운다. 삼성 이재용체제가 스타트업문화로 새롭게 탄생하고자 노력하고 있다. 그러나 한국 대기업들의 경직된 문화를 바꾸는데 시간이 필요하다. 중소기업이 앞장서야 한다. 그런데 중소기업의 가진 인적, 물적, 지적 역량은 한계가 있다. 박근혜정부 들어 전국 16개 지역에 설치한 창조경제혁신센타를 4차산업혁명의 전진기지로 육성하자. 문제는 그 운영시스템을 어떻게 가져가느냐 하는 것이다. 현행의 대기업을 끌어들여 정부가 주도하는 방식은 성공하기 어렵다. 그야말로 제3섹터방식의 중소기업 연합의 시장주도력을 발휘토록 해야 한다.

둘째, 중소기업이 창출하는 4차산업혁명 아이디어를 정부 및 공공기관이 먼저 사들이자. 지금까지 중소기업 정책은 생산요소인 기술, 자본, 인력, 정보 등 불리한 요소를 보완하는 방식이었다. 이제 창조적 아이디어가 시장에서 선택받을 수 있도록 돕는 데 주력해야 한다. 초기시장 형성을 위해 정부 및 공공의 구매력을 극대화하자. 중소기업정책에서 공공구매 우선이라는 코페르니쿠스적 발상 전환이 필요하다.

셋째, 4차산업혁명시대의 중소기업 주도의 지식분야별 로드맵 형성을 위한 중소기업과 컨설팅의 동반성장이다. 인공지능 알파고의 알고리즘 시작은 롤아웃(rollout)정책망의 형성이다. 바둑게임에서 통용되는 이기기 위한 규칙들을 모은 것이다.

4차산업혁명시대에 중소기업들이 경쟁우위를 차지하도록 지식분야별 성공요인을 모으는 것이 중요하다. 컨설팅방법론의 개발이자 알파고의 롤아웃 정책망과 같은 모듈을 형성해나가는 것이다. 컨설턴트는 중소기업과 함께 지식분야별 성공요인을 개발하고 형성해나가는 주역으로 역할을 다해야 한다.

(2016. 4. 12)

⑿ 뉴노멀시대 중소기업 인력정책

한국은 저출산 - 고령화와 함께 저성장 - 양극화라는 죽음의 계곡에 빠졌다. 무역 1조달러 탈락, 국민소득 3만달러 벽 봉착, 청년실업 10%대 도달, 원화가치 하락, 지정학적 리스크 확산 등 불길할 징후가 만연해 있다. 반면 글로벌 환경 악화, 정치리더십 실종, 이념적 편가르기, 집단이익 지키기, 법과 원칙 실종 등 위기 대응 역량은 실종되었다.

원인을 잘 진단해야 해법이 가능하다. 정부는 돈도 풀고 규제도 완화하고 법적·제도적 혁신에도 열심이다. 문제는 백약이 무효라는 데에 있다. 왜 그럴까. 세상은 뉴노멀 시대로 급변하는데 산업화시대의 구식 방망이를 휘두르기 때문이다. 정부만이 아니다. 학계, 산업계, 노동계 등 사회 구석구석에서 구태가 넘친다. 정치권은 강자의 기득권을 지키는 최후보루로 남았다.

양극화에 몰린 중소기업은 사람 구하기 어렵다고 야단이다. 청년 백수는 넘쳐 난다. 한국이 헬 조선이라고 아우성친다. 한쪽은 사람이 없고 다른 한쪽은 갈 곳이 없다. 뭔가 잘못 돌아가고 있음을 웅변한다.

중기청은 중소기업인력지원특별법에 따라 매 5년마다 중소기업인력수급계획을 준비한다. 2016년은 제3차 계획을 마련해 2020년까지 시행할 예정이다. 그동안 계획을 보면 선형적 방식으로 기존 하던 일을 보완하는 데 만족했다. 정부 정책 전반이 그렇지만 중기청 정책도 세상 흐름과 동 떨어졌다. 코페르니쿠스적 전환이 필요하다.

뉴노멀 시대에 부응한 중소기업 인적자원 관리의 혁신이 답이다. 소용돌이치는 미래는 인구 고령화, 산업 서비스화, 기술 융복합화, 생산

로봇화, 자원 빅데이터화, 소비 공유경제화, 연결 글로벌화, 사회 양극화가 핵심이다. 이러한 경향은 인적자원관리의 뉴노멀을 요구한다. 중기청 3차 계획은 이러한 미래 트렌드에 부응할 뉴노멀에 맞는 대안을 찾아야 한다.

첫째, 중소기업 인력 유동화의 극대화이다. 그동안의 취업 패러다임으로는 중소기업으로 인력 유입이 한계에 봉착했다. 창업 패러다임으로 전환해 창업을 일상화해야 한다. 중소기업 한 곳에서 장기근속은 불가능하다. 고용형태, 산업 간 전직이 용이토록 NCS(국가직무능력표준)을 개편하고 협·단체의 중개역할을 강화해야 한다. 비정규직의 정규직화도 한계에 부딪쳤다. 비정규직의 고용 가능성을 높이고 보상수준을 제고하는 방향으로 선회해야 한다.

둘째, 산업구조 변화에 부응한 인력구조의 고도화이다. 산업의 서비스화가 급진전되고 있다. 기존 중소서비스 인력의 생산성 제고와 새로운 서비스분야의 인력 육성 및 공급체계를 구축해야 한다. 국가사회의 융·복합 혁신이 가속화되고 있다. 중소기업 맞춤형 융복합 인력 양성 및 활용이 중요하다. 기업 및 산업 간의 융·복합 네트워크 역량 확충도 필요하다. 메가FTA 확산 등 글로벌화에 부응한 글로벌 인력의 체계적 육성과 한인 네트워크의 활용도 기대된다.

셋째, 양극화 확산에 따른 인력의 재배치이다. 외국인 고용확대로 밀려난 저숙련 인력에 대한 재교육 및 전직훈련 등 보호조치가 요구된다. 숙련 퇴직 고령인력의 중소기업으로 연계 및 활용이 필요하다. 중소기업 인력 부족 - 청년 실업 증가라는 미스매치 현상 타파를 위한 강력한 보상 방안 마련도 바람직하다.

(2016. 2. 23)

⒀ 일자리 중심의 경제구조

세계 각국에서 분노의 역류가 몰아치고 있다. 양극화와 실업 등 현실에 분노한 민심을 이용하여 미국 공화당 대선후보로 도널드 트럼프가 사실상 확정되었고 필리핀에서는 로드리고 두테르테가 대통령에 당선되었다. 막말과 단순명료한 공약을 통해 분노에 기름을 붓고 반 기성정치인의 이미지를 활용하여 표심을 모았다. 이러한 흐름이 브라질, 오스트리아 등 전 세계적으로 확산되고 있다. 우리 한국도 민심 깊숙한 곳에서 용암처럼 꿈틀거리고 있다.

해운, 조선업부터 부실기업구조조정이 본격 시동되었다. 중국의 급속한 성장으로 위기에 몰린 한국 주력산업 구조조정의 신호탄이다. 누구 잘잘못을 떠나 어떻게 하면 이번 위기를 재도약의 기회로 삼는가가 중요하다.

그 핵심은 바로 인력구조 조정이다. 비자발적으로 밀려 나오는 대규모 전문 인력들을 어떻게 재활용하여 국가사회의 성장 동력으로 만드는가 하는 것이다. 노동시장유연성을 높이고 전직훈련 강화 등 노력이 시급하다. 더 나아가 인력부족을 겪고 있는 중소기업에 퇴직 인력을 유효 적절히 수혈하고 융·복합 창조혁신분야의 창업대열로 합류시켜야 한다.

부실의 늪에 빠진 것은 중후장대 분야의 대기업만이 아니다. 대기업과 전속관계에 있는 수많은 수급기업들의 도산과 폐업이 이어지고 있다. 유망한 기업은 살려내어 일자리를 지키면서 구조조정으로 물러난 인력의 새로운 보금자리를 늘려야 한다. 최근 늘고 있는 창업증가세를 4차 산업혁명의 시발점으로 삼기 위해 경험 많은 퇴직 인력의 참여가 절실하다.

한국경제가 총체적 난국에 빠진 것은 일시적 사이클이 아닌 구조적이고 역사적인 것이다. 글로벌 창조혁신의 무한경쟁이 펼쳐지고 있는데 우리 경제는 산업화의 철창에 갇혀 딱딱한 갑옷까지 걸치고 있다. 한정된 일자리를 지키거나 편입되기 위한 다툼은 커지는데 새로운 일자리는 생겨나지 않는다. 산업화의 견고한 성들이 깨지면 일자리를 차지하기 위한 투쟁은 더욱 가열될 것이다.

오늘의 난국은 바로 새판을 짜는 절호의 기회이다. 그동안 대기업 성장위주 경제체질을 중소기업 일자리 중심으로 과감하게 전환해야 한다. 일자리 중심의 경제구조는 바로 중소기업위주의 경제 패러다임이다. 9988(전체기업의 99%, 종업원의 88%)로서 국민경제의 기반인 중소기업이 창조혁신시대의 주역으로 나서도록 하는 것이다.

그 핵심과제는 첫째, 대마불사의 산업화 경제 구조를 창조혁신에 맞는 플랫폼 혁신구조로 전환하기 위한 법적, 제도적 조치를 마련하는 것이다. 이번 부실기업 구조조정에서 대기업과 중소기업의 전속적 수급관계를 끊어 내야 한다.

둘째, 중소기업의 창업과 취업 전략으로 유망분야별 기존기업+청년

인력+퇴직인력의 융·복합 프로그램을 도입토록 한다. 구조조정과 창업 및 재취업을 연계하는 것이다. 중소기업정책도 질 좋은 일자리 창출 프로그램 중심으로 집중이 필요하다.

셋째, 동시다발 FTA추진으로 글로벌 전문서비스 분야의 일자리 창출의 기회가 무궁무진해졌다. 국회계류중인 서비스산업선진화법을 조속히 통과시키고, 제조업+서비스+컨설팅이 융합된 FTA연관 중소기업 창업을 늘려 글로벌 일자리를 늘려 나가야 한다.

(2016. 5. 17)

⒁ 중소기업의 지능정보 생태계

세계경제포럼(WEF)은 '직업의 미래' 보고서에서 인공지능, 로보틱스, 바이오테크놀로지 등 '4차산업혁명'으로 인해 행정직과 화이트칼라 사무직종이 가장 큰 타격을 입고 선진국 내 일자리 710만개가 사라지고 전문서비스 영역에서 200만개 일자리가 새롭게 만들어질 것으로 예측했다.

한국고용정보원은 2020년까지 직업안정성이 높은 분야로 정보 및 커뮤니케이션 산업, 미디어, 오락 및 정보산업, 전문 서비스산업 등을 선정했다. 한국은 장기 저성장 기조에다 중후 장대산업 구조조정까지 겹쳐 일자리 태부족 상황인데 4차산업혁명까지 가세하여 엎친 데 덮친 격이다.

지능정보는 인공지능(AI)보다 더 넓은 범위로서 인공지능SW로 대표되는 '지능'에 빅데이타, 사물인터넷(IoT), 클라우드로 대표되는 '정보'가 결합된 개념이다.

미래부는 지능정보산업 육성의 시급함을 인식하고 '지능정보산업발전전략'을 수립하여 향후 5년간 1조원 수준을 투자할 예정이다. IoT, 클라우드, 빅데이터, 모바일 등으로 만들어지는 광범위한 정보의 분석과 적용기술이 제조, 교통, 의료, 금융 등 전 산업분야로 광범위하게 확산되기를 기대하고 있다.

한국은 제조 등 산업전반에 걸쳐 대기업과 공공부문의 독과점적 구조와 함께 대중소기업의 관계가 불균형적이다. 따라서 중소기업의 지능정보산업 참여를 유인할 특단의 노력이 없으면 산업의 독과점화는 더욱 심화될 것이고 일자리 창출에도 어려움을 겪을 것이다.

중소기업은 9988(전체 기업체수의 99.9%, 종업원수의 88.1%)로서 국민경제의 기반인데 최근 생존의 임계상황에 봉착했다. 당장 먹고살기도 힘든 중소기업들에게 4차산업혁명은 '강 건너 불'이다. 어떻게 하면 중소기업이 지능정보산업에 적극 참여하여 주도력을 발휘토록 할 수 있을까.

국가인적자원개발 프로그램의 하나로 '중소기업 지능정보서비스 인력양성'을 추진해 나갈 것을 제안한다. 그 주요 내용은 중소기업의 지능정보산업 참여를 위한 생태계 구축, 중소기업 수요에 부응한 지능정보 전문인력의 양성 공급 그리고 글로벌 중소기업 지능정보산업 네트워크 확산을 위한 지능정보서비스센터 설립 등이다.

중소기업의 역할은 지능정보 플랫폼을 활용한 지능정보SW개발 스타트-업, 중소기업 경영전략에 지능정보의 융합과 활용을 통한 경쟁력 제고, 지능정보 데이터 셋을 통한 신규 비즈니스 모델 개발과 확산 등이다. 이 과정에서 대규모 투자가 요구되는 지능정보기술의 개발과 데이터 축적 그리고 보급은 글로벌 기업이나 대규모기업의 몫이 될 것이고 중소기업은 지능정보의 수요자 및 신 비즈니스 모델 창출자로서 나서게 될 것이다.

지능정보산업에 중소기업의 참여와 주도력 발휘를 유인하기 위해서는 글로벌 차원의 전략적접근이 필요하다. IBM과 같은 글로벌 일류의 지능정보 DB구축 기업을 유치하고 지능정보의 교육 및 연구개발에 앞장서고 있는 국내 대학이 전략적으로 제휴하여 한국적 실정에 부합한 중소기업 특화모델을 개발하고 확산하는 것이다.

특히 개별 중소기업 차원에서 지능정보 전문 인력의 양성 및 활용은 부담이 큰 점을 고려하여 우선 중소기업에 대한 지능정보컨설팅 서비스를 수행하는 미래전략컨설턴트를 양성하여 활용하는 것이 바람직할 것이다.

(2016. 7. 19)

⒂ 김영란법과 중소기업 살리기

올해 1월 국제투명성기구에서 발표한 한국의 국가투명성지수(cpi)는 6으로 OECD 34개국 중 27위를 기록했다. 세계 10대 경제대국에는 걸맞지 않는 부패 오명국가임을 보여줬다. 한국 사회가 10년 이상 국민

소득 3만불의 벽에 막혀 있는 건 국가사회 전반의 부패의 커넥션 구조 때문이라는 의견도 많다. '부정청탁 및 금품수수 등의 금지에 관한 법률' 속칭 '김영란법'이 시행되었다. 만시지탄이지만 투명한 공정사회로 나가가는 계기가 되길 기대한다.

김영란법 시행으로 우려되는 현상도 드러나고 있다. 경제전반이 불황에 처해 어려운데 내수소비를 더욱 위축시켜 농어촌과 소상공인들이 직격탄을 맞고 있다. 정부나 공공기관 등 각종 규제나 지원정책을 담당하는 당국자들이 새로운 제도에 적응하느라 몸조심을 하면서 연관 중소기업들도 우왕좌왕하고 있다. 그동안 지하에서 음성으로 작동되어 오던 골프장이나 유흥업소들 그리고 이들과 연계된 수많은 자영업자들도 된서리를 맞고 있다.

교육계, 언론계 등에서도 기존의 관행적인 청탁 문화가 변화되면서 불똥이 어디로 튈지 주시하고 있다. 지금까지의 한국적 지연, 혈연, 학연 등 연고주의에 포획된 국사사회 전반의 작동시스템에 회오리바람이 몰아치는 느낌이다. 단기적으로 사회 각 부문에서 일부 혼란상은 불가피할 것이다.

그러나 중장기적으로는 '법과 원칙' 그리고 '신뢰와 공감'을 기반으로 한 공정시장으로 나아갈 것이다. 또한 다가오는 4차산업혁명 시대에 대비할 초석이 될 것이다. 김영란법이 한국경제의 실핏줄인 9988(기업체수의 99%, 종업원수의 88%) 중소기업을 살리는 계기가 되기를 바라면서 몇 가지 정책 방안을 제안한다.

첫째는, 중소기업의 경영을 옥죄고 있는 불필요한 규제 및 백화점식으로 공급되고 있는 중소기업지원정책의 대대적인 정비 및 단순화이다. 김영란법에 따라 이해당사자의 청탁금지 핵심내용중의 하나가 규제 및 정책 지원과 관련된 것이다.

중소기업이 정부 당국자와 합리적 논리적으로 씨름하기에는 한계가 있으므로 가능하면 이들이 정부청사 가까이 가지 않을 수 있도록 불필요한 규제는 철폐하고 지원제도는 단순 효율화해야 한다.

둘째는, 내수시장의 공정화와 합리화에 부응한 새로운 비즈니스 모델의 창출과 확산이다. 그동안 불공정 연계 구조를 통해 경쟁우위를 추구하던 비즈니스 모델에서 탈피하여 새롭고 참신하게 공정경쟁 모델을 도입해야 한다. 창의적 신규창업과 함께 다양한 컨설팅지원을 도입할 필요가 있다.

셋째는, 그동안 공짜 서비스로 인식되어 온 지식서비스산업에 대한 새로운 인식과 시장 형성이다. 시장경쟁에서 불공정 연계에 의한 의사결정 방식이 팽배하여 지식서비스의 중요성과 역할이 과소평가되었다. 중소기업이 지원정책이나 규제 관련한 접근에 있어서도 이론과 논리보다는 연계 로비에 힘쓰는 경우가 많았다.

이제는 중소기업과 지식서비스가 로비가 아닌 논리로 공존공생하기 위한 협력을 해 나가야 한다. 필자는 줄기차게 '중소기업과 컨설팅의 동반성장'을 제기했다. 그 핵심은 지식서비스에 대한 정당한 평가와 대가 지불이다. 정부 및 공공에서의 무료 지식서비스 공급은 인프라 차원의 기반형성에 머물러야 한다. 지금처럼 과도한 공짜 서비스 공급은 지양해야 한다.

(2016. 10. 18)

⒃ 저성장 일본사례로 본 한국 중소기업진흥 과제

10월말 개최된 '한일 산업기술페어 2016' 행사에서 일본 게이오대학 우에다 교수의 '저성장시대 중소기업 진흥의 과제 - 일본의 사례'에 대한 발표와 토론이 있었다. 한국 경제가 일본식 장기불황을 뒤따르고 있다는 우려가 많은 상황에서 일본의 경험 사례를 통해 시사점을 찾고자 한다.

한국의 중소기업 진흥정책은 1960년대 이래 정부주도의 산업정책을 추진하는 과정에서 일본식 대 · 중소기업 간의 하청계열관계 형성에 주안을 두었다. 아울러 약자로서 중소기업의 보호와 육성을 위한 제도와 지원을 강화했다. 반면 일본의 경우는 대 · 중소기업간의 협력적 문화에 따라 중소기업들 간의 협업에 초점을 맞추었다.

그러나 1997년 IMF외환위기를 겪으면서 한국과 일본은 상당히 다른 길을 걷게 되었다. 한국은 국가적 신성장동력의 발굴 필요성에 따라 벤처육성이나 중소기업 창업활성화 등에 나섰다.

특히 미국식 신자유주의 영향으로 중소기업 보호 · 육성정책은 철폐하고 중소기업의 경쟁력향상과 공정시장 형성에 주력했다. 아울러 지속적인 양극화 확산에 따라 대 · 중소기업간 동반성장 및 소상공인, 여성,

장애인 등 경제적 약자 지원까지 포괄하게 되었다. 일본의 경우는 불황에서 구조조정과 벤처비즈니스 육성에 나서기는 했으나 창업이나 벤처에서는 상대적으로 부진을 면치 못했다.

우에다 교수는 일본 저성장기의 중소기업진흥정책의 핵심과제로서 제조업의 경쟁력을 뒷받침하는 높은 기술력 확보, 신산업분야의 벤처비즈니스 창조, 지역중소기업의 활성화를 통한 일자리 창출과 공동체 역할 강화를 제시했다.

필자는 한국은 일본과는 달리 대중소기업간 협력 관계가 미흡하고, 시장공정성에서 중소기업에 불리하며 기업의 성장사다리가 막혀있다고 지적했다. 더구나 일본의 중소기업진흥정책은 중앙 및 지방정부가 통산성 주도로 일사분란하게 진행되는 반면에 한국은 중소기업전담부서인 중기청과 함께 중앙정부, 지방정부가 모두 경쟁적으로 나서고 있으나 중복 낭비가 심한 편이다.

한국이 처한 작금의 일본식 장기 저성장 흐름에서 중소기업 진흥의 핵심과제로서는 세 가지를 꼽을 수 있다. 첫째는 저성장에 따라 더욱 확산 심화되는 양극화의 극복 주체로서 중소기업을 어떻게 경쟁우위에 서도록 할 것인가이다. 그 핵심 전략으로 중소기업의 취약한 생산요소인 사람과 기술, 현장 그리고 글로벌 역량을 시스템적으로 통합하여 최적화하는 것이다.

개별 기업에게만 맡겨 두면 지식자원의 부족으로 융·복합 혁신역량을 발휘하기 쉽지 않다. 따라서 외부 전문인력과의 협력적 파트너십이 필요한데 그 핵심에는 컨설팅과 중소기업의 동반성장을 모색하는 것이다.

둘째는 일자리 창출과 지역공동체의 유지발전을 위한 중소기업의 창업활성화이다. 지역밀착형 벤처중소기업을 지역사회 중심으로 창업성장시켜 질 좋은 일자리를 제공하자는 것이다. 그 추진 주체로서 대학, 지자체 등 유관기관 등의 역량을 극대화할 수 있도록 지금까지의 파편화된 시스템을 좀 더 촘촘하고 체계적인 협력 네트워크로 개편해야 한다.

전국적으로 구축된 18개 테크노파크를 중심으로 지역클러스터의 통합개편을 서둘러야 한다. 아울러 1차+2차+3차가 융합된 6차 산업 정책을 특정부서가 아닌 전 정부적인 참여하에 확산시켜야 한다.

셋째는 증강현실로 대변되는 4차 산업혁명시대에 부응한 중소기업의 참여와 역할 증대이다. 인공지능(AI)의 등장으로 점차적으로 사라지게 되는 일자리를 보완해 나갈 수 있도록 새로운 가치창출 분야의 개척이다.

그 핵심은 4차 산업혁명의 흐름에 중소기업들이 능동적으로 참여토록 하여 창조적 가치창출 역량을 배양토록 하는 것이다. 중소기업의 경영현장에 4차 산업혁명의 동력이 부가된다면 미래 일자리 창출의 보고가 될 것이다.

(2016. 11. 15)

⒄ 마이크로 의료로봇에서 보는 희망

2016년 병신년도 저물어 가는데 대한민국의 현실은 우울함 그 자체이다. 지난 50여년 간의 압축 성장 과정에서 쌓이고 쌓인 적폐가 고스란히 노출되어 국가적 운영시스템이 붕괴상황에 직면했다. 대내외적인 불확실성의 확산과 함께 4차 산업혁명의 거대한 물결까지 몰아쳐 미래 운명에 대한 불안감이 크다.

만나는 기업인들마다 IMF때보다 더 힘겹고 생존이 어렵다는 하소연을 한다. 다행스러운 것은 평화로운 촛불 민심의 열기를 본 외국인 투자가들은 한국에 대한 희망의 끈을 놓지 않고 있다. 과연 한국호는 어디에서 재도약의 길을 모색할 것인가.

그 시발은 서민의 삶과 일자리 창출의 기반인 중소기업을 살리는 길이다. 중소기업이 살고 제 역할을 다하기 위해서는 코페르니쿠스적 발상 전환을 통해 4차 산업혁명의 흐름을 경영현장에 접목해야 한다.

그 방법의 하나로서 IBM왓슨과 같은 글로벌 기업의 인공지능시스템을 신속히 도입 활용하여 시대변화에 주도력을 발휘해야 한다. 일부 대학병원과 대기업이 시동을 걸었다. 12월 들어 가천 길병원의 암센터가 개소했고 롯데그룹에서도 왓슨 솔류션을 도입하여 백화점 등 유통분야에서 혁신적 서비스를 제공한다고 발표했다.

최근에 한국이 배출한 세계적 로봇학자 박종오 박사를 만나면서 한국이 IBM보다 한발 앞서가는 분야가 마이크로 로봇분야임을 확인했다.

그는 미래형 인공지능 로봇분야에서 세계가 인정한 석학으로 독일 프라운호퍼 메달 등 다수의 과학자상을 수상했다. IBM을 능가하는 특허와 기술을 보유하고 있고 이 분야의 연구개발과 사업화를 위해 불철주야 매진하는 한국이 자랑할 만한 로봇전문가이다.

의료로봇시장은 기존 의료로봇시장(대형 50cm-수m)과 미래형의료로봇시장(마이크로/나노)으로 구분할 수 있는데 우리가 선도할 수 있는 분야는 미래형 의료로봇이다. 박 박사와 같은 세계적 전문가가 앞장서서 개발해 놓고 있는 기술과 특허를 다수 보유하고 있다.

마이크로 의료기기 세계시장 규모는 450조원 수준을 넘고 매년 9% 이상 성장하고 있다. (2011 보건산업통계) 그는 10여년 전부터 발로 뛰면서 광주시, 전남대, 기업체 등의 협력을 끌어내 마이크로의료로봇센터, 임상지원센터, 헬스케어실증단지, 마이크로의료로봇산업협의회 등 인프라를 구축했다.

2017년부터는 병원과 연계를 통한 인공지능기반 미래형 의료로봇산업 상용화제품 지원 사업을 준비하고 있다. 그의 눈물겨운 노력에도 불구하고 우리 정부가 느슨하게 대처하는 사이에 IBM왓슨 등 글로벌 기업들은 선행 사업화를 통해 한국시장까지 장악해나가는 상황이다.

2014년 설립된 마이크로의료로봇산업협의회에 참여하고 있는 회원사 45개사를 보더라도 현대중공업을 제외하고 모두가 중소기업으로서 부가가치가 높고 질 좋은 일자리를 제공하고 있다.

정부가 관심을 갖고 이처럼 세계적 석학이 이끌고 있는 산학연 비즈니스 모델을 국가적 성장 동력으로 잘 육성해나간다면 당면한 저성장의 한계를 극복하는데 큰 도움이 될 것이다. 마이크로 의료로봇 분야에서 우리가 가진 일류 기술력을 스피디하게 산업현장으로 전파하고 새로운 기업을 탄생시켜 세계를 호령하는 히든챔피언으로 키워야 한다.

(2016. 12. 27)

⒅ 지역특구제 활성화로 국가경제 살리자

우리 경제 전반이 저성장의 늪에 빠져 들고, 신성장 동력의 발굴에도 어려움을 겪고 있다. 성장률을 높여 보고자 정부는 예산을 조기 집행하고 다양한 정책수단을 동원해 보기는 하지만 소기의 성과를 보여주지 못하고 있다. 우리 경제가 당면한 구조적 문제를 해결하지 않으면 백약이 무효인 상황이다. 우리 경제가 일본을 뒤따라 성장했기 때문에 일본의 장기불황 사례를 반면교사로 삼으면 해결책이 보인다.

필자는 20여년 산업자원부 과장 시절부터 한중일 3국간의 환황해 교류회의에 참석한 이래로 오늘날까지 줄 곧 참여하고 있다. 일본의 지역경제 활성화 노력은 2001년 고이즈미 내각 때부터 시작된 구조개혁특구 제도가 뒷받침해 왔다. 이 제도는 지방에 따라서 특화사업을 효율적으로 추진하기 위해 규제특례 조치를 제안하고 활용토록 지원한다. 그리고 일정기간 경과하면 사회적 파급효과를 평가하여 규제특례의 전국화를 시행한다.

2011년 지역주권개혁을 통한 지방자치를 강조하던 간 나오또 내각 때에는 총합특구제도가 도입되었고 복수규제특례를 폭넓게 적용하고 세제, 금융, 재정지원 등까지 확대하여 시행했다. 2013년 아베정부는 일본경제의 재생을 기치로 내걸고 아베노믹스 시책중 하나로 국가전략 특구제도를 도입했다. 전략특구로 지정되면 경제사회 전반의 구조개혁을 추진하게 되는데 그동안의 규제특례뿐 아니라 세제, 재정 등 종합적이고 집중적인 지원책이 제공된다.

우리의 경우 지자체 직선제 시행이후 부패사례가 늘었다는 비판도 있지만 지역경제를 활성화하려는 아이디어가 만발하고 성공사례도 많다. 2004년 규제특례제도를 적극 활용하여 지역 경제를 활성화시키고자 지역특구제도가 처음 도입되었다.

우리 소비자들에게 익숙한 나주 배, 상주 곶감, 성주 참외, 영양 고추, 무안 양파, 고창 복분자 등 특산품 생산 판매 뿐 아니라 함평 나비, 이천 도자기, 고양 화훼 등 다양한 문화 및 관광이 어우러진 축제가 활성화되었다. 원주 의료기기, 완도 전복 등은 해외 수출에도 괄목할 성과를 거두었다.

지역특구제도가 도입되어 10여년이 경과한 지금 일본의 사례를 벤치마킹하여 저성장에 접어든 한국경제의 구조조정을 촉진하고 낙후된 지역경제 활성화를 위한 새로운 도약을 모색할 적기이다.

일본이 구조개혁특구에서 출발하여 총합특구 그리고 국가전략특구로 확대해 나간 점은 우리에게 시사하는 바가 크다.

한국경제를 이끌어왔던 중후장대산업 전반이 경쟁력을 잃어가는 상황을 직시하여 일본식 총합 및 전략특구를 결합한 (가칭) '신성장 특구' 제도를 도입할 것을 제안한다. 이를 통해 기존산업의 구조조정과 신산업의 육성 및 퇴직인력의 재활용 방안을 지역경제 활성화와 연계 추진하여 국가산업 전반의 구조개혁을 가속화해나가야 한다.

아울러 현행 지역특구제도를 통해서 지역별로 무한경쟁을 벌이고 있는 파편화된 특화전략을 국가적 경쟁우위로 연계하는 네트워크 협업전략을 모색해야 한다. 외자 및 외국인 관광객 유치 그리고 해외시장 개척에 있어서 전국 178개 지역을 유기적으로 연계 활용하는 전략이다. 지자체 단독의 역량은 한계가 있으므로 중앙정부의 조정 및 지원과 민간의 비즈니스 차원의 참여가 뒷받침되어야 할 것이다.

(2017. 2. 7)

⒆ 대학을 4차산업혁명의 메카로

최근 정치권을 포함하여 우리 사회 전반에서 4차산업혁명이 화두다. 지난해 이세돌 9단이 알파고와의 바둑게임에서 완패하면서 우리 모두가 화들짝 놀랐다. 요즈음 대선 후보들 간에도 4차산업 육성에서 주도권을 잡고자 치열한 경쟁이 불붙었다.

그러나 태산명동에 서일필이라고 말은 많은데 '구체적이고 실천적인 어떻게 하겠다'라는 방법론이 부족하다. 다행히 새로 취임한 KAIST 신성철 총장이 "KAIST의 인재교육시스템을 뜯어고쳐 4차산업혁명의 인재 육성의 전초기지로 거듭나겠다"고 오랜만에 들어보는 신선한 얘기를 했다.

통계청 발표에 따르면 한국은 바야흐로 인구, 고용, 소비의 3대 절벽에 봉착하고 있음이 확인됐다. 장기불황으로 본격 접어들고 있다는 징후다. 더구나 중후장대산업의 경쟁력 열위에 따른 구조조정과 함께 중소기업과 소상공인 전반이 한계상황에 몰리고 있다.

그나마 위안이 되는 것은 벤처 및 혁신기업 창업이 늘고 일부 유망 중견기업들이 선전하고 있다는 것이다. 더구나 미국의 트럼프대통령 취임 이후에 국제질서 전반이 불확실성이 증폭되면서 개방형 경제구조를 가진 한국경제는 내우외환에 부딪쳤다.

뭔가 한국경제에 새바람을 불어넣을 수 있는 계기가 필요하다. 대다수 국민들은 미래 세대에게 희망을 주고 오늘의 위기를 함께 극복해 나가기 위한 한방을 기대한다. 필자는 그동안 공급자 위주의 상아탑에 안주했다고 인식되었던 공시 424개 한국 대학들을 우선적으로 4차산업혁명시대의 전진기지로 탈바꿈 시킬 것을 제안한다.

KAIST가 시동을 걸었다. 이 기회를 국가적으로 확산시키는 전략이 필요하다. 그동안 정부는 대학의 구조조정과 산학협력 그리고 창업활성화를 위해 교육부, 산업부, 중기청, 미래부 등 모는 정부부처가 나서서 다양한 채찍과 당근을 써왔다. '밑빠진 독에 물붓기' 격으로 많은 자원을 투입했으나 대학이 산업과 경제 혁신을 리드하고 있다는 평가는 인색하다.

그동안의 정부지원을 4차산업혁명시대에 부응한 수요자 중심의 프로젝트 관리 방식으로 전환하는 것이 시급하다. 정부는 대학의 구조조정과 산학협력 및 창업을 위해 천편일률인양적 잣대를 중심으로 산업화시대의 성장전략에 기여토록 유인했다. 결과는 대학들의 전략적 차별화나 특성화를 통한 질적 경쟁우위 노력보다는 정부지원 획득을 위한 중복 인프라 구축이나 양적 목표달성에 올인했다. 더구나 정부 부처 간의 파편화되고 경쟁적 지원 방식에 따라 대학 경영에서의 분절화와 협력 네트워크 역량이 취약해 졌다. 대학 내의 산학협력단, 창업지원센타, 비즈니스인큐베이터, 기술지주회사, 벤처펀드 등 따로 노는 경우가 너무 많다.

4차산업혁명시대의 핵심가치는 수요자 중심의 플랫폼 네트워크 역량강화이다. 수도권과 지역의 대학들 마다 처한 여건이 다르다. 따라서 대학 스스로 핵심 고객인 학생과 지역 커뮤니티 그리고 네트워크 산학연 연계 조직들을 망라한 4차산업혁명시대에 부응한 대학운영의 신 모델을 만들어야 한다. 그리고 동 모델의 실천을 위해 다양한 정부 지원정책에서 필요한 부분은 대학 스스로 선택하여 활용토록 해야 한다.

작금 진행 중인 대학 구조조정 방향도 정부 주도의 일방적 당근과 채찍에서 대학의 자발적선택과 집중이 가능토록 전환이 필요하다.4차산업혁명시대에는 KAIST와 같은 일류만이 앞장서면 일자리와 소득의 양극화가 더욱 심화된다.

(2017. 3. 10)

⑳ 중소기업부를 신설하려면

최근 유력대선 주자들이 중소기업부 신설을 공약으로 내세웠다. 명칭은 다소 차이가 있지만 현행 중소기업청 체제로는 중소기업 문제를 해결하는데 한계에 봉착했다는 공감대가 형성되었다.

필자는 10여년 전 중소기업부 신설을 위해 노력한 경험이 있다. 아쉽게도 중소기업특별위원회가 폐지되고 청와대에 중소기업비서관이 신설되는 방향의 아쉬운 정부구조 개편으로 귀결되었다.

물론 중소기업부 신설이 만병통치약은 아니다. 현행 차관급 청단위에서 장관급 부단위로 승격하는 것은 문제해결을 위한 시발점이다. 오늘 우리가 당면한 중소기업 문제의 원인과 그해결 방향성에 따라 조직운영의 틀을 새롭게 짜는 지혜가 필요하다. 신설 중소기업부가 성공하기 위해서 선결해야 할 핵심적 과제로서 다음 네 가지를 제시코자 한다.

첫째는 대기업주도 성장으로 인한 '기울어진 운동장 바로잡기' 문제다. 시장의 불공정성과 거래의 불균등성이 그 핵심이다. 신설 중소기업부는 산업화 유산인 업종별, 기능별 부서를 관통해 조정하는 입장에서 공정성 확보 및 불요한 규제 완화를 위해 제 목소리를 낼 수 있어야 한다. 아울러 과잉 누적되어 온 보호육성시책의 구조조정에도 앞장서야 한다.

둘째는 백화점식 나눠주기 지원시책에 따른 '정부의존형 체질의 해소'

문제이다. 중소기업은 시장경쟁을 통해 창업 - 성장 - 퇴출 - 회생의 과정을 겪는 경제적 영역과 영세 소상공인, 여성, 장애인 기업 등 같은 사회보장적 영역이 혼재한다. 우리의 중소기업 정책은 국민경제의 99%, 종업원의 88%인 중소기업을 9988로서 뭉뚱그려 총체적으로 접근했다. 그 결과 '맞춤형 선별정책'보다는 '퍼주기형 과잉지원'이 남발되었다.

중소기업부는 누적 양산된 정책의 대대적인 구조조정을 통해 '자조, 자립, 협동' 역량의 회복에 주력해야 한다. 그 방법으로는 경제영역에서는 '경쟁우위 맞춤형 프로젝트화', 사회보장영역에서는 '공동체 재생형 프로그램화' 방식을 제안한다.

셋째는 4차산업혁명에서 '중소기업의 주도력 발휘' 문제다. 중소기업부는 4차산업혁명의 주도세력으로 중소기업을 창출하고 키우고 유인하는 데 주력해야 한다. 수요자 맞춤형 중소벤처창업 활성화를 위해 국가사회의 총체적 융합창조역량을 결집해야 한다.

무한경쟁에 직면한 대다수 중소기업의 경쟁전략에 4차산업혁명의 변화를 능동적으로 접목토록 지원해야 한다. 또한 중소기업들이 협력해 플랫폼 네트워크 구축을 통해 글로벌시장의 경쟁구도를 재편해 나가도록 도와야 한다. 4차산업혁명의 주도세력은 시장과 기업이지만 정부가 관심을 갖고 나서야 할 분야는 중소기업을 혁명의 주체세력으로 키우는 것이다.

넷째는 중소기업이 시장경쟁에서 부딪치는 본원적 열위요소인 '문제해결, 경쟁우위, 패러다임 전환의 보완' 문제이다. 중소기업부가 신설

되더라도 원-맨쇼로는 변화를 유도하는데 한계가 있다. 중소기업과 함께 지식서비스 역량을 보완해 나가면서 힘을 보탤 전문가 그룹의 육성과 활용이 필요하다.

기울어진 운동장 해소, 백화점식 중소기업정책의 구조조정, 4차산업 혁명에서 리더십 발휘 등 중차대한 과제들은 외눈박이 접근으로는 성공이 어렵다. 국민경제전반과 중소기업 시스템을 맥락적으로 이해하는 컨설턴트적 시각의 결합이 요구된다.

(2017. 4. 25)

(21) 기울어진 운동장 바로 세우기

문재인정부의 인사가 그 모습을 드러내고 있다. 그 중 관심을 끄는 것은 공정거래위원장으로 재벌개혁을 줄기차게 주장했던 한성대 김상조 교수를 선보인 것이다. 우리 경제는 재벌중심의 불균형성장을 통해 단기간에 선진 경제권에 진입했다.

반면 고도성장과정에서 '기울어진 운동장'이 고착화됐다. 시장의 불균형이 누적됨에 따라 경제전반이 '저성장, 양극화, 일자리 부족'이라는 삼중고에 직면했다. 더구나 인공지능으로 대표되는 4차산업혁명의 거대 흐름에 능동적으로 대응해야 한다. 그 지름길은 바로 자유롭고 정의로운 시장경제의 확립이라 할 것이다.

한국경제와 중소기업을 살리고 일자리를 늘리기 위해서 '기울어진 운동장'을 바로 세우는 것이 시급하다. 그 실천 전략으로는 2트랙 방식이 필요하다. 중소벤처기업부는 전 부처 간의 중소기업정책 및 규제조치를 잘 조율해나가야 한다. 공정위는 공정하고 자유로운 시장질서를 구축해야 한다.

'기울어진 운동장' 문제는 한국경제의 급속한 성장과정에서 누적된 결과이다. 그냥 손쉽게 해결해 낼 수 있는 과제가 아니다. 신설될 중소벤처기업부와 강화될 공정위가 쌍두마차로서 앞에서 끌고 뒤에서 밀어야 한다.

필자는 그 핵심 방향성으로 다음 3가지를 제시코자 한다. 첫째는 산업 전반의 공고화된 독과점 시장구조를 타파해 자유롭고 공정한 경쟁환경을 조성해야 한다. 쉬운 과제는 아니다. 글로벌 경쟁에 따라서 내수시장의 독과점화는 불가피하고 글로벌 네트워크 경제에서는 글로벌 시장의 독과점도 더욱 심화되는 경향이다.

4차산업혁명의 흐름은 시장의 독과점을 더욱 확산시키는 데 기여하고 있다. 따라서 글로벌시장과 내수시장을 함께 고려한 시장 공정화의 새롭고도 창의적인 규칙의 개발과 적용이 요구된다. 아울러 벤처창업의 확산을 통한 새로운 피의 수혈과 함께 유망 중소기업의 성장사다리를 튼튼하게 구축해야 한다.

둘째는 대-중소기업 간의 고질화된 불공정거래를 근절하고 상생의 생태계를 구축해야 한다. 제조 부문의 부당한 납품단가 인하, 기술 탈취 같은 불공정행위와 유통 부문의 골목상권 침탈, 가맹·대리점 문제 같은 공동체 기반와해 행위는 엄격히 대응해야 한다.

공정위는 그동안 솜방망이 처벌에 안주했다. 기득권자들의 불공정 연계망이 작용했고 정부 부처 간의 견제와 균형도 미흡했다. 신설 벤처중소기업부의 균형자 역할이 강화되어야 한다. 아울러 대중소기업간 동반성장의 생태계 구축을 위한 다양한 정책이 강구되어야 한다.

셋째는 기업경영의 투명성과 효율성 및 공정성 제고를 위한 한국형 기업지배구조의 형성이다. 미국은 주주, 일본과 독일은 이해관계자, 그리고 한국은 오너 중심의 지배구조를 특징으로 한다. 한국의 오너 중심 지배구조는 정경유착과 함께 귀족노조와의 이면 담합의 결과라는 비판도 많다. 족벌 경영권 승계나 계열 일감 몰아주기 등을 통한 황제 경영도 문제이다.

재계는 긴장하고 있으나 한국 경제의 미래를 위해서 감내해야 할 채찍이다. 4대재벌이 향후 한국적 기업지배구조의 모범을 보여 나갈 수 있도록 그동안의 잘못된 관행은 반드시 시정해야 한다. 그것이 바로 한국 중소기업을 살리는 길이기도 하다.

(2017. 5. 30)

(22) 일자리 창출을 실현하려면

문재인정부는 일자리창출을 당면과제로 내세우고 국민적 역량을 결집하고 있다. 청와대에 워룸(War Room)처럼 일자리 상황판을 설치하고 대통령이 일자리창출위원장을 맡았다. 국민의 삶과 직결된 일자리는 그 어떤 과제보다도 다급하고 중요하기 때문이다. 대통령 1호 지시도 비정규직의 정규직화라는 일자리 관련이었다. 공공기관의 평가요소에 정규직화를 제도적으로 뒷받침하는 조치도 이어졌다. 정부 조직개편에서도 일자리창출의 주역의 하나로서 중소벤처기업부의 승격을 확정지었다.

일자리창출은 관행적 방식이나 문제인식으로는 한계가 있으며 시대변화에 부응한 창조적 혁신이 요구된다. 기존의 법률이나 제도, 지원시책 등은 대부분 과거를 반영한 결과이자 그 연장선에 존재한다. 공공부문의 행태가 관행적이고 보수화되기 쉬운 이유이다. 일자리창출에 있어 신정부가 이슈를 선점하고 조직을 혁신하고 분위기를 모는 것은 좋으나 공공 주도형 방식을 강화하는 점은 경계해야 한다.

비정규직의 정규직화, 공공부분의 일자리 늘리기 등의 방식은 산업화시대의 산물이다. 시대가 변해도 과거에서 배우고 진화하는 방식을 선택하는 것이 불가피한 면이 있을 수도 있다. 그러나 산업화시대의 방식을 근원적 재평가 없이 창조융합사회 그리고 4차혁명시대에 그대로 적용하면 고용시장이 경직되고 파생되는 부작용도 우려된다.

따라서 일자리 위원회 등을 통해서 역사적 구조적 시스템적 현실을 고려하여 일자리 문제를 창조적으로 재정의해야 한다. 새롭게 등장한 변화요소를 고려하면 일자리 창출의 주역은 공공과 민간의 협력을 통한 네트워크 연계형과 중소기업형이 될 것이다. 이러한 관점에서 신정부의 일자리 정책과제를 그 유형과 특성에 따라서 간략히 제시코자 한다.

첫째는 일자리 이해당사자에 따른 차별성을 고려해야 한다. 청년일자리, 구조조정 일자리, 은퇴 후 노령일자리, 사회적 약자 일자리 등 이해당사자에 따라 다양한 사회문화적 요소가 연계 작용한다. 따라서 이해당자자의 특화된 제약조건들을 잘 고려하여 네트워크 연계를 통한 사회적 기업 및 중소기업 일자리 창출에 주안을 둔 정책대응이 필요하다.

둘째는 일자리 참여자의 주체적 의지와 역량을 고려하는 것이다. 취업일자리, 창업일자리, 스스로(프리랜서) 일자리 등으로 일자리 참여의 형태와 방향성이 변하고 있다. 산업화시대에는 취업일자리가 중심이었으나 지식정보화, 4차산업혁명 시대로 진화하면서 취업에서 창업, 창업에서 스스로(프리래선) 일자리로 방식으로 바뀌고 있다. 더 나아가 일자리 자체가 취업, 창업, 스스로(프리랜서) 일자리가 융·복합화 되고 더블-잡, 트리플-잡이 불가피한 상황이 전개된다. 향후 일자리 정책은 취업, 창업, 프리랜서를 한 묶음으로 연계한 네트워크 패키지화가 강조되어야 한다.

셋째, 일자리의 구조적이며 시장적 속성을 면밀히 고려하는 것이다. 정규직일자리, 비정규직일자리, 자영업일자리 등 일자리 속성이 구조적 측면보다는 시장적 속성을 따르고 있다. 정규직 일자리는 축소되고 기득권화되고 있다. 시장은 비정규직과 자영업이 주역으로 등장하고 있다. 산업화시대의 경직성에서 벗어나 시대변화에 부응한 일자리 속성의 재구성을 통한 창조적 정책대응이 필요하다.

(2017. 7. 4)

(23) 사회적경제와 중소기업

문재인정부는 100대 국정과제의 하나로 사회적경제 활성화를 위한 법제도 및 추진체계 구축에 나섰다. 현재 국회 계류 중인 '사회적경제기본법' 등을 통과시키고 '사회적경제발전위원회(가칭)'를 구성하여 '사회적경제발전 5개년 기본계획'을 수립할 예정이다. 자본의 무한질주에 따라 초래된 경제의 양극화 해소와 국가적 당면과제인 일자리창출을 위해서 사회적 경제 패러다임의 도입이 시급하다.

사람 중심의 대안경제로서 사회적경제의 비중을 보면, 유럽연합 15개국은 GDP대비 10%수준, 고용율은 7% 수준인데, 한국은 각각 0.62%, 0.82%에 불과하다. 사회적경제 성공사례로서 이태리 토렌토지역, 스페인 몬드라곤, 캐나다 퀘벡주 등 다양하게 등장하고 있다. 2014년 프랑스는 사업고용협동조합이라는 진화된 제도까지 도입했다.

우리도 2007년 사회적기업육성법, 2012년 협동조합기본법의 시행과 함께 서울시 등 지자체의 자발적 노력 등이 더해져 1700여개의 사회적기업과 1만2000여개의 협동조합, 마을기업, 자활기업 등이 생겨났다. 그러나 국민적 이해와 참여가 부진하고, 부처 간의 파편화된 정책으로 양적 성장에 비해 질적 성과는 미흡하다.

새정부가 사회적 경제 활성화로 패러다임을 전환하고 본격적인 법제도 정비에 나선 것은 시의적절한 선택이다. 더불어 일자리창출의 핵심수단인 중소기업정책을 사회적 일자리창출 지원 방향으로 대전환을 추진해야 할 것이다.

그동안의 중소기업정책은 헌법과 중소기업기본법에 근거하여 사적 이윤추구를 목적으로 하는 중소기업 사업자 중심으로 지원되었다. 중소기업 사업자들 간의 공동구매, 판매, 마케팅 등과 같은 협력적 사업활동은 중소기업협동조합법이란 특별법을 통해 지원했다. 동 협동조합 지원은 사적 이윤추구를 위한 중소기업 사업자 활동의 보완책으로 활용되었다.

한편 노동부의 사회적기업, 기재부의 협동조합 및 사회적협동조합 등은 사회적 경제활동의 핵심 주체로 도입되었지만 중소기업정책에서는 상대적으로 홀대했다. 사회적기업육성법과 협동조합기본법이 제정되면서 중소기업기본법에서도 이들을 중소기업으로 인정했다.

그러나 기능별 중소기업 관련법령에서는 충분하게 반영하지 않았고 중소기업정책운용에서도 고려가 미흡했다. 최근 들어서 소상공인 지원정책에서 소상공인들 간의 협업 주체로서 협동조합에 대한 지원을 일부 강화하는 추세다.

중소기업정책이 사적 영리 추구의 중소기업자 중심으로 운영된 것은 불균형 성장과정의 불편한 진실이다. 무한경쟁 시장에서 중소기업을 독과점 대기업의 상대적 약자로 인식하고 이들에 대한 보호, 육성정책을 지속적으로 강화해왔다. 그 결과는 무엇인가? 대기업-중소기업 간의 투쟁적 관계는 심화되었고, 중소기업 내부는 한정된 자원 획득을 위한 약육강식의 정글로 변해버렸다.

중소기업의 경쟁우위는 자본보다는 사람과 사람들 간의 자조, 자립,

협동에 있다는 사실이 간과되고 훼손되었다. 이제부터는 중소기업시책 전반에 걸쳐 사회적경제 패러다임을 적극 도입해서 사회적 일자리 창출에 힘을 보탤 때이다.

(2017-09-05)

[이데일리 목멱칼럼]

(1) 중소기업 지능정보 서비스 인력 양성하자

4차산업혁명의 거대흐름이 밀려오고 있다. 1년 전, 두 살짜리 알파고가 이세돌 9단을 가볍게 물리치더니 이번에는 중국 커제 9단이 알파고를 '바둑의 신'으로 언급했다. IBM의 인공지능(AI) 의사 왓슨이 가천길병원에 도입된 이후 암진단 치료에서 그 위력을 발휘하고 있다. AI가 전문가를 대신하면서 인간 일자리를 차지하는 불편한 진실이다. 한국은 장기 저성장 기조와 함께 중후장대 산업 구조조정까지 겹쳐서 일자리 부족에 직면했고 4차산업혁명의 메가 트렌드까지 가세하고 있다.

세계경제포럼(WEF)은 '직업의 미래' 보고서에서 인공지능, 로보틱스, 바이오테크놀로지 등으로 인해 행정직과 화이트칼라 직종에서 선진국 일자리 710만개가 사라지고, 전문영역에서 200만개 일자리가 새롭게 만들어질 것으로 예측했다. 한국고용정보원은 2020년까지 직업안정성이 높은 분야로 정보 및 커뮤니케이션 산업, 미디어, 오락 및 정보산업, 전문 서비스산업 등을 선정했다.

지능정보는 AI보다 확장된 개념으로 인공지능SW로 대표되는 '지능'에 빅데이터, IoT(사물인터넷), 클라우드로 대표되는 '정보'가 융합되었다. 미래부는 지능정보산업 육성의 시급함을 인식하여 '지능정보산업 발전전략'을 수립하여 향후 5년간 1조원 가량의 투자를 계획하고 있다. 정부차원의 지능정보산업 분야에 대한 마중물을 제공해 제조, 교통, 의료, 금융 등 전 산업분야로 광범위한 확산이 기대되고 있다.

한국은 시장 전반이 대기업과 공공부문의 독과점적 구조가 고착화되었다. 전 산업분야에서 대기업과 수급기업간의 관계가 불공정하고 불균형적이다. 지능정보산업의 진화와 확산은 이러한 구조적 문제를 더욱 악화시킬 우려가 크다. 그러나 중소기업은 당장 먹고살기도 힘든 상황에서 4차산업혁명 흐름은 '강 건너 불'이다. 중소기업의 지능정보산업 참여를 유인하고 주도력을 발휘토록 할 특단의 대책이 요구된다.

첫째는, 국가인적자원개발의 핵심 사업으로 '중소기업 지능정보서비스 인력양성' 프로그램을 마련하여 신속히 추진해야 한다. 중소기업의 지능정보산업 참여를 위한 생태계 구축, 중소기업 수요에 부응한 지능정보 전문 인력의 양성 공급 그리고 글로벌 중소기업 지능정보산업 네트워크 확산의 추진기구로서 지능정보서비스센터 설립 등이 필요하다.

둘째는, 지능정보산업분야 중소기업의 역할을 제고하기 위한 인센티브 제공과 지원시책이 필요하다. 새롭게 출범할 중소벤처기업부는 2000여 개에 달하는 기존 중소기업 시책 전반을 재검토해야 한다. 지능정보 플랫폼을 활용한 지능정보SW개발 스타트업 확산, 기존 중소기업 경영전략에 지능정보의 융합과 활용을 통한 경쟁력 제고, 지능정보 데이터 셋을 통한 신규 비즈니스 모델 개발과 확산 등이 시급하다. 이 과정에서 지능정보컨설팅 서비스를 수행하는 미래전략컨설턴트를 양성하여 활용하는 것도 바람직하다.

셋째는, 지능정보산업에 중소기업의 참여와 주도력 발휘를 위해 글로벌 차원의 전략적 접근이 요구된다. IBM과 같은 글로벌 일류 지능정보 DB구축 기업을 유치해서 교육 및 연구개발 역량이 축적된 국내 대학들과 전략적 제휴를 통해 한국적 실정에 부합한 중소기업 인력양성 특화모델을 개발하고 확산시켜야 한다.

(2017. 6. 5)

(2) '사이버 보안 인력 양성' 정부가 나설 때

2017년 세계경제포럼(WEF)은 사이버 범죄와 사이버 전쟁의 위험을 경고했다. 전 세계가 인터넷을 통해 연결되는 4차 산업혁명 시대에는 사이버 범죄로 인한 피해가 더욱 커질 것이라는 분석에서다. 또한 국가와 각종 집단 간에 사이버 공간을 통한 전쟁이 재래식 전쟁보다 훨씬 더 큰 피해를 입힐 것으로 예상된다.

IS의 최근 테러는 온-오프라인 공간이 결합하여 무차별적으로 자행되고 있다. 트럼프 미 대통령은 미국 우선주의에 대한 비판과 함께 러시아의 선거개입 의혹까지 겹쳐 곤욕을 치르고 있다. 미 민주당 선거본부에 대한 러시아의 해킹 의혹에서 비롯된 것이다. 북한의 소행으로 의심되는 사이버 해킹이 원자력발전소를 포함한 도처에서 감지되었다. 최근에는 세계적으로 악성 랜섬 웨어가 무차별적으로 유포되어 응급 병실이 마비되는 등 세계적인 사회 인프라망의 운용에 경보음이 울렸다.

한국의 사이버 보안은 정보화 사회의 급속한 발전에 비하면 걸음마 단계이다. 미국 등 사이버보안 선진권의 독과점적 영향력에 의존했고 안주했다. 일부 선도적 노력이 없지는 않으나 조족지혈에 머물렀다. 오늘날 전 세계적인 네트워크로 연계된 우리의 삶과 안전은 사이버보안이 중핵으로 등장했다.

필자는 지난 2012년부터 한국기술정보진흥원과 인연을 맺으면서 '화이트해커의 아버지'로 불리는 유준상 한국정보기술연구원(KITRI) 원장과의 만남을 이어오고 있다. 그는 4선 국회의원 출신으로 2010년 KITRI의 수장 자리를 맡아 사이버보안의 불모지인 한국에서 'BoB(Best of Best)'라는 해커양성 프로그램을 론칭해서 500여명의 해커를 양성했다. 조선의 명재상 율곡 이이(李珥, 1536-1584)가 주장한 10만 양병설을 정보보인인력양성분야에서 주창한 것이다. 전국 유수대학 및 대학원의 보안인력 양성과 군의 사이버보안인력 수급에도 기여했다. 세계적인 해킹방어대회인 데프콘에서 한국팀의 우승을 일구어 내기도 했다. 공공기관을 혁신하여 그야말로 상전벽해를 실현한 것이다.

최근 몇 년 사이에 사이버보안이 뜨면서 전국의 대학마다 우후죽순격으로 인력양성에 뛰어들었다. 매년 1000명이상의 전문인력이 배출되고 있다. 그러나 산업체의 요구와는 간극이 크다는 평가다. 세계시장을 선도할 뛰어난 해커, 산업현장의 정보보안을 책임질 전문 인재 그리고 중소기업 실무보안 인력 등 차별화된 인력 수급이 절실하다. 벤처창업 전선에 뛰어 드는 창업유망 인재도 드물다.

문재인 정부는 최우선 정책과제로서 일자리 창출을 내세웠다. 청와대에 일자리 상황판까지 설치하고 '워룸'(War Room)처럼 대통령이 진두지휘하고 있다. '구슬이 서말이라도 꿰어야 보배'라는 속담처럼 사이버보안 인력은 잘 꿰맞추면 일자리의 보배다. 4차산업 혁명이 가속화하면서 기존 산업에서는 일자리 감소가 우려된다. 반면, 사이버 보안인력 수요는 기하급수적으로 늘고 역할 또한 더욱 강화될 것이다. 신정부는 사이버보안 중소기업의 창업을지원하고 중소기업 경영현장에 보안역량을 접목할 보안 실무인력 일자리를 대대적으로 늘려야 한다.

사이버보안 주도국인 미국은 2010년부터 사이버보안 이니셔티브(N1CE)를 발족하여 정부차원의 사이버보안 인력양성에 앞장서고 있다. 특히, 미국 국립기술표준원(NIST)은 2016년에 사이버보안 인력프레임워크(NCWF)를 발표했다. 사이버 보안 업무와 책임을 대분류, 세부 분야, 담당 업무, 업무 수행에 필요한 지식, 기술 및 역량까지 자세히 명시했다. 국가 차원에서 일괄적으로 인력을 세분해서 관리가 가능토록 만들었다. 한국도 조속히 미국 모델을 벤치마킹해서 좋은 일자리 창출의 기회로 활용해야 한다.

(2017. 6. 20)

(3) 백화점식 중기지원, 컨설팅이 필요해

중기청이 중소벤처기업부로 승격되었다. 1996년 산업부의 외청으로 출범한지 21년 만의 쾌거이다. 중소기업중앙회 등 중소벤처업계에서는 환영 일색의 논평을 내놓았다. 중소기업계가 봉착한 당면 현실에서 국가 차원의 시스템 개편의 불가피성을 웅변한다.

한국 중소기업은 역사적 구조적 시스템적 3불(불평등, 불공정, 불합리)상황에 봉착했다. 그 해결 방안은 시장의 공정성 확보, 중소기업의 경쟁역량 제고, 대 · 중소기업간의 상생협력이라는 핵심과제 해결을 통한 '기울어진 운동장 바로세우기'이다. 문재인 정부가 출범하면서 시장의 공정성 확보를 위한 공정거래위원회의 역할 강화와 함께 적폐청산 노력이 가시화되고 있다. 더불어 중소기업 스스로의 자조 자립 협동을 통한 자생력 강화를 위한 정책 생태계혁신이 시급하다.

중소벤처기업부의 승격에는 우려를 표명하는 의견도 적지 않다. 장관급 조직에 걸 맞는 혁신적 정책 아젠다를 준비하고 있느냐는 의문이다. "지금까지의 보호 육성위주에서 어떻게 창의와 협력위주의 정책으로 전환하여 국민경제의 기반을 튼튼히 할 것인지? 복잡다기하게 얽혀져 내부에서도 이해다툼이 많은 300만 중소기업 600만 소상공인의 욕구를 어떻게 만족시켜 나갈 것인지? 신설 부서가 기득권으로 무장한 기존의 기능별 부서가 가진 이해관계를 어떻게 조정하여 중소기업 살리기에 자원을 동원해 나갈 것인지? 중소기업청의 조직적, 인적역량을 어떻게 보완하여 신설 부서의 정책역량을 보완해 나갈 것인지?" 등이다.

중소벤처기업부의 출범과 함께 가장 시급하고 절실한 과제는 중소기업 보호, 육성시책의 구조조정이다. 한국은 시장불공정의 대가이기는 하지만 세계 일등의 중소기업 지원시책을 백화점식으로 공급하고 있다. 혹자는 '밑 빠진 독에 물 붓기'라고 표현한다. 시장의 불공정성은 공정거래차원에서 해결해야 한다.

대·중소기업간 상생협력은 대기업의 주도력 발휘가 필요하다, 반면, 새롭게 전개 될 중소기업정책은 그야말로 혁신과 협력을 통한 경쟁우위 확보가 핵심이다. 그 지름길이자 방법론으로서 중소기업과 컨설팅의 동반성장을 제시코자 한다.

한국 중소기업 지원시책은 분류에 따라 차이가 있지만 대략 3천개가 넘는다. 그 대부분이 우는 아이에게 젖 주는 식으로 생산요소 전반에 걸쳐 나눠주기 방식이다. 그렇다보니 지원은 많이 해도 당사자는 가뭄에 가랑비 적신다고 하소연한다. 정부 지원시책에 대한 정책쇼핑도 횡행하여 기업가정신을 훼손하는 경우도 많다.

따라서 정부지원 시책을 과감하게 구조 조정하되 정책지원이 바로 기업경쟁력 향상으로 연계되도록 하는 구조고도화가 필요하다. 그 방법의 하나가 중소기업 시책지원과 컨설팅을 패키지화하여 융합하는 것이다.

필자는 몇 년 전 터키 중소기업정책을 자문한 바 있다. 터키는 EU의 중소기업지원제도를 따르고 있는데 그 지원방식이 벤치마킹할 만하다. 중소기업은 경영자원 전반이 취약하지만 특히 지식자원이 가장 취약하다. 따라서 정부 지원은 지식요소를 중심으로 경영자원을 결합해야 한다. 지식 자원의 지원이 바로 컨설팅서비스이다. 중소기업이 정부의 정책지원을 받고자 할 때는 반드시 사업계획 수립부터 집행 그리고 피드백까지 홈 닥터로서 컨설턴트와 함께해야 한다.

그리고 중소기업이더라도 정부지원을 받고자 할 때는 기본정보를 투명하고 정직하게 국가 데이터베이스에 제공해야 한다. 현재도 중소기업 컨설팅지원사업이 있으나 다른 정책지원과 연계가 부족하고 시장의 도덕적 해이만 야기한다는 비판이 많다.

이러한 노력을 체계적으로 뒷받침하기 위한 '중소기업과 컨설팅의 동반성장에 관한 법률' 제정을 제안한다. 중소기업과 컨설팅의 동반성장은 향후 중소벤처기업부성공의 지름길이 될 것이다.

(2017. 7. 25)

(4) 선진국 '사회적경제'서 배울 점

신정부의 일자리 정책 5개년 계획이 발표됐다. 대선공약인 공공부문에서의 81만개 일자리 창출 및 혁신창업 촉진과 함께 새롭게 사회적경제 활성화가 제시됐다. 한국 경제가 당면한 장기저성장 기조, 양극화 등 구조적 한계를 돌파하기 위한 가용 정책 대안을 모두 가동했다. 그러나 기존의 선형적 사고만으로는 4차 산업 혁명과 함께 밀려 올 일자리 부족 사태에 대처하는데 한계가 있다. 뭔가 코페르니쿠스적 사고전환이 시급하다. 필자는 새 정부가 내세운 '사회적 경제'와 프랑스에서 도입된 '사업고용협동조합' 모델을 주목한다.

사회적 경제기업의 고용비중을 보면 2015년 기준 EU는 6.5%인데 우리 한국은 1.4%로, 22% 수준에 불과하다. 사회적 경제 성공사례로는 이탈리아 토렌토, 스페인 몬드라곤, 캐나다 퀘벡주 등이 있다. 프랑스는 2014년 '사회연대경제법'을 제정했고 '사업고용협동조합' 모델을 도입했다. 우리 한국도 2007년 사회적 기업, 2011년 마을기업, 2012년 자활기업 등 다양한 사회적 기업 지원을 추진했고, 2012년에는 UN의 '협동조합의 해' 선언에 발맞춰 협동조합기본법을 제정했다. 서울시 등 공공기관 및 민간의 자발적 참여 노력으로 현재 1만2000여개의 협동조합, 4400여개의 사회적 기업 등이 활동하고 있다. 인천서점 협동조합과 같은 일부 성공사례도 나타나고 있다. 그러나 신자유주의 이윤추구 중심의 시장 작동과 함께 사회적 경제에 대한 국민적 이해가 부진하고, 정책의 파편화 현상으로 양적 성장에 비해 질적 성과는 미흡하다.

이번 일자리 5개년 계획에는 사회적 경제 활성화를 위한 통합지원체계, 금융, 판로, 인력 등 다양한 인프라 구축 정책이 마련됐다. 유망분야로서 사회서비스, 주거환경, 문화예술, 프랜차이즈, 소셜 벤처, 지역 연계 분야가 제시되었다. 국회에서는 더불어민주당 주도로 사회적 경제기본법 등 3대 법안이 상정돼 통과를 기다리고 있다. 사회적 경제의 핵심적 가치는 신자유주의 대안경제로서 일자리를 창출하고 공동체를 되살리는 것이다. 아직도 일부에서는 사회적 경제에 대한 비판적 시각과 우려도 제기되지만 신속한 법과 제도, 정책 환경의 정비와 함께 한국적 여건에 맞는 실천적 비즈니스 모델을 도입한다면 성과도 기대된다.

특히, 프랑스에서 도입된 사업고용협동조합 모델은 창업 활성화를 통한 일자리 창출에 진력하고 있는 우리에게 큰 시사점을 준다. 사업고용협동조합의 목적은 창업을 통해 사업을 시작하거나 기존 사업을 발전시키려는 사람이 사업을 성공적으로 수행토록 돕는다. 창업자나 기업이 조합의 '사업자직원'으로 활동하면서 사업 방법을 배우고 독립한 이후에는 조합원으로 참여해 그 역량을 전수하게 된다. 현재 우리의 정책은 창업이나 기업 활동에 대해 개별적인 각자 도생을 지원하는 방식이다. 그 결과 창업이후 생존율이 희소하고 백화점식 지원에도 불구하고 중소기업 모두가 죽겠다고 아우성이다. 고기 잡는 방법보다는 미끼를 주는 지원 방식 때문이다. 사업고용협동조합은 창업과 기업 활동의 방법을 가르쳐 주는 사회적 연대 비즈니스 모델이다.

그 성공 사례로서 코파남(Coopaname)이라는 일반형 사업고용협동조합과 스마트(SMart)라는 문화예술분야 사업고용협동조합이 있다. 2004년 설립된 코파남은 프랑스에서 가장 큰 규모인데 750명이 이용하고 있고, 사업자 직원으로 참여자는 500여명이 넘는다. 스마트는 1998년 벨기에에서 설립됐으며, 유럽 9개국의 창의 · 예술 · 문화 영역의 프리랜서 7만여 명이 참여한다.

한국에서는 2011년 '1인 창조기업 육성법'을 제정하고 다양한 지원에도 불구하고 1인 창조기업이 활성화되지 못하고 있는데 이러한 사업고용협동조합 모델은 의미 있는 벤치마킹 사례다. 사업고용협동조합 모델이 한국사회의 낙후한 사회적 경제 부문을 선진국 수준으로 끌어 올리고 새로운 일자리 창출의 보고가 되길 기대한다.

(2017. 10. 30)

[전기신문 등촌광장]

(1) '9988-234 : 중소기업 글로벌 1등전략'을 아시나요.

최근 한미 쇠고기협상 파동으로 국민들의 염려가 큽니다. 더구나 기름값, 국제원자재값이 급등하면서 경제도 불안하고 물가는 매일 하늘 높은 줄 모르고 뜀박질합니다. 매일 벌어지는 촛불집회는 단순히 쇠고기 때문만은 아닌 것 같습니다. IMF외환위기 이후 전개된 급속한 글로벌화로 우리 사회는 극심한 경쟁과 심각한 양극화가 초래된 데다가 최근 경제의 어려움이 서민들에게 더 큰 타격을 주고 있습니다. 누적된 서민층들의 불만이 한꺼번에 표출되고 있는 것이지요.

서민들도 소외받지 않고 잘사는 나라, 어떻게 해야 만들어 갈 수 있을까요. 지난 50여년간 우리는 대기업위주의 고속성장을 경험하여 국민 모두가 대기업이 잘되면 경제가 잘 돌아갈 것으로 알고 있습니다. 수출이 늘면 대기업이 잘되고 서민들의 피부에 와닿는 내수도 좋아질 것으로 생각하지요. 그러나 글로벌 경제에서는 이러한 사이클이 통용되지 않습니다. 오직 국민경제의 실핏줄이요 일자리 창출의 주역인 중소기업들이 자생적인 글로벌 경쟁력을 갖추어야만 경제가 돌게 됩니다.

9988은 한국의 중소기업 업체수가 전체업체수의 99.9%를 차지하고 종업원수는 전체의 88.1%나 된다는 것을 나타냅니다. 중소기업은 국민경제의 실핏줄이자 일자리 창출의 원천이지요. 또 중소기업도 사람들이 99세까지 88하게 살고자 하는 것처럼 100년 장수하고 성장해야 한다는 것입니다. 234는 무슨 뜻일까요? 요즈음은 잘 알다시피 글로벌 무한경쟁의 시대입니다. 대기업만이 아니고 중소기업들도 안마당에서부터 글로벌 경쟁에 노출되어 있습니다. 세계적인 무한경쟁에서는 2등이나 3등하면 4(죽)고 1등만이 살기 때문에 중소기업들도 글로벌 일등전략으로 승부해야 합니다. 현실에서는 꼭 일등만이 사는 것이 아니지만 승자독식이 일상화하고 있어 일등을 목표로 경쟁해야 합니다.

중소기업을 살리는 길은 9988-234를 일등브랜드로 만들어 정부, 기업, 국민 모두 힘을 합쳐 실천하는 것입니다. 1등이 되기 위해서는 창의적이고 혁신적인 전략과 함께 구체적인 실행이 필요합니다. 글로벌 일등이 되는 전략, 그것은 상시 혁신(innovation) + 전략적 협력(strategic cooperation) + 블루오션 창출(blue ocean)로 요약할 수 있습니다.

첫째, 혁신은 경쟁력 확보의 핵심입니다. 중소기업 스스로 혁신에 앞장서야 하지만 정부도 이들이 혁신을 해나가는데 부족한 자금, 인력, 기술, 정보 등 경영자원을 보완해 주고 국가적인 혁신 인프라를 구축해야 합니다.

둘째, 중소기업들이 시장경쟁에서 처하게 되는 규모와 범위의 경제에서 불리함은 전략적인 협력(strategic cooperation)을 통해 보완해야 합니다. 대기업과는 상생협력을 강화하고 중소기업 상호간에도 전략적 제휴, 협업 등 다양한 방식으로 협력하는 것입니다. 정부도 중소기업들의 핵심역량에 특화하면서 시장에서 전략적 협력을 강화해 나가도록 도와야 합니다.

셋째, 블루오션(blue ocean) 창출입니다. 21세기는 글로벌 불확실성과 변동성이 증대하고 서비스화의 급진전, 환경중시, 에너지고갈, 저출산·고령화, 기업의 사회적 책임 등 소용돌이치는 변화의 장이 펼쳐지고 있습니다. 중소기업들은 이러한 위기와 기회의 장을 새로운 블루오션 창출로 활용해 나가야 합니다. 정부도 중소기업이 새로운 분야로 진출하는데 부족한 역량을 보완하고 인프라를 구축해 주어야 합니다.

한국은 '중소기업정책의 천국이다.'고 일컬을 만합니다. 정부 전부처가 나서서 900여개의 지원책을 마련하여 제공하고 있습니다. 정부정책은 많다고 꼭 좋은 것만은 아니고 중소기업들이 위에서 언급한 3가지 전략을 수행하는데 도움이 되도록 체계화되고 재정비 되어야 합니다.

9988-234, 중소기업의 글로벌 1등전략은 하루아침에 달성될 수는 없습니다. 국민 모두가 글로벌 1등이라는 목표를 가지고 함께 브랜드를 공유하고 힘을 모아야 합니다. 혁신기업, 소상공인, 재래시장, 여성기업, 벤처기업 등 다양한 분야의 중소기업들도 분야별 맞춤형의 성실한 노력을 기울여야 합니다. 이러한 노력들이 어우러진다면 최근 우리가 겪고 있는 서민층의 어려움은 눈 녹듯이 사라지고 젊은이들에게 좋은 일자리가 제공될 것입니다.

(2008. 6. 11)

(2) 창조경영(아사히가와 동물원의 사례)은 작금의 난국을 이기는 지혜

지난 6월 하순 중소기업인 100여분과 함께 한국생산성본부 하계연수 프로그램에 참여하여 일본 홋가이도의 아사히가와(旭川)시를 다녀왔다. 비행기가 이륙해서 본격 항로소개가 시작되면서 나는 망치로 뒤통수를 얻어 맞은 기분을 맛보았다. 항상 한국은 대륙을 무겁게 머리에 이고 있는 반도로만 보았는데 지도를 거꾸로 돌려놓은 항로가 소개되자 한반도인지가 헷갈린 것이다. 몇 년 전 신통상국가 전략을 구상하면서 세계지도를 거꾸로 놓고 사고의 대전환을 해보았지만 다시금 타성과 관성의 법칙으로 굳어버린 나 자신을 확인하는 순간이었다.

아사히가와 동물원은 1967년 개원한 일본에서 가장 북쪽에 자리잡은 소규모의 동물원이다. 지금은 동물들의 생기 넘치는 생태를 독특하게 볼 수 있는 혁신의 상징이 되었지만, 1980년대 시설노후화, 레져 다양화 등에 의한 관람객의 감소로 손님들이 발길이 뚝 끊어진 돈만 먹는 애물단지가 되었다. 수익도 내지 못하고 시재정만 축내고 있으니 폐쇄해야 한다는 목소리가 커지기만 했다. 전임 동물원장이었던 간노 히로시씨는 어떻게 해야 이 동물원을 살릴 것인가를 고민했다. 관람객이 붐비는 즐거운 전시방법이 무엇인지 과연 새로운 혁신을 도입하면 성공할 수 있는지를 시험하는 무대였다.

그는 사고의 대전환을 시도했다. 동물원에 오는 고객들이 원하는 바를 통찰하여 고객 만족을 극대화하는 것이 생존을 위한 유일한 탈출구임을 직시하였다. 동물원을 찾는 고객들은 침팬지, 펭귄, 하마, 기린, 각종 조류 등 모든 동물들과 호흡을 같이하고 가슴으로 접촉하기를 원하는 것이 아닐까. 동물들을 고객에게 가장 깊이 있고 정확하게 소개할 수 있는 능력은 오직 동물 사육사만이 유일한 게 아닐까. 그는 사육사들이 단순히 동물들을 보살피는 데만 만족해서는 안 되고 동물의 가족사와 기분 그리고 특징 등 모든 면에서 고객이 알고 싶은 것을 상세히 설명해야 한다고 설득하였다.(사육사가 어찌 마케팅에 나서려고 하겠는가?) 처음 망설이던 그들이 동물들에 대해서 고객에게 알리는 노력을 본격화하면서 고객들의 관심이 높아지고 점차 동물원을 찾는 고객이 늘기 시작하였다. 아울러 고객들이 동물들과 가장 가까이에서 상호 호의적 접촉이 가능토록 동물원의 구조도 사람-동물 친화적으로 바꾸었다. 펭귄이 나는 것을 볼 수 있도록 유리동굴을 만들고 동굴위의 물속에서 펭귄이 헤엄치는 것을 볼 수 있도록 했다. 창의와 상상력이 펭귄을 날게 한 것이다.

20여년에 걸친 사육사들의 거듭된 노력이 지금은 매년 300만명 이상이 찾는 홋가이도의 가장 유명한 관광 및 학습 명소가 된 것이다. 중소기업인 일행들은 전 동물원장의 특강을 듣고 동물원 현장을 관람하면서 혁신은 결코 먼데 있는 것이 아니라 고객이 바라는 바를 통찰하는 창의와 상상력만 있으면 가까운데 있음을 확인할 수 있었다.

7월초에는 마이크로소프트사의 빌게이츠 회장이 회사업무에서 완전히 은퇴하고 사회복지재단에서 말라리아나 빈곤퇴치와 같은 자선활동에 전념한다는 소식이 들려왔다. 일류대학을 다니다가 과감하게 중퇴하고 가시밭길로 들어서 중소기업을 창업하고 지식정보화시대 세계 컴퓨터시장을 석권하는 글로벌 일류기업으로 성장시켜온 기업가정신의 화신이 그가 아닌가. 아직도 젊은 나이에 기업인으로서 노블리스 오블리주를 실천하며 퇴장하는 아름다운 모습을 보여주었다. 미국식 창의와 도전 그리고 혁신을 바탕으로 한 프론티어십과 벤처기업의 성공신화가 멋지게 창조되고 이어지는 장면이 연출된 것이다.

한국 중소기업의 오늘의 실정은 어떤가? 함께 동행한 대부분의 중소기업인들은 최근 한국경제상황을 위기로 진단하고 있었다. 고유가 등 국제원자재가 상승과 대내적인 정정불안으로 인한 경제의욕 상실 등은 한국의 미래에 대한 우려를 낳게 하고 있다. 이웃 일본이나 대만 등은 똑같은 대외적인 어려움이 몰아치는데도 사회 각계각층이 고통을 분담하고 상생노력을 통한 극복의지를 보이는데 한국은 자신의 이익만을 고집하는 약육강식의 상황이 연출되고 있다. 현 난국을 어떻게 극복할 것인가. 정부에서는 신자유주의 글로벌화 확산에 따른 양극화와 산업화시대의 대기업 위주의 시스템 구조를 개선하려는 노력을 가일층 강화해야 한다. 한편, 산업계에서도 대기업은 수출과 글로벌 진출로 벌어들인 이익을 수급 중소기업 등 이해관계자들과 공정하게 나누어 가지려는 노블리스 오블리주 정신을 발휘해야 하고, 중소기업들도 남의 탓만 하지 말고 스스로 세계 일류가 되겠다는 각오로 창의와 혁신노력을 한층 강화해 나가야 한다. 일본 아사히가와 동물원 사례는 좋은 실례가 될 것이다.

(2008. 7. 10)

(3) 신토불이(身土不二)는 글로벌 경쟁력의 기반이다.

최근 대내외적 경제여건이 불확실한 가운데 7월 들어서는 우리 경제의 버팀목이 되어왔던 무역수지마저도 적자로 돌아서 국민 모두를 우울하게 하고 있다. 더구나 IMF이후 계속 증가되어왔던 외국인 직접투자도 감소세를 보이고 있고 시장에서는 외국인의 셀코리아 현상도 나타나고 있어 더욱 염려스럽다.

폭염과 집중강우가 교차되는 가운데 나도 오랜만에 가족과 함께 오붓한 시간을 가지게 되었고 특히 그동안 꼭 다시 한번 읽고 싶었던 책들을 한꺼번에 모아서 통독할 여유를 갖게 되었다.

며칠 전 국방부에서 장하준 저 '나쁜 사마리아인'을 불온서적으로 지정하여 군내 반입을 금지키로 했다는 보도를 접하면서 지난학기 강의를 들었던 학생들에게 반드시 읽어야 할 필독 도서로 추천한 바 있기에 참으로 당혹스러웠다. 나쁜 사마리아인은 불온서적이 아니라 글로벌 무한경쟁시대에 국민국가의 생존과 번영을 위해 신토불이의 정신을 되찾자는 기본철학과 방법론을 제시한 책이다. 글로벌 경영학을 공부하는 학도, 글로벌 시대의 국민국가의 경제운영을 담당하는 정책당국자, 무한경쟁에 직면하고 있는 기업인들 모두 반드시 한번쯤 일독할 책이다.

장정일 '삼국지'는 그동안 漢황실 회복과 기존질서유지라는 보수적인 시각에서 쓴 여러 작가들의 '삼국지'와는 다른 다소 상반된 시각에서 쓰여졌다. '삼국지' 경영학에 관심이 있는 필자는 그동안 유비라는 인물과 촉한정통론에 기반을 둔 지배세력 중심의 일방적 시각을 벗어나서 조조라는 인물의 재평가 그리고 민초들의 반항을 그들의 눈높이에서 기술한 새로운 '삼국지'를 읽으면서 '세상은 아는 만큼 보인다'는 케자르의 명언을 되새겼다.

최장조가 10여년전에 쓴 '자생풍수'를 다시 보게 되었다. 전국토의 묘지화와 환경파괴는 물론이고 효가 상실되고 있는 이 시대에 우리 강토를 신토불이의 입장에서 되돌아 생각해 보게 되었다. 양택에 중심을 두고 현세에서의 국토와 민중 사랑이라는 우리식 도선풍수가 이조시대 들어 중국식 주자가례의 내세지향의 허례허식주의로 바뀌고 부모님 살아서 불효하면서도 죽으면 음택을 받고자 명당이라는 묘 자리를 찾고 이를 호화롭게 꾸미는데 혈안이 된 오늘의 세태를 꼬집고 있다.

서기원이 쓴 'MP3 전쟁'은 한국 IT산업 및 벤처의 발전과 이를 바탕으로 한 MP3 종주국으로서의 한국 벤처기업의 글로벌 진출에 있어 성공 및 실패 사례를 파헤치고 있다. 또한 한국 벤처기업의 초기 성공을 철저하게 제압하고 글로벌 스타로 떠오른 스티브 잡스의 애플사가 MP3 시장을 석권하는 과정과 앞으로의 전망을 기술하고 있다. 전자신문 기자로 있었던 저자가 경영학 전공자 이상의 프로정신으로 한국 IT 산업의 핵심 총아였던 MP3의 탄생과 성공 그리고 이어진 실패의 아픔과 그 이유 및 향후 진행방향까지를 알기 쉽게 정리하였다.

앞서 소개한 네 권의 책에 대해서는 일독하길 권하며 작금 큰 어려움에 봉착한 우리 경제의 돌파구를 찾는다는 측면에서 몇 가지 시사점을 찾아 정리해 보고자 한다.

첫째, 글로벌 무한경쟁 환경을 돌파하는 방법은 글로벌 환경을 무조건적으로 추종하는데 있지 않다는 점이다. 한국기업, 한국경제, 한국정부는 한국이라는 풍토를 기반으로 한 신토불이의 경쟁전략을 반드시 모색해야 한다. 글로벌 스탠다드는 피할 수 없는 대세이기는 하지만 그 대세를 형성한 뿌리는 앞선 선진국들에 있다. 따라서 단순히 대세를 모방한다고 경쟁우위를 가지는 것이 아니다. 우리가 가진 강점을 접목하고 국내에서 먼저 시험해 보아야 세계 시장에서 경쟁우위를 보장받을 수 있는 것이다.

둘째, 한국적 경쟁우위 확보를 위한 각 분야에서의 전문가적 소양의 축적과 개발이다. 장하준, 장정일, 최장조, 서기원 이들 모두는 그들이 속한 분야에서 전문가로서 자부심과 아젠다를 가지고 치열하게 살아온 분들이다. 권력과 돈을 따라서 부나방처럼 떠도는 오늘 우리 주변의 세태를 보고 있노라면 이들은 신선한 청량제와 같다. 이조시대에 그래도 본받을 것이 있다면 지조를 위해 몸 바친 선비정신이 아닐까.

끝으로, 우리 경제에 붉은 신호등이 켜진 것은 사실이지만 이를 극복하는 방법은 과거 산업화 시대의 방식은 아니라는 점이다. 21세기 지식정보화시대에 부응하면서 그리고 한국이 가진 오늘의 강점(IT, 신지식, 참여 등)을 바탕으로 한 신토불이의 경쟁전략을 모색해야 한다.

국민 모두가 우울한 경제 환경을 극복하겠다는 당찬 다짐과 함께 소중한 독서를 통해 새로운 의미를 찾게 되는 보람찬 하계휴가를 보내기를 기대한다.

(2008. 8. 6)

(4) 한민족공동체를 글로벌 전략의 한축으로 활용하자

8월말 4박5일 일정으로 중국 연길에서 개최된 '국제투자무역박람회 및 동북아 국제세미나'에 다녀왔다. 동 행사는 전 세계 한인 상공인및 전문가들을 초청하여 박람회 및 투자상담, 투자설명회, 동북아공동체 포럼 등 다양한 프로그램이 마련되었는데 금년이 3차년도로서 연변자치주가 동북3성중 가장 발전이 낙후된 연변 조선족자치주 및 두만강지역의 발전을 도모하기 위해 개최하고 있다.

필자는 동북아공동체의 일원으로 포럼참석차 동 행사에 참석하게 되었는데 금번 방문을 통해 우리 한국 기업들이 전 세계 구석구석에 진출해 있는 한민족네트워크를 통해 21세기 글로벌 경영전략을 한층 심화시켜 나갈 수 있다는 확신을 가지게 되었다. 연변자치주의 경우 조선족비율이 40%정도 되는데 중국내에서나 동북3성중에서 그 발전정도는 가장 낙후되어 있다. 많은 조선족들은 돈을 벌기위해 한국을 비롯해 중국 각 지역으로 빠져나가고 있는데 이는 연변자치주내의 자체적인 산업발전이 없이는 해결하기 어려운 과제이다. 두만강지역의 경우도 UNDP에서 인근국가들과 협력을 통해 동북아공동체 형성이라는 원대한 목표를 가지고 10여년간 개발프로젝트를 추진해 왔으나 지금까지 신통한 성과를 거두지 못하였고 아직도 원론적인 수준에서 논의만 무성할 뿐이다.

필자는 동 행사참석이전 전 옥션사장이었던 L사장과 글로벌 한민족 네트워크를 활용한 한국기업의 글로벌 일류전략에 대한 의견을 나누었다. L사장은 옥션이라는 인터넷 경매사이트를 선구자적으로 개발하여 성공시킨 경험이 있다. 그는 한민족이 21세기 지식정보화시대에는 뛰어난 창의력으로 세계를 정복할 수 있다는 확고한 신념을 가지고 있으며 특히 한국 중소기업인들에 대한 사랑은 그 깊이가 끝이 없고 작금 큰 애로에 봉착한 한국 중소기업의 새로운 활로를 찾는데 앞장서고 있는 분이다. 산자부 사무관시절부터 뜻이 맞아 항상 세상 돌아가는 일을 함께 논의하곤 했는데 필자가 공직을 물러나와 민간에 몸담게 되면서 다시 한번 뜻을 함께할 기회를 갖게 되었다.

필자는 9988-234(중소기업의 글로벌 일류전략)를 구체적인 액션플랜으로 밑받침하여 성공시키는 길만이 한국기업의 99.9%, 종업원수의 88.1% 그리고 부가가치의 50%내외를 점유하는 중소기업이 살아갈 수 있는 길이라고 주장해 왔는데, 한민족 글로벌 네트워크를 통한 중소기업의 글로벌진출을 구체적으로 모색해 나가는 것이야 말로 대단히 유효한 방법 중의 하나가 될 것이라는 확신을 더하게 되었다. 이미 L사장은 '코글로'라고 하는 비즈니스중심의 한민족 인터넷포털을 준비해 왔고 9월중 오픈할 예정이라고 하는데 과거 정부주도의 한민족 네트워크가 오프라인상의 행사위주의 네트워크였다면 '코글로'는 온라인과 오프라인을 포괄하는 비즈니스중심의 네트워크로서 향후 한국기업 및 전세계 한민족의 글로벌 비즈니스활동을 지원하는 중요한 매개체가 될 것이다.

금번 연길방문은 L사장과 필자의 이와 같은 생각을 더욱 확신케 해 주었는데 예를 들면 연길이나 두만강개발 같은 경우는 한·중양자간이나 동북아지역을 둘러싼 다자간의 역학관계를 고려할 때 국제정치적 차원에서 접근시 그 결실을 맺기가 쉽지 않다. 따라서 전세계에 흩어진 한민족 네트워크를 통해 교역, 투자, 인프라 구축 등에서 비즈니스가 되도록 민간 차원의 노력을 우선하고 그 결과 이지역이 어느 정도 발전하여 다자간의 관심지역으로 떠오를 때 정부차원의 협력으로 한층 탄력을 받을 수 있다고 본다. 한국 중소기업들도 글로벌 진출을 모색할 때 임금이나 생산요소, 시장 등 다양한 고려를 해야겠지만 한민족이 나가있는 곳은 이들과의 비즈니스를 통해 경험을 쌓고 차근차근 현지 시장을 확대하는 것도 하나의 방법이 될 것이다.

이 경우 글로벌 한민족 네트워크의 신뢰성과 진정성이 핵심요소인데 '코글로'는 인터넷을 통한 정보의 공개와 오프라인상의 네트워크를 통한 점검으로 한민족 글로벌 비즈니스에서 옥석을 가리는데 큰 역할을 할 것이다. 한편 연변과 두만강지역의 개발을 위한 전문가들의 다양한 의견이 제시되었는데 그 결론은 시급한 핵심 아젠다를 정하여 구체적인 계획을 만들고 이를 바탕으로 민간의 참여, 특히 한민족 글로벌 네트워크의 참여를 이끌어내는 것이 필요하다는 것이었다. 지금까지의 거대담론에 가까운 논의보다는 실용에 바탕을 둔 구체적인 프로젝트 마련과 당장의 비즈니스에 도움이 되는 애로해결을 우선하는 것이 바람직하다는 것이었다. 연변조선족 자치주 및 두만강지역의 발전이 한 발짝 앞당겨지기를 기대하고 글로벌 한민족 네트워크가 비즈니스 측면에서 더욱 활성화되어 작금 한국 중소기업 애로를 해소하는데 일조하기를 기대한다.

(2008. 9. 3)

(5) 한국의 중소기업, 지식정보만이 살길이다.

미국 월가를 뒤흔들고 있는 금융위기는 한국경제 전반에 악영향을 끼치고 있는데 원자재가의 급변동 등으로 가뜩이나 어려움에 처한 중소기업들의 경영에 큰 위협을 주고 있다. 특히, 외환시장에 대한 충분한 지식 없이 은행들의 권유로 환 헷지를 위해 KIKO(Knock In, Knock out) 상품에 가입한 중소기업의 경우 흑자 도산의 위기에 몰리고 있다.

이와 같은 사태가 시장의 불확실성을 활용한 투기적 이익을 노리는 기업행태에서 나타난 현상이라면 정부가 개입해서 지원하는 것은 모럴 헤저드를 야기시키고 시장작동의 실패로 귀결되기 때문에 바람직하지 않다고 할 수 있다. 그러나 환율의 급격한 변동이 기업들이 예측치 못한 정부정책의 변동이라든지 글로벌 금융시장의 실패에서 나타난 경우라면 흑자도산을 막기 위한 지원은 정당하다. 대통령과 야당대표가 KIKO연관 중소기업지원을 합의한 것은 이러한 면에서 이해할 만하다. 조만간 세부적인 대책들이 나오고 중소기업의 흑자도산 방지에 도움을 주기 바란다.

KIKO사태를 예를 들었지만 작금의 한국 중소기업들이 처한 경영환경은 21세기 지식정보화, 글로벌화에 따라 매크로, 마이크로 측면에서 그야말로 소용돌이치는 변화에 휩싸여 있다. 중소기업들이 이를 어떻게 슬기롭게 극복하고 위기를 기회로 활용해 나가느냐 하는 것이 관건인데 필자는 지속적으로 9988-234(중소기업의 글로벌 일류전략)를 뉴비전으로 제시하고 혁신, 전략적 협력, 블루오션 창출이라는 핵심 전략을 제시하였다.

그러나 현실적으로 한국 중소기업이 가진 취약한 인적자원으로는 이와 같은 필승전략도 소기의 성과를 거두기가 어려운 실정이다. 사회적 분위기도 너도나도 자기 능력을 넘어선 일류병에 물들어 있어 괜찮은 인재들은 오직 돈 많이 벌고 그럴듯한 브랜드 있는 분야에만 몰리고 중소기업의 경우 좋은 인재 구하기가 하늘에 별 따기라는 자조석인 푸념이다. 일부 벤처, 이노비즈 등의 경우 우수한 인력이 기업가 정신으로 무장하고 세계를 향해 뛰고 있기는 하지만 아직 미래 성장동력이 되기에는 부족한 점이 많다.

과연 우리 한국 중소기업은 앞날은 어둡기만 한 것인가. 21세기 지식정보화로 가는 길을 밝혀주는 등대는 없는 것인가. 지난 7월 중소기업청에서는 한성대와 서강대를 선정하여 중소기업의 지식정보화를 돕기 위한 '컨설팅대학원 및 지식서비스연구소' 설립을 추진하고 있다. 참으로 시의적절한 정책적 노력으로 보인다. 중소기업들은 대기업과는 달리 시스템적으로 적재적소에 인재를 배치하여 경영환경 변화에 대처하기 어렵다. 따라서 외부의 도움을 받아 스스로를 진단하고 부족한 지식과 정보를 보완해야 하는데 이러한 서비스 활동이 바로 컨설팅이다.

우리 한국은 IMF이전에는 컨설팅 개념이 없다시피 했는데 IMF라는 국가적 위기를 맞이하면서 정부 및 대기업들이 구조조정을 위해 글로벌 컨설팅사들의 도움을 받으면서 컨설팅이 본격 도입되기 시작하였다. 그러나 우리의 현실은 정부 및 공공기관을 통한 공짜 내지 저렴한 지식정보서비스가 만연되어 있어 기업들은 지식정보서비스에 대해 정당한 대가를 지불하기를 꺼려한다. 지식정보화사회로 가는데 큰 걸림돌이다. 그나마 대기업들은 컨설팅의 중요성을 인식하고 글로벌 컨설팅사와 협력을 강화하고 있지만 중소기업은 정부의 지원 없이는 외부의 컨설팅을 받는데 인색하다. 더구나 중소기업에 컨설팅을 공급하는 중소컨설팅업체 및 컨설턴트들의 역량도 아직 취약하여 중소기업들의 신뢰성이 낮고 이용을 기피하는 현상이 심화되는 등 시장의 실패가 발생하고 있다. 따라서 정부가 중소기업 컨설팅의 역량강화와 브랜드 형성을 위해 '컨설팅대학원 및 지식서비스연구원' 설립을 지원하는 것은 의미 있는 시도이다.

향후 중소기업을 위한 컨설팅대학원은 중소컨설팅업계 및 컨설턴트의 역량강화와 브랜드 확산을 위한 교육의 내실화와 함께 중소기업들이 현장에서 컨설팅의 유용성을 확인할 수 있는 베스트 프랙티스 모델을 형성해 나가는데 주도적 역할을 다해야 한다. 한국은 중소기업 지원을 위한 정부지원시책이 800여개에 이르는 등 양적측면에서는 지원의 천국이다. 그러나 이러한 지원시책이 중소기업의 경영현장에서 글로벌 경쟁력 향상으로 연계되고 있는지는 반성할 점이 많다. 중소기업 지원을 위한 기술, 인력, 자금, 마케팅, 판로 등 각종 지원시책이 중소기업의 경쟁우위 확보와 유기적으로 연계되도록 지식정보 융합을 강화해야 한다. 조만간 설립될 '컨설팅 대학원 및 지식서비스 연구원'은 이러한 노력의 시발점이 될 것이다.

(2008. 10. 16)

(6) 세상에는 공짜가 없다는 진리

미국 서브프라임 모기지 사태로 번진 세계적 금융위기는 '세상에는 공짜가 없다'는 진실을 다시한번 일깨워 주었다. 1970년대 이후 시대사조로 자리 잡은 신자유주의 흐름과 인터넷을 기반으로 한 신경제는 우리 인류에서 부와 풍요를 영원히 선사할 것으로 믿었다. 인터넷 신경제하에서는 시장실패를 초래하는 정보의 제약과 격차문제가 완벽히 해결되므로 신자유주의하의 시장만능주의야 말로 최적의 경제적 성과를 보장할 것이라는 생각이 지배하였다.

미국 FRB(연방준비은행)의 의장을 20여년이나 군림해오던 알란 그린스펀은 신경제를 지탱하고 인류의 복된 미래를 뒷받침해온 시대적 거장으로 추앙받았다.(최근에는 미국의회에서 호된 비판을 받고 있다.) 그는 미국의 신경제를 지탱하기 위해 끊임없이 이자율을 인하하여 인터넷기업을 중심으로 한 신경제의 확장을 지원하였다. 또한 미국기업의 글로벌 진출을 확대하기 위해 금융기관의 글로벌 진출과 신상품에 대해서도 시장에 맡기면 합리적으로 확대 재생산될 것으로 믿고 정부의 감독보다는 시장에 맡겼다.

미국에서 시작된 글로벌 유동성 확장은 금융글로벌화의 확산과 함께 세계 각국으로 증폭 확산되었다. 우리 한국은 의도했든 그렇지 않았든 IMF외환위기를 거치면서 미국식 신자유주의 글로벌 스탠다드를 깊고도 넓게 수용하였다. 글로벌 체제로의 깊고 넓은 편입현상, 그 결과는 글로벌 위기의 급속한 확산과 동조현상을 초래하였다. 한국이 보유한 외환보유고 2400억불, 한중일 3국의 공동기금 800억불보다도 미국과 스왑한 300억불의 힘이 타오르던 금융위기의 불길 진화에 기여한 것을 보면 한국의 글로벌화의 현실이 얼마나 진행되었는지를 잘 보여주고 있다.

이와 같은 신자유주의의 글로벌화에 대해서는 장하준을 비롯한 유럽 제도주의학자들의 반론도 만만치 않게 제기되었고 미국에서도 과도한 재정적자, 무역적자는 글로벌 균형을 깨고 있는 버블현상으로서 언제가 깨질 수 있다는 우려가 제기되었다. 필자도 물론 신자유주의의 확산과 글로벌 균형의 파괴에 대해 우려를 표명해 왔다. 신자유주의는 미국의 유일 초강대국의 지위의 강화 및 인터넷 신경제의 확산과 함께 거대한 시대적 조류가 되어 글로벌 구석구석을 지배하게 되었다. 사회주의권의 몰락이후 등장한 동구권에도, 이머징마켓의 주력인 BRICs, 그리고 신흥개도국인 베트남 등 동아시아권 국가들까지 글로벌 세계는 미국 등 선진권과 모두 함께 움직이는 하나 된 시장터로 자리 잡는 듯이 보였다. 부를 추구하는 무한경쟁의 시장터, 이곳은 우리 인류에게 축복이 될 것으로 모두 믿었다. 그러나 세계적으로 심화되는 대내외적 양극화, 지구촌의 황폐화, 에너지 및 자원의 고갈 등 지구촌의 지속가능한 성장에 적신호가 나타났다. 그럼에도 시장에 맡겨두면 결과적으로 가진 자의 스필오버(spill over)효과로 약자도 함께 잘살 수 있다는 믿음이 팽배하였다.

시장만능주의는 부를 향한 인간의 투기와 광기를 자극하여 역사의 흐름을 뒤바꾸어 놓은 사례를 우리는 많이 보아왔다. 에스파냐에서 시작되어 네델란드, 영국 그리고 미국으로 바뀌어 온 서구의 세력교체 현상의 결과를 보면, 부를 향한 인간의 투기와 광기를 어떻게 적절히 제어하여 국가적 힘의 분산을 막느냐가 세계강국의 지위를 유지하는 핵심적 요소임을 보여준다. 작금 글로벌 금융위기 상황은 지난 40여년간 서서히 누적되어온 부를 향한 투기와 광기의 결과로 나타난 것이다. 펀드멘털에 기반하지 않은 유동성과잉에 의한 버블현상은 세계 각국의 급속한 성장을 부추기기는 했으나 과도한 성장과 소비는 향후 수년간 그 대가를 요구할 것이다. 버블붕괴의 결과는 일본의 경우 잃어버린 10년으로 나타났다.

한국은 IMF외환위기를 단기간에 극복했으나 이는 예외적이라 할 수 있다. 단기간의 급속한 성장에 따른 누적된 폐혜의 후유증임에도 불구하고 중국경제의 급성장 등 외부여건의 호조 때문에 글로벌화를 통해 단기간에 위기를 탈출할 수 있었다. 그러나 작금의 글로벌 금융위기의 후유증은 향후 실물부문에 전이되어 상당기간 지속될 것으로 예측된다. 다행히 세계 각국 및 한국 정부에서도 선제적이고 과감한 경기부양 조치를 취하고 있고 미국에서도 담대한 희망과 변화를 내세운 오마바의 대통령 당선으로 미국뿐만 아닌 글로벌 차원의 문제 해결에 희망이 보인다. 그럼에도 불구하고 우리는 지난 40여년의 호황에서 얻은 이익을 당분간 불황이라는 불이익으로 상쇄해 나갈 수밖에 없을 것이다.

세상만사 이치는 공짜란 없기 때문이다. 다만 그 고통이 지난세월 이익을 더 크게 본 부문보다는 양극화의 반대편에서 고생했던 부문에 더욱 심하게 몰아칠 것이 예상되는데 이에 대응한 정부의 적극적인 역할이 필요하다. 한국 중소기업의 경우 IMF이후 몰아닥친 구조조정과 글로벌화의 여파로 상당한 고통을 겪었는데 작금 글로벌 금융위기로 또 한번의 위기적 상황에 봉착하였다. 중소기업 스스로 철저한 혁신과 구조조정 노력과 함께 정부의 적극적인 도움으로 이 난국을 헤쳐 나가길 기대한다.

(2008. 11. 13)

(7) 중소기업 불황극복 ; Back to the Basic(기본으로 돌아가기)

기축년 새해는 지난해 글로벌 금융위기의 여파로 우리 중소기업인 모두가 우울한 새출발을 하게 되었다. 세계 각국 및 한국 정부의 경기 부양을 위한 적극적인 대응노력에도 불구하고 불황의 늪에서 빠져 나오기가 쉽지 않은 실정이다. 특히, 9988(전체업체의 99%, 종업원의 88%)로서 국민경제의 밑바탕을 담당하는 중소중견기업은 한국 경제가 가지고 있는 역사적, 구조적 취약성까지 겹쳐 있어 더 큰 어려움에 직면하고 있다. IMF때에는 글로벌 경제를 쥐고 흔드는 미국 등 선진국이라는 안집은 온전했는데 작금 사태는 안집에서 불이나 변방까지 옮겨 붙은 형세여서 우리로서는 IMF보다도 더 어려운 상황이다.

한국은 지난 '60년대 이래 경제개발계획을 추진해 오면서 무에서 유를 창조한 '한강의 기적'을 이루어낸 경험과 함께 IMF 환난을 단기간에 극복한 창조적이고 역동적인 국가이다. 작금의 위기상황도 국민 모두가 힘을 합치기만 한다면 3만불시대의 고지에 막혀 정체해 있는 한국경제가 한단계 도약할 수 있는 좋은 기회로 전환시킬 수 있다. 중소중견기업들도 대기업중심의 고도성장과정에서 파생된 양극화를 극복하고 21세기 지식정보화 시대의 주역으로 등장할 절호의 찬스인 것이다.

기업현장에 가보면 당장 오늘내일하는데 무슨 희망이 있느냐고 하는 분들도 있지만 대다수는 불황의 고개를 넘어서 희망의 싹을 찾고 있었다. 한국 중소중견기업은 현재의 난국에서 절대 무너지면 안된다. IMF 환란을 극복한 경험을 바탕으로 한국경제의 새로운 성장동력으로 우뚝 서야 한다. 매년 40만명이상 쏟아져 나오는 젊은이들을 취업전선으로 끌어들어야 하고 대기업 등 글로벌기업의 인력감축에 대한 방패막이 역할도 해야 한다. 그러나 현실은 녹녹치 않다. 정부, 기업, 국민 모두가 심기일전하여 불황 극복과 새로운 성장동력을 찾는데 힘을 모아야 할 시점이다.

위기극복은 말로만이 아닌 행동으로, 1회성 처방이 아닌 비전과 전략이 있을 때 가능하다. 최근 불황은 지난 30여년간 우리 인류가 누린 풍요의 대가이자 인간의 이기심과 탐욕이 초래한 결과이기에 더욱 근원적이고 강력한 대책이 필요하다. 중소중견기업은 시장경쟁, 산업조직, 자원동원능력, 금융권 및 대기업과의 관계 등 전반적인 측면에서 대기업에 비해 더욱 열악한 상황이다. 따라서 국민경제운용, 산업정책, 그리고 기업경영과 관련한 종합적이고 시스템적인 대응이 중요하다. 정부의 국민경제 운영에서 유의할 점은 대규모 재정투입 등을 통한 경기부양 노력이 숫자놀음에 치우쳐서는 안되며 구체적인 사업프로젝트로 연계되도록 신중을 기해야 한다는 것이다. 이름만 바꾸어 그럴듯하게 치장하여 50조 공급이니 100조 공급이니 하는 정책발표는 국민들의 불신만을 초래할 뿐이다.

산업정책 차원에서는 한국의 21세기 먹을거리를 제공할 수 있는 신성장동력 분야를 구체적으로 제시하되 장단기 방향성을 명확히 하여 기업들의 사업계획 수립에 혼선이 발생치 않도록 해야 한다. 특히 지식서비스산업의 육성이 시급한데 이는 기존 공공기관에서 수행하던 공짜내지 저가 서비스기능의 시장친화적인 민간이양이 우선되어야 한다. 기업경영측면에서는 불황기에는 모든 기업이 원가절감과 경영합리화에 나서야하지만 아울러 자신의 내적역량에 대한 진단과 분석을 통해 중장기적 도약을 위한 새로운 전략을 추진해야 한다. 삼성경제연구소에서 지난해 12월 불황기 기업전략으로 제시한 내용을 간단히 소개하면, 첫째 재무유연성과 소프트경쟁력이 모두 좋은 기업은 과감한 광고 및

M&A전략을 구사하여 시장점유율을 높여나가고, 둘째 재무유연성은 좋으나 소프트경쟁력이 미흡한 기업은 여유자금을 활용하여 기술개발, 브랜드역량제고, 지적재산권 확보 등 향후 미래 경쟁우위요소를 강화하며, 셋째, 소프트경쟁력이 높으나 재무유연성이 취약한 기업은 기술이나 지적재산권 등의 매도를 통해 재무적 건전성을 강화하고, 마지막으로 재무유연성과 소프트경쟁력 모두 취약한 기업은 당장 생존을 위해 구조조정이나 기업매각 등 퇴출과 함께 새로운 사업기회를 모색할 것을 제안하고 있다.

끝으로 불황기를 극복할 기업인의 자세로 최근 기은연구소의 조병선소장이 쓴 '적자사장, 흑자사장'을 소개하면서 위기극복의 요체로서 'Back to the Basic(근본으로 돌아가기)'을 실천할 것을 제안한다. 기업은행 지점장 101명이 제시한 흑자 기업으로 가는 일곱 가지 특징은 대인관계 능력, 한 우물파기, 리더십, 성품, 장인정신과 기업가정신, 전략경영 마인드 그리고 조직관리 역량을 꼽았다. 그동안 경영학계에서 성공한 기업인이 되는 길로 제시된 내용들 중 한국 중소중견기업의 실정에 맞는 것들로 잘 정리되었다. 기축년 새해 9988-234달성을 위해 중소경영인들이 가슴에 새기고 실천하길 바란다.

(2009. 1. 21)

(8) 한국의 사회적 책임 코드

금년 1월1일 메릴린치가 BOA(Bank of America)에 합병되기 직전 상여금 지급일을 몰래 변경해 696명의 임직원에게 100만불이상씩을 지급하는 보너스 잔치를 벌인 것으로 드러났다. 글로벌 금융위기의 원흉으로 손꼽히는 이 투자회사는 사회적 책임을 망각한 모럴해저드의 극치를 보여 주었다. 광기와 폭주로 전 세계인에게 전무후무한 대불황을 초래케한 것도 모자라 자신들의 이익을 위해서는 서슴없이 탈법행위까지 벌여왔던 것이다.

얼마전 필자는 한국사회책임투자포럼 주최의 기업은행장 초청간담회에 다녀왔다. 이 자리에서 기업은행장으로 부터 작금 한국 중소기업이 봉착하고 있는 자금난의 원인에 대해 진솔한 설명을 들을 수 있었다. 그 핵심도 역시 금융기관들의 모럴해저드였다. 한국 금융기관들은 경기가 좋을때는 경쟁적으로 다양한 금융상품을 개발해 중소기업 대출을 늘리다가 위기만 오면 곧바로 우산을 접어 버리는 행태를 보인다. 정부가 아무리 자금을 풀어도 자신들의 이익을 위해서라면 우이독경, 돈 빨아들이는 블랙홀(black hole)이 된다.

이유야 간단하다. 자신들도 BIS(Bank for International Settlement)비율을 맞추어야 하고 중소기업들의 경영환경이 좋지 않아 위험도가 높아졌으니 어떻게 대출해 줄 수 있느냐는 것이다. 기업은행은 국책은행으로서 일반 시중은행과는 차별적으로 적극적인 대출에 나서고 있지만 시중 자금사정을 해소하는데 역부족이라고 한다. 정부는 비상대책으로 신보, 기보 등의 보증을 100%까지 허용하는 조치를 취하여 은행들에게는 0%의 책임을 지우는 그야말로 모럴해저드를 방치하여 중소기업을 살릴 수밖에 없는 상황까지 이르렀다. 급기야는 금융위 등 주도의 은행장들 모임에서 중소기업대출을 1년간 상환 연장하는 조치도 취하였다.

중소기업이 공공기관이나 대기업에 납품하기로 하면 이를 근거로 은행이 대출을 해주는 '네트워크 론(network loan)'이라는 제도가 있다. 중소기업 입장에서는 판로증명을 통해 미리 자금을 융통하여 생산에 임할 수 있고 공공기관이나 대기업은 자신의 자금으로 직접 지원하지 않아도 금융기관을 통해서 관련 중소기업을 지원하고 서로 윈-윈(win-win)할 수 있는 좋은 제도이다. 그러나 최근 시중 자금사정이 어려워지자 대기업들은 네트워크 론의 근거인 발주서 발급을 꺼려하고 있어 동 제도가 유명무실해 지고 있다는 소리가 들린다. 한동안 없어져가던 어음거래도 음성적으로 점차 늘고 있다는 소식이다. 모두가 사회적 책임을 망각하고 나만 살고자하는 이기심에 빠져있다.

최근 필자는 반도체 검사 장비를 생산하는 한 중소기업을 방문하였다. 매출액이 200억원정도이고 종업원이 50여명인 이 회사는 경영학을 가르치고 있는 필자도 처음 듣는 '겸손경영'을 실천하고 있었다. 겸손경영은 작금 글로벌 일류기업들이 실천하고 있는 전략경영, 창조경영보다 한단계 높은 차원의 경영방식이었다. 그 핵심은 회사의 이해관계자들의 입장에서 생각하고(think) 그들의 이익을 돕는(support) 경영으로서 한마디로 사회적 책임을 경영가치의 핵심으로 둔다는 것이다. 내가 아닌 상대편의 입장에 서서 경영하면 단기적으로 손해일 것 같지만 결과는 이해관계인 모두가 나의 지지자가 되어 결국은 성공하는 기업이 된다는 것이다. 동 사는 겸손경영을 통해 이 불황기에도 지칠줄 모르고 성장을 거듭하고 있었다.

토머스 프리드만은 '코드그린(Code Green)'이란 책을 통해 '뜨겁고 평평하고 붐비는 세계'를 오늘의 위기에서 구해내기 위해 미국의 나아가야 할 방향이 어디인지를 제시한다. 지금까지의 미국식 대량소비 발전시스템을 그린 혁명시스템으로 바꾸어 점점 부족해지는 에너지 공급 및 천연자원에 대한 수요증가, 석유강국들 및 석유독재자들에게로 부가 막대하게 이동하는 현상, 이산화탄소 증가로 인한 파괴적인 기후변화, 전기를 소유한 자와 소유하지 못한 자로 양분하는 에너지 빈곤, 수많은 동식물의 멸종으로 야기되는 생물다양성 감소 등의 문제를 시스템적으로 해결해야 한다는 것이다. 미국에서 오바마 행정부가 들어선 후 경기부양노력과 함께 그린 성장전략에 올-인(all-in)하는 것을 보면서 미국 지식인 사회의 양심은 아직도 살아 숨쉬고 있다는 감명을 받았다.

시오노 나나미는 그녀의 '로마인 이야기'에서 로마 천년제국의 요인 중의 하나로 사회지도층인사들의 노블리스 오블리주를 강조한다. 공공의 이익을 위한 인프라 구축과 로마시민으로서의 법적, 사회적 책무는 로마를 지탱한 핵심적 요소였다. 작금 금융위기의 후폭풍으로 불황과 실업이라는 암울한 그림자가 드리워지고 있는 이 시점에 한국 사회 전반의 노블리스 오블리주정신, 다시 말하면 사회적 책임코드가 되살아나길 기대한다. 사회적 책임코드는 우리 한국이라는 공동체가 다시 회생하고 세계 일류국가로 우뚝 서기 위한 지름길임을 확신한다.

(2009. 2. 18)

(9) 10년 불황을 넘어 : 그린, 문화, 융합코드로 승부하는 현장

2009년 3월 동경에서 벌어진 WBC 한일 야구 예선전에서 12:2로 한국팀이 콜드게임 패 당했을때 언론이나 국민들의 반응은 참으로 이채

로웠다. 과거 같으면 선수나 감독을 질책하는 기사가 언론을 도배했을 텐데 이번은 조용하면서도 전략적 분석에 치중하는 모습이었다. 그 결과는 다음경기에서 1:0 완봉승이라는 좋은 모습으로 이어졌다. 아직도 합리적 논의나 토론 그리고 소통보다는 일방적 주장과 대립 그리고 지시가 판치는 분야가 일부 있지만 국민 대다수는 성숙한 선진시민으로서 자리매김하고 있음을 보여준 사례다.

작금 금융위기에 대응해 나가는 자세에 있어서도 마찬가지이다. 정부나 국민 모두 지난 40여년간 신자유주의 글로벌화가 초래한 세계적인 동시불황시대임을 솔직히 받아들이고 불황극복을 위한 대대적인 부양정책에 동의하며 각자 미래지향적 차원에서 차분히 준비하는 모습이 보인다. 지금은 네잘못 내잘못을 따지고 싸울때가 아닌 것이다. 전략적 대응에 충실할 때이다.

필자는 불황이후 우리 한국경제 특히 수도권 집중으로 피폐해져가는 지방의 바람직한 선택지를 모색하던중 10년불황을 겪었고 연속해서 글로벌 금융위기까기 맞고 있는 일본에서 벤치마킹할 사례를 찾고자 큐슈지역을 방문하였다.

대한해협을 사이에 두고 대마도 건너 한반도와 가장 가까이에서 접하고 있는 큐슈지역은 역사적으로는 백제유민의 제2고향이 되었고 일본의 개항과 대륙진출의 교두보로서 역할을 하였다. 공직시절 한국 새마을운동에 버금가는 일촌일품운동의 본거지인 오이따현을 수차례 방문하였기에 기대가 더욱 컸다. 후꾸오까, 기타큐슈, 모지코레트로, 시모노세끼, 아소산, 벳뿌로 이어진 3박4일의 강행군이었다. 한국처럼 도

요타 등 전통 일본 주력산업의 공장폐쇄, 고용감축 등으로 일본 지방경제도 먹구름에 휩싸이고 있었다. 반면 가는 곳마다 지역적 특색과 강점을 바탕으로 그린, 문화, 융합코드를 접목하여 불황이후를 대비하는 움직임도 활발하였다.

키타큐슈시의 에코타운은 10여년전부터 지방정부, 기업, 시민단체, 민간이 공조하여 그린성장을 체계적으로 추진해온 모범사례이다. 키타큐슈시는 1960년대 야하타제철 등 공해 유발업체가 다수 들어서면서 한국 울산항처럼 시꺼먼 연기가 도심을 뒤덮는 환경지옥의 도시였다. 에코타운사업은 재활용사업을 육성하여 지속가능사회, 자원순환사회, 환경문제 해결 등에 기여하여 지속가능한 성장을 하고자 하는 콘셉이다. 진행방식도 중앙정부주도의 톱-다운방식이 아닌 지방 스스로의 보텀-업방식 그리고 정부의 일방지시가 아닌 민간과의 협력과 소통의 방식, 환경관련 다양한 법률을 지역특색에 맞게 선택하여 특성화한 시장친화적 방식을 도입하였다. UN에서는 키타큐슈시를 지속가능성장 우수 지방자치단체 표창을 수여한 바 있으며 현재 일본은 전국적으로 27개 도시에 에코타운이 건립되어 불황이후에 착실히 대비하고 있다. 일본이 자랑하는 Clean(청결)과 Green(녹색)이 융합된 새로운 브랜드가 뜨고 있었다.

모지항은 19세기 큐슈지역의 중계무역항으로 활성화되었던 항구인데 1990년대 후반부터 복고형 문화콘셉으로 다시 태어났다. 당시의 르네상스 목조건물인 모지항역을 국가중요문화재로 보존하고 아울러 근처에 산재한 세관 등 10여동의 근대건축물을 원형대로 이전하고 복원하여 서양식 모습을 고풍스럽게 복원하여 모지코레트로로 재탄생시킨 것이다. 일본식 정원을 바라보며 기모노 서비스와 함께 일본 전통음식을 저렴한 가격으로 즐길 수 있는 일본전통을 복원한 특색 있는 음식점도 외국인 관광객을 끌고 있었다. 문화(Culture)코드가 구체화되고 있는 사례이다.

구마모토현의 아소산은 활화산지역인데 이곳을 찾는 관광객들을 타켓으로 아소팜랜드 건강공원을 조성하여 신선한 농산품을 이용한 제품 판매와 함께 건강숲, 온천, 공예, 고원 식제 등 웰빙콘셉을 결합한 종합 엔터테인먼트 지대를 구현하였다. 지열을 활용한 농산물 재배, 에너지 공급, 건강생태계 조성 등으로 지역경제를 활성화시켜 나가는 융합(Convergence)코드의 현장이었다. 한편, 오이따현의 일촌일품운동이 현지에서 시들해지면서 아프리카, 아세안 등 후발국에서 활발히 도입되고 있다는 소식을 들었다. 한국 새마을 운동처럼 산업화시대에는 성공적인 콘셉으로 탄생하였지만 21세기 지식정보화시대에 맞게 새롭게 변신하지 못한 과거코드의 쇠락의 모습이다.

금융위기와 불황으로 가장 직격탄을 맞고 있는 우리 한국의 지역경제가 불황이후 글로벌 일류로 우뚝 서기 위해 받아들여야 할 교훈으로 일본에서 진행되는 그린, 문화, 융합코드가 한국적 현실과 잘 접목되길 기대한다.

(2009. 3. 19)

⑽ 21세기 성장동력, 1인창조기업에 도전하자

작금 경기가 살아나고 있다는 낙관론이 고개 드는 가운데 고용측면에서는 실업자가 100만명을 훌쩍 넘어서는 우려스러운 현상이 나타나고 있다. 정부는 일자리나누기, 청년인턴제, 기업의 고용확대에 대한 지원 등 다각적인 실업대책에 나서고 있고 금융기관이나 언론들까지 나서서 기업과 구직자간 일자리 맺어주기를 돕는 등 전례 없는 사회책임을 다하려는 움직임이 활발하다.

필자는 대학에서 직업전선에 뛰어들려고 하는 젊은이들을 가르치면서 다음 세대 한국을 짊어질 이들이 겪고 있는 암울한 현실을 직시하고 우리 모두가 미래의 희망찬 메시지를 창조하고 확산시켜야 한다는 의무감을 느낀다. 오늘의 기성세대들은 보리 고개의 배고픈 시절을 경험하고 산업화시대를 거치면서 선진한국 달성을 위해 땀흘려왔다. 한가지 더할 것이 있다면 후대들에게 휴먼지식시대의 세계적 일등국가가 될 수 있는 새로운 시스템을 창조해 물려주는 것이다.

실업의 문제는 청년에게만 국한된 것이 아니다. IMF 외환위기 때도 그렇고 작금 불황으로 정부, 공기업, 대기업, 중소기업, 자영업자 등 사회 모든 분야에서 구조조정과 휴폐업 등으로 직장을 잃는 사람이 크게 늘고 있다. 특히 50대이상의 사회적으로 원숙기에 접어든 사람들의 경우는 실업은 개인적이나 가정적으로 어려움일뿐 아니라 사회적으로는 축적된 자산이 훼손되는 국가적 손실이다. 한국의 요식업, 숙박업 등 자영업분야가 경기가 침체되면 가장 먼저 직격탄을 맞게 되는 현상은 시장에서 대형마트 등과 경쟁해야 하는 불리한 점도 있지만 IMF이후

동 분야에 과잉진입이 이루어졌고 전문성이 뒤떨어진다는 점도 지적할 수 있다.

젊은이들에게 희망을 그리고 원숙기에 퇴출되는 전문인력의 지혜를 동시에 활용할 수 있는 대안은 없는가. 휴먼지식시대에 맞는 한국적 시스템과 제도를 구축하고 새로운 일자리를 창출할 방법은 없는가. 미래기획위원회와 중기청 등에서 발표한 '1인창조기업의 활성화'대책에서 그 해답을 찾아볼 수 있다. 동 대책은 시의적절하고 향후 시장의 반응에 따라서 한국의 신성장 동력을 키우는데 핵심적 역할을 할 것이다. 그동안 1인기업은 전문적 소양을 가진 사람들이 개인적 브랜드를 활용하여 다양한 분야에서 자생적으로 성장해 왔던 분야인데 정부가 인터넷시대, 지식창조시대의 미래흐름을 직시하고 이를 정책화하여 본격적으로 시장을 창출하려 하는 것이다.

1인 창조기업이란 창의적인 아이디어와 기술 · 전문지식 등을 갖춘 1인 중심의 기업으로 대표적으로 프리랜서 등이 여기에 해당된다. 정부가 제시한 핵심전략은 △온 · 오프라인 아이디어 수집 · 발굴시스템 구축△법 · 제도 규제 개선 △수요창출 지원 △경영안정 지원 등 4개 과제로 추진되는데 정책의 착실한 이행과 함께 시장 친화적 작동시스템의 확립이 요망된다.

한국의 국가사회시스템은 산업화시대의 기능별, 산업별, 업종별 칸막이 방식이 온존되는 실정이고 시장도 공정경쟁보다는 자유경쟁을 바탕으로 한 파편화된 기업간 약육강식의 정글법칙이 지배한다. 이런 시장에서는 대형화 · 전문화가 대세로 자리 잡게 되며 1인창조기업과 같은 도전적인 신참자들은 설 땅을 잃게 된다. 국가사회의 모든 분야에서 대형화·전문화된 조직들이 상호연계를 가지면서 새로운 도전자의 출현을 저지하는 현상이 고착화된다. 한국적 현실을 보면 재벌과 대기업 그리고 이를 둘러싼 정치행정 등 환경시스템이 상호 우호적인 연계를 가지고 작동되다 보니 중소중견기업이나 창조적 벤처, 1인기업 등이 숨쉴만한 여지가 많지 않은 것이다.

따라서 이러한 시스템의 개선을 위한 과감한 정책적 노력이 필요하지만 아울러 시장친화적인 1인창조기업의 활성화를 가능케 하는 현장 발 베스트 프랙티스(best practice)를 만들고 확산시키는 것이 더욱 중요하다.

필자는 1인창조기업이 시장경쟁에서 우위를 가질 수 있는 핵심적 대안으로 전문성을 바탕으로 한 네트워크형 협력을 제안하며 이를 중개해 주는 기관으로는 대학의 역할을 강조한다. 한성대 지식서비스& 컨설팅연구원은 향후 1인창조기업에 도전하는 대학의 청년학도, 구조조정으로 나오는 화이트칼라 퇴직자, 도전의식으로 가득 찬 사회각 분야의 벤처예비자 등을 대상으로 전문과정을 운영할 예정이다. 이과정은 1인창조기업의 창업을 위한 실무지향의 교육과 함께 현장 발 창업으로 실질적 연계를 추구하고 창업 후에는 시장에서 대기업들과 어깨를 나란히 경쟁할 수 있도록 1인창조기업 네트워크 허브로서 역할도 해 나갈 것이다. 대학이 공공성을 가지면서도 시장친화적 정책이행의 중개기관이 되어서 1인창조기업 확산의 모델이 되는 것이다. 기업가 정신을 가진 많은 분들의 적극적인 도전을 기대한다.

(2009. 4. 22)

(11) 창조적 콘셉으로 성공신화에 도전하자

리처드 브랜슨은 영국 버진그룹(Virgin Group) 회장으로 난독증을 지닌 고교중퇴자였다. 그가 쓴 '내가 상상하면 현실이 된다.(screw it, let's do it)' 는 그의 꿈과 도전과 성취의 기록이며 창조적 콘셉이 성공신화를 일구어 낼 수 있음을 보여주는 감동을 주는 책이다. 남다른 착상, 견실한 제품, 그리고 색다른 전달방식은 고교시절 스튜던트 잡지에서 시작해서 버진뮤직, 버진애트랜틱 등 30여개국에 200여개 회사를 둔 글로벌 기업으로 성장을 이끈 원동력이었다. 특히 항공기분야에서 기존 독과점업체의 방해공작을 역광고 등 독창적 아이디어로 극복하고 무료한 승객들을 위해 기내에 스탠드바를 도입하고 네일 케어와 마사지제공 등 고객감동형 서비스도 제공한다. 지구온난화방지에 앞장서고 재해지역에 전용기를 제공하는 등 받은 만큼 세상에 환원해 나가는 사회적 책임경영의 수범을 보여준다.

두부시장은 전형적으로 가격만으로 승부하는 레드오션시장이다. 2005년 일본에서 이상한 두부가 나타났다. 오토코마에 두부(男前豆腐)가 그것으로 그해 일본 닛케이 트렌드가 꼽은 '일본 최고의 히트상품 10선'에 선정되었다. 2006년 매출 40억엔, 2008년 매출 55억엔을 넘어섰다. 24살에 아버지가 경영하는 작은 두부회사 말단 영업사원으로 입사한 이또 신고사장은 풀리지 않은 의문 ' 최고의 재료를 가지고 이렇게 열심히 두부를 만들어도 어째서 두부 한모의 가격은 고작 100엔인가?'를 푸는데 골몰했다. 그는 기존의 맛과 영업만으로 승부하는 방식에서 탈피하여 두부에 남다른 세계관을 포함하는 새로운 콘셉, 즉 남자다운 두부를 창조했다. 새로운 콘셉에 따라 제조법과 디자인, 마켓팅을 기존 두부와는 완전히 차별화하였다. 두부의 함유농도를 높여 고소하고 진한 맛을 냈고, 포장지에는 큼지막하게 검정색으로 시원시원하게 '男'자를 넣었다. 마케팅 모토로 '진정한 오토코마에, 즉 터프가이는 당신을 배반하지 않는다.'를 내세우고 가격도 보통 두부의 세배인 300엔으로 정했다. 결과는 대성공이었다. 두부와 인연이 멀었던 젊은이, 특히 남자들이 몰려들었다. 화제 거리를 찾는 방송에서도 재미있는 두부가 있다고 연이어 소개가 되었다.

필자는 공직을 나와 대학에 합류하면서 BMW인생이라는 새로운 삶을 개척하고 있다. 컨설팅업계에서는 글로벌컨설턴트와 국산컨설턴트의 생활을 비교하면서 독일산 BMW와 국산BMW인생으로 풍자한다. 독일산 BMW를 몰고 다니려면 그만큼 통 큰 보수를 받아야 하지만 국산 BMW(Bus or Bicycle, Metro, Walking)는 서민의 생활수준에 버금하기 때문이다. 대학은 강의와 연구 그리고 현장프로젝트가 연계되고 학생들과의 약속은 천금과 같기 때문에 국산BMW가 적격이다. 집에서 나와 전철역까지 20분 이상을 걷다보면 그동안 잊었던 동네구석구석의 모습이 정겹게 다가온다. 전철을 타고 조용히 눈감고 명상을 하거나 오늘 할 일을 정리하기도 하고 독서나 신문을 읽다보면 삶의 여유를 만끽한다. 부족한 운동량도 환승하면서 보충하고 지구를 살리는데 동참한다는 자부심도 느낀다. 인생을 살아가면서 국산 BMW의 풍족함을 느끼는 것은 필자도 새로운 콘셉에 가까이 다가가고 있다는 생각이다.

지난 5월 8일 청와대 서비스선진화대책회의에 참석하였다. 산업의 서비스화와 질좋은 일자리 창출을 위해 컨설팅 등 9개 서비스 분야에 대한 다양한 대책들이 논의되었다. 컨설팅산업의 선진화와 관련해서는 대학의 역할이 특히 강조되었는데 필자가 참여하고 있는 한성대지식서비스 & 컨설팅 대학원 및 연구원은 중소기업청의 지정을 받아 KScon(Knowledge Service Consulting, 지식서비스컨설팅)이라는 브랜드를 창출하고 9988-234(중소기업의 글로벌 일류전략)를 적극 뒷받침해 나가고 있다. KScon의 핵심요소는 ① 컨설팅 석사, 박사라는 세계 최초의 학위 수여 ② 교육과 연구, 현장프로젝트가 융합된 수요자 중심의 교육시스템 구축 ③ 정규 연구원은 최소화하고 교수, 학생, 협력기업의 전문인력을 파트너 형태로 연계하여 네트워킹형 대형화와 전문화 추구 등이다. 창조적 뉴콘셉으로 탄생한 KScon은 한국 중소중견기업에 특화된 전문 컨설팅 대학원으로 발전하여 중소기업 글로벌 일류화를 뒷받침하는 대학발 베스트 프랙티스가 될 것으로 확신한다.

(2009. 5. 21)

⑿ 기업의 사회적 책임(CSR)을 불황극복의 블루오션으로 활용하자

금융위기에 따른 글로벌 불황 도래, 불편한 진실인 기후변화시대의 엄습, 신자유주의 확산과 글로벌 양극화 현상 심화 등 우리 인류는 뭔가 새로운 계기를 마련하지 않으면 생존 자체에 위협을 받을 냉엄한 현실에 직면하고 있다.

한때 글로벌화와 지식정보화 그리고 무한경쟁의 시대에 세계화는 우리 인류에게 장미빛 미래를 약속하는 역사의 도도한 흐름으로 받아들여졌다. 영미 선진국에서 시작된 산업화의 물결은 물질만능과 에너지자원 다소비형의 고도성장을 촉발하여 가공할만한 세계적인 부의 축적을 이루었고 공산권 붕괴이후에는 중국 등 신흥 개도국까지 풍요의 대열에 동참할 수 있게 되었다. 더구나 인터넷을 기반으로 한 지식정보화의 확산과 전 세계적인 네트워크화는 국경선을 허물고 사람과 자본 그리고 기술과 정보 등 모든 생산요소의 국가간 이동을 촉진시켜 산업화의 결실을 전 세계에 확산시켰다. 그야말로 물질적 향연을 즐기기 위한 인류의 무한질주 현상이라고 요약할 수 있겠다.

CSR논의는 산업화가 한창 진행되는 가운데에도 기업경영과 연관된 환경규제, 투명경영, 인권보호, 노동권, 사회봉사 등 다양한 분야에서 NGO(비정부기구)를 중심으로 기업의 무한 이윤추구에 따른 환경파괴와 같은 외부비경제효과를 제어하기 위해 제기되었다. 그러나 글로벌화와 지식정보화에 따른 기업경영활동의 파급효과가 한 국가내에 머무르지 않고 국경을 넘어서 파급되게 되면서 글로벌 NGO 및 UN 차원에서 기업의 사회적 책임논의가 확산되었다.

특히 CSR은 인류사회의 지속가능한 성장의 핵심요소이면서 기업경영의 모든 측면에서 시스템적으로 이해되어야 할 과제가 되었고 UN이 앞장서서 글로벌 기업들에게 사회책임을 위한 공시를 요구함으로써 관심이 제고되었다. 특히 ISO(국제표준화기구)에서는 사회적 책임논의를 국제표준인 ISO26000으로 제정하여 공포를 추진하고 있어 기업의 글로벌 경영에서 사회적 책임은 피할 수 없는 과제가 되었다.

작금 불황으로 사회책임 논의가 다소 후퇴한 듯하다. 그러나 미국의 서브프라임모기지 사태에서 촉발된 글로벌 금융위기와 실물침체는 글로벌 시대에 사회책임을 다하지 않는 기업이 인류에게 끼칠 수 있는 재앙이 얼마나 큰가를 실연해 준 것이다. 과거 폐수방류, 인권침해, 주가조작 등 단편적으로 제기되면서 사회적 반향을 일으켰던 사건들에 비해 작금 사태는 그 규모나 파급효과에서 비교할 수 없는 대형사건인 것이다. 기업의 사회책임 논의는 불황을 이유로 회피하거나 건너 뛸 수 있는 사안이 아니다. 인류의 지속가능 성장을 위해 그리고 작금의 불황타개를 위해서는 사회적 책임이 시급하고 당면한 과제임을 인식해야 한다.

MB정부가 녹색성장을 기치로 내건 것은 우리 한국이 기업의 사회책임 활동의 핵심적 요소인 하나뿐인 지구보존 분야에서 가장 앞서 나가면서 한편으로는 한국 기업들이 다가올 불편한 진실이 현실이 되는 상황에서 글로벌 경쟁우위를 확보하는데 참으로 시의적절한 선택이다. 필자는 녹색성장만이 아닌 기업의 사회책임전반에 걸쳐 국가적 차원에서 당면 현황을 챙기고 이를 정책 어젠다화 해나가는 것이 중요하다고 본다.

이와 관련하여 지난 6월 18일-19일 양일간에 걸쳐 한국사회투자책임포럼(KoSIF)주최로 '경제위기와 기업의 사회적 책임'이란 주제로 CSR국제워크샵이 열렸는데 필자는 CSR에 대한 아세아기업들의 이니셔티브 분과의 세션 진행을 맡았다. 동 워크숍에서 다룬 주제들 하나하나가 한국기업들의 21세기 신경영 전략에 접목시키면 글로벌 경쟁우위 확보와 지속가능성장에 큰 도움을 줄 수 있는 값진 내용들이었다.

그중에서도 특히 CSR하면 정부가 나서서 반강제적으로 사회에 헌납을 강요하는 것으로 잘못 인식하고 있는 많은 한국 중소기업에 도움이 되는 내용으로 일본 노무라 연구소의 무라가미가 발표한 일본기업의 핵심 CSR전략이 관심을 끈다. 일본기업의 CSR전략은 전통적CSR에서 점차 비즈니스관련(환경친화제품, 환경부담완화제품), 브랜드가치 향상, 비용절감 및 기술혁신관련 CSR로 진전되고 있고 정부도 전략적 CSR을 위한 세금감면이나 경제적 부양조치에 중점을 둔다고 한다.

필자는 중소기업의 CSR전도사로서 역할을 해오면서 'CSR을 결코 부담으로 여기지 말라. CSR을 마케팅과 브랜드 전략으로 활용하면 뉴 블루오션을 찾을 수 있다.'라는 점을 강조하였는데 작금 일본 사례가 필자의 생각과 동일한 점에 감명을 받았다. 불황에 오늘내일 하는데 무슨 CSR이냐가 아니라 불황극복은 CSR을 통해서 가능하다는 긍정에너지가 충만하길 기대한다.

(2009. 7. 6)

⒀ 21세기 국가경쟁력 : 브랜드 파워를 높이는 길

외국여행을 다녀온 분들은 세계 각국에 불고 있는 한국기업의 브랜드 파워를 체감하고 우리나라도 상당히 세어졌구나 하는 뿌듯함을 느낄 것이다. 과거 해외에 나가면 현지인들이 동양인을 만나면 당신 일본인이냐 중국인이냐 묻는 때와는 격세지감이 든다. 기업 브랜드가 곧바로 국가브랜드가 되는 것은 아니지만 글로벌 기업의 브랜드가 높아지면 국가브랜드도 덩달아 높아지는 것이 현실이다.

요즈음 젊은이들은 인터넷이나 매스컴 등의 영향 등으로 더욱 더 브랜드 제품을 선호하는 경향이 짙다. 똑같은 제품인데도 유명브랜드에는 열광하고 무명기업이 생산한 제품은 외면한다. 글로벌 기업들은 각종 스포츠, 엔터테인먼트 행사 등을 후원하면서 자사의 브랜드를 소비자들에게 주입시키는데 돈을 아끼지 않는다. 우리가 살고 있는 아파트만 해도 유명 대기업의 브랜드가 붙지 않으면 제 가격을 받지 못하는 것이 현실이다.

한국처럼 일류브랜드에 대한 집착이 강한 나라도 없다. 최근 필자는 고3입시생을 둔 학부형의 역할을 하느라 밤 10시가 되면 유명학원이 몰려있는 대치동에 가느라 교통지옥에 시달린다. 대통령의 서민행보 핵심중 하나로 사교육 근절을 위한 한밤중 과외단속이 시작된 이후 달라진 풍속도다. 고3기간중 유명학원에 비싼돈 내고 다니는 것은 장래를 위한 확실한 투자라는 것이 일반인의 인식이다. 강남 유명강사들의 수입이 연간 수억대에 이르는 것은 일류 브랜드 파워의 힘이다.

유통시장개방이후 재벌의 대형마트가 전국 방방곡곡에 진출하여 지역 소상공인과 재래시장의 피폐화를 야기시켰다는 비판을 받았다. 최근 들어서는 SSM형태로 마지막 남은 동네 골목까지 진출을 시도하려다가 소상공인들의 반대로 주춤하고 있는 상태이다. 대규모 자본과 브랜드 파워로 시장을 점령해 나가는 데 정부가 나서서 일시적으로 막아주는데는 한계가 있다. 소비자들의 브랜드 선호경향 때문이다. 동네 가게들도 이제는 21세기의 시대적 조류를 활용한 네트워크형 대형화, 전문화방식의 브랜드 역량을 강화하지 않으면 안된다.

한국 굴지의 재벌기업의 행태와 기업문화를 보더라도 브랜드 이미지와 밀접한 연관이 있다. 정주영 회장의 저돌적, 독불 장군적 경영스타일에서 형성된 블도저 현대, 이병철 회장의 얼음처럼 차가운 이성과 세밀한 경영스타일에서 형성된 관리의 삼성 등은 아직도 현대와 삼성의 기업문화로 온존되고 브랜드 파워의 핵심을 형성한다.

작금 우리 정치권의 모습을 보면 국가브랜드인 다이내믹 코리아를 그대로 보여주는 것 같다. 한민족의 역사적 아킬레스건인 남북간의 대치상황, 남한내에서 좌우간의 이념대립과 포용없는 상호 적대의식, 신자유주의 확산과 사회적 양극화에 따른 공동체 구성원간의 상호불신, 더구나 글로벌 무한경쟁과 불황에 따른 구조조정문제로 겪고 있는 노사간의 극한적 대립상황은 한국의 국가브랜드를 높여가는데 큰 걸림돌이 되고 있다.

몇 가지 실례를 들었는데 21세기 글로벌 무한경쟁시대에 브랜드파워를 높이는 것이 생존의 열쇠임을 알 수 있다. 개인이나 상품 그리고 기업의 경우에는 시장에서 가치평가가 브랜드에 의해서 크게 좌우되기 때문에 경제주체들의 브랜드 역량제고가 대단히 중요한 과제로 대두된다. 반면 국가의 경우는 브랜드 가치가 중요하기는 하지만 당장 시장에서의 경쟁으로 직접 연관되지 않아서 경제주체들의 관심을 끌기가 어렵다. 그러나 국가브랜드와 개인, 상품, 기업브랜드와는 상호 시너지 작용을 하게 되므로 세계 각국은 국가브랜드를 높이는데 정부가 적극 나서고 있다. 우리의 경우도 과거 국가브랜드가 취약했을 때는 기업들이 이를 활용하기를 꺼려했으나 88올림픽이후 우리의 브랜드가 향상되면서 많은 기업들, 특히 중소기업들은 한국이라는 브랜드가 얼마나 소중하고 값진 것인가를 인식하게 되었다. 필자는 4-5년 전 국가적인 무역증대와 외국인 투자유치 확대를 위해 '프리미엄코리아'라는 산업부문의 국가브랜드를 만들고 활성화시키는 데에 심혈을 기울였다.

최근 국가브랜드위원회의 정책중 하나로 '프리미엄코리아' 브랜드가 되살아나고 범국가적으로도 모든 부처와 기업 그리고 민간이 참여한 가운데 브랜드 파워 향상을 위한 노력이 추진되고 있어 다행스럽다. 정치, 경제, 사회, 문화, 스포츠, 남북관계 등 모든 분야에서 국가브랜드를 높이기 위한 전국민적 소통과 동참이 요망된다. 아울러 브랜드 파워에 걸맞는 컨텐츠 확보와 함께 글로벌 차원의 체계적인 마케팅 노력이 가일층 강화되어지길 기대한다.

(2009. 9. 3)

부록 Ⅱ 경영컨설팅방법론의 절차와 도구

(1) 경영전략수립방법론

Procedures		Task & Analytic Activities	Toolkits & Techniques Applied
Phase	Step		
환경 분석	비즈니스 맥락이해	기존의 비전/목표/ 전략의 확인	Understanding of Vision Statement, Business Plan
		고객의 니즈/ 목적 및 기대파악	Client's Expectation/Needs Identification, Stakeholder analysis
		전략적 의도 파악	Steategic Intent analysis
	외부환경 분석	거시환경분석	STEEP analysis, PEST analysis
		산업구조분석	Strategy group analysis or 5Forces analysis, Industrial Value Chain Analysis, CSF analysis, Environment Risk analysis, Marimekko analysis
		산업진화분석	Industry Product Life Cycle analysis, Market Sizing, Scenario analysis, Uncertainty/ Impact analysis, Gartner's Hype Cycle analysis, Technology Adaption Life Cycle(TALC) analysis, Innovation Diffusion analysis
		경쟁/경쟁자 분석	Competitor analysis, Competitive Intensity analysis, RONA chart, Growth/Share Matrix, Competitive group analysis
		외부환경 분석 시사점 도출	Opportunities/Threats analysis, Industry attractiveness analysis, Market requirement analysis

<table>
<tr><th colspan="2">Procedures</th><th rowspan="2">Task & Analytic Activities</th><th rowspan="2">Toolkits & Techniques Applied</th></tr>
<tr><th>Phase</th><th>Step</th></tr>
<tr><td rowspan="8">환경 분석</td><td rowspan="4">내부환경 분석</td><td>재무적 성과분석</td><td>Accounting based Measures analysis, EVA analysis, ROIC/EVA Chart, EVA Tree analysis, CFROI tree analysis, Extra Profitability analysis, Bottleneck resource analysis</td></tr>
<tr><td>제품/서비스 및 고객분석</td><td>Product/Service Evaluation, Financial Contribution analysis, Market map, Brand Recognition Evaluation, Product/Service Quality Evaluation, Customer Evaluation, Customer Satisfaction analysis, Customer Segmentation analysis, Pareto analysis, Strategy Canvas analysis</td></tr>
<tr><td>내부자원과 역량분석</td><td>Value Chain analysis, Cost analysis, Organization Assessment(7-S Model), CSF Position analysis, Business Model analysis, Competency analysis, Core Competency analysis</td></tr>
<tr><td>내부환경분석시사점</td><td>Strength/Weakness analysis, Competitive Advantage analysis</td></tr>
<tr><td rowspan="4">벤치마크 분석</td><td>벤치마크계획 수립</td><td>Benchmark Planning</td></tr>
<tr><td>대상정의 및 자료 수집분석</td><td>Defining benchmark target and data collection</td></tr>
<tr><td>대상과 격차 분석</td><td>Gap analysis</td></tr>
<tr><td>핵심성공요인 적용 및 자산화</td><td>Applying and Internalizing CSF</td></tr>
<tr><td rowspan="3">전략 방향 수립</td><td rowspan="3">전략적 위치분석 / 핵심이슈 분석</td><td>전략적 포지션 분석</td><td>Strategic Position analysis, Strategic Position Matrix</td></tr>
<tr><td>핵심이슈 도출</td><td>Deriving Key Issues, Cause-Effect-Issue Mapping, Causal Loop Diagram</td></tr>
<tr><td>핵심이슈 평가</td><td>Importance/corelation Assessment</td></tr>
</table>

Procedures		Task & Analytic Activities	Toolkits & Techniques Applied
Phase	Step		
전략 방향 수립	전략방향 설정	전략방향대안도출	Strategy Direction Option generation approach(Scenario Method, Strategic Position map, Strategic Compass, SWOT) Option categories
		전략방향대안 평가	Lifecycle/Strategic fit analysis, Core competency fit analysis, Scenario risk analysis, Strategic fit analysis, Risk-Reward Evaluation
		전략방향 선정	Selection from Evaluations
	비전(재) 수립	비전진단/벤치마킹	Vision Diagnosis, Vision Benchmarking
		비전체계/테마선정	Grnerating Vision statement(Vision, Mission, Value), Selectionf or Visiontheme,
		비전 워크숍	Visioning workshop
		비전기술	Vision statement, Mission statement
경영 전략 수립	목표설정	비전구체화를 위한 전략목표수립	Gap analysis, Vision KPI, Strategic Objectives
		재무적 목표수립	Financial Objectives
		Value Driver 분석 및 KPI설정	BSC-based Objectives, Value Driver Tree & KPI
	전사전략 수립	비전 및 전략방향확인	Identifying Visionand Strategy Directions
		전사전략의 수립 (성장전략, 경쟁전략, 신규사업전략, 철수전략 또는 포트폴리오전략 등의 전사전략수립)	Frameworks for Strategy option Generations (Growth spread Matrix, Ansoff Matrix, BCG Matrix, GE Matrix, Core Competence framework, Customer/Needs Matrix)
		전사전략 로드맵	Corporate Strategy Roadmapping

Procedures		Task & Analytic Activities	Toolkits & Techniques Applied
Phase	Step		
경영 전략 수립	SBU전략 수립	전사전략방향 확인	Identifying Corporate Strategy Directions
		SBU전략수립(차별화 전략, 원가우위전략 등의 사업전략수립)	SBU strategy Map, Strategic Disciplines, Pricing Strategy Options, Cost analysis alternatives, Cost analysis, Cost reduction driver tree, Integrated Cost reduction
		전략대안평가/선정	Risk/Reward Matrix, Strategic fit analysis, sensitivity analysis, Risk analysis, Reward analysis, Ep & EVA analysis
		이행계획수립	WBS, Gantt chart, defining of Tasks
	기능전략 수립	전사/ SUB전략방향확인	Identifying Corporate strategy & SBU Strategy directions
		전략니즈와 역량 비교 평가	Strategy Requirement analysis, Capability gap analysis, Value chain CSFs, Corporate Value chain analysis, Value Driver analysis
		기능단위별개선/ 강화전략수립	Improvement opportunities by functional, Key Improvement opportunities, Detailed Improvement opportunities, Business Case
실행 계획 수립	실행과제 도출	장단기실행과제도출	Action Items Development by Corporate Strategy, SBU Strategy, Functions; Strategy Tree, Conflict Assessment Matrix
	실행과제 우선 순위화	전략적중요도평가	Materiality analysis, Importance Evaluation
		우선순위화	Prioritization Matrix, Implementation roadmap
	실행과제 정의	실행과제정의서	Action Item Profile
	실행 및 통제	모니터링계획	Monitoring Planning
		일정계획	Gantt Chart
		추진조직	Steering Organization Structure
		변화관리계획	Change management plan

(2) 프로세스 재설계

<table>
<tr><th colspan="2">Procedures</th><th rowspan="2">Task & Analytic Activities</th><th rowspan="2">Toolkits & Techniques Applied</th></tr>
<tr><th>Phase</th><th>Step</th></tr>
<tr><td rowspan="13">전략 분석 및 비전 수립</td><td rowspan="4">기존전략 분석</td><td>미션/비전분석</td><td>Understanding of Vision Statement, Mission</td></tr>
<tr><td>목표 및 목적검토</td><td>Identification of Goal/ Objectives</td></tr>
<tr><td>기존 전략 검토</td><td>Steategy analysis</td></tr>
<tr><td>요구사항파악</td><td>stakeholder analysis,</td></tr>
<tr><td rowspan="7">외부환경 분석</td><td>거시환경분석</td><td>STEEP analysis, PEST analysis</td></tr>
<tr><td>산업구조분석</td><td>Strategy group analysis or 5Forces analysis, Industrial Value Chain analysis, CSF analysis, Environment Risk analysys, Marimekko analysis</td></tr>
<tr><td>산업진화분석</td><td>Industry Product Life Cycle analysis, Market Sizing, Scenario analysis, Uncertainty/Impact analysis, Gartner's Hype Cycle analysis, Technology Adaption Life Cycle(TALC) analysis, Innovation Diffusion analysis</td></tr>
<tr><td>경쟁/경쟁자 분석</td><td>Competitor analysis, Competitive Intensity analysis, RONA chart, Growth/Share Matrix, Competitive group analysis</td></tr>
<tr><td>고객요구사항분석</td><td>Client's Expectation/Needs Identification</td></tr>
<tr><td>외부환경분석 시사점 도출</td><td>Opportunities/Threats analysis, Industry attractiveness analysis, Market requirement analysis</td></tr>
<tr><td>내부환경 분석</td><td>현재 성과분석</td><td>Acccounting based Measures analysis, EVA analysis, ROIC/EVA Chart, EVA Tree analysis, CFROItree analysis, Extra Profit ability analysis, Bottleneck resource analysis</td></tr>
</table>

Procedures		Task & Analytic Activities	Toolkits & Techniques Applied
Phase	Step		
전략 분석 및 비전 수립	내부환경 분석	내부자원과 역량분석	Value Chain analysis, Cost analysis, Organization Assessment(7-S Model), CSF Position analysis, Business Model analysis, Competency analysis, Core Competency analysis
		내부환경분석시사점	Strength/Weakness analysis, Competitive Advantage analysis
	프로세스 운영모델 분석	SWOT분석	SWOT analysis
		전사 전략수정 및 이해	Understanding Corporate Strategy
		상위KPI/CSF정의	Defining High Level KPI/ CSF
		운영전략수립	Building Operation Strategy
		핵심프로세스수립 및 비전수립	Building Key Process & Visioning
As-Is 프로 세스 분석	현행프로 세스모델 정의	메가프로세스 분석	Analyzing megaprocess
		주요프로세스분석 및 요건정의	Analyzing key process and defining reqirements
		하위프로세스정의	Defining subprocess
	현행프로 세스분석 및 모델링	현행 로세스모델링 목표확인	Identifying extant process modeling objectives
		현행프로세스모델링 및 문서화	Modeling extant process and Documentations
	프로세스 진단 및 재설계방 향수립	현행 프로세스모델 분석	Analyzing extant process modeling
		현행프로세스모델 문제점분석	Analyzing extant process model problems

Procedures		Task & Analytic Activities	Toolkits & Techniques Applied
Phase	Step		
		프로세스재설계방향 및 계획수립	Establishing process redesign direction & plan
		Quickwin과 제정의	Defining quickwin tasks
To-Be 프로세스 운영 정책 정의	혁신테마 선정	베스트프렉티스 분석	Analyzing Best practice
		혁신Enabler분석	Analyzing innovation enabler
		혁신테마선정/분석	Selecting & Analyzing innovation theme
		혁신테마구현효과 분석	Analyzing effect of implementing innovation theme
	운영조직 모델정의	운영조직 모델링	Modeling operation organizations
		운영조직인프라개선 기회정의	Defining opportunities improving of operation organizations infra
		운영조직변화관리 정의	Defining operation organizations change management
	운영정보 기술모델 정의	운영정보기술모델링	Operation information technology modeling
		운영정보기술인프라 개선기회정의	Defining opportunities improving of operation information technology
	운영정책 과제종합	운영모델과제정의	Defining operation model tasks
		운영모델설계결과 보고	Reporting operation model designs
To-Be 프로세스 설계	프로세스 재설계 영역정의	프로세스모델검토/ 조정	Adjusting process models
		재설계프로세스 영역선정	Selecting redesigned process area

Procedures		Task & Analytic Activities	Toolkits & Techniques Applied
Phase	Step		
To-Be 프로세스 설계	프로세스 재설계	프로세스재설계 목표확인	Identifying process redesign objectives
		프로세스변환과제 도출/평가	Evaluating process transformation tasks
		재설계프로세스 모델링/문서화	Modeling redesigned process and Documentation
		재설계프로세스 검토/확정	Reviewing and Confirming redesigned process
	조직변화 요구사항 정의	프로세스조직정의	Defining process organizations
		조직별 평가체계정의	Defining Evaluation system by organization unit
	정보시스템 요구사항 정의	프로세스별 정보 시스템 요구사항	Defining Information system needs by precess
		정보시스템체계정의	Defining Information system These

(3) 마케팅 전략수립

<table>
<tr><th colspan="2">Procedures</th><th rowspan="2">Task & Analytic Activities</th><th rowspan="2">Toolkits & Techniques Applied</th></tr>
<tr><th>Phase</th><th>Step</th></tr>
<tr><td rowspan="7">환경 분석 및 마케팅 목표 설정</td><td rowspan="5">외부환경 분석</td><td>거시환경분석</td><td>STEEP analysis, PEST analysis</td></tr>
<tr><td>산업구조분석</td><td>Strategy group analysis or 5Forces analysis, Industrial Value Chain analysis, CSF analysis, Environment Risk analysis, Marimekko analysis</td></tr>
<tr><td>시장 분석</td><td>Market sizing, market growth rate & profit ability, Cost structure, Channel structure, CSF analysis, Industry Product Life Cycle analysis, Technology Adaption Life Cycle(TALC) analysis, Innovation Diffusion analysis</td></tr>
<tr><td>경쟁자 분석</td><td>Competitor analysis, Competitive Intensity analysis, RONA chart, Growth/Share Matrix, Competitive group analysis</td></tr>
<tr><td>외부환경분석 시사점 도출</td><td>Opportunities/Threats analysis, Industry attractiveness analysis, Market requirement analysis</td></tr>
<tr><td rowspan="2">내부환경 분석</td><td>마케팅성과분석</td><td>Acccounting based Measures analysis, EVA analysis, ROIC/EVA Chart, EVA Tree analysis, CFROI tree analysis, Extra Profit ability analysis, Bottleneck resource analysis</td></tr>
<tr><td>제품 및 고객분석</td><td>Product/Service Evaluation, Financial Contribution analysis, Market map, Brand Recognition Evaluation, Product/Service Quality Evaluation, Customer Evaluation, Customer Satisfaction analysis, Customer Segmentation analysis, Pareto analysis, Strategy Canvas analysis, Conjoint analysis</td></tr>
</table>

Procedures		Task & Analytic Activities	Toolkits & Techniques Applied
Phase	Step		
환경 분석 및 마케팅 목표 설정	내부환경 분석	내부자원과 역량분석	Value Chain analysis, Cost analysis, Organization Assessment(7-S Model), CSF Position analysis, Business Model analysis, Competency analysis, Core Competency analysis
		내부환경분석시사점	Strength/Weakness analysis, Competitive Advantage analysis
	마케팅 전략방향 설정	전략방향대안 도출	Marketing Strategy Direction Option generation approach(Strategic Position map, SWOT Matrix)
		전략방향대안 평가	Lifecycle/Strategic fit analysis, Core competency fit analysis, Scenario risk analysis, Strategic fit analysis, Risk-Reward Evaluation
		전략방향선정	Selection from Evaluations
	마케팅목표설정	성장목표	Sales, Market sharing rate, customer's loyalty or re-purchase rate
		이익목표	Profit ability, profit rate
마케팅 전략 개발	시장 세분화	시장세분화 변수선정	Incomes, Job, Educations, Location, Lifestyle, consumption pattern, Frequency, Brand royalty, Benefits and Social-Economical-Cultural Variables
		시장세분화 분석	Statistical analysis, techniques including Factor analysis, Cluster Analysis, Classification analysis, Decision tree analysis, Multi-dimensional scaling, Discriminant analysis
		세분시장 프로파일 작성	profiling by segments

<table>
<tr><th colspan="2">Procedures</th><th rowspan="2">Task & Analytic Activities</th><th rowspan="2">Toolkits & Techniques Applied</th></tr>
<tr><th>Phase</th><th>Step</th></tr>
<tr><td rowspan="4">마케팅 전략 개발</td><td rowspan="2">표적시장 선정</td><td>특정세그먼트의 표적화</td><td>4R test</td></tr>
<tr><td>표적집단의 프로파일링</td><td>profiling of target segments</td></tr>
<tr><td>포지셔닝</td><td>제품포지셔닝 설정</td><td>Statistical analysis techniques including Factor analysis, Multidimensional scaling analysis</td></tr>
<tr><td>마케팅믹스 전략수립</td><td>4P-Mix전략수립</td><td>Integrated marketing mix including Products, Pricing, Place, Promotions or IMC</td></tr>
<tr><td rowspan="6">마케팅 전략 실행 및 통제</td><td rowspan="2">실행과제 우선순위화</td><td>전략적중요도평가</td><td>Materiality analysis, Importance Evaluation</td></tr>
<tr><td>우선순위화</td><td>Prioritization Matrix, Implementation roadmap</td></tr>
<tr><td>실행과제 정의</td><td>실행과제정의서</td><td>Action Item Profile</td></tr>
<tr><td rowspan="3">실행 및 통제</td><td>모니터링계획</td><td>Monitoring Planning</td></tr>
<tr><td>일정계획</td><td>Gantt Chart</td></tr>
<tr><td>추진조직</td><td>Building Steering Organizations</td></tr>
</table>

(4) 조직전략수립

Procedures		Task & Analytic Activities	Toolkits & Techniques Applied
Phase	Step		
프로젝트설계 및 조직진단	프로젝트설계	고객니즈조사	Client's Expectation/Needs Identification, stakeholdr analysis
		전략적 의도 파악	Steategic Intent analysis
		프로젝트프레임워크 설계	Project Framework Design
	문헌조사	사업전략비전미션 분석	Vision Statement/Mission
		환경/경쟁/고객분석 자료조사	STEEP analysis, Competitor analysis, Strategy group analysis or 5Forces analysis, Product/Service Evaluation, Financial Contribution analysis, Product/Service Quality Evaluation, Customer Evaluation, Customer Satisfaction analysis, Customer Segmentation analysis,
		인사 직무 채용 승진 보상 등 전반적인 자료조사	Colecting and Analyzing extant HRM-related Materials(personnel management, Job management, Recruit, Promotion, Evaluation & Payoff etc.)
	FGI	FGI계획수립	FGI Planning
		반구조화 설문지작성	semistructured Questionare
		FGI 및 결과정리와 분석	Arrangement and analysis FGI
	Survey	조직진단모델확정	Confirming Organization Diagnosis Model
		설문지작성	preparing Questionare
		표본선정 및 자료수집	Sampling & Data Collection
		통계적 분석	Statistical Processing(factor analysis, Regression analysis, ANOVA, T-test)

Procedures		Task & Analytic Activities	Toolkits & Techniques Applied
Phase	Step		
이슈 도출 및 개선 과제 도출	분석결과 및 이슈분석	문헌조사, FGI 및 설문조사분석	Analyzing Literature Research, Focus Group Interview & Survey research
		HRM이슈분석	Analyzing HRM Issues
	주요 이슈의 선정	문제열거 및 세부 이슈화	Long Issue Lists
		핵심이슈의 정리	Deriving Key Issues, Cause-Effect-Issue Mapping, Causal Loop Diagram
		이슈 우선순위화	Importance/corelation Assessment
	조직개선 과제개발	주요이슈별 개선과제 도출	Deriving Improvement Tasks by Issues
이슈 및 조직 개선 과제 공유	CEO 보고	주요 이슈의 조정 및 확정	Adjusting and Confirming Key Issues
		주요개선과제조정 및 확정	Adjusting and Confirming main improvement tasks
	주요임원 워크숍	주요 이슈의 조정 및 확정	Adjusting and Confirming Key Issues
		주요개선과제조정 및 확정	Adjusting and Confirming main improvement tasks
	중간관리자워크숍	프로젝트결과공유	Sharing project outcome
		시장 차별화요소확인	Identifying market discrimination factors
		전략목표설정	Establishing strategic objectives
		초점분야 설정	Establishing focal points
HR전략 수립 및 실행	HR비전 수립	HR비전수립프레임워크개발	HR Visioning Frameworks
		HR비전 벤치마킹	HR Visioning Benchmarks
		HR비전수립	HR Visioning

<table>
<tr><th colspan="2">Procedures</th><th rowspan="2">Task & Analytic Activities</th><th rowspan="2">Toolkits & Techniques Applied</th></tr>
<tr><th>Phase</th><th>Step</th></tr>
<tr><td rowspan="11">HR전략 수립 및 실행</td><td rowspan="2">HR전략 수립</td><td>HR개선전략방향 도출</td><td>Deriving HR improvement strategic directions</td></tr>
<tr><td>HR개선전략과제 도출</td><td>Deriving HR improvement strategic tasks</td></tr>
<tr><td rowspan="3">HR 마스터플랜수립</td><td>HR실행과제도출</td><td>HR Action Item Development</td></tr>
<tr><td>전략적중요도평가</td><td>Materiality analysis, Importance Evaluation</td></tr>
<tr><td>우선순위화</td><td>Prioritization Matrix, Implementation roadmap</td></tr>
<tr><td rowspan="6">HR전략 실행</td><td>실행과제정의서</td><td>Action Item Profile</td></tr>
<tr><td>실행로드맵</td><td>Action Road map</td></tr>
<tr><td>모니터링계획</td><td>Monitoring Planning</td></tr>
<tr><td>일정계획</td><td>Gantt Chart</td></tr>
<tr><td>추진조직</td><td>Steering Organization Structure</td></tr>
<tr><td>변화관리계획</td><td>Change management plan</td></tr>
</table>

(5) 신규사업전략수립

<table>
<tr><th colspan="2">Procedures</th><th rowspan="2">Task & Analytic Activities</th><th rowspan="2">Toolkits & Techniques Applied</th></tr>
<tr><th>Phase</th><th>Step</th></tr>
<tr><td rowspan="3">착수</td><td rowspan="3">프로젝트팀 구성</td><td>Project수행범위 정의</td><td>Defining project Scope</td></tr>
<tr><td>Project 수행일정 수립</td><td>Defining project Schedule</td></tr>
<tr><td>Project 추진조직 구성</td><td>Defining Steering Organization,
Defining Role & Responsibility</td></tr>
<tr><td rowspan="8">사업 추진 체계 정비</td><td rowspan="3">중장기비전 검토</td><td>비전 및 전략 검토</td><td>Review ingextent Vision & Strategy</td></tr>
<tr><td>목표 및 사업방향 정합성검토</td><td>Reviewing Alignment between Objective and Business Directions</td></tr>
<tr><td>경영층인터뷰 및 아이디어수렴</td><td>Indepth-Interview</td></tr>
<tr><td rowspan="3">기존 사업구조 분석</td><td>기존사업성과분석</td><td>Acccounting based Measures analysis, EVA analysis, EVA Tree analysis, CFROI tree analysis, Bottleneck resource analysis</td></tr>
<tr><td>사업구성포트폴리오 분석</td><td>Industry/Product Lyfe Cycle Analysis, BCG Matrix</td></tr>
<tr><td>향후환경변화 및 전망</td><td>STEEP analysis, PEST analysis</td></tr>
<tr><td rowspan="2">신규사업개발 원칙정의</td><td>신규사업진출영역 도출</td><td>Deriving New Business Domain</td></tr>
<tr><td>신규사업개발원칙 도출</td><td>Establishing Principles for New Business Development</td></tr>
<tr><td rowspan="2">환경 분석 및 사업 기회 도출</td><td rowspan="2">사업환경분석</td><td>거시환경분석</td><td>STEEP analysis, PEST analysis</td></tr>
<tr><td>산업구조분석</td><td>Strategy group analysis or 5Forces analysis, Industrial Value Chain analysis, CSF analysis, Environment Risk analysis, Marimekko analysis</td></tr>
</table>

Procedures		Task & Analytic Activities	Toolkits & Techniques Applied
Phase	Step		
환경 분석 및 사업 기회 도출	사업환경분석	시장/기술 분석	Marketsizing, market growth rate & profitability, Cost structure, Channel structure, CSF analysis, Industry Product Life Cycle analysis, Technology Adaption Life Cycle(TALC) analysis, Innovation Diffusion analysis
		경쟁자 분석	Competitor analysis, Competitive Intensity analysis, RONA chart, Growth/Share Matrix, Competitive group analysis
		외부환경분석 시사점 도출	Opportunities/Threats analysis, Industry attractiveness analysis, Market requirement analysis
	사업역량분석	비즈니스 성과분석	Acccounting based Measures analysis, EVA analysis, ROIC/EVA Chart, EVA Tree analysis, CFROI tree analysis, Extra Profit ability analysis, Bottleneck resource analysis
		제품 및 고객분석	Product/Service Evaluation, Financial Contribution analysis, Market map, Brand Recognition Evaluation, Product/Service Quality Evaluation, Customer Evaluation, Customer Satisfaction analysis, Customer Segmentation analysis, Pareto analysis, Strategy Canvas analysis, Conjoint analysis
		내부자원과 역량분석	Value Chain analysis, Cost analysis, Organization Assessment(7-S Model), CSF Position analysis, Business Model analysis, Competency analysis, Core Competency analysis

<table>
<tr><th colspan="2">Procedures</th><th rowspan="2">Task & Analytic Activities</th><th rowspan="2">Toolkits & Techniques Applied</th></tr>
<tr><th>Phase</th><th>Step</th></tr>
<tr><td rowspan="9">환경 분석 및 사업 기회 도출</td><td>사업역량분석</td><td>내부환경분석시사점</td><td>Strength/Weakness analysis, Competitive Advantage analysis</td></tr>
<tr><td rowspan="4">벤치마크분석</td><td>벤치마크계획수립</td><td>benchmark Planning</td></tr>
<tr><td>대상정의 및 자료수집분석</td><td>Defining benchmark target and data collection</td></tr>
<tr><td>대상과 격차 분석</td><td>Gap analysis</td></tr>
<tr><td>핵심성공요인적용 및 자산화</td><td>Applying and Internalizing CSF</td></tr>
<tr><td rowspan="2">사업기회도출</td><td>역량확대형사업기회 도출</td><td>Asset Extension Modeling(extending Brand, Product, Skills & Market)</td></tr>
<tr><td>역량융합형사업기회 도출</td><td>Industry Convergence Modeling (Technology, Market, Industry, Value chains)</td></tr>
<tr><td rowspan="2">신규사업목표 및 기회종합</td><td>신규사업장기목표 수립</td><td>Building Long-term objectives(Sales, Market sharing rate)</td></tr>
<tr><td>신규사업기회롱 리스트도출</td><td>New Business opportunities Long List</td></tr>
<tr><td rowspan="5">사업 타당성 평가</td><td rowspan="2">사업기회 타당성평가 (1st)</td><td>필수테스트실시</td><td>Critical Test & Questionare</td></tr>
<tr><td>1차사업기회 리스트도출</td><td>New Busuness Opportunities Long List(1st)</td></tr>
<tr><td rowspan="3">사업기회 타당성평가 (2nd)</td><td>사업매력도평가</td><td>BMOT est, SRI Model, BOE Model</td></tr>
<tr><td>전략적 적합성평가</td><td>Lifecycle/Strategic fit analysis, Core competency fit analysis, Scenario risk analysis, Strategic fit analysis, Risk-Reward Evaluation</td></tr>
<tr><td>사업위험도평가</td><td>Risk/Reward Matrix, sensitivity analysis, Risk analysis,</td></tr>
</table>

<table>
<tr><th colspan="2">Procedures</th><th rowspan="2">Task & Analytic Activities</th><th rowspan="2">Toolkits & Techniques Applied</th></tr>
<tr><th>Phase</th><th>Step</th></tr>
<tr><td rowspan="2">사업 타당성 평가</td><td rowspan="2">사업기회 타당성평가 (2nd)</td><td>재무타당성 및 경제성분석</td><td>Feasibility Study,</td></tr>
<tr><td>2차 사업기회리스트 도출</td><td>New Busuness Opportunities Long List(2nd)</td></tr>
<tr><td rowspan="8">신규사업전략 수립</td><td rowspan="2">사업역량확보 방안</td><td>필요사업역량정의</td><td>Defining required business competencies</td></tr>
<tr><td>사업역량확보방안 수립</td><td>Establishing Alternatives strengthening Competencies</td></tr>
<tr><td rowspan="2">신규사업추진 전략수립</td><td>단계별 시장진입 전략수립</td><td>Developing Entry Strategy by steps</td></tr>
<tr><td>사업차별화전략수립</td><td>Developing Discrimination strategy</td></tr>
<tr><td rowspan="4">Action Plan 수립</td><td>실행과제정의서</td><td>Action Item Profile</td></tr>
<tr><td>모니터링계획</td><td>Monitoring Planning</td></tr>
<tr><td>일정계획</td><td>Gantt Chart</td></tr>
<tr><td>추진조직</td><td>Building Steering Organizations</td></tr>
</table>

(6) 정보전략계획수립

Procedures		Task & Analytic Activities	Toolkits & Techniques Applied
Phase	Step		
정보 시스템 현황 평가	사업방향 및 요구사항 분석	기존의비전/목표/ 전략의확인	Understanding of Vision Statement, Business Plan
		고객의니즈/목적 및 기대파악	Client's Expectation/Needs Identification, stakeholdr analysis
		전략적 의도 파악	Steategic Intent analysis
	정보시스템 외부환경 평가	정보시스템의 경쟁적 위치평가	Strategic Position Evaluation of Information System(IS)
		외부사용자요구분석	External users' Needs analysis
		정보기술동향분석	Information Technology Trend analysis
	정보시스템 내부환경 평가	정보시스템 연혁 및 방향검토	History and Direction of Information System(IS)
		어플리케이션 현황파악	ApplicationStatusIdentification
		DB현황/IT현황파악	DB Status and Information Technology Status Identification
		사용자만족도평가	Evaluation of User satisfactions
		정보시스템조직 및 관리기능검토	Identifying IS organization and manageral Function
	정보시스템 주요현안 및 적용기회 분석	정보시스템주요현안 파악	Identifying main issues on Information System
		정보시스템주요기회 분석	Identifying main opportunities on Information System

Procedures		Task & Analytic Activities	Toolkits & Techniques Applied
Phase	Step		
정보 시스템 전략 수립과 업무 모델 개발	정보시스템 전략수립 및 발표	정보시스템전략개발	Information System Strategy Development
정보 시스템 전략 수립과 업무 모델 개발	정보시스템 전략수립 및 발표	정보시스템 전략방향 발표	Information System Strategy Directions
정보 시스템 전략 수립과 업무 모델 개발	업무모델 개발	업무기능별프로세스 모델작성	Process modeling by functions
정보 시스템 전략 수립과 업무 모델 개발	업무모델 개발	업무프로세스분해 및 정보요구사항파악	Decomposing business process and Identifying IT needs
아키텍처 및 IT전략/조직 전략 개발	아키텍처 개발	데이터 아키텍처 정의	Defining Data Architectures
아키텍처 및 IT전략/조직 전략 개발	아키텍처 개발	어플리케이션 아키텍처정의	Defining Aplication Architectures
아키텍처 및 IT전략/조직 전략 개발	IT전략/정보시스템 조직개발	정보기술전략개발	Information Technology Strategy Development
아키텍처 및 IT전략/조직 전략 개발	IT전략/정보시스템 조직개발	정보시스템조직전략 개발	Information Technology Org. Strategy Development
ISP수립 및 실행	정보시스템 전략계획 수립	프로젝트파악	Identifying Projects
ISP수립 및 실행	정보시스템 전략계획 수립	프로젝트 우선순위화	Prioritization Matrix
ISP수립 및 실행	정보시스템 전략계획 수립	자원계획수립	Planning Resource Procuement
ISP수립 및 실행	실행 및 통제	실행 로드맵	Implementation roadmap
ISP수립 및 실행	실행 및 통제	실행모니터링	Monitoring Planning
ISP수립 및 실행	실행 및 통제	통제 및 피드백	Control & Feedback

(7) 해외시장진출전략

<table>
<tr><th colspan="2">Procedures</th><th rowspan="2">Task & Analytic Activities</th><th rowspan="2">Toolkits & Techniques Applied</th></tr>
<tr><th>Phase</th><th>Step</th></tr>
<tr><td rowspan="8">글로벌 환경 변화 분석</td><td rowspan="5">글로벌시장 환경분석</td><td>거시환경분석</td><td>STEEP analysis, PEST analysis</td></tr>
<tr><td>산업구조분석</td><td>Strategy group analysis or 5Forces analysis, Industrial Value Chain analysis, CSF analysis, Environment Risk analysys, Marimekko analysis</td></tr>
<tr><td>산업진화분석</td><td>Industry Product Life Cycle analysis, Market Sizing, Scenario analysis, Uncertainty/Impact analysis, Gartner's Hype Cycle analysis, Technology Adaption Life Cycle(TALC) analysis, Innovation Diffusion analysis</td></tr>
<tr><td>경쟁/경쟁자 분석</td><td>Competitor analysis, Competitive Intensity analysis, RONA chart, Growth/Share Matrix, Competitive group analysis</td></tr>
<tr><td>이슈 및 시사점 도출</td><td>Opportunities/Threats analysis, Industry attractiveness analysis, Market requirement analysis</td></tr>
<tr><td rowspan="3">글로벌사업 역량분석</td><td>CEO의 글로벌경영태도</td><td>Identifying CEO's Global management attitude</td></tr>
<tr><td>글로벌 성과분석</td><td>Acccounting based Measures analysis, EVA analysis, ROIC/EVA Chart, EVA Tree analysis, CFROI tree analysis, Extra Profit ability analysis, Bottleneck resource analysis</td></tr>
<tr><td>글로벌제품 및 고객분석</td><td>Product/Service Evaluation, Financial Contribution analysis, Market map, Brand Recognition Evaluation, Product/Service Quality Evaluation, Customer Evaluation, Customer Satisfaction analysis, Customer Segmentation analysis, Pareto analysis, Strategy Canvas analysis</td></tr>
</table>

Procedures		Task & Analytic Activities	Toolkits & Techniques Applied
Phase	Step		
글로벌 환경 변화 분석	글로벌사업 역량분석	가용자원과 글로벌역량분석	Value Chain analysis, Cost analysis, Organization Assessment(7-S Model), CSF Position analysis, Business Model analysis, Competency analysis, Core Competency analysis
		내부환경분석 시사점	Strength/Weakness analysis, Competitive Advantage analysis
	벤치마크 분석	벤치마크계획수립	benchmark Planning
		대상정의 및 자료수집분석	Defining benchmark target and data collection
		대상과 격차 분석	Gap analysis
		핵심성공요인적용 및 자산화	Applying and Internalizing CSF
글로벌 시장 진출 방향성 수립	글로벌 전략적 위치분석/ 핵심이슈 분석	글로벌전략포지션 분석	Strategic Position analysis, Strategic Position Matrix
		핵심이슈도출 및 평가	Deriving Key Issues, Cause-Effect-Issue Mapping, Causal Loop Diagram, Importance/ corelation Assessement
	해외진출 전략방향 설정	전략방향대안도출	Strategy Direction Option generation approach(Scenario Method, Strategic Position map, Strategic Compass, SWOT) Option categories
		전략방향대안 평가	Lifecycle/Strategic fit analysis, Core competency fit analysis, Scenario risk analysis, Strategic fit analysis, Risk-Reward Evaluation
		글로벌시장진출 전략방향선정	Selection from Evaluations

<table>
<tr><th colspan="2">Procedures</th><th rowspan="2">Task & Analytic Activities</th><th rowspan="2">Toolkits & Techniques Applied</th></tr>
<tr><th>Phase</th><th>Step</th></tr>
<tr><td rowspan="9">글로벌 시장 진출 방향성 수립</td><td rowspan="3">진입국가 선정</td><td>진입국가후보군 선정</td><td>Selection from latent export nations</td></tr>
<tr><td>국가매력도평가 기준정의</td><td>defining National attractiveness and market attractiveness Criteria</td></tr>
<tr><td>자료수집 및 평가</td><td>Data Collection and Evaluation</td></tr>
<tr><td rowspan="3">국가별진입 가능사업 선정</td><td>국가별유망아이템 후보선정</td><td>Selecting latent promising ideas by nations</td></tr>
<tr><td>사업아이템 유망성 평가 및 선정</td><td>Critical Test, BMO Test, SRI Model, BOE Model</td></tr>
<tr><td>유망아이템비즈니스모델정의</td><td>Business Model Canvas</td></tr>
<tr><td rowspan="3">시장진입 방법 선정</td><td>시장진입방법의 탐색</td><td>Exploring Entry Modes</td></tr>
<tr><td>시장집입방법평가 기준정의</td><td>Defining Entry Mode Evaluation Criteria</td></tr>
<tr><td>자료수집 및 평가</td><td>Data Collection and Evaluation</td></tr>
<tr><td rowspan="6">글로벌 시장 진출 전략 수립</td><td rowspan="3">해외진출 전략과제 도출</td><td>해외진출전략과제 도출</td><td>Go-to-Market Strategic Task</td></tr>
<tr><td>해외진출전략과제 평가</td><td>Materiality analysis, Importance Evaluation</td></tr>
<tr><td>전략과제 우선순위화</td><td>Prioritization Matrix, Implementation roadmap</td></tr>
<tr><td rowspan="3">글로벌사업 역량강화 전략</td><td>글로벌사업 필요역량 도출</td><td>Importance-performance analysis(IPA)</td></tr>
<tr><td>현재 보유역량진단 및 GAP분석</td><td>IPA analysis, Survey & Paired Sample T-Test</td></tr>
<tr><td>확보역량 우선순위화</td><td>IPA Matrix</td></tr>
</table>

Procedures		Task & Analytic Activities	Toolkits & Techniques Applied
Phase	Step		
글로벌 시장 진출 전략 수립	글로벌 리스크 관리전략	사업단계별 리스크 요인식별	Risk Management, Identifying Risk Factors
		리스크 요인 평가	Risk Management, Risk Factors Evaluations
		리스크 대응방안 수립	Risk Management, Impact-probability matrix
글로벌 시장 진출 전략 실행 및 통제	실행과제 도출	장단기실행과제 도출	Action Items Development by Global Strategy; Strategy Tree, Conflict Assessment Matrix
	실행과제 우선순위화	전략적중요도평가	Materiality analysis, Importance Evaluation
		우선순위화	Prioritization Matrix, Implementation roadmap
	실행과제 정의	실행과제정의서	Action Item Profile
	실행 및 통제	모니터링계획	Monitoring Planning
		일정계획	Gantt Chart
		추진조직	Steering Organization Structure

(8) 해외마케팅전략

Procedures		Tasks & Analytic Activities	Toolkits & Techniques Applied
Phase	Step		
글로벌 환경 분석 및 마케팅 전략 방향 설정	글로벌 환경분석	거시환경분석	STEEP analysis, PEST analysis
		산업구조분석	Strategy group analysis or 5Forces analysis, Industrial Value Chain analysis, CSF analysis, Environment Risk analysis, Marimekko analysis
		시장 분석	Marketsizing, market growth rate & profit ability, Cost structure, Channel structure, CSF analysis, Industry Product Life Cycle analysis, Technology Adaption Life Cycle(TALC) analysis, Innovation Diffusion analysis
		경쟁자 분석	Competitor analysis, Competitive Intensity analysis, RONA chart, Growth/Share Matrix, Competitive group analysis
		외부환경분석 시사점 도출	Opportunities/Threats analysis, Industry attractiveness analysis, Market requirement analysis
	기업내부 환경분석	글로벌 성과분석	Acccounting based Measures analysis, EVA analysis, ROIC/EVA Chart, EVA Tree analysis, CFROI tree analysis, Extra Profit ability analysis, Bottleneck resource analysis
		제품 및 고객분석	Product/Service Evaluation, Financial Contribution analysis, Market map, Brand Recognition Evaluation, Product/Service Quality Evaluation, Customer Evaluation, Customer Satisfaction analysis, Customer Segmentation analysis, Pareto analysis, Strategy Canvas analysis, Conjoint analysis

Procedures		Tasks & Analytic Activities	Toolkits & Techniques Applied
Phase	Step		
글로벌 환경 분석 및 마케팅 전략 방향 설정	기업내부 환경분석	내부자원과 역량분석	Value Chain analysis, Cost analysis, Organization Assessment(7-S Model), CSF Position analysis, Business Model analysis, Competency analysis, Core Competency analysis
		내부환경분석 시사점	Strength/Weakness analysis, Competitive Advantage analysis
	글로벌 마케팅 전략 방향설정	전략방향대안 도출	marketing Strategy Direction Option generation approach(Strategic Positionmap, SWOT Matrix)
		전략방향대안 평가	Lifecycle/Strategic fit analysis, Core competency fit analysis, Scenario risk analysis, Strategic fit analysis, Risk-Reward Evaluation
		전략방향선정	Selection from Evaluations
글로벌 마케팅 목표 및 전략 개발	글로벌 마케팅 목표설정	성장목표	Sales, Market sharing rate, customer's loyalty or re-purchase rate
		이익목표	Profit ability, profit rate
	시장진입 방법 선정	시장진입 방법의 탐색	Exploring Entry Modes
		시장집입방법평가 기준정의	Defining Entry Mode Evaluation Criteria
		자료수집 및 평가	Data Collection and Evaluation
	글로벌 시장 세분화	시장세분화 변수선정	Incomes ,Job, Educations, Location, Lifestyle, consumption pattern, Frequency, Brand royalty, Benefit sand Social-Economical-Cultural Variables.

Procedures		Tasks & Analytic Activities	Toolkits & Techniques Applied
Phase	Step		
글로벌 마케팅 목표 및 전략 개발	글로벌 시장 세분화	시장세분화 분석	Factor analysis, Cluster Analysis, Classification analysis, Decision tree analysis, Multidimensional scaling, Discriminant analysis or Statistical analysis
	표적국가/ 시장 선정	세분시장 프로파일 작성	profiling by segments
		특정세그먼트의 표적화	4R test
		표적집단의 프로파일링	profiling of target segments
	경쟁적 포지셔닝	제품포지셔닝 설정	Statistical analysis including Factor analysis, Multidimensional scaling analysis
	마케팅 믹스전략 수립	4P-Mix전략수립	Products, Pricing, Place, Promotions strategy or Integrated Marketing Mix Strategy
마케팅 전략 실행 및 통제	실행과제 우선 순위화	전략적중요도평가	Materiality analysis, Importance Evaluation
		우선순위화	Prioritization Matrix, Implementation roadmap
	실행과제 정의	실행과제정의서	Action Item Profile
	실행 및 통제	모니터링계획	Monitoring Planning
		일정계획	Gantt Chart
		추진조직	Building Steering Organizations

미 주

1) 저자의 컨설팅방법론 시리즈 제Ⅱ권의 pp.24-31의 내용을 요약 정리하였음.
2) 저자의 컨설팅방법론 시리즈 제Ⅰ권의 pp.77-84의 내용을 요약 정리하였음.
3) 컨설팅의 新정의는 저자의 컨설팅방법론 시리즈 제Ⅰ권의 pp.36-41에 기술되었음.
4) 나도성(글로벌컨설팅프로세스의 이해, 2007)은 전문가에 대한 연구에서 전문가의 핵심 4요소를 전문적 지식, 자격증, 재교육, 훈련, 공익가치로 분석하면서 일반 전문직과 컨설턴트 전문직은 전문가이기는 하지만 분야별 전문성과 방법론적 전문성, 지식전문성과 경영전문성 그리고 양자 간에는 상호융복합 현상이 강화되고 있다고 설명하고 있음.
5) 저자의 컨설팅방법론 시리즈 제Ⅰ권의 p.135, pp.143-149내용을 축약하였음.
6) 윤영호(Essential Consulting Toolkit 20, 2015)의 컨설팅방법론 및 컨설턴트 역량요소 모델에서 인용하였음.
7) 나도성(2016) 한국컨설팅시장의 이론과 실제(Ⅱ) pp.37-42에서는 전략적 민첩성(strategic Agility), 의사소통(Communication), 앙상블 실행(ensemble Execution)의 하위요소를 상세히 기술하고 있음.
8) 나도성(2016) 한국컨설팅시장의 이론과 실제(Ⅱ) pp.59-64에서는 촉, 단, 공의 하위요소로서 촉은 만나라 - 느껴라 - 이어라, 단은 버려라 - 세워라 - 지켜라, 공은 나눠라 - 도와하 - 행하라를 구체적으로 기술하고 있음.

9) 프로젝트관리방법론에 대해서는 나도성(2015) 한국컨설팅시장의 이론과 실제(I) pp.180-184 에 요약 기술되었음

10) ISO 20700 Guidelines for management consultancy services it's a standard developed for use as a guideline for people or organizations for the effective management of management consulting services.[1] This standard was developed by ISO project committee ISO/PC 280. ISO 20700 was published for the first time in June 2017. The ISO 20700:2017 adopt the following structure: 1 Purpose 2 Normative references 3 Terms and definitions 4 Principles 5 Contracting 6 Execution 7 Closure (Wikipidia)

11) 컨설팅의 보조방법론으로서 양적, 질적 조사통계분석방법론, 빅데이터분석방법론에 대해서는 나도성(2015) 한국컨설팅시장의 이론과 실제(I) pp.184-223에서 자세히 기술되어 있음.

12) 비즈니스 프로세스 모델링 방법론으로는 IDEF, ARIS, Petri Net, UML 등이 있는바, 동 방법론에 대해서는 이론부분에서 간략히 기술하였음. 자세한 내용은 관련 참고서적 및 자료를 참조하기 바람.

13) ㈜ACC컨설팅(대표 이한희, 한성대 겸임교수)은 IMF이후인 2008년에 창업하였고 독자개발한 중소기업 경영혁신 프로그램인 VPM모듈과 접목한 e-Biz 등 독자적인 솔류션을 개발, 교육연수와 함께 세미나를 통해서 중소기업의 경영혁신에 실질적인 도움을 주는데 노력하는 회사임.

14) 동 내용은 ACC대표 이 한희의 자료 'VPM 경영 혁명－중소기업의 희망 (2014. 8. 10)내용에서 발췌한 것임.

15) NVivo 프로그램은 대표적인 질적 자료 분석 프로그램으로 단순하게 질적 자료뿐만 아니라 구조가 잡히지 않은 모든 자료, 예를 들면, 소리, 비디오, 인터넷 문서 등을 불러와 구조를 잡고 주제를 발견하는 데 도움을 주는 프로그램임.

16) 리처드 서스킨드 등(2016) '4차산업혁명 시대 전문직의 미래'에서 전문직 전반에 걸쳐 위기 및 소멸에 봉착할 것으로 예측하고 있음.

참고문헌

1. 국내문헌

고용노동부, 한국산업인력공단 (2015), 국가직무능력기반 훈련기준 활용 훈련과정 편성 매뉴얼, Jinhan M&B.

곽홍주 (2008), "경영 컨설팅과 부동산 컨설팅 성과 향상 요인에 관한 연구" 경기대학교 박사논문.

권광영 (2015), 발효리더십과 인스턴트리더십.

김재철 (2000), 지도를 거꾸로 보면 한국인의 미래가 보인다. 김영사.

김문준 · 장석인 (2015), 경영진의 컨설턴트 역량과 경영성과 간의 관계에서 변혁적 리더십의 조절효과에 관한 연구. 경영컨설팅연구. 제15권 제1호.

김대식 (2016), 인간 vs 기계, 동아시아.

김상수 · 김영천 (2013), 창의적 문제해결과 의사결정, 도서출판 청람.

김왕용 (2012), 경영컨설팅의 이해(Ⅰ), 내일공작소.

김왕용 (2008), 프로세스컨설팅방법론 - 실무와 사례.

나도성 (2007), 지구촌을 향한 한국기업의 신전략, 시그마프레스.

______ (2008), 9988-234 글로벌 일류 중소기업을 향한 3대 전략, 미래경영개발연구원.

______ (2011), 한국중소기업의 궁즉통 전략, 글로벌강소기업연구소.

______ (2015), 한국컨설팅시장의 이론과 실제(Ⅰ) - 방법론의 개발 및 활용, 한성대학교출판부

______ (2016), 한국컨설팅시장의 이론과 실제(Ⅱ) - 컨설턴트 나도성의 기업가적 세상보기, 한성대학교 출판부.

네모파트너즈 · 매일경제TV (2015), 코리아 인베이젼, 매일경제신문사.

니콜로 마키아벨리 저, 강정인 · 김경희 공역 (2015), 군주론(개정4판), 까치.
노구치 요시아키 지음, 장세진 옮김 (2011), 컨설팅이라는 무엇인가, 3mecca.
노구치 요시아키 편저, 이봉노 옮김 (2013), 전략적 의사결정을 위한 문제해결 툴킷, 새로운 제안.
로렌스 프리드먼 지음, 아경식 옮김 (2013), 전략의 역사(Ⅰ, Ⅱ), 비즈니스 북스.
래리 해드릭 지음, 박영수 옮김 (2014), 키루스대제의 역전의 병법, korea.com.
리처드 브랜스 저, 이장우 등 역 (2007), 내가 상상하면 현실이 된다, 리더스북.
리처드 서스킨드 등, 위대선 옮김 (2015), 4차산업혁명시대 전문직의 미래.
말콤 글래드웰 저, 선대인 역 (2014), 다윗과 골리앗 : 강자를 이기는 약자의 기술, 21세기북스
밀란 쿠버 엮음, 한종극 · 심재섭 옮김 (2012), 경영컨설팅 Management Consulting, 새로운 제안.
비에른 아네르센 지음, BPM연구회 옮김 (2009), 비즈니스 프로세스 핸드북, 이앤비플러스.
서진수 (2015), R까지, 느린생각.
시오노 나나미 지음, 김석희 옮김 (1995-), 로마인 이야기(Ⅰ 권부터-), 한길사.
신용복 (2015), 담론 : 신용복의 마직막 강의, 돌베개.
안데르스 에릭슨 등, 강혜정 옮김 (2016), 1만시간의 재발견, 비즈니스 북.
안자히 히로유키 저, 이서연 역 (2015), 세계시장을 지배하는 작은 기업들은 어떤 생각을 할까, 비즈니스북스.
앵거스 디턴 저, 이현정 등 역 (2015), 위대한 탈출, 한국경제신문사.
에릭슈미트 등 지음, 박병화 옮김 (2015), 구글은 어떻게 일하는가, 김영사.
왕중추 저, 허유영 역 (2005), 디테일의 힘, 올림.
양현봉 (2015), 농공상융합형 중소기업 지원실태와 육성과제, 산업연구원.
______ (2015), 신성장동력산업으로서 6차 산업화정책 추진실태와 발전과제, 산업연구원.
에릭슈미트 · 조너선 로젠버그 · 앨런이글, 박병화 옮김 (2015), 구글은 어떻게 일하는가(How Google Works), 감영사.

오마에 겐이치, 사이토 겐이치 공저, 김영철 옮김 (2005), 맥킨지의 문제해결의 기술, 일빛.
오영호 (2013), 신뢰경제의 귀환, 메디치.
우종필 (2012), 구조방정식식모델 개념과 이해, 한나래.
유정식 (2011), 문제해결사, 지형.
윤석철 (2011), 삶의 정도, 위즈덤하우스.
윤선현 (2012), 하루 15분 정리의 힘, 위즈덤하우스.
______ (2014), 관계정리가 힘이다, 위즈덤하우스.
윤성환 (2008), "컨설턴트와 프로젝트 매니저의 역량이 비즈니스 컨설팅성과에 미치는 영향에 관한 연구", 숭실대학교 경영학과, 석사학위논문.
윤영호 (2015), FTA컨설팅의 성공요인에 관한 연구, 한성대학교 지식서비스&컨설팅대학원, 박사학위 논문.
윌리엄 파워스 저, 임현경 역 (2011), 속도에서 깊이로, 21세기북스.
이지훈 (2010), 혼창통 - 당신은 이셋을 가졌는가, 샘앤파머스.
______ (2015), 단, 문화동네.
이창우 · 이지우 (2014), FTAnomics, 한국FTA산업협회교육원.
이 홍 (2013), 비즈니스의 맥, 삼성경제연구소.
애덤 그랜트지음, 윤태준 옮김 (2013), Give and Take(기브앤테이크), 생각연구소.
장명국 (2011), 밥 일 꿈, 석탑.
장한성 저 (2015), 1598년 11월 19일: 노량, 지지 않는 별, 행복에너지.
제러미 리프킨 저, 안진환 역 (2012), 3차 산업혁명, 민음사.
짐 콜린스 등저, 워튼 포럼역 (2002), 성공하는 기업들의 8가지 습관, 김영사.
______________, 이무열역 (2002), 좋은기업을 넘어 위대한 기업으로, 김영사.
______________, 김명철역 (2010), 위대한 기업은 다 어디로 갔을까, 김영사.
______________, 김명철역 (2012), 위대한 기업의 선택, 김영사.
장 영 (1996), 경영컨설팅 유형별 성과에 관한 상황적 분석. 박사학위논문. 한국과학기술원.
장하준 (2014), 장하준의 경제학강의(Economics The User's Guide).

제임스 P. 루이스 지음, 조진경 옮김 (2008), 프로젝트관리, credu.

죤 W. 크레스웰 저, 조흥식 · 정선욱 · 김진숙 · 권지성 공역 (2012), 질적연구방법론-다섯 가지 접근, 학지사.

중소기업기술정보진흥원 (2008), 2008년도 중소기업 컨설팅산업 백서, 중소기업기술정보진흥원.

중소기업청 (2015), 2015년도 중소기업지원시책, 중소기업청.

지식경제부 정보통신산업진흥원 (2010), 2010 지식서비스산업백서.

채서일 (2013), 사회과학조사방법론, 비앤엠북스.

토드 부크홀츠 지음, 장석훈 역 (2013), 러시 rush, 청림출판.

토마스 피케티 저, 장경덕외 옮김 (2015), 21세기자본, 글항아리.

토머스 프리드만 저, 이명민 · 최정임 역 (2008), 코드 그린, 21세기 북스.

필립 코틀러 저, 안진환 역 (2010), 마켓 3.0, 타임비즈.

팀 페리스 지음, 정지현 옮김 (2017), 타이탄의 도구들, 토네이도.

한국청년기업가정신재단 등 (2015), 스타트업 기업가바이블, 매일경제신문사.

한국디스플에이산업협회 등 (2015), 산업전쟁5, 매일경제신문사.

한국경영기술지도사회, IMC Korea (2015), International Councilof Management Consulting Institutes(ICMCI CMC_Global).

한관희 · 최상현 공저 (2013), 비즈니스 프로세스 관리, 한경사.

한성대학교 지식서비스&컨설팅대학원 교재(내부자료 2008-2017).

기술사업화컨설팅방법론

기술전략컨설팅방법론

디자인경영컨설팅방법론

전략적 Project Management

전략수립컨설팅방법론

HRM&D컨설팅방법론

M&A컨설팅방법론

PMI컨설팅방법론

한국컨설팅협회 (2004), 업무프로세스 재설계(BPR)컨설팅매뉴얼, 한국컨설팅협회.

함유근 · 채승병 (2012), 빅 데이터, 경영을 바꾸다, 삼성경제연구소.
해리 덴트 지음, 권성희 옮김 (2015), 2018 인구절벽이 온다, 청림출판.
헤르만 지몬 저, 배진아 역 (2014), 히든 챔피언 글로벌 원정대, 흐름출판.

2. 외국문헌

A D, Chandler, Jr. (1964), Strategy and Structure, The MIT Press
Alexander Osterwalder & Yves Pigneur (2010), Business Model Generation, Wiley.
Andrew Sturdy, Karen Hanley, Timothy Clark, Robin Fincham, (2010) Management Consultancy - Boundaries and Knowledge in Action, Oxford.
APQC (1999), Knowledge management : Executive summary(Consortium Benchmarking Study Best Report) Houston, TX: APQC.
Bill Newhouse etc (2016), NICE Cybersecurity Workforce Framework(NCWF), NIST.
C. K. Prahalad and M. S. Krishnan (1999), The new meaning of quality in the information age, Havard Business Review.
C. K. Prahalad and G. Hammel (2006), The Core Competence of the Cooperation
David Biggs (2010), Management Consulting : A Guide for Students, South-Western.
H. Igor Ansoff (1980), Strategic Issue Management, Strategic Management Journal.
H. J. Levitt (1986), Corporate pathfinders, Chicago, IL, Irwin.
Ha-Joon Chang (2014), Economics The User's Guide, Bloomsbury Press.
Jay B. Barney (2001), Resource-based Theories of Competitive Advantage, Journal of Management.
Jared Diamond (2005), Guns, Germs & Steel, Vintage.

Joseph E. Stiglitz (2016), The Gerat Divide, Norton & Company.

K. Ohmae (1982) The mind dof the strategist, McGraw-Hill.

Kipping, M. & Clark, T. (2012), The Oxford Handbook of Management Consulting, Oxford University Press.

Kubr, M (Ed.) (2002), Management Consulting : A Guide to the Profession, International Labour Organization.

Lawrence Freedman (2013), Strategy, Oxford.

Matthas Kipping, Timothy Clark (2012), The Oxford Handbook of Management Consulting, Oxford.

McClelland, D.C. (1973), "Testing for competence rather than for intelligence." American Psychologist, 28(1).

McKenna (2001), "The world's newest profession : Management consulting in the twentieth century" Business Hist. Conf.

Martin Reeves etc (2016), Your Strategy Needs a Strategy, Harvard Business Review Press.

Michael Mazzeo etc. (2014), Roadside MBA, www.HachetteeBookGroup.com

M. Hammer and Champy (1993), Reengineering the Corporation : A manifesto for business revolution, Harper Business

M. E. Porter (1985), Competitive Advantage : Creating and sustaining superior performance, The free press

M. E. Porter (1996), What is Strategy, Havard Business Review.

N. Venkatraman and John C. Camillus (1984), Exploring the Concept of 'Fit' in Strategic Management, Academy of Management Review.

Nirmalya Kumar · Jan-Benedict E.M.Steenkamp (2016), Brand Breakout, Palgrave Macmillan.

OECD: Principle of corporate governance.

Peter Block (2011), Flawless Consulting, 3rd edition, Pfeiffer.

Peter Frankopan (2015), The Silkroad, Bloomsbury.

Richard A. D'Aveni (2012), Strategic Capitalism, Mc Graw Hill.

Scheomaker, Paul J.M. (1995), Scenario Planning : A Tool for Strategic Thinking, Sloan Management Review.

Simon, A. & Kumar, V. (2001), Clients' views on strategic capabilities which lead to management consulting success, Management Decision.

Thomas Armbruster (2010), The Economics and Sociology of Management Consulting, Cambridge University.

Thomas L, Friedman (2016), Thank you for Being Late, Farrar, Straus and Giroux.

Walker James (2004), Consulting Outcomes Research Project, ND Small Business Development Center, University of North Dakota.

Werr, A,, Stjernberg, T. & Docherty, P. (1997), The functions of methods of change in management consulting, Journal of Organizational Change Management, 10(4).

Werr, A., Permer, F. (2007), Purchasing management consulting services-From management autonomy to purchasing involvement, Journal of Purchasing and Supply management, 13(2).

W. F. Glueck (1980), Strategic Management and Business Policy, McGraw-Hill.

| 저자소개 |

Who is 나 도성

- 9988-234 컨설턴트 : 공감 + 연대 + 행동
- 현, 한성대 지식서비스&컨설팅대학원 교수 및 연구원장
- (공인)경영지도사, (공인)행정사, 기술평가사, 회생경영사
- CMC, ICMCI Academic Fellow
- 주요 관심 분야 : 컨설팅방법론, 경영전략, 벤처창업컨설팅, 산업/중소기업정책, 융합R&D 등

- 제22회 행정고등고시(1978)
- 산업자원부, 과학기술부, 중소기업청 등 고위공직 30여년 근무
- 성균관대, 숭실대, 한림대, 충남대 등 겸임교수 역임
- 『9988-234 '한국중소기업의 글로벌 일류전략'』 등 단행본 다수 저술
- FTA, CSR 등 시대흐름에 부응하는 연구논문 및 지식서비스 컨설팅 방법론 개발
- 공공, 민간 컨설팅 프로젝트 수행 및 특강 다수
- 사회적 경제활성화를 위한 포럼 및 연구개발 활동

- (사)혁신전문기업실용학회(AISB) 회장
- 중소기업혁신연구원장
- 국가인재개발원 글로벌자문위원
- (사)Theceo창업경영협회, (사)신아시아산학관협력기구, (사)한국회생경영협회, 한국정보기술연구원, K-BoB Security Forum, 기상산업진흥원 등 이사 역임
- 2017년 서울시 100인의 창업전문인력 포럼 회원
- 안나연구원(AnnA Institute) 이사회 의장

- 매경TV 경세제민 '촉' 진행, 내일신문 경제시평, 이데일리 목멱칼럼 필진
- 서울대졸, 동 행정대학원, 조지아주립대, 조선대(행정학석사 / 경제학석사 / 경제학박사)

한국 컨설팅시장의 이론과 실제 (Ⅲ)

주제별 경영컨설팅방법론의 소개 및 활용

인　쇄　2017년 12월 1일
발　행　2017년 12월 1일

저　자　나 도 성
발 행 인　이 상 한
발행한곳　한성대학교 출판부
우편주소　서울특별시 성북구 삼선교로16길 116
대표전화　(02) 760 / 4174
팩시밀리　(02) 760 / 5969

편집제작　대자커뮤니케이션 | (대표) (02) 2269-6724

ISBN 978-89-6820-028-1　94320　　정가 20,000 원
ISBN 978-89-6820-021-2　94320 (세트)

* 본 연구는 한성대학교 교내학술연구비 지원과제임.
This research was financially supported by Hansung University.

** 이 책의 내용을 사전 허가 없이 전재하거나 복제할 경우 법적인 제재를 받게 됨을 알려드립니다.